高等学校应用型特色规划教材　经管系列

电子商务理论与实务
(第二版)

赵礼强　马　佳　荆　浩
魏利峰　张森悦　王庆军　编著

清华大学出版社
北　京

内 容 简 介

本书从电子商务商业模式入手讲授理论，从电子商务操作流程入手讲授实务，注重理论与实践相结合，既突出实务性，又具有理论深度，适用范围广，应用性强。

本书共分十一章，其中第一章至第五章为电子商务理论部分，该部分重点介绍电子商务的商业模式、运作模式、商务盈利模式和定价模式；第六章至第十一章为电子商务实务部分，该部分主要围绕电子商务的商务活动展开论述，包括网络调研、电子商务网站平台建设、商务网站推广、网络商务洽谈、电子支付与结算、物流支持与订单管理、电子商务安全及风险防范、客户服务。全书充分阐述了全新的电子商务发展前沿知识，强化了电子商务应用，体现了复合型应用型人才培养的目标。

本书既可作为电子商务、信息管理与信息系统、工商管理、市场营销、物流管理等经济管理类本科专业学生的电子商务教科书，也可作为相关专业硕士研究生、电子商务从业者、个人网上创业者或相关人员学习电子商务知识、掌握电子商务技能的指导性工具书和管理培训参考用书。

本书封面贴有清华大学出版社防伪标签，无标签者不得销售。
版权所有，侵权必究。侵权举报电话：010-62782989

图书在版编目(CIP)数据

电子商务理论与实务/赵礼强等编著. —2版. —北京：清华大学出版社，2019（2020.9重印）
(高等学校应用型特色规划教材　经管系列)
ISBN 978-7-302-53659-8

Ⅰ. ①电… Ⅱ. ①赵… Ⅲ. ①电子商务—高等学校—教材 Ⅳ. ①F713.36

中国版本图书馆 CIP 数据核字(2019)第 187358 号

责任编辑：温　洁
封面设计：杨玉兰
责任校对：周剑云
责任印制：杨　艳

出版发行：清华大学出版社
网　　址：http://www.tup.com.cn, http://www.wqbook.com
地　　址：北京清华大学学研大厦 A 座　　邮　编：100084
社 总 机：010-62770175　　邮　购：010-62786544
投稿与读者服务：010-62776969, c-service@tup.tsinghua.edu.cn
质量反馈：010-62772015, zhiliang@tup.tsinghua.edu.cn
课件下载：http://www.tup.com.cn, 010-62791865

印 装 者：三河市金元印装有限公司
经　　销：全国新华书店
开　　本：185mm×230mm　　印　张：20.5　　字　数：440 千字
版　　次：2010 年 3 月第 1 版　2019 年 9 月第 2 版　印　次：2020 年 9 月第 2 次印刷
定　　价：54.00 元

产品编号：082507-01

出版说明

  应用型人才是指能够将专业知识和技能应用于所从事的专业岗位的一种专门人才。应用型人才的本质特征是具有专业基本知识和基本技能，即具有明确的职业性、实用性、实践性和高层次性。进一步加强应用型人才的培养，是"十三五"时期我国经济转型升级、迫切需要教育为社会培养输送各类人才和高素质劳动者的关键时期，也是协调高等教育规模速度与培养各类人才服务国家和区域经济社会发展的重要途径。

  教育部要求今后需要有相当数量的高校致力于培养应用型人才，以满足市场对应用型人才需求量的不断增加。为了培养高素质应用型人才，必须建立完善的教学计划和高水平的课程体系。在教育部有关精神的指导下，我们组织全国高校的专家教授，努力探求更为合理有效的应用型人才培养方案，并结合当前高等教育的实际情况，编写了这套《高等学校应用型特色规划教材》丛书。

  为使教材的编写真正切合应用型人才的培养目标，我社编辑在全国范围内走访了大量高等学校，拜访了众多院校主管教学的领导，以及教学一线的系主任和教师，掌握了各地区各学校所设专业的培养目标和办学特色，并广泛、深入地与用人单位进行交流，明确了用人单位的真正需求。这些工作为本套丛书的准确定位、合理选材、突出特色奠定了坚实的基础。

◆ 教材定位

- 以就业为导向。在应用型人才培养过程中，充分考虑市场需求，因此本套丛书充分体现"就业导向"的基本思路。
- 符合本学科的课程设置要求。以高等教育的培养目标为依据，注重教材的科学性、实用性和通用性。
- 定位明确。准确定位教材在人才培养过程中的地位和作用，正确处理教材的读者层次关系，面向就业，突出应用。
- 合理选材、编排得当。妥善处理传统内容与现代内容的关系，大力补充新知识、新技术、新工艺和新成果。根据本学科的教学基本要求和教学大纲的要求，制订编写大纲(编写原则、编写特色、编写内容、编写体例等)，突出重点、难点。
- 建设"立体化"的精品教材体系。提倡教材与电子教案、学习指导、习题解答、课程设计、毕业设计等辅助教学资料配套出版。

◆ 丛书特色

- 围绕应用讲理论，突出实践教学环节及特点，包含丰富的案例，并对案例作详细解析，强调实用性和可操作性。
- ➢ 涉及最新的理论成果和实务案例，充分反映岗位要求，真正体现以就业为导向的培养目标。
- ➢ 国际化与中国特色相结合，符合高等教育日趋国际化的发展趋势，部分教材采用双语形式。
- ➢ 在结构的布局、内容重点的选取、案例习题的设计等方面符合教改目标和教学大纲的要求，把教师的备课、授课、辅导答疑等教学环节有机地结合起来。

◆ 读者定位

本系列教材主要面向普通高等院校和高等职业技术院校，适合应用型、复合型及技术技能型人才培养的高等院校的教学需要。

◆ 关于作者

丛书编委特聘请执教多年且有较高学术造诣和实践经验的教授参与各册教材的编写，其中有相当一部分教材的主要执笔者是精品课程的负责人，本丛书凝聚了他们多年的教学经验和心血。

◆ 互动交流

本丛书的编写及出版过程，贯穿了清华大学出版社一贯严谨、务实、科学的作风。伴随我国教育改革的不断深入，要编写出满足新形势下教学需求的教材，还需要我们不断地努力、探索和实践。我们真诚希望使用本丛书的教师、学生和其他读者提出宝贵的意见和建议，使之更臻成熟。

清华大学出版社

第二版前言

随着信息技术在国际贸易和商业领域的广泛应用,利用计算机技术和互联网通信技术实现商务活动的国际化、信息化和无纸化,已成为国际商务发展的一大趋势。电子商务正是为了适应这种全球化市场的变化而出现和发展起来的。电子商务不断推陈出新促进新型商业模式的发展,从而扩大新的市场需求,推进新的商业规则出台。电子商务代表了未来信息产业的发展方向,也促进了未来商务活动的不断创新发展,已经并将持续对全球经济和社会的发展产生深刻的影响。

2008年,席卷全球的金融危机对世界经济的发展产生严重影响。企业的发展,尤其是中小企业的发展陷入了"冬眠"期,而唯有电子商务,能够在金融危机中一枝独秀。在国际金融危机面前,电子商务已成为全球中小企业的"过冬棉衣"。据有关统计资料显示,在金融危机中,未运用电子商务的企业陷入困顿的比例达84.2%,而运用电子商务的企业陷入困顿的比例为16.8%,两者相差近5倍。运用电子商务的中小企业生存状况远远好于运用传统商业模式的企业。由此可见,电子商务已经成为推动全球经济发展的重要源动力,也是广大企业拓展业务领域、提升自身竞争力的有效途径。

随着电子商务的稳步发展,企业越来越认识到电子商务是提升企业核心竞争力、拓展市场范围、获取企业利润的主要源泉,因而社会对掌握电子商务知识的人才需求越来越强烈。众多高校将培养学生掌握电子商务普识性知识的电子商务概论性课程,列为经济管理类专业的基础课程,或者非经济管理类专业的选修课程。目前市场上有大量电子商务相关教材,经过笔者多年教学实践来看,这些教材各有特点,侧重点不同,大体看内容雷同,教材要么侧重技术角度,要么侧重管理角度,主要存在以下问题:

(1) 电子商务概论作为普识性学科基础课程,旨在进行专业知识导入性内容的讲解,一般用在低年级讲授。由于该课程内容体系涉及面比较广,学习该课程学生需要具备一定的计算机、互联网、经济学、信息系统等知识,而这些课程低年级学生大多数没有具体学习,造成教学和学生学习上的困难。

(2) 部分偏向技术视角的教材,加强了电子商务网络技术、电子商务实现技术、安全技术等内容的讲授。由于电子商务涉及的技术面比较广,对电子商务专业来说,各种技术都有专门的课程单独讲授,而非电子商务专业对技术掌握要求并不高;同时简单通过电子商务概论性课程无法将电子商务技术讲授透彻。

(3) 偏向管理视角的教材主要围绕电子商务业务活动流程进行讲授,包括电子商务模式、网络支付、电子商务安全、电子商务应用(ERP、客户关系管理、电子政务等)、电子商务物流、网络营销、客户关系管理等内容。课程内容涉及面广,大部分章节内容属于一门专门课程讲授的内容。由于学时有限,如不突出实务而加强理论讲授,就会导致重点内容

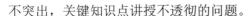

不突出,关键知识点讲授不透彻的问题。

(4) 教材内容缺乏实践环节,过于理论化,学生难以理解。许多章节内容与后续课程内容重复,学生学习了电子商务概论导致后续课程学习乏味。

我们经过多年的教学实践和"电子商务概论"精品课建设的实践,改变了以往电子商务概论性教材的编写要么偏向技术、要么内容重复缺乏实践的现状,在第一版教材的基础之上,依据作者多年的教学实践和经验,全面融合电子商务理论、实践以及最新的发展趋势,按照全新的理论体系持续性设计教材体系。本书从电子商务商业模式入手,通过电子商务模式、运作模式、盈利模式和定价模式几个角度全面讲授电子商务理论;从电子商务操作流程来讲授实务,注重理论与实践的结合,突出实务性,兼顾电子商务发展的最新前沿和创新商业模式。本教材既兼顾电子商务理论深度,又强化电子商务的实际应用和企业实践,适用范围广,全面体现了复合型、应用型人才培养的目标。

全书共分成两大模块:电子商务理论和电子商务实践。

电子商务理论部分(第一章至第五章),在进行电子商务基本概述的基础之上,重点讲授电子商务的商业模式、电子商务运作模式、电子商务盈利模式和电子商务定价模式。教材将相关的理论知识以独特的视角进行整合,对电子商务的理论知识进行了详细和深入的介绍。第二版教材在第一版教材基础之上,在电子商务理论部分,将电子商务的基本概述作为独立章节,同时丰富了电子商务概念、发展历程等知识点,而将电子商务商业模式作为独立的一个章节进行详细讲述;电子商务盈利模式章节增加了微博、社交网站和视频网站等创新电子商务模式的盈利模式等内容。

电子商务实务部分(第六章至第十一章),主要围绕电子商务的商务活动展开论述,包括网络市场与网络调研、网络营销工具与方法、物流支持与订单管理、网络支付与工具、电子商务安全与风险防范、跨境电子商务(本章为电子版课件)等6个章节。将第一版教材中电子商务网站平台建设、网络商务洽谈、客户服务等3个章节的相关内容放到教材支持材料供读者查阅。在原来网络调研章节中充实了网络市场的知识,将商务网站推广章节内容重新按照网络营销工具与方法应用的角度进行讲授,更凸现内容的实战性;同时增加了跨境电商作为一个独立章节。一方面,由于近几年跨境电子商务得到了前所未有的发展机遇和挑战;另一方面由于跨境电商也是前面几个电子商务实践章节的全面总结和实际应用,从跨境电商运营的业务活动,包括选品、营销推广、支付、物流、客户服务以及数据分析几个环节进行全面的应用和延伸拓展。该部分内容着重将电子商务理论与实际应用有效地结合在一起,通过学习可以使学生比较系统、全面地掌握电子商务的整个运营流程,从而培养学生独立进行网上商务活动以及跨境电商运营,开展网络营销与推广的实际动手能力。

本书在每章的章首都有一个引导性案例,为后续内容做铺垫;章节中也撰写了大量案例,从而有效地将理论与实践结合。同时案例提供了富有针对性的思考题,启发学生思考,增强教学过程的互动性;每章末设有复习思考题,引领学生全面掌握本章重点内容,同时还附有实践题,让学生阅后亲自进行网上操作,提升其实际动手能力。第二版在第一版基础之上更新了 80%以上的案例材料，使案例选材更具有说服力，同时兼顾时效性。本书避免纯理论性的阐述或纯技术性的介绍，而是紧贴电子商务实务，让读者能够增强学习兴趣，加强学习的效果。

本书共分十一章，第一、九章由马佳撰写；第三、四章由赵礼强撰写；第五章由赵礼强、马佳老师共同完成；第二、六章由荆浩撰写，第七章由荆浩、王庆军共同完成；第八章由王庆军、魏利峰共同完成；第十章由魏利峰、张森悦共同完成，第十一章由张森悦和马佳老师共同完成。赵礼强、马佳负责全书结构的策划和最后的统稿。

另外，本书配有电子课件以及相应案例材料、教材支撑材料等，以适应多媒体教学的需要。下载地址：www.tup.tsinghua.edu.cn。

本书的编辑出版，得到了清华大学出版社的大力支持，我们对责任编辑的辛勤工作表示衷心的感谢。同时本书在写作过程中，借鉴和引用了大量同行电子商务方面的相关著作、教材、案例以及互联网上的资料，尽可能在参考文献中列出，在此对这些文献资料的作者表示真诚的感谢。

由于作者水平所限，因此，书中难免有不足和错误之处，恳请读者、专家、学者给予批评指正。

编　者

目　　录

第一章　电子商务概述 ... 1

第一节　互联网概述 ... 4
一、互联网的起源 ... 4
二、互联网和万维网 ... 5
三、Web 2.0 与我们的生活 ... 8

第二节　电子商务的概念与分类 ... 10
一、电子商务的界定 ... 10
二、电子商务的概念模型 ... 12
三、电子商务的分类 ... 14

第三节　电子商务体系结构 ... 18
一、电子商务系统的组成 ... 18
二、电子商务系统的层次结构 ... 20
三、电子商务的技术特征 ... 21

第四节　电子商务的发展历程 ... 23
一、电子商务产生的背景 ... 23
二、电子商务的第二次浪潮 ... 24
三、电子商务的发展演变过程 ... 25
四、我国电子商务的发展历程 ... 26

本章小结 ... 30
复习思考题 ... 31
实践题 ... 31

第二章　电子商务商业模式 ... 32

第一节　电子商务的商业模式概述 ... 34
一、商业模式 ... 34
二、商业模式的八大基本要素 ... 34

第二节　B2C 电子商务的主要商业模式 ... 39
一、门户网站 ... 40
二、电子零售商 ... 40
三、内容提供商 ... 41
四、交易经纪人 ... 41
五、市场创建者 ... 41
六、服务提供商 ... 42
七、社区服务商 ... 42

第三节　B2B 电子商务的主要商业模式 ... 42
一、电子分销商 ... 43
二、电子采购市场 ... 44
三、电子交易市场 ... 44
四、行业协会 ... 45
五、会员专用网络 ... 45

第四节　其他电子商务商业模式 ... 46
一、消费者对消费者(C2C)的商业模式 ... 46
二、对等(P2P)商业模式 ... 47
三、移动商务商业模式 ... 47
四、电子商务使能者：淘金热模式 ... 48

本章小结 ... 51
复习思考题 ... 51
实践题 ... 52

第三章　电子商务运作模式 ... 53

第一节　电子市场及其运行机制 ... 56
一、电子市场概述 ... 56
二、电子市场的类型 ... 57
三、电子市场的机制 ... 59
四、我国的电子商务发展概况 ... 61

第二节　B2B 电子商务模式 ... 63
一、B2B 电子商务概述 ... 64
二、B2B 电子商务的基本类型及收益来源 ... 66
三、B2B 电子商务运作策略 ... 67

第三节　B2C 电子商务模式 ... 76

一、B2C 电子商务概述 78
　　二、B2C 电子商务的分类及
　　　　虚拟服务 78
　　三、B2C 电子商务收入来源 83
第四节　C2C 电子商务模式 84
　　一、C2C 电子商务概述 85
　　二、C2C 电子商务运作模式 86
　　三、C2C 电子商务运作策略 87
　　四、C2C 电子商务盈利模式 88
第五节　O2O 电子商务模式 89
　　一、O2O 电子商务概述 91
　　二、O2O 电子商务运营模式 93
本章小结 98
复习思考题 99
实践题 99

第四章　电子商务盈利模式 101

第一节　电子商务盈利模式概述 103
　　一、盈利模式 103
　　二、电子商务盈利模式的分类 105
第二节　电子商务盈利模式分析 106
　　一、网上目录的盈利模式 106
　　二、数字内容的盈利模式 110
　　三、广告支持的盈利模式 111
　　四、交易费用盈利模式 112
　　五、服务费用盈利模式 114
　　六、盈利模式的转变与混合
　　　　盈利模式 117
第三节　新型电子商务盈利模式分析 ... 119
　　一、微博盈利模式分析 119
　　二、社交网站盈利模式分析 121
　　三、视频网站盈利模式分析 125
本章小结 127
复习思考题 128
实践题 128

第五章　电子商务定价模式 129

第一节　电子商务定价策略 130
　　一、免费定价策略 131
　　二、静态定价策略 132
　　三、动态定价策略 133
　　四、定制生产定价策略 141
　　五、物物交换 142
第二节　动态定价：电子拍卖 142
　　一、电子拍卖概述 143
　　二、电子拍卖的类型 146
　　三、网上拍卖的过程 149
　　四、网上拍卖的风险识别及其
　　　　防范 153
本章小结 156
复习思考题 156
实践题 156

第六章　网络市场与网络调研 157

第一节　网络市场 157
　　一、网络市场的内涵与分类 157
　　二、网络市场的特征 157
　　三、我国网络市场的发展现状 159
第二节　网络调研 163
　　一、网络调研的内涵 164
　　二、网络调研的特点 165
　　三、网络调研的过程 166
第三节　网络调研的方法 167
　　一、网络市场直接调研 167
　　二、网络市场间接调研 169
第四节　在线问卷调查与反馈 171
　　一、在线问卷调查的分类 171
　　二、在线调查问卷的设计 172
　　三、在线调查问卷的投放和回收 ... 174
　　四、在线问卷调查的注意事项 177
本章小结 180

复习思考题 180
实践题 181

第七章　网络营销常用工具和方法 182

第一节　搜索引擎营销 182
　　一、搜索引擎营销的原理与方法 183
　　二、关键词广告 184
　　三、中国搜索引擎市场的发展 186
第二节　网络社区营销 188
　　一、网络社区的形式和作用 190
　　二、网络社区营销的发展和问题 191
　　三、如何建立网络社区 192
第三节　微博营销 194
　　一、微博概述 194
　　二、微博营销概述 196
第四节　微信营销 199
　　一、微信营销的特点 201
　　二、微信营销的优势 201
　　三、微信营销的模式 202
本章小结 203
复习思考题 203
实践题 204

第八章　网络支付及支付工具 205

第一节　网络支付概述 207
　　一、网络支付的概念及特征 207
　　二、网络支付体系的构成 208
第二节　网络支付系统 210
　　一、网络支付系统的基本流程 210
　　二、网络支付的基本系统模式 211
第三节　网络支付的工具 212
　　一、信用卡支付 213
　　二、电子现金网络支付 217
　　三、电子钱包网络支付 219
　　四、电子支票网络支付 221

第四节　网络支付的方式 222
　　一、第三方支付 222
　　二、微支付 227
　　三、移动支付 228
本章小结 232
复习思考题 232
实践题 233

第九章　订单履行与物流支持 234

第一节　订单履行 235
　　一、订单履行的概念及流程 236
　　二、电子商务订单履行的特点 237
　　三、电子商务中订单履行面临的
　　　　困难和挑战 238
　　四、B2C 电子商务的订单履行 239
　　五、B2B 电子商务的订单履行 241
　　六、电子订单履行与物流的关系 242
第二节　电子商务物流管理 243
　　一、物流概述 243
　　二、物流的分类 244
　　三、物流的基本功能 246
　　四、电子商务物流的概念与特点 247
　　五、电子商务物流系统的
　　　　基本结构 249
　　六、电子商务物流的作业过程 250
第三节　电子商务物流配送 251
　　一、企业自营物流模式 252
　　二、第三方物流模式 253
　　三、物流联盟模式 254
　　四、快速配送模式 256
　　五、典型物流配送模式比较 257
　　六、电子商务物流配送模式选择的
　　　　影响因素 258
　　七、电子商务物流配送模式的
　　　　选择 259

本章小结 263
复习思考题 264
实践题 264

第十章 电子商务安全及风险防范 265

第一节 电子商务的安全问题与需求 266
一、电子商务面临的安全问题 266
二、电子商务的安全需求 267

第二节 电子商务安全的技术措施 268
一、电子商务交易方自身网络安全保障技术 268
二、电子商务信息传输安全保障技术 270
三、身份和信息认证技术 272
四、电子商务安全支付技术 272

第三节 电子商务安全管理制度 273
一、电子商务安全管理制度的含义 273
二、人员管理制度 273
三、保密制度 274
四、跟踪、审计及稽查制度 274
五、网络系统的日常维护制度 274
六、病毒防范措施 275

第四节 电子商务安全的法律法规及措施 275
一、国内外电子商务的立法现状 275
二、电子商务的相关法律问题 277
三、电子商务法律案例 280

第五节 电子商务风险防范措施 284
一、电子商务风险的特点 284
二、电子商务诚信体系建设 285

本章小结 290
复习思考题 291
实践题 291

第十一章 客户服务 292

第一节 电子商务客户服务 293
一、电子服务 294
二、产品生命周期和客户服务 294
三、客户服务功能 294
四、客户服务工具 295
五、售后服务的重要性 297
六、正确处理客户投诉 299

第二节 电子商务客户关系管理 301
一、客户关系管理概述 301
二、客户关系管理系统 304
三、客户关系管理的程序 307

本章小结 311
复习思考题 311
实践题 311

参考文献 312

第一章

电子商务概述

【学习目标】

通过本章的学习,学生应理解电子商务的基本概念和分类;理解电子商务体系结构和主要特征;掌握电子商务带给企业、消费者的优势与不足,了解电子商务的产生、发展和演变过程。

【关键词汇】

互联网(Internet)　电子商务(E-commerce)　概念模型(Concept Modle)　体系结构(System Structure)

当今世界随着网络及计算机通信技术的快速发展,互联网(Internet)在全球迅速普及。信息化的不断发展、网络经济的兴起、信息技术的突破已经不单纯是信息产业的变革,它已经涉及社会、经济和文化的方方面面。网络经济使得现代商业具有不断增长的供货能力、不断增长的客户需求和不断增长的全球竞争三大特征。使得任何一个商业组织都必须改变自己的组织结构和运行方式,以适应这种全球性的发展和变化。

随着信息技术在国际贸易和商业领域的广泛应用,利用计算机技术、网络通信技术和Internet实现商务活动的国际化、信息化和无纸化,已成为各国商务发展的一大趋势。电子商务正是为了适应这种全球化市场的变化而出现和发展起来的。电子商务创造了一种全新的商业机会,促进了新的需求,推进了新规则的出台,它代表了未来信息产业的发展方向,代表了未来商务活动的发展路径,已经并将继续对全球经济和社会的发展产生深刻的影响。

【案例1-1】阿里巴巴:电子商务创新引领者

阿里巴巴网络技术有限公司是由以马云为首的18人于1999年在杭州创立,其商业模式从被誉为"网上广交会"(旨在帮助中国中小企业进军海外市场的阿里巴巴B2B电子商务平台),到2003年为中小型卖家量身打造的C2C电子商务平台淘宝集市上线;从2008年推出旨在吸引优质商家与中高端消费者的B2C品牌商城,到2011年11月宣布淘宝商城独立,并使用全新中文名称"天猫",再到2013年年初启动C2B消费者驱动战略,推出大规模消费者定制平台——聚定制,针对家电、家居、旅游、电信等市场,推出大规模消费者定制平台。从B2B到C2C,再从B2C到C2B只是阿里巴巴商业模式创新的一个缩影,在新的属于互联网时代的商业文明中，大规模标准化的制造将遭到摒弃，制造者将以消费者的意志为标准进行定制化的生产。近20年来，阿里巴巴持续创新商业模式，在潜移默化地影响国人消费习惯的同时，也改变了生产、批发、零售等整个产业链，大大提升了商业的协同效应。其发展历程如下：

1999年9月，马云带领18位创始人在杭州的公寓中正式成立了阿里巴巴集团，集团的首个网站是英文全球批发贸易市场阿里巴巴。同年阿里巴巴集团推出专注于国内批发贸易的中国交易市场(现称"1688")。2001年12月，阿里巴巴注册用户数超越100万。

2003年5月，购物网站淘宝网创立，2004年7月，淘宝网发布让买家与卖家进行即时文字、语音及视频沟通的PC版通信软件阿里旺旺。

2004年12月，阿里巴巴集团关联公司的第三方网上支付平台支付宝推出。

2005年8月11日，阿里巴巴与雅虎宣布双方已签署合作协议，阿里巴巴收购雅虎中国全部资产，同时获雅虎10亿美元投资，并享有雅虎品牌及技术在中国的独家使用权；雅虎获阿里巴巴40%的经济利益和35%的投票权。2005年10月，阿里巴巴集团接管中国雅虎。

2007年11月，阿里巴巴集团成立网络广告平台阿里妈妈。

2008年4月，淘宝网推出专注于服务第三方品牌及零售商的淘宝商城，9月阿里巴巴集团宣布旗下淘宝网和阿里妈妈合并发展。

2009年8月21日，阿里巴巴集团宣布将口碑网拆出中国雅虎注入淘宝网。

2009年9月10日，阿里巴巴集团庆祝创立十周年，同时成立阿里云计算。

2010年3月，阿里巴巴更改其中国交易市场的名称为"1688"。同月，淘宝网推出团购网站聚划算。

2010年4月，阿里巴巴正式推出全球速卖通，让中国出口商直接与全球消费者接触和交易。

2010年8月，手机淘宝客户端推出。

2011年6月16日，阿里巴巴集团宣布将淘宝网分拆为三家公司——一淘网、淘宝网、淘宝商城。10月，聚划算从淘宝网分拆，成为独立平台。

2012年1月11日，淘宝商城正式更名为"天猫"。

2012年7月23日，阿里巴巴集团宣布将调整公司组织架构，从原有的子公司制调整为事业群制，把现有子公司的业务调整为淘宝、一淘、天猫、聚划算、阿里国际业务、阿里小企业业务和阿里云七个事业群。

2014年6月，阿里巴巴集团完成收购移动浏览器公司UC优视并整合双方业务。同月，阿里巴巴集团开始以阿里电信品牌在中国提供移动虚拟网络运营商服务。

2014年7月，阿里巴巴集团与银泰成立合资企业，在中国发展O2O业务。同月，阿里巴巴集团完成对数字地图公司高德的投资。

2014年10月，阿里巴巴集团关联公司蚂蚁金融服务集团(前称"小微金融服务集团")

正式成立。同月,淘宝旅行成为独立平台并更名为"去啊"。

2015年6月23日,阿里巴巴集团与蚂蚁金融服务集团联合宣布,双方将合资成立一家本地生活服务平台公司,合资公司名为"口碑",双方各自注资30亿元,共60亿元,各占股50%。

2015年7月15日,阿里巴巴集团宣布成立阿里音乐集团。

2015年7月29日,阿里巴巴集团宣布对旗下阿里云战略增资60亿元,用于国际业务拓展、云计算、大数据领域基础和技术的研发,以及DT生态体系的建设。

2015年11月6日,阿里巴巴集团和优酷土豆集团宣布,双方已经就收购优酷土豆股份签署并购协议,根据这一协议,阿里巴巴集团将收购优酷土豆集团。这项交易将以全现金形式进行。

2015年12月17日,阿里巴巴集团斥资12.5亿美元,成"饿了么"第一大股东。

2016年3月21日下午2点57分,阿里巴巴零售平台2015财年交易额突破3万亿元。这是阿里巴巴第一次发布实时年交易额。

2016年4月13日,饿了么与阿里巴巴及蚂蚁金服正式达成战略合作协议,获得12.5亿美元投资。其中,阿里巴巴投资9亿美元,蚂蚁金服投资3.5亿美元。

2016年7月5日,第三方应用商店"豌豆荚"宣布其应用分发业务并入阿里巴巴移动事业群,双方已正式签订并购协议。

2017年8月3日,2017年"中国互联网企业100强"榜单发布,阿里巴巴排名第二位。

2014年9月19日,阿里巴巴集团在纽约证券交易所正式挂牌上市。2015年阿里巴巴总营收达到943.84亿元人民币,净利润688.44亿元人民币。

2016年4月6日,阿里巴巴正式宣布已经成为全球最大的零售交易平台。1000万个创业机会;每天超过1亿人登录消费;全年交易额已突破3万亿元人民币,占全国社会消费品零售总额的近5%以上,相当于eBay和亚马逊全年交易额的总和……阿里巴巴旗下的淘宝和天猫10年间不仅实现了超过一万倍的规模裂变,更引领着商业模式创新的先河,改变了国人的消费习惯,并影响到生产、批发、零售等整个产业链。

电子商务生态系统的核心是开放、协同和分享,这就要求阿里巴巴在运营模式上摒弃传统,更多依靠卖家的创造力,腾出更多的精力聚焦在生态系统、规则、平台、数据与信息共享等基础设施上。阿里系的电子商务王国生态体系主要由"电子商务商务平台+电子商务支持服务"两大业务板块构成。目前平台业务板块主要包括:淘宝、一淘、天猫、聚划算、阿里国际业务、阿里中小企业业务和阿里云七大事业群。新"七剑"架构的实质是将阿里巴巴平台上成千上万家中小企业和淘宝市场体系有效结合,最终形成一个从消费者到渠道商,再到制造商的CBBS市场体系的有机整体;而电子商务支持服务业务板块主要包括支付宝、蚂蚁金融服务、菜鸟物流服务、大数据云计算服务、广告服务、跨境贸易服务等电子商务服务。同时,阿里巴巴已经形成了一个通过自有电商平台沉积以及UC、高德地图、企业微博等端口导流,围绕电商核心业务及支撑电商体系的金融业务,以及配套的本地生活服务、健康医疗等，囊括游戏、视频、音乐等泛娱乐业务和智能终端业务的完整商业生态圈。这一商业生态圈的核心是数据及流量共享，基础是营销服务及云服务，有效数据的整合抓手是支付宝。

(资料来源：百度百科，有删减)

案例思考题

(1) 分析阿里巴巴是如何构建其电子商务生态体系的？各业务板块之间是如何互相促进提升的？

(2) 阿里巴巴采取了哪些电子商务模式？不同模式有什么特点？

(3) 分析说明阿里巴巴为什么将淘宝商城更名为天猫？

第一节　互联网概述

现在每天有成千上百万的人在使用互联网，但真正能够理解互联网工作原理的人却凤毛麟角。互联网是由互相连接的计算机网络组成的一个大系统，这个系统覆盖全球。通过互联网，人们可以用电子邮件与世界各地的人进行交流，可以阅读网络版的报纸、杂志、学术期刊和图书，可以加入任何主题的讨论组，可以参加各种网上游戏和模拟，可以免费获得计算机软件。企业的业务已经全部或者部分转移到网络平台，开始通过互联网来建立业务伙伴并联系客户。现在通过网上介绍其产品或服务的企业已经涵盖所有行业，很多企业都在利用互联网来推广和销售自己的产品或服务。

一、互联网的起源

20世纪60年代初期，美国国防部开始担心核攻击可能对其计算机设施带来的后果。国防部认识到将来的武器需要功能强大的计算机进行协调和控制，但当时功能强大的计算机都是大型机，所以国防部开始想办法把这些计算机互相连接并把它们和遍布全球的武器装置连到一起。国防部里接受此项任务的机构雇用了很多顶尖的通信技术专家，花了多年的时间进行研究，目的是创造出一种全球性的网络，即使这种网络的一部分被敌人的军事行动或破坏活动摧毁，整个网络还可以正常运行。这些专家花了大量心血研究各种可以建立独立运行网络的方法。独立运行的含义就是网络不需要一个中央计算机来控制网络的运行。

早期的网络租用电信公司的专线进行连接。当时电信公司在每个电话的呼叫者和受话者之间都建立了一条单信道的连接，这个连接使所有的数据在一条路径上传输。如果一家公司想把分散在不同地点的计算机连接起来，它可以利用电话专线建立这个连接，所连接的两台计算机通过这个单信道连接进行通信。国防部很担心这种单信道的计算机连接的风险，研究人员提出了通过多信道发送信息的新方法。这种方法要把文件和信息分解打包，每个信息包都打上电子代码以标明它们的来源和目的地。

1969年，国防部的这些专家用这种网络模型把四台分别位于加州大学洛杉矶分校、斯坦福大学国际研究所(SRI International)、加州大学圣巴巴拉分校和犹他大学的计算机连到了一起。接下来几年里，更多的专家纳入这个网络。他们为网络的建设出谋划策，提高了网络运行的速度和效率。与此同时，其他大学的研究者也在用同样的技术创建了自己的网络。

到20世纪70年代初期，尽管国防部这个网络的主要目的还是控制武器系统和传输研究文件，但人们已为这个网络找到了一些新的用途。1972年，一个研究者写出了一段可以通过网络发送和接收信件的程序，电子邮件就这样诞生了，并迅速得到广泛的使用。军事、教育和科研领域的网络用户在不断增加，很多新的用户开始利用这项网络技术传输文件和远程登录其他计算机。

第一个电子邮件的邮件名录也出现在这些网络上。邮件名录是一个电子邮件地址，它可以接收所收到的任何邮件，并把这个邮件寄给任何一个加入邮件名录的用户。1979年，杜克大学和北卡罗来纳大学的一群学生和程序员创建了用户新闻网(Usenet)，它可让网上任何用户阅读和张贴各种话题的文章。Usenet发展至今已有几千个专题，每个专题区域称为一个新闻组。

虽然当时人们已经为网络的使用开发出了很多创造性的用途，但网络的使用者仍局限在能够接触到网络的学术和研究领域。从1979年到1989年，网络的这些新的用途不断地得到改进，用户规模也在不断壮大。随着研究和学术机构对网络带来的利益的认识不断加深，国防部的网络软件得到了更广泛的应用。这段时间个人电脑的飞速发展也使更多人喜欢上了计算机。到20世纪80年代末，这些独立的学术和研究网络合并成了我们现在所熟知的互联网。

早期互联网的应用除了电子邮件，讨论区和新闻组也是很流行的。用户将信息发送到新闻组中或一个讨论区中，这些信息将被复制发送到所有订户。另一个称作文件传输协议(FTP)的应用非常普及，特别是在一些科学研究的组织中。有了文件传输，你可以将文件发送出去或从远方收到发送过来的文件。另外一项非常有用的应用是Telnet，即远程登录。这使得用户可以登录到很远的一台大型机上，执行远距离的计算机上的一些功能，就如同用户实地登录一样。

二、互联网和万维网

1. 互联网

互联网是由多个计算机网络连接而成的，这种网络通过物理上的连接并通过我们称之为互联网协议(internet protocol，IP)和传输控制协议(transmission control protocol，TCP)的加码和解码功能进行通信。从这种意义上说，协议就是计算机之间交换信息的规则。IP描述了如何将要传递的信息分成一个一个小的信息"包裹",而 TCP 描述了在另一端如何打开并重新组合这一串"包裹",以及在特定的情况下需要如何做,比如说,如果其中一个"包裹"遗失了,需要怎样做。

互联网基础框架包括五个主要部分:骨干网络、路由器(数据交换器)、端点(POP)、计算机服务器以及用户与网络相连的计算机(见图1-1)。这个系统允许经过授权的用户从世界上任何地方连接到网络上,并使用世界上其他任何一台计算机所存储的数据。

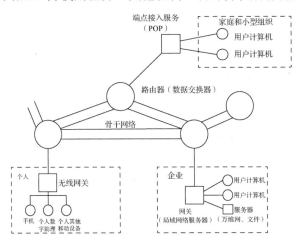

图 1-1　互联网组成部分

骨干网络(backbone)是由高速计算机连接的高速通信线路(它曾经被称作"干线"或只是"电话线路",但现在具有更高的容量)组成的通信网络。它由光缆构成,允许计算机以非常高的速度交换数据。通信线路的带宽(bandwidth)是指它的数据传输的容量或数据交换的速度:信息[由数字 1 和 0 构成信息的单位,称为比特(bits)]在单位时间传输量的大小,经常表示为每秒通过的比特数(bps)或每秒通过的兆比特数(Mbps),或者在很高的容量的线路中,表示成每秒通过的千兆比特数(千兆每秒,或 Gbps)。互联网的骨干网络是由横贯北美及遍布全世界的这种高带宽的线路组成的。

将骨干网络连接起来的是数据交换器(digital switch),如异步传输模式(ATM)数据交换器。这些交换器实际上是运行非常快的计算机,它们驱动数据在骨干网路上运动。这些交换器获取信息并通过它让信息继续流向下一个数据骨干网络。那些具有指路的功能,决定交通流向的交换器叫作路由器(routers)。比如说,你需要从本国异地的另一台计算机上获取信息,如果信息是能够获得的,那么向远方的计算机发出的请求,以及那台计算机的回应就会产生"交通"流量。在这两端之间,信息沿着骨干网路由一个数据交换器向下一个交换器传输。很多这样的中介交换器都连接在两个或两个以上的骨干网路上。根据目标及网路的拥挤程度,它们将决定信息需要沿着哪一条路径传递。

要接入这种网络需要其他专门的计算机。终端用户主要有三种基本类型:即个人,小型或中型组织，大型组织或"企业"。由于个人和小型组织的接入基本相同，它们通常被归为一类。它们的接入是通过互联网服务提供商(ISP)提供的端点接入服务(POP)。一个POP只是接入网络的一个端点，它包括一个能够指引"交通"如何到达用户接入点的交换器(计算机)。个人利用其私人通信工具或者电子设备，比如移动电话等，通过无线网关也可以接入互联网。与前一种方式相比，这种接入方式相对比较复杂，因为使用者会不停地从一个地方移动到另一个地方，但从概念上说，这与家庭用户也是类似的。无线网关在这里就是互联网和无线运营商自己网络之间的连接界面。运营商网络内部信息的处理方式和其他有声电话的处理方式相同，这些信息在移动通信工具和运营商设备之间传递。

大型企业集团的互联网接入是通过称作网关(gateway)或者局域网(LAN)服务器的交换器实现的，有些位于防火墙的后面，有些不是。防火墙是一系列专门的硬件和软件，它们提供对LAN保护，防止来自外界用户和命令的侵入。LAN包括一些不同类型的硬件设备，以及组织内可共享的其他资源。那些服务于企业的大的LAN通常通过LAN服务器直接连接在高速交换器上，LAN的交换器也具有指挥局部网络通信连接到终端用户的功能(见图1-1)。终端用户连接LAN的方式可以是有线连接(即所谓的固定线路网络或有线网络)，也可以是无线连接，即无线网络，由一个有线连入网络的接入点和一个无线网卡(天线)的组合，通过接入点来收发信息。这一设备通常称为固定无线(fixed wireless)。所有能够与互联网连接的计算机都可以看成是互联网的一部分。

2. 万维网

万维网(world wide web，简称WWW或Web)是互联网上所有支持超文本功能的计算机的总和。超文本(hypertext)与"普通"文本是有区别的，它从头到尾并不遵循线性的路径。你可以根据兴趣以非线性的方式选择点击感兴趣的文字或图片，这样可以立刻从所点击的文本中获得更多的信息。并不是所有的文本(文字或图片)都可以点击，那么读者如何才能知道哪些文本可以点击呢？页面的制作者会决定哪些文本值得获取更多信息，然后他会加入一个从当前页到含有更多信息的页面上的链接。这些页面包含的信息和样式也可以称为内容(content)。因此作者通常被称为内容的编辑制作者。在万维网的语言中，使用者点击(选择)链接就可以获得想要得到的信息。

伯纳斯·李在1980年提出了关于超链接存储和接收系统的最早想法。他开发了一种语言，称作超文本语言(HTML)，它不仅用于在不同的计算机之间建立连接，而且可以显示一些与文件相关的图片。对于使用者来说，这样的链接或超文本都是凸显出来的，所有需要通过它获得相关信息的用户都可以点击它。这些超文本链接和存储在互联网结点中的相关信息就构成了万维网。

由于互联网基础框架的支持，万维网才得以运转。这样万维网就具有一系列与互联网相同的功能。例如，文件传输、远程登录、电子邮件等诸多功能。由此我们看到万维网是互联网一项最重要的功能，很多情况下将这两个概念混合使用。

三、Web 2.0 与我们的生活

Web 2.0 这一术语最初是由 O'Reilly Media 媒体公司在 2004 年提出的。它指二代互联网工具以及升级的服务形式，能用新的方式(例如，社交网站、维基网站、网络通信工具、"分众分类"营销工具等)帮助用户编制、控制信息，利用网络相互合作并分享信息。Web 2.0 是相对 Web 1.0(2003 年以前的互联网模式)的新一代互联网应用的统称，是一次从核心内容到外部应用的革命。如今，由 Web 1.0 单纯通过网络浏览器浏览 HTML 网页模式向内容更丰富、联系性更强、工具性更强的 Web 2.0 转变。电子商务 1.0 时代主要是网络交易、网络服务以及以公司为主导的在线合作。Web 1.0 的主要特点在于用户通过浏览器获取信息，而 Web 2.0 则更注重用户的交互作用，用户既是网站内容的消费者(浏览者)，也是网站内容的制造者。

从知识生产的角度看，Web 1.0 的任务是将以前没有放在网上的人类知识，通过商业的力量放到网上去。Web 2.0 的任务是将这些知识通过每个用户的浏览求知的力量，协作工作，把知识有机地组织起来。在这个过程中继续将知识深化，并产生新的思想火花。从内容产生者角度看，Web 1.0 是以商业公司为主体把内容往网上搬，而 Web 2.0 则是以用户为主，以简便随意方式通过 blog/podcasting 方式把新内容往网上搬。从交互性看，Web 1.0 是以网站对用户为主，而 Web 2.0 是以 P2P 为主。

在 Web 2.0 的发展过程中产生了一些新的网络应用类型，直接和我们的生活息息相关，主要包括(但不限于)以下方面。

1. 网络社区

在 Web 2.0 模式的多种表现形式中，以网络社区最为突出和典型。网络社区的社交化已经是一个众所周知的事实，其中最重要的一点是建立了以"兴趣、话题"或"人际关系"为中心的社交网络架构。目前，网络社区还在不断向着"细分化"和"娱乐化"方向发展。Web 1.0 到 Web 2.0 的转变，从模式上说是由单纯的"读"向"写"和"共同建设"转变；从基本构成单元上说是由"网页"向"发表/记录的信息"转变；从工具上说是由互联网浏览器向各类浏览器、RSS 阅读器等转变；从运行机制上说是由"Client/Server"向"Web Services"转变；从内容的作者方面来说是由程序员等专业人士向全部普通用户转变；从应用上说是由初级集中式的应用向全面、大量的应用转变。

2. BBS

早期通过 Telnet 方式登录的电子公告牌服务，现在用来代指通过 Web 方式浏览的论坛(forum)，允许多人参与其中，就多个话题进行讨论。目前，最新最流行的论坛程序大都包括了多种由多个论坛用户同时参与的功能，以增加用户"黏度"和对论坛的依赖性。

3. Wiki

Wiki 一词来源于夏威夷语,也称作"维客",是一种超文本系统。这种超文本系统支持面向社群的协作式写作,同时也包括一组支持这种写作的辅助工具。使用者可以在 Web 的基础上对 Wiki 文本进行浏览、创建、更改。Wiki 的作者自然构成了一个社群,Wiki 系统为这个社群提供简单的交流工具。Wiki 站点可以有多人(甚至任何访问者)维护,每个人都可以发表自己的意见,或者对共同的主题进行扩展或者探讨。大多数 Wiki 系统都开放了源代码和将内容存储在相关的数据库中的服务器系统。这款软件尤以提供各页面通用的布局设计和必要元素,显示用户可编辑的源代码(通常是简明的文本)并将其放置在基于 HTML 的页面上,再显示在用户的浏览器中为其典型特征。最为人熟知的 Wiki 是维基百科,一款包含了关于大量主题的多于 400 万英语词条的在线百科全书。维基百科已有 285 种不同语言的版本,并在世界上有近 3.65 亿的读者,维基百科也因此比 iTunes 更受欢迎。

4. Blog

Blog,即博客,是个人或群体以时间顺序所作的一种记录,且能不断更新。开始的时候被称为网络日志(weblog),是一种将作者的一系列日志按时间排序并发布出来的个人网页,以及其他的相关网页。博客包括友情链接(即指向其他博客的链接)和引用信息(即从其他博客上引用之前的内容),大部分博客允许读者在作者日志下面发表他们的评论。创立一个博客的行为就是"写博客"。博客或者是由第三方网站管理,如 Blogger.com 等,或者写博客的人可以下载如 Movable Type 这类的软件来创建由用户自己的 ISP 进行管理的博客。博客的页面一般是由博客服务或软件提供的模板的变形,所以并没有对 HTML 知识的相关要求。因此,许多没有 HTML 相关技能的人也能够创建他们自己的主页,并与朋友和亲属分享其中的内容,而那些与博客相关的网站都被称为"博客世界"。Blog 是 Web 2.0 最具代表性的应用软件之一,Blog 可以随意地写下自己要表达的内容,有自己固定的空间,同时实现与他人交流、共享。

5. SNS

SNS,即"社会化网络软件/服务",是 Web 2.0 体系下的一个技术应用架构,每个用户都拥有自己的 Blog、自己维护的 Wiki 和社会化书签等,用户通过 Tag、RSS 或者即时通信、邮件等方式连接到一起,"按照六度分隔理论,每个个体的社交圈都不断放大,最后成为一个大型网络,这就是社会化网络(SNS)。

从用户角度来说,站点的社区化提供了交流的平台和人际圈的基础。越来越多的线下关系因为在社区中的相识和相知而产生,网友聚会正日渐成为一种重要的人际互动方式。如果没有站点的社区化进程,那拥有共同浓厚兴趣的用户就无法实现方便的交流,网络人际圈的建立更无从谈起。从站点角度来看,通过用户之间线上交流的频次和深度的提升,也带来了网站流量和用户"黏性"的增长,从而提升了网站的营销价值,拓宽了网站生存和发展的空间。站点吸引的特质人群还可能成为广告主们心仪的口碑媒介和传播对象，社区也成为宣传产品、活动和企业形象的最佳平台之一，成熟的人际圈的聚合对于吸引新的访问者有较大的作用。

6. 音乐和视频服务

早期的互联网只有低带宽连接方式，音频和视频在这种情况下很难被下载和共享，但随着宽带连接技术的飞速发展，这些文件已不再像以前难以下载，而是已经成了网页流量的主要组成部分。而今，iTunes 商店已经有了超过 280 万条音频，85000 部电视剧以及 45000 部电影，其中超过 3000 部是高清画质。在线视频观看同样有着超高的人气。2012 年 7 月，大约 1.84 亿美国人观看了 370 亿个视频，每个观众平均下来要看 22.5 个小时的视频（comScore，2012b）。到目前为止，最常用的视频网站是 YouTube，其每日视频观看量超过了 40 亿次（每月则是 1200 亿次），其中大部分是从电视节目中截取的短片，或者是用户自己上传的内容。

7. 智能个人助理

苹果公司 2011 年 10 月为 iPhone 4S 发布了 Siri，声称这是一款智能个人助理和信息导航软件，并拥有许多只有在小说中才可能存在的电脑助手功能。Siri 有听起来很自然的语音、会话式的交流界面、环境感知功能，并能通过向互联网发送要求的方式来完成许多用户的声控命令。Siri 现在已经在 iPhone 4S、iPhone 5、第三代 iPad 和第五代 iPod Touch 上完成了安装。在 2012 年 7 月，谷歌发布了被称为 Google Now 的由自己研发的安卓手机助手，Google Now 是谷歌搜索软件的一部分。尽管 Google Now 仍然有一些功能是模仿 Siri 的，但它却在尝试超越 Siri，并借助包括物理位置、当前时间、之前的位置、日历以及根据之前的活动等在内的环境感知功能来预测用户的可能需求，从而争取将技术再向前推进一步。

第二节　电子商务的概念与分类

一、电子商务的界定

对大多数人来说，电子商务就是在互联网上购物。但电子商务的业务并不限于网上购物，它包括很多商业活动，例如企业之间的基于网络平台的交易活动，以及公司用以支持销售、采购、照片、计划以及其他活动业务流程。联合国经济合作和发展组织(OECD)对电子商务的定义为"电子商务是发生在开放网络上的包含企业之间(Business to Business)、企业和消费者之间(Business to Consumer)的商业交易"。

1997 年 11 月，世界各国商业、信息技术、法律等领域的专家和政府部门的代表云集法国巴黎,举行了一次世界电子商务会议。该次会议给电子商务下的定义是:电子商务是实现整个贸易活动的电子化。从其涵盖的范围可定义为:交易各方以电子贸易的方式,而不是通过当面交换或者直接面谈方式进行的任何形式的商业交易活动。从技术方面可定义为:电子商务是一种多技术应用的集合体,包括获得数据和信息(如共享数据库、电子公告牌等)、交换数据和信息[如电子数据交换(EDI)、电子邮件等]、自动数据信息获取(如IC卡、条形码等)。

全球信息基础设施委员会(GIIC)电子商务工作委员会报告草案中对电子商务定义如下:电子商务是运用电子通信作为手段的经济活动,通过这种方式人们可以对带有经济价值的产品和服务进行宣传、购买和结算。这种交易的方式不受地理位置、资金多少或零售渠道的影响,公有(或私有)企业、公司、政府组织、各种社会团体、一般公民、企业家都能自由地参加广泛的经济活动,其中包括农业、林业、渔业、工业、私营和政府的服务业。电子商务能使产品在世界范围内交易并向消费者提供多种多样的选择。

美国政府在其"全球电子商务纲要"中,比较笼统地指出电子商务是通过Internet进行的各项商务活动,主要包括广告、交易、支付、服务等,全球电子商务将会涉及全球各国。

加拿大电子商务协会给电子商务的定义为:电子商务是通过数字通信进行商品和服务的买卖以及资金的转账,它还包括公司间和公司内利用E-mail、EDI、文件传输、传真、电视会议、远程计算机联网所能实现的全部功能(如市场营销、金融结算、销售以及商务谈判)。

IBM公司认为,电子商务是把买方、卖方、厂商和合作伙伴在企业内部网、企业外部网和互联网结合起来的应用,即:EB=IT+Web+Business。强调电子商务的概念应包括三个部分:企业内部网(Intranet)、企业外部网(Extranet)和电子商务(E-Commerce),它强调的是在网络计算机环境下的商业化应用,是把买方、卖方、厂商及其合作伙伴在因特网、企业内部网和企业外部网结合起来的应用。同时强调这三部分是有层次的,只有先建立良好的Intranet,建立比较完善的标准和各种信息基础设施,才能顺利扩展到Extranet,最后扩展到E-Commerce。

HP公司认为电子商务、电子业务、电子消费和电子化世界是不同的概念。它把电子商务定义为:通过电子化手段来完成商业贸易活动的一种方式,电子商务以电子交易为手段完成物品和服务的交换,是商家和客户之间的联系纽带,它包括两种基本的形式,即商家之间的电子商务和商家与消费者之间的电子商务。

纵览上述定义,可以看出,从不同角度来看电子商务,存在不同的认识,他们没有谁对谁错之分。由于人们对"电子技术"和"商务活动"的理解不同,因而从不同角度各抒己见,形成了广义上和狭义上的电子商务。

1. 广义电子商务

广义电子商务是指交易当事人或参与人利用电子手段等现代信息技术进行的各类商务活动。对电子商务的全面理解应从"现代信息技术"和"商务"两个方面思考。一方面,广义的电子商务包含的"现代信息技术"应涵盖各种以电子技术为基础的现代通信方式;另一方面,对"商务"一词应作广义的理解,是一切商务性质的关系所引起的种种事项。广义的电子商务是指利用各种信息技术(IT)(如电话、电报、传真、Intranet、因特网)以及专用网络环境等从事产品和服务的广告、研发、采购、营销、结算等各种商务活动。

2. 狭义电子商务

狭义的电子商务是指通过因特网进行的商务活动,特指人们依靠现代信息技术,遵循商务活动的惯例和规则,运用 Intranet、Extranet、因特网以及专用网络从事的以商品交换为中心的各种商务活动。

截至目前,对电子商务没有一个统一的、权威的、达成共识的定义。我们在本书中研究的电子商务,主要是指狭义上的电子商务。本文基于以上对电子商务的认识,对电子商务进行以下定义:电子商务的对象是实现以商品交换为目的的各种商务活动,这里的商品既包括物理商品,也包括数字、影像等电子产品;电子商务的原则是国际贸易标准和商业活动准则;电子商务的实现技术包括网络技术、计算机技术、EDI、数据存储分析处理技术等;电子商务的适用范围是企业的一切活动,包括企业内部、企业之间、企业与政府之间等的各种经济活动;电子商务的目的是高效率、高效益、低成本地进行产品生产和服务,提高企业的整体竞争能力。因此我们可以看到:电子商务的本质是商务,技术只是电子商务的手段,由于采取电子手段,使传统商务的范围拓广,业务得到拓展。

电子商务中的商务活动是指以实现商品或服务的交易而开展的一系列的经营管理活动的总称。具体来说,商务活动主要包括采购、销售、商贸磋商、价格比较、经营决策、营销策略、推销促销、公关宣传、售前/售后服务、客户关系、咨询服务等。电子化手段主要是指信息技术,特别是互联网技术,包括 LAN、WAN、因特网等有线和无线通信等。商务活动和电子化手段两者之间的关系:前者是核心,后者只是手段和工具。我们还必须认识到,电子商务的本质是商务,是传统商务在现代信息技术环境下的表现形式。电子商务不等于商务电子化。真正的电子商务应该既包括企业网络前台的商务电子化,更重要的是还要包括网络后台的整个企业运作体系的全面信息化,以及企业整体经营流程的优化和重组。换句话说,它既包括了企业面向外部的业务流程,如网络营销、电子支付等,还包括了企业内部的业务流程,如企业资源计划、管理信息系统、客户关系管理、供应链管理、人力资源管理、网上市场调研、战略管理及财务管理等。

二、电子商务的概念模型

从电子商务的发展演变的过程来看,可以用抽象的概念模型来描述电子商务活动。电子商务概念模型是由交易主体、电子市场、交易事务三个基本的要素和信息流、资金流、物资流、商流四个基本业务流构成。示意图如图1-2所示。

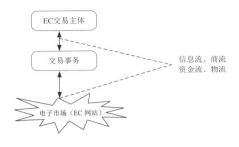

图 1-2 电子商务概念模型

1. 电子商务概念模型的基本要素

(1) 电子商务交易主体是指开展电子商务，从事电子商务活动的客观对象，它可以是企业、银行、政府机构和个人等。

(2) 电子市场，指电子商务交易主体从事商品和服务交换的场所，它是由各种各样的商务活动参与者利用各种通信装置，通过网络连接成一个统一的经济整体。

(3) 交易事务，指电子商务交易实体之间从事的具体商务活动的内容。例如，网络调研、询价、报价、商务磋商、电子合同签订、订单履行与物流支持、电子支付、客户服务等。交易事务详细内容我们将在后面的章节分别进行阐述。

2. 电子商务概念模型的基本业务流

四个基本业务流体现为电子商务交易过程中业务处理流程，由电子商务交易主体之间在交易过程中按照约定或者合同规定达成的执行过程，表达的是"如何"去做。

(1) 物流，指商品和服务的配送和传输渠道，具体包括商品转移过程中涉及的包装、运输、储存、配送、装卸等各种活动，以及装货单、发货单、信息咨询等物流信息单据的流动。一般有形物流不能从网上直接传送，需要实体物流过程才能完成。B2C 电子商务环境下物流的服务一般都由专业的第三方物流企业来参与完成，B2B 电子商务环境下物流的服务一般都由企业自营物流或者由专业的第三方物流企业来参与完成。而无形的数字产品比较适宜网上传输，一般不需要物流工具的直接配送，能通过网上直接传输。

(2) 资金流，指电子商务交易主体在达成交易后伴随的相关资金的转移过程，包括付款、转账、兑换等过程，一般都需要银行的直接或者间接参与。

(3) 信息流，指为达成电子商务而在网络交易主体及交易参与各方以及银行、身份认证中心等进行的相关信息的流动与交换，既包括商品信息的提供、网络广告及网络促销、技术支持、售后服务等内容，也包括诸如询价单、报价单、商务磋商、付款通知单、转账通知单等商业贸易单证，还包括交易方的支付能力、支付信誉保障和中介信誉等。

(4) 商流，指电子商务交易主体之间为表示达成交易而进行的一些特殊信息流动并伴随商品所有权的转移，比如电子合同与电子订单的签订、填写、传递、电子签名和身份认证等活动。

三、电子商务的分类

电子商务依据不同的分类方法，有多种分类方式，下面主要介绍按照电子商务交易对象、电子商务活动的内容、电子商务系统的功能目标进行分类的三种分类方式。

1. 按照电子商务交易对象分类

按照电子商务交易对象进行分类，电子商务主要分为以下五种类型。

(1) B2C(business to customer)电子商务，即电子商务企业与消费者之间的电子商务，也就是通常说的网上零售，企业通过网络直接面向消费者销售产品和服务。在互联网飞速发展的今天，已形成了各种类型的网上商店，提供各种商品和服务。目前，在因特网上有许许多多各种类型的虚拟商店和虚拟企业，提供各种与商品销售有关的服务，比如书籍、鲜花、服装、食品、汽车、电视实务商品，以及新闻、音乐、电影、数据库、软件等数字化产品，还有提供的各类服务，比如旅游、在线医疗诊断和远程教育等。

(2) B2B(business to business)电子商务，即企业与企业之间的电子商务。B2B 是指进行电子商务交易的供需双方都是商家(或企业、公司)，它们使用因特网技术或各种商务网络平台，完成商务交易的过程。这些过程包括：发布供求信息，订货及确认订货，支付过程及票据的签发、传送和接收，确定配送方案并监控配送过程等。

(3) C2C(customer to customer)电子商务，即消费者与消费者之间的电子商务。C2C 电子商务主要是消费者与消费者之间的交易，消费者借助一个网络平台(例如淘宝网、易趣网等)开展的个人间的交易。

(4) B2G(business to government)电子商务，即企业与政府之间的电子商务。这种商务活动覆盖企业与政府组织间的各项事务。政府采购清单可以通过因特网发布，公司可以以电子化方式回应。同样，在公司税的征收上，政府也可以通过电子交换方式来完成。

(5) C2B(customer to business)电子商务，即个人对企业的电子商务。C2B 电子商务模式最先由美国流行起来，其核心是通过聚合为数量庞大的用户形成一个强大的采购集团，以此来改变 B2C 模式中用户一对一出价的弱势地位，使之享受到以大批发商的价格购买单件商品的利益。目前国内很少有厂家真正完全采用这种模式。

2. 按照电子商务活动的内容分类

按照电子商务活动的内容分类，电子商务主要包括两类商业活动。

(1) 间接电子商务，即有形货物的电子商务。它仍然需要利用传统运输渠道(第三方物流公司、邮政服务和商业快递等)来实现送货或实地交割。

(2) 直接电子商务，即无形货物和服务的网上交易，包括计算机软件、娱乐内容的联机订购、付款和交付，也包括金融产品、旅游产品的网上交易，或者是全球规模的信息服务。

间接电子商务要依靠一些外部要素，如供应链、配送系统等完成这个交易过程；而直接电子商务能够使双方越过地理界线直接进行交易，充分挖掘全球市场的潜力。许多企业同时开展直接和间接的电子商务，对直接与间接的划分仅是研究的需要，两者会长期存在。

3. 按照电子商务系统的功能目标分类

企业的电子商务系统按照系统的功能目标不同，可以分为以下三种。

(1) 内容管理。这类电子商务系统在网上发布信息并进行管理，通过网上的广告信息来增加企业的品牌价值，在网上树立企业形象。这类电子商务反映了企业主要依赖于提高网站的内容制作与管理水平，从而提高本企业电子商务系统的竞争力。比如，网易等门户网站提供免费数字信息内容服务。

(2) 交易服务。交易服务是网上商店常采用的电子商务系统形式，使网上的商品销售活动真正实现每周 7 天、每天 24 小时的服务。这种形式的电子商务系统能够在网上向客户提供智能目录、接受网上订单和安全的网上支付等服务。

(3) 协同商务。协同商务，即将具有共同商业利益的合作伙伴整合起来，主要是通过对与整个商业周期中的信息进行共享，实现和满足不断增长的客户需求。企业通过电子商务协同网络平台的搭建，不仅优化企业内部管理，而且将客户、供应商、代理分销商和其他合作伙伴也纳入企业信息化管理系统中，实行信息的高效共享和业务的一系列链接。一方面实现企业内部各部门之间的业务协同、不同的业务指标和目标之间的协同以及各种资源约束的协同，如库存、生产、销售、财务间的协同；另一方面实现企业内外资源的协同，即整个供应链的协同，如客户的需求、供应、生产、采购、交易间的协同。

【案例 1-2】戴尔公司利用电子商务获得成功

戴尔是一家总部位于美国德克萨斯州朗德罗克的企业，由迈克尔·戴尔于 1984 年创立，其网络销售属于生产企业开展的以直销为主的网络销售模式。公司成立之初，就根据顾客个人需求组装计算机，不经过批量销售计算机的经销商控制系统，直接接触最终客户，是第一家通过邮件生成订单来供应个人计算机的公司，"按单生产一直是戴尔业务模式的奠基石。戴尔公司致力于为消费者、中小企业、大企业以及公共部门等客户提供 PC 产品和解决方案。

一、面临的问题与机遇

2001 年，对许多 IT 企业来说不是一个好年头，但戴尔公司一枝独秀。据美国 IDC 公司的权威报告，戴尔公司 2001 年第一季度的计算机销售额已经全球独占鳌头，市场占有率达到了 13.1%。戴尔公司是凭什么赢得了市场？戴尔公司不是以技术见长的公司，通过网络直销模式，把公司从原来的一个小企业，发展成为如今全球领先的计算机公司。"按单生产"一直是戴尔业务模式的奠基石，到 1993 年，戴尔已成为全世界五大计算机制造商之一，但当时，戴尔主要采用传真和"蜗牛"邮寄的方式来接收订单，结果流失了大量客户。到 1994 年，流失的资金已超过了 1 亿美元。公司陷入了困境。

二、解决方案

1. 在线直销

20世纪90年代早期的因特网的商业化以及1993年的环球网的引入给戴尔提供了迅速壮大的机会。戴尔借助网络平台，实施在线订购，并开始在网上提供其他的产品信息。这使得戴尔严重打击了康柏公司，到2000年，戴尔已成为全球PC销售商的老大。当时，戴尔公司网络销售的每日销售量为500万台，每年的销售额为180亿美元。如今，戴尔公司每年在网上销售与计算机相关的产品(包括网络和打印机等)的销售额达到了500亿美元。

戴尔通过"在线直线订购模式"实现了成功。而在其背后支撑这种模式的是戴尔基于先进现代信息技术的供应链管理，其真正核心在于网络直销背后的一系列包括采购、生产、销售、供应商管理、客户服务及企业内部管理等环节在内的快速反应。网络直销可以被模仿，但是戴尔的这种直线模式确实很难被模仿，这也是为什么戴尔公司能在激烈的计算机市场中保持领先的原因。

在线直销是戴尔主要的电子商务活动，戴尔的主要销售对象包括以下四类。

(1) 为家庭和家庭办公购买产品的个人消费者。
(2) 小企业(员工数目在200人以下)。
(3) 中型和大型企业(员工数目在200人以上)。
(4) 政府、教育和卫生保健机构。

第一类销售模式称为企业对消费者(B2C)，其他三类销售模式称为企业对企业(B2B)。顾客通过运用在线的电子目录在戴尔网站下订单，也同时可以在线进行个性化配置计算机。同时戴尔大客户企业的采购部门提供了两个电子采购服务项目，经过戴尔授权的用户可以从戴尔公司的网站上选择购买一台PC，该系统就会自动生成并履行订单。比如英国航空公司将这一电子采购工具安装在公司内部的电子办公网上，公司中被授权的员工即可通过与戴尔系统直接相连的接口完成PC的采购。

除了给客户提供电子采购工具外，戴尔在自身的采购业务中也采用了电子商务。实际上，戴尔开发了一个与其合作商可以共享的电子采购系统，当戴尔为它的产品订购零部件时，可用该系统自动生成产品报价。

此外，戴尔在电子拍卖网站上销售翻新的戴尔计算机和其他产品。在线拍卖是一种非常重要的销售渠道。

2. 电子合作

戴尔公司有许多业务伙伴，它需要与这些伙伴进行合作与沟通。例如，戴尔靠专业运输商(像UPS、FedEx)给客户递送计算机，也利用第三方物流公司从其供应商处来提取、维护和配送计算机零部件，而且戴尔还有许多其他的合作伙伴。依托互联网技术，戴尔将顾客既有的ERP系统或采购系统与戴尔以及其他贸易伙伴的系统直接相连，与其合作者交流信息、减少库存，同时也为B2B的整合提供了便利。

此外，戴尔还提供电子采购应用软件和咨询服务。戴尔还为客户提供技术培训和操作指南，对新兴的技术如无线技术更是如此。

最后，戴尔还拥有可供全球15 000个服务提供商共享的交流平台。

三、电子化客户服务

戴尔一直采用大量的各类工具来提供优质的客户服务，建立了一种以长久的客户关系为中心的客户服务方法。通过客户关系管理(CRM)系统，戴尔为自我诊断与服务以及直接获得技术支持的数据提供了一个虚拟服务平台。此外，电话服务平台能提供7天24小时的全天候服务。

产品支持包括检修故障、用户向导、升级、下载、发布新闻、FAQ、订单状况信息、"我的账目"页面、社区论坛(交流意见、信息和经验)、公告板和其他客户对客户的互动特色、教育培训方面的书籍(折扣价出售)，等等。戴尔还建立了一个庞大的客户数据库，通过运用数据挖掘工具来获得有关客户的大量信息，以便使客户购物愉快，提高满意度。数据库的建立也有助于市场营销。

四、内部电子商务

戴尔为了支持其"按单生产"能力，大大提高需求计划的制定能力和生产执行的准确度，减少按单配送时间，提高对顾客的服务水平，与埃森哲(Accenture)公司合作并制订了一个运作良好的供应链计划方案。在全世界的戴尔工厂里，该程序在运行的前12个月里价格就上涨了5倍，使戴尔能够快速地适应瞬息万变的科学技术和商业环境，维持了其运作良好的绩效。

五、戴尔核心能力

(1) 在线直营能力。戴尔把"依据终端用户的要求设计+量身定制计算机"的经营理念搬到了网上，客户登录戴尔直销官方网站，可以在线对戴尔的全系列产品进行评比、挑选。同时，戴尔为有个性需求的客户量身定制，客户可以根据自己的需要对产品进行可选配置。然后，客户进行在线下单，并随时了解产品制造及送货过程。

(2) 按单生产运作能力。戴尔建立在网络销售模式上的低成本配件供应与装配运作体系的实施能力非常强，在接受网络订单后，能够实现快速而低成本的配件供应与装配，使得消费者可以低价地接受个性化服务。

(3) 网络定制化能力。电子商务的出现，为网络销售产品定制化提供了有效的途径。网络销售使戴尔能轻松自如地同每一个客户进行持续的一对一对话，高效地收集大量数字化的定制数据，确切了解客户的爱好并迅速做出反应。满足客户的个性化需求。

(4) 电子合作供应链能力。戴尔有许多业务伙伴，它需要与这些伙伴进行合作与沟通。例如，戴尔靠专业运输商(像UPS、FedEx)给客户递送计算机，也利用第三方物流公司从其供应商处提取、维护和配送计算机零部件，而且戴尔还有许多其他的合作伙伴。电子商务技术的发展，为戴尔与其合作者交流信息、减少库存提供了便利。戴尔成功地利用网络技术整合了从零部件供应商到最终用户的整个供应链，搭建了一个比较完善的供应链系统，戴尔和供应商之间的信息共享可以像一个整体一样亲密无间地协调运转。通过网络技术，戴尔实现了高效且低成本的供应链管理。

(5) 电子化客户服务能力。戴尔一直采用大量的各类工具来提供优质的客户服务。为了做好客户关系管理，戴尔为自我诊断与服务以及直接获得技术支持的数据提供了一个虚拟服务平台。此外，电话服务平台能提供 7 天 24 小时的全天候服务。戴尔建立了一个庞大的客户数据库，通过运用数据挖掘工具来获得有关客户的大量信息，以便使客户购物愉快，提高满意度。此外，戴尔直销官方网站系统对客户的响应总是及时而周到，其人性化的在线服务模式，让客户非常便利地感受到了最佳的购物体验。同时，该网站持续不断的客户体验优化也为戴尔的网络销售带来了更多的网购客户。

戴尔通过运用信息技术和电子供应链模式自动制定生产进度方案和需求计划，以及进行库存管理。通过以上策略，戴尔通过大规模按单生产模式补充网上直销模式，消除了中间商的存在，降低了库存，改善了现金流；采取多种电子商务模式，更好地满足了消费者个性化的需求，从而使戴尔跻身于全球 PC 制造商之首。

(资料来源：Efrain Turban.电子商务管理视觉[M]. 4 版. 严建援，等译. 北京：机械工业出版社，2008)

案例思考题

(1) 分析戴尔为什么从个人直销模式转向网上直销模式？戴尔网上直销成功的根本原因是什么？

(2) 戴尔采用了哪些电子商务模式？采取这种电子商务模式给戴尔带来了什么好处？

(3) 戴尔采取的按单大规模定制与网上直销有什么关系？

(4) 分析戴尔的客户服务与传统企业的客户服务有什么不同？分析电子商务环境下如何开展客户服务？

第三节　电子商务体系结构

一、电子商务系统的组成

电子商务系统是指商务活动的各方，包括买方、卖方、银行或金融机构、政府管理认证机构、物流企业等，利用以因特网为主的计算机通信网络平台来实现商务活动的信息系统。电子商务系统面向广大消费者和客户提供 7×24 小时的服务，涉及计算机和计算机网络等多项技术，因此其系统的组成一般至少应包括公共网络平台、商家、客户、网上支付系统、支付网关、CA 认证中心、物流配送中心及其他的一些电子商务服务提供商等基本要素（见图 1-3）。基本涵盖了电子商务三流：信息流、资金流和物流的运作所必需的平台。

(1) 公共网络基础平台，指以因特网为基本组成部分，其他还有 Intranet、Extranet、VAN 及无线网络等，是商务、业务信息传送的工具，是各种商务主体间进行商务活动的纽带。Intranet 是企业内部商务活动的场所，Extranet 是企业与企业以及企业与个人进行商务活动的纽带。

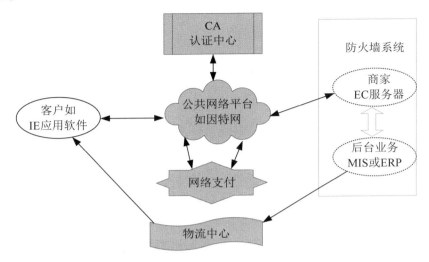

图1-3 电子商务系统结构

(2) 用户,即买方,可分为一般个人用户和企业用户。一般潜在的消费者,通过网络平台能够搜索到详细的信息,进行产品比较、招标以及某些时候的谈判活动;企业用户又称为各类消费组织,借助网络站点来发布产品信息、接收订单,以及进行电子报关、电子报税、电子汇兑等业务。

(3) 商家把产品与服务转化为数字化的信息,形成电子目录并通过网站或电子市场进行直销,为用户提供大量不同的产品或服务,并做广告。

(4) CA认证中心是网上中立的、权威的、公正的第三方机构,负责发放和管理电子证书以确保各方在网上的真实身份,也提供数字签名等安全工具服务,保证电子商务的安全与有序进行。

(5) 物流中心,通过网络接受商家的送货要求,组织运送无法从网上直接传输的商品,并跟踪商品的流向,将商品送到消费者手中。

(6) 网络支付系统,指为买卖双方提供商务交易引起的资金流服务的第三方。网络支付系统通常由客户的开户银行、商家开户银行以及银行间的金融专用网络等组成。网络银行在因特网上实现传统银行的业务,为用户提供24小时实时服务;与信用卡公司合作,发放电子钱包,提供网上支付手段,为电子商务交易中的用户和商家提供资金结算和支付服务。

(7) 支付网关,则是信息网与金融网的连接通道,它承担双方的支付信息转换的作用,所解决的关键是让专用的金融网络能够为因特网的广大用户提供安全方便的网上支付功能。

(8) 其他支持性服务,主要有:客户服务中心也称为呼叫中心,能够支持Web、E-mail、

Fax 等多种接入方式，使得用户的任何疑问都能很快地获得响应与帮助；政府部门，包括法律、税收、工商等管理机构，对整个电子商务市场起着监控作用；一些电子商务服务商提供网络接入服务、信息服务和应用服务。

二、电子商务系统的层次结构

电子商务涉及领域非常广泛，包括多种类型的活动、组织机构以及技术。描述电子商务的层次结构(见图1-4)。电子商务层次结构主要包含三个层次，即电子商务设施层、电子商务服务层、电子商务应用层。

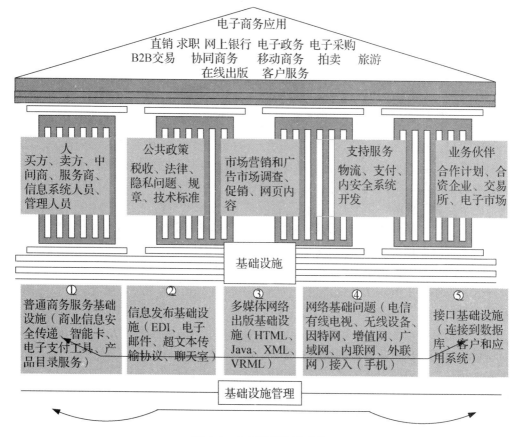

图1-4 电子商务层次结构

(1) 电子商务设施层，主要是指开展电子商务所需的基础设施，包括软硬件，具体指网络平台(如Intranet)与网络软件系统(如IIS、IE等)。构建必要的基础设施是开展电子商务的基本条件，它将电子商务系统中的各个角色紧密结合在一起，从而消除时间与空间因素所造成的障碍，其效果好坏直接影响电子商务的开展效果。若企业与客户的网络连接常常断线，或 EC 服务器经常死机，很难想象，企业和客户会喜欢应用电子商务。

(2) 电子商务服务层，主要是指开展电子商务所需的配套服务，以支持、保障电子商务的进行。电子商务所需的配套服务主要包括电子商务信用环境、电子商务网络支付环境、电子商务物流环境以及相关的支持电子商务发展的法律法规。电子商务信用环境主要指开展电子商务涉及的法律与制度、认证中心、社会实体信用体系等，主要为保证电子商务的安全；电子商务支付环境主要指能够方便、快捷、安全、跨时空地解决电子商务资金流的第三方；电子商务物流环境主要指能够低成本、快捷、可靠、跨区域地解决电子商务物流配送的第三方。相关法律和制度的制定，将保障正常的电子商务活动的进行，法律规范了电子商务交易各方的交易行为，规范和确认什么样的电子合同、数字签名等在法律上是有效的，什么样是无效的，从而保护讲信用的交易者的合法权益。

(3) 电子商务应用层，主要是指根据具体需求研发电子商务运行方案，具体包括面向客户的电子商务应用系统(如客户端应用界面)、面向商家的电子商务服务器系统(如 BtoC 系统或 BtoB 系统)、与后台业务系统的接口以及数据库系统等。这一层主要涉及具体的有关电子商务的程序设计、数据库设计以及电子商务软件系统的安装与调试、维护等。

三、电子商务的技术特征

电子商务使得商家能够了解消费者更多的信息，而且能够比过去更加有效地运用这些信息。电子商务的特征主要包括以下八项内容。

1. 无处不在

传统商业中，市场空间是进行交易的实际场所。比如，电视和广播经常会刺激消费者去市场购物。相反，电子商务的特征是无处不在、无时不在。它使得市场不再局限于某一场所，使得你不管在桌旁、家中、工作中，甚至车里都能使用手机购物，从而形成的市场空间跨越了传统的界限，摆脱了地理位置的限制。从消费者角度看，无处不在的特征减少了交易的成本——参与到市场中去的成本。要进行交易，不必再费时费力地去逛商场了。

2. 全球影响力

与传统商业相比，电子商务技术使得商业贸易跨越了文化、地区以及国家的界限，变得更加方便和节约成本。因此，电商潜在的市场规模几乎和世界范围内上网人数的规模一样大。电子商务能吸引的用户和消费者总数度量了它所覆盖的范围；而许多传统商业是地域性的，只包括当地和本国的商品，很难超出国家的范围去吸引更多的全球的顾客。

3. 统一标准

电子商务一个非同一般的特征是网络技术标准，也就是主导电子商务的技术标准，世界上所有的国家都认可这一标准。相反，许多传统的商业技术在国与国之间并不相同。比如，电视和广播的世界范围内的标准不尽相同，电话技术也是一样。网络和电子商务统一的技术标准极大地降低了市场准入成本——商家为了将其产品引入市场不得不花费的成本。与此同时，对消费者来说，标准统一也减少了搜索成本——找到心仪的商品所费的工夫。通过创造单一的、全球化的市场空间，价格和产品都能几乎不费成本地展示给所有人看，价格发现变得更加简单、快捷而且准确。网络的使用者，不管是商家还是个人，都经历了网络外部性——由于每个人都使用相同的技术所带来的利益。

4. 内容丰富

信息的丰富性是指其内容的复杂性。传统的市场、全国性的销售队伍以及小的零售商店都有很大的丰富性，它们能在做生意时通过听觉或视觉上的暗示，为顾客提供个人化的、面对面的服务。传统市场的丰富性足以使市场成为强大的销售或商业环境，网页出现之前，在丰富性和可获得性之间存在着交换，顾客可获得的越多，信息的丰富性就越低。网络与传统媒介(比如报纸、广播、电视)相比，提供了更为丰富的信息，因为它具有交互性，可以根据个人用户调整信息。

5. 交互性

与20世纪的任何一种商业技术不同，除了电话之外，如果电子商务技术允许交互性，则意味着在卖家和消费者、消费者与消费者之间存在着双向沟通方式。举个例子，传统的电视不可能与观众存在任何对话交流，或要求顾客将信息输入某张表格中；相反，所有这些行为在电子商务网站上都是可能实现的，在智能手机、社交网络和推特上则更是司空见惯。

6. 信息密度

互联网和网页极大地增加了信息密度——可以提供给所有市场参与者、消费者和商人的信息总量和质量。电子商务技术降低了信息收集、存储、处理和通信的成本。同时，这些技术极大地提高了信息的流通性、准确性和及时性，使得信息比以往更加有用和重要。于是，信息变得更加丰富、廉价，质量也更高。

7. 个性化/私人订制

电子商务允许个性化：商人可以通过调整信息以使其吻合一个人的姓名、兴趣和过去购买过的东西，将他们的市场营销信息锁定特定的个体，这可以在几毫秒内实现，随后通过一则基于消费者资料的广告实现。电子商务技术也允许用户化，即根据用户的喜好或者先前行为改变交付的产品。给定了电子商务技术的互动性，许多关于消费者的信息就可以在市场上购买的瞬间被收集起来。随着信息密度的增强，大量关于消费者过去购买和行为的信息可以网上存储和利用。其结果是一个基于现有商业技术所不能想象的个性化和用户化水平。

8. 社交技术内容生成和社交网络

通过允许用户在网页和 Facebook 页面、文本、录像、音乐和照片模式下和全世界团体创造和分享内容，互联网和电子商务技术已经演变得更加社交化。在近代史中的所有先前大众媒体(包括印刷媒体)，都使用广播模型(一对多)的情况下，内容由专家(如专业作家)在一个中心位置创造，并且观众大量聚集起来消费标准化的产品。通过给予用户大规模创造和发布内容的权利，互联网和电子商务技术有颠覆这种标准的媒体模型的潜力，并且准许用户安排他们自己的消费内容。互联网提供了独一无二的多对多的大众通信模式。

第四节　电子商务的发展历程

一、电子商务产生的背景

电子商务产生于 20 世纪 60 年代，发展于 90 年代，经历了局部的、专用网的电子交易到开放的基于因特网的电子交易过程，特别是进入 90 年代，因特网的快速发展给电子商务注入了新的活力，为电子商务发展提供了新的发展空间，基于因特网的电子商务引起全世界人们的关注。电子商务的产生主要是基于以下背景和条件逐步发展而来。

第一，计算机的广泛应用及网络的普及。近 20 年来，计算机的处理速度越来越快，处理能力越来越强，价格越来越低，应用越来越广泛，计算机的广泛应用和普及为电子商务的应用提供了基础平台；信息处理技术和通信技术的迅速发展为电子商务提供了技术基础。

第二，网络的普及和成熟。由于因特网逐渐成为全球通信与交易的媒体，全球上网用户呈级数增长趋势，快捷、安全、低成本的特点为电子商务的发展提供了应用条件。

第三，信用卡的普及应用。信用卡以其方便、快捷、安全等优点成为人们消费支付的重要手段，并由此形成了完善的全球性信用卡计算机网络支付与结算系统，使"一卡在手、走遍全球"成为可能，同时也为电子商务中的网上支付提供了重要手段。

第四，电子安全交易协议的制定。1997 年 5 月 31 日，由美国 VISA 和 Mastercard 国际组织等联合指定的 SET(Secure Electronic Transfer Protocol，即电子安全交易协议)出台，该协议得到大多数厂商的认可和支持，为在开发网络上的电子商务提供了一个关键的安全环境。

第五，政府的支持与推动。自 1997 年欧盟发布了欧洲电子商务协议，美国随后发布"全球电子商务纲要"以后，电子商务受到世界各国政府的重视，许多国家的政府开始尝试"网上采购"，这为电子商务的发展提供了有力的支持。

第六，全球经济一体化为电子商务提供了商业契机。现代物流的发展解决了电子商务发展的"瓶颈"。电子商务从 20 世纪 90 年代中期开始迅速发展，2000 年陡然进入低迷期。刚刚铺天盖地地讲述".com 泡沫"故事的媒体又开始津津乐道".com 泡沫的破灭"。随后电子商务逐渐步入稳步发展阶段，已经成为现代商务不可或缺的一部分。

二、电子商务的第二次浪潮

1. ".com 的泡沫、破灭和重生"

从 1995 年因特网大规模社会化开始，网络和个人计算机的普及迅速发展。1997—2000 年，投资者投入了几千亿美元创建了一万两千多家互联网公司。到 2000 年，因特网用户增长了 48%，2001 年增长了 27%，全球用户总计达到了 5 亿人。而 2000 年开始，互联网进入了低迷期，先后有 5000 多家互联网企业倒闭或者被兼并，各媒体的头版都是".com 泡沫破灭"的报道。据行业调查公司 WebMergers 统计，从 2000—2003 年，又有 2000 多亿美元投入到互联网领域，来收购处于困境中的电子商务公司或者开办新的互联网公司。第二次互联网投资浪潮尽管没有得到大众媒体和商业媒体的关注，却带来了电子商务企业的重生。

一方面，网民的数量在不断增长，同时我们看到企业之间的电子商务也在稳步增长。自 1995 年 EDI 技术的普及，到 1996 年年末网上交易额达到 4000 亿元，到 2007 年，全球企业网上交易额达到 60 000 亿美元以上。比如英特尔公司 95%以上的订单来自互联网，交易额达到 300 多亿美元。同时英特尔公司每年通过网络采购数十亿美元的原材料。另外，我们看到在 2000—2003 年，尽管媒体天天宣告电子商务的死亡，人们惊讶地发现企业与消费者之间的电子商务交易额也在不断增长，只是增长的速度没有 90 年代后期那么快。因此媒体所宣传的".com 泡沫破灭"实际上是增长速度的放缓，而不是真正的崩溃。网上销售额在连续四年每年达 2～3 倍的增长之后，从 2001 年开始放慢到每年增长 20%～30%，并且以此一直保持稳步增长。

2. 电子商务的第二次浪潮

电子商务经过二次投资浪潮，自 2003 年以来，进入了稳步增长和发展阶段。已经成为现代贸易必不可少的方式。纵观电子商务投资浪潮，我们看到以下特点。

电子商务的第一次浪潮主要出现在美国，网站语言主要使用英语，很容易得到创投基金，投资者对电子商务的热情高涨，根本不考虑成本或者可能的风险。而第二次浪潮开始，电子商务的国际化趋势，促使网站语言开始多国化，企业主要依据自己的资金来逐步开展电子商务，这样稳健慎重的投资也促使电子商务的稳步增长，同时放慢了增长的速度。

第一次浪潮的电子商务尤其是企业与消费者的电子商务大多采取拨号上网方式。而家庭宽带上网是电子商务第二次浪潮的关键要素，速度快，效率高，提升了消费者网上购物的体验，从而促进了电子商务，尤其是 B2C、C2C 电子商务的快速发展。

在线广告是电子商务第一次浪潮中许多倒闭的".com 公司"的主要收入来源。经历了两三年的低谷期后，企业又开始重新使互联网成为有效广告媒体的兴趣，同时互联网开始向信息服务、产品销售、交易中介、在线服务等方向转变,这样一方面拓展了电子商务企业额收入来源,同时促进了电子商务企业商业模式的创新。

在电子商务的第一次浪潮中,互联网在支持企业间交易和企业内部流程时,配套使用的技术没有得到很好的集成,所使用的电子邮件是非结构化的通信工具,混合使用传真、电子邮件、EDI等通信工具。而第二次浪潮中商家将电子邮件整合进营销和客户服务,集成ERP、客户关系管理系统,提供全方位的服务。

电子商务的发展并不是完全基于第二次浪潮,诸如EBAY、Yahoo、Amazon等企业在第一次浪潮中取得成功,并在第二次浪潮中获得新的商业机会。

三、电子商务的发展演变过程

从技术角度来看,人类利用电子通信的方式进行贸易活动已有几十年的历史了。早在20世纪60年代,人们就开始用电报报文发送商务文件的工作;70年代人们又普遍采用方便、快捷的传真机来替代电报,但是由于传真文件是通过纸面打印来传递和管理信息的,不能将信息直接转入到信息系统中,因此人们开始采用电子数据交换(EDI)作为企业间电子商务的应用技术,这也就是电子商务的雏形。

1. 20世纪60—70年代的EDI

EDI于20世纪60年代末期产生于美国,当时的贸易商们在使用计算机处理各类商务文件的时候发现,由人工输入到一台计算机中的数据70%是来源于另一台计算机输出的文件,由于过多的人为因素,影响了数据的准确性和工作效率的提高,人们开始尝试在贸易伙伴之间的计算机上使数据能够自动交换,EDI应运而生。EDI是将业务文件按一个公认的标准从一台计算机传输到另一台计算机上去的电子传输方法。由于EDI大大减少了纸张票据,因此,人们也形象地称之为"无纸贸易"或"无纸交易"。

从技术上讲,EDI包括硬件与软件两大部分。硬件主要是计算机网络,软件包括计算机软件和EDI标准。从硬件方面讲,20世纪90年代之前的大多数EDI都不通过因特网,而是通过租用的电脑线在专用网络上实现;从软件方面看,EDI所需要的软件主要是将用户数据库系统中的信息,翻译成EDI的标准格式以供传输交换。由于不同行业的企业是根据自己的业务特点来规定数据库的信息格式的,因此,当需要发送EDI文件时,从企业专有数据库中提取的信息,必须把它翻译成EDI的标准格式才能进行传输,这时就需要相关的EDI软件来帮忙了,同时这种点对点的信息传输成本非常昂贵。

2. 电子商务系统的初级阶段(1991—1996年)

1991年,美国开始因特网的商业性应用,并开始实施国家信息基础设施计划,世界各国也开始逐渐构建自己国家的信息基础设施。建设信息高速公路的热潮席卷全球,极大地促进了全球信息基础设施的建设,也为电子商务系统的发展提供了物质基础。1993年以后万维网(WWW)技术趋于成熟,所以应用该技术在因特网上开展产品宣传和进行售后服务成为一个热潮,企业网站大量涌现。这类网站是真正意义上电子商务系统的雏形。

这一阶段的电子商务系统的主要功能是作为信息发布和形象宣传的工具。作为客户反馈和企业售后服务的新渠道,用来解决企业信息流的收集、加工及发布。它不能对整个企业的业务过程提供技术支持,信息流与资金流相分离,系统结构比较简单,无法解决与企业已建立的信息系统的互联问题,只是简单地将售前的宣传和售后服务迁移到网络上,因而商品交换没有在网络上得到实现。所以,初级阶段的电子商务系统只支持企业价值链的部分环节,没有完全支持企业的核心业务。

3. 电子商务系统的发展阶段(1997年之后)

针对初级阶段电子商务系统存在的问题,从1996年起,人们对于电子商务系统的研究与开发的重点逐渐转向如何利用电子商务技术来改造企业的业务流程,如何规划企业的商务模式变革,如何在技术上构造更好的电子商务系统等。在这一阶段,电子商务系统的结构、技术手段及实现的业务功能等方面的研究开发都得到了迅速的发展。

该阶段的电子商务系统与企业内部的信息系统形成一个整体。人们认识到电子商务系统和网站是两个不同的概念,电子商务系统是基于因特网并支持企业价值链增值的信息系统,而网站仅仅是这一系统的一个部分。在这一阶段电子商务与企业内部信息系统连接成为一个整体,支持企业的整个生产及管理过程,进而促使企业的内部生产过程的数据采集、客户信息反馈、售前售后支持都可以通过因特网进行。它导致企业内部信息系统的服务对象发生了变化,使得原来的EDP和MIS系统无论从形式上还是内容上都发生了很大的变化。这种变化表明电子商务所覆盖的业务趋于完整,这也是电子商务系统从初级走向发展阶段的重要标志。在这一阶段,为了控制在线交易过程中的风险,一些电子中介机构,如认证中心CA、银行支付网关逐步建立起来。此外,保证交易过程的一些标准也相继制定,例如安全电子交易标准协议SET、安全套接层标准协议SSL等。CA中心通过发放电子身价认证证书实现对交易双方的合法身份的识别,防止在供应商与消费者交易过程中出现欺骗行为;同时负责对交易结果的确认,实现保证安全性、真实性和不可抵赖性。银行支付网关与电子商务系统建立接口,负责完成交易过程资金的转移;CA中心及银行支付网关的出现不仅意味着通过网络实现的交易有了可靠、安全的环境,而且意味着电子商务系统的体系结构趋于完整。

四、我国电子商务的发展历程

我国电子商务自1995年萌芽至今,经过20年的发展,经历了从"工具"(点)、"渠道"(线)、"基础设施"(面)三个不断扩展和深化的发展过程。2013年,电子商务在"基础设施"上进一步催生出新的商业生态和新的商业模式,进一步影响和加速传统产业的"电子商务化","互联网+"促进传统经济体的全面转型,"电子商务经济体"开始兴起。电子商务从工具、渠道、基础设施到经济体的演进,不是简单的新旧替代的过程,而是不断进化、扩展和丰富的生态演进过程,"互联网+"强调互联网与实体经济融合互动并促进传统经济的转型升级。如图1-5所示为中国电子商务的演进。

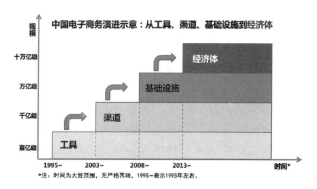

图1-5 中国电子商务演进(资料来源:阿里研究院)

1. 工具阶段(1995—2003年)

这个阶段,是互联网进入中国的探索期、启蒙期。中国电子商务以企业间电子商务模式探索和发展为主。早期,应用电子商务的企业和个人主要把电子商务作为优化业务活动或商业流程的工具,如信息发布、信息搜寻和邮件沟通等,其应用仅局限于某个业务"点"。

从1995年5月9日,马云创办中国黄页,成为最早为企业提供网页创建服务的互联网公司开始,到1997年垂直网站中国化工网的成立,再到1999年8848、携程网、易趣网、阿里巴巴、当当网等一批电子商务网站先后创立,国内诞生了370多家从事B2C的网络公司,到2000年,变成了700家,但随着2000年互联网泡沫的破灭,纳斯达克急剧下挫,8848等一批电子商务企业倒闭,2001年,人们还有印象的只剩下三四家。随后电子商务经历了一个比较漫长的"冰河时期"。

2. 渠道阶段(2003—2008年)

这个阶段,电子商务应用由企业向个人延伸。同时,随着网民和电子商务交易的迅速增长,电子商务成为众多企业和个人的新的交易渠道,如传统商店的网上商店、传统企业的电子商务部门以及传统银行的网络银行等,众多制造商、零售商在保持传统零售渠道的同时开辟网上渠道,采取"鼠标+水泥"的双渠道模式。到2007年,我国网络零售交易规模561亿元。网商随之崛起,并逐步将电子商务延伸至供应链环节,促进了物流快递和网上支付等电子商务支撑服务的兴起。

2003年,非典的肆虐令许多行业在春天里感受到寒冬的冷意,但却让电子商务时来运转。电子商务界经历了一系列的重大事件,如2003年5月,阿里巴巴集团成立淘宝网,进军C2C市场。2003年12月,慧聪网香港创业板上市,成为国内B2B电子商务首家上市公司。2004年1月京东涉足电子商务领域。同时在此阶段国家也出台了一系列重大文件为电子商务发展带来深远影响，《中华人民共和国电子签名法(草案)》《关于加快电子商务发展的若干意见》等众多文件的相继出台构筑了电子商务发展的政策环境。

3. 基础设施阶段(2008—2013年)

电子商务引发的经济变革使信息这一核心生产要素日益广泛运用于经济活动，加快了信息在商业、工业和农业中的渗透速度，极大地改变了消费行为、企业形态和社会创造价值的方式，有效地降低了社会交易成本，促进了社会分工协作，引爆了社会创新，提高了社会资源的配置效率，深刻地影响着零售业、制造业和物流业等传统行业，成为信息经济重要的基础设施或新的商业基础设施。越来越多的企业和个人基于和通过以电子商务平台为核心的新商业基础设施降低交易成本、共享商业资源、创新商业服务，也极大地促进了电子商务的迅猛发展。图1-6所示为中国网络零售近几年规模增长图。

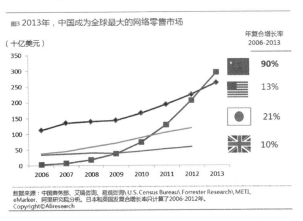

图1-6 中国网络零售近几年规模增长(资料来源：阿里研究院)

在此阶段，一方面，电子商务企业纷纷推进支持电子商务发展的基础设施建设，亚马逊、京东自建本地化仓库，实现自营物流。阿里巴巴和银泰集团、复星集团、富春集团、顺丰速运等物流企业组建了"菜鸟"，计划在8~10年内建立一张能支撑日均300亿网络零售额的智能物流骨干网络，让全中国任何一个地区做到24小时内送货必达。支付体系建设趋于完善，支付安全趋于完全。

另一方面，从2011年1月腾讯推出微信，到2013年8月微信支付功能的推出，推动了移动支付的快速发展，自此，支持电子商务发展的支付方式从信用卡支付到支付宝支付，再到移动支付体系的电子商务支付体系建设日趋完善。2013年，我国电子商务交易规模突破10万亿元大关，网络零售交易规模1.85万亿元，相当于社会消费品零售总额的7.8%。

4. 经济体阶段(2013年以后)

2013年中国超越美国，成为全球第一大网络零售市场。2014年2月，中国就业促进会发布《网络创业就业统计和社保研究项目报告》显示,全国网店直接就业总计962万人,间接就业超120万人,成为创业就业新的增长点。2014年6月,我国网络购物用户规模达到3.32亿人,我国网民使用网络购物的比例为52.5%。2014年,我国快递业务量接近140亿件,跃居世界第一。我国快递业务量已经连续44个月同比、累计增长平均增幅均超过50%。

2015年3月政府工作报告中提出,"制定'互联网+'行动计划,推动移动互联网、云计算、大数据、物联网等与现代制造业结合,促进电子商务、工业互联网和互联网金融健康发展,引导互联网企业拓展国际市场"。"互联网+"是创新2.0下的互联网发展的新业态,是知识社会创新2.0推动下的互联网形态演进及其催生的经济社会发展新形态,"互联网+"推动经济形态不断地发生演变,从而带动社会经济实体的生命力。通俗来说,"互联网+"就是"互联网+各个传统行业",但这并不是简单的两者相加,而是利用信息通信技术以及互联网平台,让互联网与传统行业进行深度融合,创造新的发展生态。

【案例1-3】美式橄榄球大赛联盟赛事中的电子商务

在美国,职业体育运动赛事是一桩价值几十亿美元的商务活动。在其他许多国家,这样的赛事发展得也非常快。美式橄榄球在美国是最为普及的一项活动,其知名品牌就是美式橄榄球大联盟(National football league,NFL)。NFL拥有32支球队,它利用电子商务和其他各种信息技术高效地开展这项商务活动。在线销售除了NFL官网上的商店(nflshop.com)和球队自营的门店(例如Atlanta falcons),全美有几十家商店在销售NFL品牌的球衣、球帽、衬衫等物品,有的正宗,有的则是冒牌货。大多数商品是在线销售的,因此粉丝们可以坐在家里买到自己心仪的球队的物品。若手中有折扣券,还能享受优惠。这已经成了一项价值几十亿美元的B2C交易,支撑的技术是搜索引擎、网购工具,还有价格比较网站,如bizrate.com。

有些网店销售NFL赛事门票,包括转让门票,如ticketsnow.com/ sports tickets等。

一、信息、新闻及社交网络

NFL在Facebook网站上也有自己的主页(facebook.com/pages/NFL),上面登载了NFL的公司介绍,还有粉丝们发布的帖子。在微博网站上(twitter.com/nfl)也发布有关NFL赛事的消息,注册的粉丝有200多万。人们在手机里能够收到实时的赛场比分(例如azcentral.com/wireless /4info.html)。运动员普遍都使用社交媒体,所以人们就提出了这样的问题,那就是运动员只能在赛前赛后使用社交网络,而不是在比赛进行中。

二、视频及梦幻游戏

"劲爆美式橄榄球"(Madden NFL11)是一款视频游戏,只要调整一下格式,就可以在iphone或是iPad上玩。若要知道详情,可以浏览en.wikipedia.org.wiki/ Madden_NFL_11。与这些视频游戏相似的还有免费的梦幻游戏,可登录网站fantasy.nfl.com。

三、智能手机体验

智能手机(特别是iphone手机)如今可以方便用户在线观看NFL赛事的实况转播,当然有时收费不菲。在体育场里,你可以使用 iphone 手机观看那些投射在显示屏上的照片。有些体育场里如今安装了新颖的无线传输系统。一个典型的例子是凤凰城大学的体育场,那里是亚利桑那红雀队的主场。棒球爱好者可以利用手机观看几百套高清电视。球迷们在体育场附设餐厅购买食品的时候依然可以观看比赛。红雀队的营销部可以为本队的下几场赛事或是其他赛事打广告。此赛进行中,这套系统可以向教练提供必要的数据。在迈阿密海豚队的主场 Sun life 体育场,也有一套类似的系统。球迷还可以在线订购食物,让送餐员把食品送到观众席边,还可以用手中的无线设备付款。比赛休息期间,如果你累了,还可以在移动设备上玩游戏。诸如此类的电子商务应用可以让球迷们更快乐。当然,主办方也挣到了更多的钱。

四、其他应用

NFL 还利用电子商务的种种方式管理球迷,保障赛场安全,完成 B2B 的各种采购,提供在线客户系管理,等等。

还有,如果是在酒吧观看比赛,且边看比赛边喝着啤酒,那么你的酒杯就不会空,因为有一个像杯垫一样的设备,它能提醒吧台服务员顾客的酒杯需要续杯了。杯垫里有一个感应器,它能帮助测量杯中酒的多少并将感应器上的读数传递到吧台上的终端向服务员显示哪一个酒杯里的酒少了,服务员马上前往续杯。

(资料来源:特班等. 电子商务-管理与设计网络视角[M]. 7 版. 时启亮,等译. 北京:机械工业出版社,2014)

案例思考题

(1) 网络商店 B2C 经营中有哪些电子商务应用?
(2) 球场上有哪些 B2C 和 B2E 的电子商务应用?
(3) NFL 经营中,网络游戏与电子商务有哪些关联?
(4) Facebook 网站与 Twitter 网站上的 NFL 信息有何差异?
(5) 本案例中,还有哪些 NFL 的电子商务应用没有被提到?

本 章 小 结

随着互联网及信息技术的发展,企业借助因特网,以电子手段为工具,开展商务活动。电子商务改变了传统的面对面的商务模式,通过网络为全球用户提供每周 7 天、每天 24 小时的全天候服务,完成了包括采购、销售、商贸磋商、价格比较、营销推广、宣传促销、售前/售后服务、客户关系等一系列的商务活动。这些业务活动不仅涵盖企业与企业之间(B2B)的商务活动,而且还包括企业与消费者、消费者与消费者之间以及企业与政府之间的一切商务活动。整个交易过程实现了无纸化、高效率、低成本、数字化、网络化、全球化的运作目的。完整的电子商务系统一般包括基础网络平台、商家客户及消费者、网上支付中心、认证中心、物流配送中心等基本要素，基本涵盖了信息流、资金流和物流运作所必需的平台。

电子商务经过三十多年的发展，逐步趋于完善和成熟，新技术、新工具不断涌现。从最早的 EDI 到信息宣传，再到真正实现在线销售和支付的电子商务阶段，我国电子商务也经历了前所未有的发展，从工具应用阶段、渠道拓展阶段，一直到强化基础设施走到今天，电子商务已经成为经济发展的主要原动力，创新模式层出不穷。

复习思考题

1. 什么是电子商务？电子商务有哪些优缺点？
2. 请分析电子商务的主要分类，并通过举例加以说明。
3. 电子商务系统主要由哪几部分构成？
4. 分析电子商务的技术特征有哪些？
5. 分析我国电子商务发展演变的主要过程，并分析每个阶段的主要特征。

实 践 题

1. 登录当当网，选择购买一本书，请描述网上购物基本流程，分析网上购物流程与传统购物流程存在哪些不同？
2. 请登录阿里国际、1688、天猫、淘宝、一淘等电子商务平台，分析其商业模式的特点。
3. 登录 www.dell.com.cn，分析戴尔网上商城的运作模式及其特点，分析比较戴尔计算机销售模式与联想销售模式的优缺点。

第二章

电子商务商业模式

【学习目标】

了解商业模式的构成要素;熟悉 B2C 商业模式、B2B 商业模式和新兴的电子商务商业模式;掌握主要商业模式的价值主张和盈利模式。

【关键词汇】

商业模式(Business Model)　价值主张(Value Proposition)　盈利模式(Profit Model)　B2C 商业模式(B2C Business Model)　B2B 商业模式(B2B Business Model)

【案例 2-1】Tweet Tweet:难以捉摸的商业模式

Twitter 是一家基于 140 字以内文本信息的社交网站,是互联网不可思议发展的最新应用。你可以将它的出现看作"黑天鹅"事件,但其引起的反应大多是正面的。事实上,即使是专家和大师也预料不到互联网应用和电子商务所取得的惊人成功,更无法预测其未来的发展趋势。

谁曾料想,2010 年美国有 1.74 亿人使用搜索引擎,且平均每月产生 150 亿~170 亿次搜索,1.5 亿人观看近 300 亿网络视频,1.4 亿人阅读博客?谁知道美国人会如此渴望交流呢?没有人!

2010 年,社交网络延续互联网一直以来的传统,为人们带来惊喜。Twitter 是今天最为流行的社交网络。类似 Facebook、MySpace、YouTube、Flickr 等社交网站,Twitter 也为用户提供展示自我的平台,用户可创建内容与"好友"(这里是关注某人 tweet 消息的追随者)分享。Twitter 同样面临如何盈利的问题。2010 年 9 月,尽管拥有 1.6 亿美元资产,Twitter 还是只获得微少收入,且未实现盈利。管理层仍在探寻如何更好地利用网站口碑和用户群。

Twitter 创办于 2006 年,以提供基于网络的文本信息服务起家。全球有近 50 亿手机用户,短信服务是继语音之后最常见的服务。利用网络发送短信消息的想法产生于 2006 年 3 月的 Odeo 公司。当时公司正在全力寻找带来新收入增长点的产品和服务。于是,创始人杰克•多尔西就连同合伙人从风险资本家手中买下 Odeo 的股权。他们将 Twitter 从 Odeo 公司独立出来,之后成立私营公司 Twitter.com。

Twitter 的基本理念是将手机短信、网络及社交群体相结合。首先要在 Twitter 网上注册账户,然后添加好友。你用手机发送短信(称为"tweet")给 40404 短码,就能告诉朋友你在干什么、在哪里及其他事情。所发送的短信内容限制在140字以内,但用户无须安装任何软件或花费任何费用。通过社交网络消息服务与好友保持联络,该模式大获成功。

那么,Twitter是如何通过用户和tweet赚钱的呢?其商业模式是什么,随着时间的变化又会发生什么改变呢?我们先来看看Twitter公司的资产和客户价值主张。用户关注度和受众规模(每天吸引的眼球数)是公司的主要资产,其客户价值定位是"即时信息"或者为用户提供实时信息。公司的重要资产还包括存储有受众评论、观点意见的tweet数据库和用于挖掘行为模式的搜索引擎。

2009年Twitter成为展示新闻、视频和图片的强大媒体平台,这也是其重要的资产。没有人预料到,Twitter会是第一家报道孟买恐怖袭击事件、哈德逊河喷气式客机迫降事件、2009年6月伊朗叛乱事件、2010年5月曼谷和肯尼亚政治暴乱事件的媒体。

如何将资产货币化呢?除广告之外还有哪些途径?2010年4月,Twitter推出Promoted Tweets广告服务宣布进军主流广告市场。想想Twitter搜索引擎:如果用户利用tweet搜索引擎检索上网本,返回的结果中将会列出百思买的上网本广告。公司称Promoted Tweets并非广告,看上去与其他tweet并无二致,都只是tweet消息流的一部分。因此,这些所谓的"有机tweet"与传统搜索引擎文本广告和社交网络广告大不相同。至今为止,百思买、博悦、红牛、索尼、星巴克以及维珍美国航空都已注册加入该广告项目。如果Promoted Tweets运作顺畅,将会有上千家公司加盟,以便向数百万搜索产品的用户发布短信。

Twitter公司实现货币化的第二次尝试是2010年6月推出的Promoted Trends(推广热门话题)服务。该模块是Twitter主页的一部分,向人们展示当前的热门话题。公司称该功能也是"有机的",真实地反映人们正在谈论的事物。公司可在该页面底端放置Promoted Trends条幅,当用户点击该条幅时,就会进入相关页面。据Twitter公司介绍,迪士尼正利用Promoted Trends条幅为《玩具总动员》做宣传。

2010年7月,Twitter宣布推出第三项创新服务——@earlybird账户,用户关注该账户就能接收特定的信息。为推广电影《魔法师的学徒》,沃尔特·迪士尼影片公司尝试使用了该服务,且提供半价优惠(电影票买一送一)。该服务主要提供即时、"新鲜"的娱乐、市场、奢侈品、技术和美妆资讯。迄今为止,@earlybird账户已有5万名关注者,公司希望这些人能够影响他人的购买决策。

还有一项能带来货币收入的服务,称为短暂即时搜索。如果说有什么事物是Twitter相对其他社交网站所独有的,那便是实时信息。2010年,Twitter与谷歌、微软和雅虎达成协议,允许其搜索引擎引到tweet内容。该服务能为搜索引擎提供免费的即时内容,而非存档信息。但是,这项服务中究竟是谁在为谁服务尚不清楚,其收益分配方案也不曾对外公开。

许多大型公司都在尝试使用Twitter。戴尔创建了自身的Twitter Outlet账户@DellOutlet,用以打折销售计算机;戴尔还维护着好几个客户服务账户。类似于亚马逊,Twitter也扮演着电子商务销售平台的角色,会向这类账户收取销售佣金。其他公司也曾向其 Twitter 粉丝促销打折机票(捷蓝公司)和礼品卡(Somecards 公司)。

免费增值模式是另一种可能的思路：要求用户为视频和音乐下载等高级服务支付订阅费。但是，该想法可能为时已晚，因为用户已习惯地认为此类服务应该是免费的。Twitter 可帮助用户向医生、牙医、律师、美发沙龙等进行预约，从而向服务提供者收取费用。但是，Twitter 最稳定的收入来源仍旧是其包含数十亿条即时消息的 Tweet 数据库。星巴克、亚马逊、Intuit(QuickBooks 和 Mint.Com)、戴尔等公司都曾通过 Twitter 来了解客户对产品、服务和网站的反馈，再据此加以改进。可以说，Twitter 是走在互联网前沿的最佳情报站。

案例启示

Twitter 的案例显示，即使拥有庞大的受众群体，要创造出将其转化为成功的商业模式(赚取收入，实现盈利)是多么困难。电子商务早期，数千家企业发现，消耗他人投资的速度远高于向消费者出售产品和服务赚取收入的速度。在大多数失败的案例中，企业的商业模式从一开始就有问题。相反，那些取得成功的电子商务企业则是充分抓住网络特性，向消费者提供实在的价值，采用高效的运营方法，避开对企业有害的法律和社会问题的纠缠，才最终实现盈利。然而，商业模式到底是什么，如何才能知道某种商业模式是否实现盈利呢？本章重点关注各种商业模式及其基本商务原理，这些知识对于理解电子商务来说必不可少。

第一节　电子商务的商业模式概述

一、商业模式

商业模式是为从市场上获得利润而预先规划好的一系列活动(有时也叫业务流程)。尽管商业模式和企业战略有些类似，但它们并不总是相同的，因为商业模式通常会考虑竞争环境。商业模式是商业计划的核心。商业计划是一份描述企业商业模式的文档。商业计划通常也要考虑竞争环境。电子商务商业模式旨在充分利用和发挥互联网和万维网特性。

二、商业模式的八大基本要素

如果希望在任何领域(不仅限于电子商务)，都能制定出成功的商业模式，就必须确保商业模式符合表 2-1 中所列举的八大要素，分别是：价值主张、盈利模式、市场机会、竞争环境、竞争优势、营销战略、组织发展和管理队伍。许多学者关注的都是企业的价值定位和盈利模式。虽然这两大要素是商业模式中最重要也最容易识别的部分，但其他要素在评估企业商业模式和商业计划，或试图解释特定企业成败缘由时也同样重要。下面将分别详细阐述商业模式中的每一个要素。

表 2-1 商业模式的基本组成要素

组成要素	核心问题
价值主张	为什么消费者要在你这里买东西?
盈利模式	你如何赚钱?
市场机会	你希望服务于什么市场?市场容量有多大?
竞争环境	哪些企业的目标市场与你相同?
竞争优势	进入目标市场,你有什么特殊的优势?
营销战略	你计划如何促销产品和服务来吸引目标客户?
组织发展	企业必须采用哪种组织架构以实现商业计划?
管理队伍	什么样的经历和背景对企业领导人来说是至关重要的?

1. 价值主张

企业的价值主张是企业商业模式的核心。价值主张明确了一家企业的产品或者服务如何满足客户的需求。为制定或分析价值主张,你需要回答以下关键问题:为什么客户要选择与贵公司,而不是其他企业做生意?贵公司能提供哪些其他企业不具备的东西?从消费者角度出发,成功的电子商务价值主张包括:个性化定制产品和服务,降低产品搜索成本,降低价格发现成本,以及通过交付管理使交易更便捷。

例如,亚马逊网站出现之前,大多数消费者都要亲自跑到图书零售商那里去买书。有时,想要的书可能没货,消费者就不得不等上数天或者数周,然后再跑去书店拿书。亚马逊出现之后,使得阅读爱好者在家或办公室,24小时都能舒适地购买所有已出版的图书,还能立刻知道要买的书是否有库存。Kindle 还能让用户直接获得电子书,无须等待配送过程。亚马逊的核心价值主张在于空前的选择余地和便利性。

2. 盈利模式

盈利模式描述企业如何获得收入、产生利润以及获得高额的投资回报。商业组织的功能就是产生利润和高于其他投资项目的回报。光有利润不足以使企业获得"成功",企业必须产生高于其他投资项目的回报。企业若做不到这一点,就会被淘汰出局。

例如,零售商向消费者销售个人计算机,消费者用现金或信用卡支付,从而产生销售收入。一般来说,商家出售计算机的收入要高于所支付的成本和经营费用,从而产生利润。但是为了开展业务,计算机销售商不得不投入资本——可能是借款,也可能是个人储蓄。计算机销售商从计算机业务中获得的利润就构成所投入资本的回报,并且这种回报要比商家同样把这些钱投资于其他地方(如投资房地产或存银行)所得到的回报高。

虽然电子商务盈利模式很多,但是大多数企业主要采用一种或几种模式的组合。这些盈利模式是:广告模式、订阅模式、交易佣金模式、销售模式和会员制模式。

在广告盈利模式中,网站向其用户提供信息、服务或者产品,并设置广告专区供广告商付费使用。那些能吸引大量浏览者，或是能吸引高度专业化、与众不同的浏览者，且能获得用户持续关注("黏住用户")的网站，都能收取高额的广告费率。

在订阅盈利模式中，网站向用户提供信息和服务，并向用户收取某些内容的订阅费。例如，网络版本的 Consumer Reports 就只向订阅者提供信息，如详细的评分、评论和建议，订阅者可选择每月支付 5.95 美元或每年支付 26 美元的订阅费。从订阅盈利模式的经验来说，要想成功地让客户接受对网络信息付费的做法，就必须保证所提供的信息有更高的价值和增值，其他地方不易获取或不容易复制。成功应用订阅模式的公司有 Match.com、eHarmony(约会服务)、Ancestry.com、Genealogy.com (家谱研究)、微软的 Xboxlive.com (视频游戏)、Rhapsody.com (音乐)、Hulu.com。

在交易佣金盈利模式中，企业因帮助完成或执行交易而收取费用。例如，eBay 建立了网上拍卖市场，向成功出售商品的卖主收取小额的交易佣金。而在线股票经纪商 E*Trade 则就每一笔股票交易向客户收取交易费。

在销售盈利模式中，企业通过向顾客销售产品、信息或服务获取收入。亚马逊(销售图书、音乐等产品)、京东、LLBean.com 和 Gap.com 等企业，都属于销售盈利模式。

在会员制盈利模式中，网站向会员提供业务机会，收取推荐费或从交易收入中获取一定百分比的提成。例如，MyPoints 通过向其会员提供优惠产品，为一些企业提供潜在客户而盈利。会员通过该优惠信息购买产品可获得能换取赠品的"积分"，而 MyPoints 则能赚取一定收入。Epinions 等社区反馈网站也通过引导潜在客户到特定网站购物来赚取收入。表 2-2 对这些主要的盈利模式进行了总结。

表 2-2 五种主要的盈利模式

盈利模式	举 例	收入来源
广告	雅虎，新浪	通过提供广告来收取费用
订阅	WSJ.com，Consumer reports.org	通过提供信息内容和服务来收取订阅者的费用
交易佣金	eBay, E* Trade, 淘宝	通过完成交易或进行交易来收取费用(佣金)
销售	亚马逊，京东	销售产品、信息或服务
会员制	MyPoints	通过业务推荐收取费用

3. 市场机会

市场机会是指企业所预期的市场(即有实际或潜在商务价值的区域)以及企业在该市场中有可能获得潜在财务收入的机会。市场机会通常划分成一个个较小的市场来描述。实际的市场机会是用你希望从参与竞争的小市场中所能获得的潜在收入来定义的。

例如，假设你在分析一家软件培训公司，该公司通过互联网向企业销售自身开发的软件培训系统。软件培训领域所有细分市场的总规模大约为 700 亿美元，整个市场划分为两个主要的细分市场：由教练引导的培训产品市场，约占市场份额的 70%(490 亿美元的收入)；

由计算机引导的培训产品市场,约占市场份额的 30%(210 亿美元的收入)。在这两大细分市场中,分别有更小的细分市场,例如,针对《财富》500 强企业的基于计算机的培训市场,以及针对小企业的基于计算机培训市场。因为这家公司是一家新公司,不可能在基于计算机的培训市场(大约 150 亿美元)与大企业相抗衡,知名品牌的大培训企业主宰了这一市场,所以该公司实际的市场机会就是向上千家小企业销售自己的产品,这些小企业的基于计算机的培训软件上的花费约为 60 亿美元,而且这些小企业很需要成本效益高的培训方案。

4. 竞争环境

企业的竞争环境是指在同一市场中运作、销售相似产品的其他企业。它还指替代产品的存在和进入市场的新途径,以及客户和供应商的力量。竞争环境会受到如下因素的影响:有多少活跃的竞争对手,其规模有多大,每个竞争对手的市场份额有多大,这些企业的盈利情况如何,以及它们如何定价。

通常,企业既会遇到直接竞争对手,也会遇到间接竞争对手。直接竞争对手是那些在同一个细分市场销售相似产品或服务的企业。例如,Priceline 和 Travelocity 两家公司都在线销售打折的机票,它们是直接竞争对手,因为它们销售同样的产品——便宜机票。间接竞争对手是那些可能处于不同行业但仍然产生竞争关系的企业,因为它们的产品可相互替代。例如,汽车制造商与航空公司属于不同的行业,但它们也是间接竞争对手,因为它们向消费者提供可替代的交通运输工具。新闻媒体 CNN.com 是 ESPN.com 的间接竞争对手,它们不仅销售相同的产品,还互相竞争消费者的上网时间。

任何细分市场中若存在大量的竞争对手,就意味着该市场处于饱和,很难获得利润。反之,缺少竞争对手的市场则可能意味着进入未开拓市场的机会,也可能意味着这是一个已经尝试过不可能成功的市场,因为赚不到钱。分析竞争环境有助于判断市场前景。

5. 竞争优势

当企业能比竞争对手生产出更好的产品,或是向市场推出更低价格的产品时,它就获得了竞争优势。有些企业能开拓全球市场,而另一些企业则只能发展国内或地区市场,能在全球范围内以较低的价格提供优质产品的企业是很有优势的。

许多企业能获得竞争优势,是因为它们总能获得其竞争对手无法获得的各种生产要素,至少在短期内如此。这些要素包括:企业能从供应商、运输商或劳动力方面获得不错的条件;企业可能比其任何竞争对手更有经验,有更多的知识积累,有更忠实的雇员;企业还可能有他人不能仿照的产品专利,或者能通过以前的业务关系网得到投资资金,或者有其他企业不能复制的品牌和公共形象。当市场的某个参与者拥有比其他参与者更多的资源——财务援助、知识、信息或者权力时,不对称就出现了。不对称使某些企业比其他企业更有优势,使得它们能以比竞争对手更快的速度将更好的产品投入市场,有时价格还更低。

例如,当苹果电脑的创始人兼 CEO 史蒂夫·乔布斯宣布 iTunes 提供合法的、可下载的、按每首歌曲 0.99 美元收费的音乐服务，可将音乐下载至安装 iTunes 软件的任何计算机或数字设备上时，公司就获得了比其他公司更大的成功机会，当然竞争对手也没有资源能提供这种服务。

一种独特的竞争优势来自于先行者。先发优势是企业率先进入市场提供有用的产品和服务而获得的竞争优势。最先行动者如果建立起自己忠实的客户群，或设计出别人很难模仿的独特界面，就能在一段较长的时期内保持自己的先发优势。亚马逊就是个很好的例子。但在技术推动的商务创新历史上，大多数先发者都缺少保持优势的互补资源，所以反而常常是后来者获得最大的回报。

当企业利用自己的竞争优势在周围市场中获得更多的竞争优势时，我们就说企业通过杠杆作用利用了自己的竞争资产。例如，亚马逊利用公司巨大的消费者数据库和多年的电子商务经验，成功主导了在线零售市场。

6. 营销战略

无论企业本身有多好，制定和执行营销战略对企业来说都是很重要的。如果不能恰当地向潜在消费者进行营销，那么即使是最好的商务理念和构想也会失败。

为将企业的产品和服务推销给潜在消费者而做的每一件事都是营销。营销战略是一个阐述如何进入新市场、吸引新客户的详细计划。例如，Twitter、YouTube 和 Photobucket 的社交网站营销战略鼓励用户在网站上免费发布内容、建立个人档案、和朋友沟通、建立社区。在这些案例中，用户就是营销人员。

7. 组织发展

虽然许多企业都是由一个富有想象力的人发起的，但是只靠个人将理念转变为数百万美元收入的企业是很罕见的。在大多数情况下，快速成长的企业(尤其是电子商务企业)需要员工的参与，更需要一套业务计划。简言之，所有的企业(尤其是新企业)都需要设立组织来有效地实现商业计划和战略。许多电子商务企业和尝试推行电子商务战略的传统企业都失败了，原因就在于它们缺乏支持新商务形式的组织结构和文化价值。

对于希望兴旺发达的企业来说，需要一个组织发展计划 (这是一个描述企业如何组织所要完成的工作的计划)。一般来说，企业的工作可划分到各职能部门，如生产、运输、营销、客户支持及财务。这些职能部门的工作需要明确定义，随后就能为特定的工作岗位和职责招聘人员。一般来说，刚开始的时候主要是招聘能从事多项工作的多面手。而随着企业的成长，招募的人员则会越来越专业化。

例如，eBay 的创始人皮埃尔·欧米迪亚建立在线拍卖网站的目的是帮助女朋友和其他收藏者交易糖果盒。但是短短数月的时间，拍卖业务量就远远超出其个人所能处理的程度，所以他开始雇用更有相关业务经验的人来帮忙。很快企业就聘请了许多员工，划分出许多部门，有了很多负责监督企业方方面面工作的管理人员。

8. 管理队伍

毫无疑问，商业模式中最重要的元素是负责模式运作的管理团队。一支强有力的管理队伍能让商业模式迅速获得外界投资人的信任，能立刻获得相关市场的知识，获得实施商业计划的经验。一支强有力的管理队伍或许不能拯救失败的商业模式，但却能改变模式，能够重新定义所必需的业务。

大多数企业都意识到需要有几位高级执行官或经理。但是这些经理人所具备的技能既可能成为竞争优势之源泉，也可能成为竞争劣势之根源。关键在于如何找到既有经验又能把经验运用到新环境中的人。

要为初创企业找到好的经理人，首先要考虑的是：加盟企业的经理人应具备哪些经验才是对企业有帮助的？他们需要有什么样的技术背景？需要具备哪些管理经验？需要在某个特定领域工作过多少时间？需要具备什么样的工作能力：营销、生产、财务还是运营？尤其在企业初创时需要融资的阶段特别要考虑未来的高级经理人有没有从外界投资人处获取融资的经验和渠道。

第二节　B2C 电子商务的主要商业模式

在 B2C 电子商务中，网络企业尽全力去赢得个体消费者，这是人们最熟悉也最流行的电子商务类型。表 2-3 列出了 B2C 电子商务中主要的商业模式。

表 2-3　B2C 商业模式

商业模式	变　种	举　例	说　明	盈利模式
门户网站	水平的/综合的	新浪 AOL MSN Facebook 搜狐	提供一揽子内容、搜索、社交网络服务：新闻、电子邮件、聊天、音乐下载、视频流以及日历等。试图成为用户的主页	广告费 订阅费 交易费
	垂直的/专业化的	Sailnet	向专业市场提供服务和产品	同上
	搜索	谷歌 必应 百度	主要聚焦于提供搜索服务	广告费 会员推荐费
电子零售商	虚拟商家	亚马逊 京东	零售店的在线版本，消费者不用离开家或者办公室，可以在任何时候购物	产品销售
	鼠标加水泥	Walmart.com 苏宁易购	在实体店面的企业使用在线分销渠道	产品销售
	目录服务商	LLBean.com	目录直接邮购商的在线版本	产品销售
	制造商直销	Dell.com ehaier.com	制造商利用网络直接销售	产品销售

续表

商业模式	变 种	举例	说 明	盈利模式
内容提供商		CNN.com ESPN.com 爱奇艺	信息和娱乐服务的供应商,如报纸、体育网站以及其他向消费者提供最新咨询和热点,提供向导、窍门和从事信息销售的网站	广告费 订阅费 会员推荐费
交易经纪人		携程网 Expedia Orbitz	在线交易的处理者,如股票经纪人和旅游代理人,通过帮助客户更便捷完成交易而提高客户生产率	交易费
市场创建者		天猫 eBay Priceline	基于网络的业务,使用互联网技术建立汇聚买卖双方的市场	交易费
服务提供商		VisaNow.com	通过向客户卖服务而不是产品赚钱的企业	服务销售
社区服务商		Facebook Twitter 新浪微博 腾讯	聚集有特定兴趣爱好和共同经历的人们共享经历、交换意见的网站	广告费 订阅费 会员推荐费

一、门户网站

雅虎、MSN、搜狐、新浪等门户网站都向客户提供强大的网络搜索工具,而且集成一体化的内容和服务,如新闻、电子邮件、即时消息传递、日历、购物、音乐下载、视频流等。最初门户网站都想成为通向互联网的"大门",但今天,门户网站商业模式都转变为终点网站。它们成为消费者开始网络搜索的地方,消费者会在这里停留很长时间,看新闻、娱乐、和其他人聊天。门户网站已不再是传统的形式,Facebook 等社交网站现在都是门户网站。

人们一般将 AOL、MSN、搜狐、新浪以及其他类似网站称为水平门户网站,因为这类网站将其市场空间定义为包含互联网上的所有用户。垂直门户网站提供的是和水平门户网站相似的服务,但是它们只关注某个特定的主题或细分市场。

二、电子零售商

在线零售店的规模大小各异,既有像亚马逊这样的网络巨人,也有只有一家网站的本地小商店。除客户需要接入互联网查看库存、下订单外,电子零售商更像是传统的门店。有时,人们把一些电子零售商称为"鼠标加水泥",认为它们是对于现有实体门店的补充,销售的是同样的产品,如沃尔玛、苏宁易购等。而其他的电子零售商只在虚拟世界里运营,与实体门店没有任何关系，如亚马逊、天猫、京东就属于这类。此外，还有一些电子零售商的变种形式，如在线的直接目录邮购、在线购物中心以及制造商直销等。

电子零售领域的竞争异常激烈，因为电子零售市场的进入壁垒很低，只要较少的投入就能在网上开一家电子零售店。电子零售商如果没有知名的品牌和经验，要想盈利和生存是很困难的。电子零售商所面临的挑战是如何使自己的业务与现有的零售商不同。

三、内容提供商

虽然互联网的应用形式广泛，但传播"信息内容"是互联网最大的用途之一。"信息内容"的定义很宽泛，包括各种知识产权形式。内容提供商利用网络分销各类信息内容，如数字化视频、音乐、照片、文本以及艺术品。

内容提供商通过向订阅者收取订阅费来获得收入。例如，Rhapsody.com 的用户需每月支付订阅费才能访问上千首歌曲。其他的内容提供商如华尔街日报在线版、哈佛商业评论等则主要是向消费者收取内容下载的费用，作为对订阅费的替代或补充。

要想成为成功的内容提供商，关键是要拥有信息内容。信息内容版权的传统拥有者(图书报纸出版商、电台和电视台、音乐发行公司和电影制片厂)比网络新进入者更具优势，因为新进入者只提供分销渠道，必须付费购买内容。

四、交易经纪人

通过电话和邮件为消费者处理个人交易的网站叫作交易经纪人。较多采用这种模式的行业是金融服务、旅游服务以及职业介绍服务。在线交易经纪人的价值主张在于节省时间和金钱。此外，大多数交易经纪人还提供及时的资讯和建议。

越来越多的消费者对金融理财和股市感兴趣，在线交易经纪人的市场机会也随之扩大。不过，尽管成千上万的消费者转向在线经纪人，仍有很多人对于从提供个人建议的传统知名品牌经纪人转向在线经纪人非常谨慎。此外，对隐私侵犯和个人财务信息失控的担心，也成为该市场发展的障碍。所以，在线经纪人面临的挑战就是要通过强调安全和恰当的保密措施，克服消费者的恐惧，就像实体银行和经纪公司一样，提供大范围的金融服务和股票交易。

交易经纪人通过向每次交易收取佣金来获得收入。例如，无论是按固定费率还是按与交易额有关的浮动费率，每完成一次股票交易，企业就获得一笔收入。所以，吸引更多的新客户，鼓励他们经常进行交易，是这类企业获得更多收入的关键。

五、市场创建者

市场创建者建立了一个数字化的环境，使得买卖双方能够在此碰面，同时还能展示、检索产品，为产品定价。eBay 的拍卖商业模式是，为买卖双方建立一个数字化环境，使得他们在此碰面、协商价格、达成交易。这与交易经纪人不同，交易经纪人主要是直接为客户进行交易，其作用相当于大型市场中的代理人。但是在 eBay，买方和卖方都是自己的代理人。在 eBay 上，除了收取列出物品清单的费用外，每售出一件物品，公司还能获得一笔交易佣金。eBay 是少数从一开始就真正盈利的网站之一。

除营销和建立品牌，企业的管理团队和组织架构也能在新市场的建立中发挥重要作用，特别是曾经有过类似业务从业经验的经理人。在这种情况下，速度往往是关键，所以成功与失败的差异就在于能否迅速地投入运营。

六、服务提供商

电子零售商在网上销售产品，而服务提供商则提供在线服务。网络服务已取得突破式增长。Web 2.0 应用都是面向消费者的在线服务，如照片分享、视频分享和用户生成内容。谷歌在开发在线应用方面处于领先地位，如谷歌地图、谷歌文件和 Gmail。

服务提供商的盈利模式不尽相同。有些在线服务商是收费的，如月租费，而有些则通过其他途径获得收入，如通过广告或直接营销中收集的个人信息。有些服务则是部分免费，如谷歌应用的基本版本是免费的，但虚拟会议空间和高级工具则每年向用户收取 50 美元的费用。零售商用产品赚钱，服务提供商用知识、经验、能力赚钱。

服务提供商的基本价值主张在于向消费者提供比传统服务提供商更有价值、更便利、更省时、更低成本的服务，或者说在搜索引擎和大多数 Web 2.0 应用中，提供独特的网络服务。服务提供商的市场机会巨大，因为可提供服务的多样性比实际商品高。

七、社区服务商

虽然社区服务商并不是一个新事物，但借助互联网，这类网站可以让志趣相投的人们更容易地碰面交流，而不受地域和时间的限制。社区服务商是那些创建数字化在线环境的网站，兴趣爱好相似的人可以在这里进行交易，分享兴趣爱好、照片、视频，和兴趣爱好相同的人沟通，和志同道合的人沟通，了解与自己兴趣相关的信息。社交网站 Facebook、MySpace、Twitter、新浪微博等，都提供用户社区工具和服务。

社区服务商的基本价值主张在于建立快速、方便、一站化的网站，让用户能够关注最感兴趣、最关心的事情，和好友分享经验，了解自己的兴趣爱好。社区服务商一般采用混合的盈利模式，包括收取订阅费，获得销售收入，收取交易费、会员推荐费以及广告费。

第三节　B2B 电子商务的主要商业模式

电子商务中绝大多数收入来自 B2B 电子商务，只是大多数活动不被普通消费者所知所见而已。表 2-4 列出了应用在 B2B 领域的主要商业模式。

表 2-4 B2B 商业模式

商业模式	举 例	说 明	盈利模式
(1)网络市场			
电子分销商	Grainger.com Partstore.com	零售商的网络版本；提供维护、维修和运作件及间接原料	产品销售
电子采购市场	Ariba Perfect Commerce	单个公司建立的数字市场，买卖双方在此交易间接原料	市场服务费；供应链管理完成服务
电子交易市场	OceanConnect ChemConnect 阿里巴巴	交易直接原料的独立的第三方垂直市场	交易费和佣金
行业协会	Exostar Quadrem Elemica	向特定供应商开放的行业所有的垂直数字化市场	交易费和佣金
(2)会员专用网络			
单个公司	沃尔玛 宝洁	公司所有的网络，协调少数合作伙伴组成的供应链	由网络所有者支付费用，通过提高生产和分销效率来获利
行业范围内	1 SYNC Agentrics	行业所有，制定标准，协调行业内的供应链和物流	由行业内的公司贡献，可提高生产和分销效率，收取交易费和服务费

一、电子分销商

直接向个体企业提供产品和服务的企业叫作电子分销商。例如，W.W.Grainger 是最大的维护、维修和运作件(MRO)的供应商。MRO 原料被认为是生产过程的间接收入——相对于直接原料来说。过去，公司主要依靠目录销售和大城市中的实际分销中心来开展业务。1995 年，公司将其设备目录搬到网络上，在其网站 grainger.com 上提供的产品超过 475 000 种。企业采购代理可根据产品类目进行搜索，例如按汽车类、通风和空调类、流体技术类，也可按照特定的品牌搜索产品。

电子分销商是由一家寻求为多个客户服务的企业建立的。然而，与电子交易市场一样，客户数量仍是关键要素。对电子分销商来说，企业在其网站上提供的产品和服务越多，就越有可能吸引潜在客户。与为购买某个零部件或产品而访问无数网站相比，一站式的购物体验总是要理想得多。

二、电子采购市场

就像电子分销商向其他企业提供产品一样,电子采购公司建立并出售进入数字化市场的途径。这些公司如 Ariba 编写了能帮助大公司组织生产过程的软件,为单个公司建立迷你数字化市场。Ariba 为采购公司创建了定制集成的在线目录(供应商企业可以列出自己的产品)。在销售层面,Ariba 通过提供集成建立目录、运输、保险和金融的软件帮助供应商向采购公司销售商品。买卖双方的软件都属于"价值链管理"软件。

B2B 服务提供商通过收取交易费来获得收入,费用是按照使用服务的工作站数量或每年的许可证费用来计算的。它们向采购公司提供顶尖的采购和供应链管理工具,帮助公司降低供应链成本。在软件的世界里,Ariba 之类的公司叫作应用服务提供商,可通过规模经济向企业提供低成本的软件。规模经济指业务规模的增长带动效率大幅提高的现象。例如,当规模扩大时,成本固定的系统产品(如工厂或软件系统)可满负荷地运作。以软件为例,对软件程序进行数字化复制的边际成本几乎为零,为昂贵的软件程序多找到一个购买者,就多一份利润。这比企业自己开发供应链管理系统的效益要高得多,并且这么做还可以使得 Ariba 之类的公司能专注地精通某一类系统,以低于开发价的价格向公司提供软件。

三、电子交易市场

电子交易市场由于其潜在的市场空间规模而在 B2B 电子商务中备受关注,也获得最早的资本注入。即使是今天,电子交易市场也在 B2B 市场中稳占一席之地。电子交易市场是一个独立的数字化电子市场,供应商和商务采购者可以再次进行交易。电子交易市场由独立于买卖双方的独立方拥有,它通常是创业型公司,它的业务就是创建市场,通过收取佣金或按照交易规模收取交易费来赚钱。它一般是为垂直产业服务的,如钢铁、聚合物、铝等可直接投入生产、采用短期合同和现货采购行业。对于买方来说,利用 B2B 电子交易市场能够集成在一个地方收集信息,检验供应商,采集价格,了解最新发生的变化。而另一方面,对于卖方来说,则能从扩大与买方的接触而获益。因为潜在购买者的数量越大,则销售的成本就越低,促成销售的机会也越大。轻松、速度、交易量被概括地称为市场流动性。

理论上说,电子交易市场能极大地减少识别潜在的供应商、客户和合作伙伴,以及在彼此间开展业务所需要的成本和花费的时间,因而可以降低交易成本——进行买卖所需要的成本。交易中心还可以帮助企业降低产品成本和仓储成本——产品储存在仓库中的成本。事实上,B2B 电子交易市场很难劝服数千个供应商转向单一的数字市场,而且在这个市场中供应商要面临激烈的价格竞争,同样也很难劝说企业离开长期合作的供应商。

四、行业协会

行业协会是为某个行业所有的、服务于特定企业的垂直市场，如汽车、航空、化学、花卉、采运业。垂直市场向小部分企业提供与所在行业有关的产品和服务、水平市场则向各行业的企业提供某一类特定的产品和服务，如与营销、财务或计算机处理有关的。例如，Exostar 是航空和国防业的在线交易场所，由 BAE System、波音、洛克希德-马丁、雷神(Raytheon)和劳斯莱斯(Rolls-Royce)于 2000 年创建。

行业协会比独立的电子交易市场更容易成功，因为他们受到强大的、财力雄厚的业内人士监督，也因为它们加强而非试图改变传统采购行为。

五、会员专用网络

会员专用网络是数字化的网络(通常是基于互联网的网络，但并不总是如此)，可以协调与业务有关的企业间通信流。例如，沃尔玛拥有全球最大的会员专用网络，供应商可以利用沃尔玛会员网络监控每天的商品销售、运货状态、实际库存水平。B2B 电子商务极大地依赖于电子数据交换(EDI)技术。EDI 可用于单家供应商和单个采购方之间的一对一关系，最初是为专用网络设计的，之后很快应用到互联网中。大多数公司开始完善自己的 EDI 系统，强大的网络技术使系统可用于多对一和多对多的关系，允许多家企业向单家或几家采购公司销售商品。在独立的电子交易市场中会同时存在多个买方和卖方，而 EDI 不适用于此类采购关系。

会员专用网络共有两种：企业会员专用网络和行业会员专用网络。

(1) 企业会员专用网络是最常见的会员专用网络形式。企业会员专用网络通常由某家大型采购公司拥有，如沃尔玛和宝洁。只有信任的长期直接原料供应商才会受邀加入。企业会员专用网络逐步演变出公司自己的企业资源计划系统,努力将主要的供应商引入到商业决策中。

(2) 行业会员专用网络往往会演变出行业合作集团，通常由行业内大公司组成的协会所有，主要有以下几个目标：为网络商业沟通建立中立标准、公开共享解决行业问题的技术平台、在某些情况下提供运营网络以促使整个行业中的成员密切合作。从某种程度上说，行业会员专用网络可以说是某个企业会员专用网络成功后带来的结果。例如，沃尔玛拒绝向其他零售成员开放其网络，担心与西尔斯等零售商共享技术机密后影响其成为行业标准的目标。

相反，西尔斯等全球范围内的零售商建立起自己的组织协会和网络，并向全行业开放。例如 Agentrics 是由两个行业范围内的会员专用网络合并而成的，方便且简化了零售商、供应商、合作伙伴和分销商之间的交易。目前 Agentrics 客户包括全球排名前 25 位的零售商中的 15 家，以及来自非洲、亚洲、欧洲、南美洲和北美洲的 250 个供应商。Agentrics

提供协调设计工具、计划与管理、招标与谈判、订单执行、需求聚合、全球类目管理、全球物流，以及英语、法语、德语和西班牙语等多种语言版本的全球目录(包含供应商3万多种产品的交易关系数据)。从服务和产能列表中可以看出产业范围内的行业会员专用网络能比行业协会提供更多的可能，尽管这两个模式似乎很相似。

第四节 其他电子商务商业模式

当谈到业务形式时，人们一般会联想到由企业生产产品，然后出售给消费者。但是万维网让我们见识到一些新的业务形式，如消费者对消费者的电子商务、对等电子商务以及移动商务。这些商务模式不能准确地归类于前面描述的典型电子商务商业模式。表2-5列出了这三种商业模式及其盈利模式。

表2-5 新兴电子商务领域中的商业模式

类 型	举 例	说 明	盈利模式
消费者对消费者的电子商务	eBay.com 淘宝 Half.com Craigslist.com	帮助消费者与其他想出售东西的消费者建立联系	交易费
对等电子商务	ThePirate Bay Cloudmark	利用技术使消费者在没有共同服务器的情况下通过万维网共享文件和服务	订阅费 广告费 交易费
移动商务	eBayMobile PayPal Mobile Checkout AOL Mobile-Moviefone	利用无线技术拓展商务应用	产品和服务销售

一、消费者对消费者(C2C)的商业模式

从事 C2C 电子商务的企业为消费者提供相互在线销售商品的途径。国外最大的 C2C 网站是 eBay 和 Craigslist，国内则是淘宝。eBay 采用拍卖市场商业模式，而 Craigslist 提供网络归类服务，使消费者能方便、快速地找到商品，或者以固定的价格出售商品。当众多卖家被组织在 eBay 上运营且实现盈利时，他们发现消费者不再如当初还是小企业(即电子零售商)时么多。Craigslist.com 是全球最大的 C2C 网络归类广告服务商，也是 C2C 商务的领先者。网上有众多的小型分类服务商，其中多数是新闻分类网站。

在 eBay 和 Craigslist 出现之前，个体消费者使用车库展销、跳蚤市场和旧货商店来买

卖二手货。随着在线拍卖的出现，消费者不用再跑到外面去购买自己感兴趣的东西，出售物品的卖方也不用再去租用昂贵的零售场所。作为向感兴趣的买卖双方提供联系的回报，eBay 收取一小笔佣金。拍卖成交得越多，eBay 获得的收入也就越多。事实上，eBay 网站从上线第一天起就已实现盈利，而且一直持续好几年。

不喜欢拍卖，但仍想找到二手货的消费者可使用 eBay 的固定价格商品清单或访问 Half.com(同样为 eBay 所有)，消费者可利用该网站向其他消费者以固定的价格出售自己不想用的图书、影片、音乐和游戏。作为帮助完成交易的回报，Half.com 对每一笔交易收取 5%~15%的佣金，再加上部分运货费。

二、对等(P2P)商业模式

与 C2C 模式相似，从事 P2P 电子商务的企业连接用户，使得他们不需要通过公共服务器就能共享文件和计算机资源。从事 P2P 电子商务的企业主要帮助个人向其他网络用户提供信息。对等软件技术已能实现版权音乐、视频和图像文件的共享，但这种做法有违数字版权法。所以对于从事 P2P 电子商务的企业来说，其挑战就在于要建立切实可行的、合法的商业模式，使得企业能够获得利润。例如，海盗湾网站所面临的困难，它是 P2P 商业模式中最有名的例子之一。如今，不涉及共享非法内容的成功 P2P 电子商务网站很少。Cloudmark 将该模式成功地运用于合法的业务中，提供一套名为 Cloudmark Desktop 的 P2P 反垃圾邮件解决方案。2010 年，Cloudmark 为全球 10 亿多电子邮箱提供保护。

三、移动商务商业模式

移动商务既吸收了传统电子商务的模式，同时又利用智能手机和上网本等移动设备的功能，以及宽带无线技术——实现对网络的移动访问。无线网络技术将拓展现有的商业模式，为将来的移动工作人员和消费者服务。无线网络，包括蜂窝网络和 WiFi，使用宽带和通信协议来连接移动用户和互联网。移动商务的主要优势是可利用无线设备，实现任何人随时随地都能访问网络。目前的主要技术是 3G 和 4G 手机(第三代和第四代无线手机)、WiFi(无限区域网)、蓝牙(短距离射频网络设备)。

2009 年以前，美国的移动商务还很令人失望。随着 iPhone 等手机的推出，情况开始大为好转。例如，排名前 100 位的大型网络零售商，如亚马逊、新蛋、1-800-Flowers.com 等已推出智能手机访问的网站版本，提供可下载到智能手机上的购物软件。所有电子商务企业面临的挑战是在满足消费者需求的同时，找出利用移动商务赚钱的方法。目前，数字内容要求很高，如铃声、游戏、视频和壁纸。随着 iPhone 的问世，移动搜索应用开始流行。消费者应用也开始涌现出大量的个人交易平台，如 AOL 的 Moviefone 预订系统、eBay 的移动系统和移动支付平台(如 PayPal 的移动 Checkout)。

移动数字设备独有的业务功能是什么？它们对商业模式创新有什么贡献？第一，它们是手提式，便于携带，可在任何地方、任何时间购物，而不是局限在桌子旁边。该功能的特性大大延长了网络购物的可用时间。第二，智能手机配有照相机，可在购物时扫描产品编码，该功能特性使消费者能在商店购物时用智能手机拍摄产品编码，进行产品比较，接受商店的优惠信息。第三，智能手机有内置的GPS功能，可识别用户的位置，该功能特性使商家能够基于消费者的位置提供服务。例如，餐厅、博物馆和书店可与在附近逛街的潜在客户联系。移动商务是美国发展最快的电子商务形式，也是发展最快的广告平台。

四、电子商务使能者：淘金热模式

在1849年的淘金热中，近50万名开矿者涌入加利福尼亚，其中只有不到1%的人发了大财。但是，银行、运输公司、五金工具公司、房地产公司以及李维斯等制衣公司却获得了长期的财富。电子商务也是如此。对电子商务商业模式的探讨将永无休止，更不用说还有许多企业的商业模式是以提供电子商务企业存在、发展和兴旺所需要的基础设施为目标的。电子商务的使能者就是互联网基础设施公司。它们提供硬件、操作系统软件、网络和通信技术、应用软件、网站设计、咨询服务以及其他技术工具，使在网上开展商务活动成为可能(见表2-6)。尽管这些企业本身可能并不从事电子商务(虽然在许多例子中，电子商务只是一种销售渠道)，但却可能在电子商务的发展中获得最多的利益。

表2-6 电子商务使能者

基础设施	企 业
硬件：Web 服务器	IBM,HP,Dell,Oracle
软件：操作系统和服务器软件	Microsoft,RedHat Linux,Sun/Oracle,Apache Software Foundation
网络：路由器	Cisco,JIDS Uniphase,Alcatel-Lucent
安全：加密软件	VerSign,CheckPoint,Entrust,RSA,Thawte
电子商务软件系统(B2C,B2B)	IBM,Microsoft,Ariba,Broadvision,Oracle(BEA Systems)
流媒体解决方案	Real Networks,Microsoft,Apple,Adobe
客户关系管理软件	Oracle,SAP,GSI Commerce,Escalate Retail,Salesforce.com
支付系统	VeriSign,PayPal,Cybersource,Chase Paymentech
性能提升	Akamai,Limelight Networks
数据库	Oracle,Microsoft,Sybase,IBM
主机服务	IBM,WebIntellects,Qwest,Rackspace,Web.com

【案例2-2】潘多拉电台和免费增值商业模式

在网络电台订阅服务方面，潘多拉(Pandora)的做法是最成功的。2010年，潘多拉拥有6000多万用户，且每周新增60万订阅者。潘多拉占据网络电台全部收听时段的44%。也许你会惊讶，在 iTunes、Rhapsody 的互联网时代，为什么有人选择网络电台收听音乐？电台不是已经过时了吗？

事情并非如此。通过潘多拉电台，用户可以选择喜欢的歌曲流派，计算机会根据算法自动收集用户要听的音乐，不仅有用户喜欢的歌手的歌曲，还包括其他歌手演唱的类似歌曲。计算机如何能准确地识别相关歌曲呢？计算机懂音乐吗？肯定不是！但是 50 多位音乐家会每天试听新歌，按 400 多条标准对其分类，比如男声或女声、电吉他或声学吉他、失真器、背景乐、管弦乐等。计算机会按照这些标准将歌曲归为 5 个流派：流行乐/摇滚、嘻哈/电子乐、爵士乐、世界音乐、古典音乐，每个流派还可细分出众多小流派。喜欢泰勒·斯威夫特(Taylor Swift)吗？利用潘多拉创建新电台，将泰勒·斯威夫特选为喜爱的艺术家，那你不仅可以收听她的歌曲，还会听到类似流派的歌手的佳作。

1999 年，威尔·格拉泽(Will Glaser)和蒂姆·韦斯特格伦(Tim Westergren)(爵士音乐家)推动音乐基因组计划，研究得出目前的音乐流派识别算法。专家已归纳出 400 多项分类因素，只需由计算机程序根据用户的输入自动匹配相应流派的歌曲。

2005 年，格拉泽和韦斯特格伦在音乐基因组计划基础上建立 Pandora.com 网站，提供音乐服务。当时面临的最大挑战是，如何在竞争者提供免费音乐(大多数尚未植入广告)的情况下运作网络电台，同时还能够获得月租费和广告费。事实上，由于 80% 的音乐都能从 P2P 的网站免费下载，音乐电台能避免破产就已算万幸。2001 年 iTunes 问世，到 2005 年已取得非凡成绩。无须植入广告即能从每首歌曲的下载中赚取 0.99 美元。当时 iTunes 用户数已达 2000 万。相比而言，通过私人电台收听喜欢的歌曲算是相当新奇的构想。

面对严峻的形势，潘多拉首次选择的商业模式是：让用户免费试用 10 小时，之后收取每月 36 美元的月租费。结果 10 多万用户在试用结束后拒绝支付月租费。听众认可潘多拉，但不愿意为它买单，似乎早些年前就是如此。

迫于财务压力，2005 年 9 月潘多拉选择转向广告盈利模式。用户每月最多可免费收听 40 小时，之后有三个选择：(a)当月支付 0.99 美元可继续使用；(b)注册付费服务获得无限量收听；(c)什么都不做。如果用户选择(c)，服务便会停止，但用户仍可在下个月继续登录试用。转向广告盈利商业模式存在一定风险，因为潘多拉网站还没有广告服务系统，但是它吸引到众多用户之后具备充足的广告来源(包括苹果)，该收入能够支持自己的基础设施投入。2006 年，潘多拉在每首歌曲后增加"购买"按钮，开始和亚马逊、iTunes 抢生意。现在，潘多拉采取收取关联费的策略，引导用户去亚马逊购买音乐。2008 年，潘多拉推出一项 iPhone 应用，用户可从智能手机上登录，全天收听潘多拉电台。该举措使网站在一天内新增 35 000 名新用户。2009 年，凭借广告支持的"免费"模式，潘多拉吸引到 2000 多万用户，并赚取 5000 多万美元的收入，首次实现盈利。潘多拉的所有战略都严格遵照音乐公司的要求，如不能点播、不能重播，每个电台每小时最多只能播放 6 首歌曲等。此外，所有歌曲都用于商业用途或流传到国外。经历了几年的亏损，潘多拉最终找到喘息的机会。

潘多拉始终没有放弃提供增值服务。2009 年后期，公司推出一款增值桌面应用 Pandora

One,提供无广告、高质量的流式音乐服务,并且不限制使用时间,费用也只有36美元。2010年7月,潘多拉的付费用户达到60万,占全部用户的1%,并为公司带来2180万美元的收入。2009年年末,潘多拉公布其第四季度首次盈利,年收入为5000多万美元。其中大部分来自广告收入,其他还包括订阅费用和iTunes、亚马逊的交易佣金(引导用户到这些网站上购买音乐,公司能获得一笔费用)。华尔街的分析师认为,2010年年底潘多拉的收入将达1亿美元。

潘多拉是"免费增值"盈利模式的典范,通过向99%的客户免费开放某些服务,依靠向另外1%的客户提供收费的增值服务来盈利。《免费:商业的未来》一书的作者在博客中写道:"你要放弃99%的商品,以吸引可付费的1%的客户,这么做是因为数字产品的边际成本几乎为零,放弃99%对你来说根本不产生成本,反而会把你引入更广阔的市场。重要的是1%的客户。"采用免费增值模式的成功企业还有许多。对报纸、杂志等传统印刷媒体来说,该模式是维持生存的途径,但不是所有网络企业都适用该模式。

MailChimp的故事虽然很成功,但也具有一定的警示意义。该公司允许客户向任何用户发送电子邮件简讯,管理客户列表,跟踪电子邮件营销的绩效。尽管能为营销提供强大的工具——开放式应用编程接口,但公司运营10年后,也只积累到8.5万的付费用户。

2009年MailChimp公司CEO本·切斯特纳特认为,是时候实施新战略来吸引新客户了。于是MailChimp免费开放一些基本工具,只对特定的功能收取费用。公司认为,随着用户的电子邮件不断增多,他们会继续使用MailChimp,并且愿意为增值服务付费,因为增值服务不仅能给群组发送邮件,还可利用分析工具帮助自己有效定位电子市场。

MailChimp并未放弃免费增值模式,公司推出Omnivore计划,开发出一种识别垃圾邮件的优化算法。自Omnivore推出后,公司共发出35 539次警告,暂停4233个账户,清理掉1193个用户。值得庆幸的是,该算法为公司找到了前进的方向,提高了用户的邮件打开率。

2010年5月,Ning宣布计划放弃免费增值模式,将员工从167名裁减到98名。公司100%的资源都将用于吸引付费用户。与此同时,网站采用三级定价模式,基本服务费为每月19.95美元。Ning给现有客户30天的期限做出相应选择。此外,网站会对外公布每种定价模式的详细信息,包括用户数、储存量、可提供的带宽等。

Ning的新商业模式能带来一系列的收入:收费服务、谷歌广告、合作伙伴和赞助商。培生就是其合作伙伴之一,承诺在未来3年为Ning的8600个教育网站(K-12和更高水平)提供赞助,而且将年订阅费用降至19.95美元。其他的合作伙伴还有CafePress(帮助消费者利用网络出售品牌商品)和ChipIn(帮助非营利消费者筹资、募集捐款)。

那么,何时采用免费增值模式是合理的呢?回答是当产品容易使用、有大量潜在受众(最好在100万以上)的时候。当然,客户价值主张是很关键的。如果拥有大量用户能增加产品(如约会服务)的感知价值,对采用免费增值模式也很有帮助。如果公司拥有良好、长期的客户保留率,并且产品价值会随着时间的增加而增加,免费增值模式也能起作用。最重要的是，向更多客户提供免费产品或服务的可变成本必须很低。

通常只有 2%～5% 的免费用户愿意从免费产品或服务转向收费模式，所以 Evernote 网站 2% 的转换率属于预期范围。当采用免费增值战略时，计算能否在小规模情况下盈利对公司来说也很重要。

采用免费增值模式的公司还面临一个挑战，即考虑哪些产品或服务免费，哪些产品或服务收费(可能动态变化)，支持免费用户所花的成本是多少，如何对收费服务定价等。此外，采用免费增值模式的企业的用户流失率经常变动，很难预测。所以，虽然免费增值是获取早期用户的有效方法，能为公司带来资金升级，但很难计算多少用户愿意付费，多少用户愿意保留服务。

免费增值战略能在潘多拉和 Skype 公司发挥作用，是因为它们的边际成本几乎低至零，可以支持免费用户。它也能对依靠网络为潜在客户带来价值的公司发挥作用，如 Facebook。对于那些由愿意付费的客户支持的公司，尤其是当公司还没有获得赞助费和广告收入时，免费增值也能够发挥作用，如 Evernote 和潘多拉。

案例思考题

(1) 对比潘多拉最初和现在的商业模式，"免费"和"免费增值"盈利模式有何不同？
(2) 潘多拉提供怎样的客户价值主张？
(3) 同样是采用免费增值模式，为何 MailChimp 大获成功，而 Ning 却惨遭失败呢？
(4) 在考虑采用免费增值盈利模式时，需重点衡量哪些问题？

本 章 小 结

商业模式描述的是企业价值创造、传递与实现的基本逻辑。人们对商业模式的关注，是与网络经济的飞速发展密不可分的。商业模式的核心构成要素包括价值主张、盈利模式、市场机会、竞争优势等。电子商务商业模式中，B2C 电子商务中的电子零售商、内容提供商、社区服务商等商业模式，是被人们所熟知的；B2B 电子商务中的电子采购市场、电子交易市场等商业模式，是比较典型的。随着互联网技术的不断发展，特别是移动互联网的广泛应用，电子商务中新兴的商业模式层出不穷。

复习思考题

1. 什么是商业模式？如何与商业计划相区分？
2. 成功的商业模式有哪八大基本要素？
3. 亚马逊提供的客户价值主张是什么？

4. 描述电子商务企业使用的五种主要盈利模式。
5. 你认为亚马逊和 eBay 是直接竞争对手还是间接竞争对手？
6. 移动商务商业模式的发展趋势是什么？

实 践 题

1. 选择一家电子商务企业。访问它的网站，根据你所发现的信息描述它的商业模式。判断该企业的客户价值主张、盈利模式以及它所处的市场、该企业的主要竞争对手、企业所具备的相对优势和它的营销策略。试着找找有关企业管理队伍和组织结构的信息。

2. 对比分析阿里巴巴、天猫、淘宝、京东的商业模式的特点。

3. 在电子商务早期，先发优势被吹捧为唯一的成功路径。而有些人则认为市场追随者同样也能赚钱。事实证明哪种方式更成功——先行者还是追随者？选择两家电子商务企业来证明你的观点。准备一份简短的讲稿来阐述你的分析和立场。

第三章

电子商务运作模式

【学习目标】

通过本章的学习，学生应掌握 B2B、B2C、C2C、O2O 等主要电子商务模式的基本概念、类型、收入来源和具体运作策略；了解电子市场的概念及其运行机制。

【关键词汇】

运作模式(Operating Model)　　电子市场(Electronic Market)　　B2B(Business To Business)　　B2C(Business To Consumer)　　C2C(Consumer To Consumer)　　O2O(Online To Offline)

电子商务发展日益成熟，主要体现在其理论体系、支撑技术、运作类型及应用领域日益清晰。对电子商务进行科学的分类，能够更好地理解和应用不断创新的商务模式。电子商务不同运作模式的差异主要体现在参与的主体、业务流程、营销目标等方面，同时随着电子商务的不断发展，产生了许多创新型的电子商务运作模式，进一步丰富了电子商务的领域，给人们生活带来便捷的同时，也给予人们更好的消费体验。

本章主要介绍 B2B、B2C、C2C 和 O2O 等主要电子商务运作模式的发展现状、类型、运作策略和收益来源。

> 【案例3-1】阿里巴巴电子商务模式
>
> 一、阿里巴巴概述
>
> 阿里巴巴作为全球电子商务的知名品牌，是目前全球最大的商务交流社区和网上交易市场。它曾两次被哈佛大学商学院选为 MBA 案例，两次被美国权威财经杂志《福布斯》选为全球最佳 B2B 站点之一，其创始人首席执行官马云被美国亚洲商业协会选为"商业领袖"，并曾多次应邀到全球著名高等学府麻省理工学院、沃顿商学院、哈佛大学讲学，是50年来第一位成为《福布斯》封面人物的中国企业家。阿里巴巴集团经营多项业务，其业务主要包括：淘宝网、天猫、聚划算、全球速卖通、1688、阿里妈妈、阿里云、蚂蚁金服、菜鸟网络等，同时阿里集团从关联公司的业务和服务中取得经营商业生态系统上的支援。
>
> 二、淘宝网
>
> 淘宝网创立于 2003 年 5 月，是注重多元化选择、价值和便利的中国消费者首选的网上购物平台。淘宝网展示数以亿计的产品与服务信息，为消费者提供多种类的产品和服务。

截至 2014 年年底，淘宝网拥有注册会员近 5 亿，日活跃用户超 1.2 亿，在线商品数量达到 10 亿，平均每分钟售出近 5 万件商品。截至目前，淘宝网创造的直接就业机会达 467.7 万。

淘宝网是中国深受欢迎的网购零售平台，随着淘宝网规模的扩大和用户数量的增加，淘宝也从单一的 C2C 网络集市变成了包括 C2C、分销、拍卖、直供、众筹、定制等多种电子商务模式并存的综合性零售商圈。

三、天猫

天猫创立于 2008 年 4 月，原名淘宝商城，是一个综合性购物网站。2012 年 1 月 11 日淘宝商城正式宣布更名为"天猫"。2012 年 11 月 11 日，天猫筹划双十一网络购物节，单日创造了 191 亿的销售额。天猫是马云淘宝网全新打造的 B2C 网站，其整合数千家品牌商、生产商，为商家和消费者之间提供一站式解决方案。提供 100%品质保证的商品，7 天无理由退货的售后服务，以及购物积分返现等优质服务。2014 年 2 月 19 日，阿里集团宣布天猫国际正式上线，为国内消费者直供海外原装进口商品。

四、聚划算

聚划算于 2010 年 3 月推出，主要通过限时促销活动，结合众多消费者的需求，以优惠的价格提供优质的商品。淘宝聚划算是阿里巴巴集团旗下的团购网站，淘宝聚划算是淘宝网的二级域名，该二级域名正式启用时间是在 2010 年 9 月。淘宝聚划算依托淘宝网巨大的消费群体进行引流，并于 2011 年启用聚划算顶级域名，帮助千万网友节省超过 110 亿，已经成为展现淘宝卖家服务的互联网消费者首选团购平台，从而确立了国内最大团购网站的地位。聚划算主要开展聚定制、品牌团、整点聚、聚名品、聚家装等多种 C2B 电商模式。

五、全球速卖通

全球速卖通(AliExpress)创立于 2010 年 4 月，是阿里巴巴旗下唯一面向全球市场打造的在线交易平台，被广大卖家称为"国际版淘宝"。全球速卖通是为全球消费者而设的零售市场，美国和巴西等世界各地的海外买家可以通过全球速卖通，通过支付宝国际账户进行担保交易，并使用国际快递发货，直接以批发价从中国批发商和制造商购买多种不同的产品。全球速卖通是阿里巴巴帮助中小企业接触终端批发零售商、小批量多批次快速销售、拓展利润空间而全力打造的融合订单、支付、物流于一体的外贸在线交易平台。

六、阿里巴巴国际交易市场

阿里巴巴国际交易市场是阿里巴巴集团最先创立的业务，是领先的跨界批发贸易平台，服务全球数以百万计的买家和供应商。小企业可以通过阿里巴巴国际交易市场，将产品销售到其他国家。阿里巴巴国际交易市场上的卖家一般是来自中国以及印度、巴基斯坦、美国和日本等其他生产国的制造商和分销商。

七、1688

1688(前称"阿里巴巴中国交易市场")创立于 1999 年，是中国领先的网上批发平台。1688 为在阿里巴巴集团旗下零售市场经营业务的商家，提供了从本地批发商采购产品的渠道。马云于 1999 年创办了阿里巴巴网站，即 1688 的前身。1688 现为阿里集团的旗舰业务，是中国领先的小企业国内贸易电子商务平台。1688以批发和采购业务为核心，通过专业化运营，完善客户体验，全面优化企业电子商务的业务模式。目前1688已覆盖原材料、工业品、服装服饰、家居百货、小商品等16个行业大类，提供从原料采购—生产加工—现货批发等一系列的供应服务。

八、阿里妈妈

阿里妈妈创立于2007年11月，是为阿里巴巴集团旗下交易市场的卖家提供PC及移动营销服务的网上营销技术平台。此外，阿里妈妈也通过淘宝联盟，向这些卖家提供同类型而又适用于第三方网站的营销服务，拥有阿里巴巴集团的核心商业数据。每天由超过50亿推广流量完成超过3亿件商品推广展现，覆盖高达98%的网民，实现数字媒体(PC端+无线端+互联网电视端)。从卖家在淘宝和天猫的营销端开始，阿里妈妈就一直在努力建立以数据为驱动的全网营销解决方案。目前，阿里妈妈整体客户数突破100万，已经从单一的淘宝电商营销平台全面升级成以阿里大数据为核心，覆盖未来营销核心媒体矩阵，实现"品—传—销"全链路营销诉求的大数据时代营销平台。

九、阿里云计算

阿里云计算创立于2009年9月，致力开发具有高度可扩展性的云计算与数据管理平台。阿里云计算提供一整套云计算服务，是全球领先的云计算及人工智能科技公司，致力于以在线公共服务的方式，提供安全、可靠的计算和数据处理能力，让计算和人工智能成为普惠科技，以支持阿里巴巴集团网上及移动商业生态系统的参与者，其中包括卖家及其他第三方客户和企业。

十、菜鸟网络

中国智能物流骨干网是阿里巴巴集团的一家关联公司的全资子公司，致力于满足未来中国网上和移动商务业在物流方面的需求。菜鸟网络利用先进的互联网技术，建立开放、透明、共享的数据应用平台，为电子商务企业、物流公司、仓储企业、第三方物流服务商、供应链服务商等各类企业提供优质服务，支持物流行业向高附加值领域发展和升级。

十一、蚂蚁金服

蚂蚁金融服务集团(以下称"蚂蚁金服")起步于2004年成立的支付宝。2013年3月，支付宝的母公司——浙江阿里巴巴电子商务有限公司，宣布将以其为主体筹建小微金融服务集团(以下称"小微金融")，小微金融(筹)成为蚂蚁金服的前身。2014年10月，蚂蚁金服正式成立。蚂蚁金服为小微企业和个人消费者提供普惠金融服务。蚂蚁金服旗下有支付宝、余额宝、招财宝、蚂蚁聚宝、网商银行、蚂蚁花呗、芝麻信用、蚂蚁金融云、蚂蚁达客等子业务板块。支付宝多年积累的业务能力与卓越的技术能力也为蚂蚁金服的其他业务提供了良好支持。

案例思考题

(1) 请分析阿里巴巴集团采取了哪些电子商务模式？并分析不同运营模式的收入

来源。

(2) 请尝试画出阿里电商的生态体系图，并分析这些电商模式之间如何实现互相帮助引流？

第一节　电子市场及其运行机制

一、电子市场概述

1. 电子市场的概念

市场在经济中居于中心地位，它方便了信息、货物、服务的交换与付款。在这一过程中，市场为买方、卖方、中介乃至社会提供了经济价值。市场的主要功能可以简单地概括为三个：匹配买方和卖方；使与市场交易有关的信息、货物、服务交换及付款更加便利；提供制度上的基础架构，比如能提高市场运行效率的法制框架。

随着网络技术及其电子商务的飞速增长，电子商务提升了市场效率，并显著降低了实现这些职能的成本。电子市场的出现，尤其是基于互联网的电子市场的出现，使许多交易和供应链过程发生了改变。电子市场通过提高效率、降低交易和分销成本，使买方和卖方双方的匹配能力大大提高，带来了更高效且无摩擦的市场。因此电子市场通常被定义为组织间允许买方(零售商)和供应商交换价格信息并且出售产品的信息系统，或者是基于协调机制的信息技术。基于交易费用理论，信息技术因能够显著降低交易成本和协调成本而得到广泛应用。

一个电子市场是一个组织内的信息系统，它准许参与的买方和卖方交换、交割产品或者信息。运作该系统的企业被称之为市场媒介，他可能是一个市场参与者——买方或卖方，也可能是一个独立的第三方或者是一个多企业联盟。电子市场通过提供电子的或者在线的方法来推动买卖双方的交易，潜在地对整个订货实施过程的所有步骤提供支持。

2. 电子市场的构成要素

在电子市场中，买卖双方以电子手段进行产品与服务交换(或以实物交换方式获取其他产品与服务)，通过电子支付方式实现资金交付。构成电子市场的要素包括以下几项。

(1) 消费者。消费者包括个人、企业、企业集团及政府等，成千上万的网民都是网络所提供的产品、服务或其广告覆盖的潜在消费者，而各类企业组织是最大的消费者，占据了电子商务活动的85%。

(2) 商家。在 Web 上有数以百万计的店铺，它们向潜在的消费者提供大量的产品或服务，并通过广告进行宣传和促销。

(3) 产品和服务。传统市场与电子市场的主要差别之一就是只有在电子市场中产品与服务可以被数字化。尽管两种类型的市场都能销售实物产品，但电子市场还能销售数字产品。这些数字产品,比如软件、音乐产品以及其他数字内容信息等,可以被转换成数字格式,并通过互联网传输。

(4) 基础设施。电子市场赖以运行的主要基础设施包括网络系统及支持其运行的软硬件等。

(5) 前端。消费者通过前端与电子市场进行互动。构成"前端"的部分主要包括商家门户、电子目录、购物车、搜索引擎、拍卖引擎,以及支付网关等。

(6) 后端。后端业务主要包括处理前端触发的需求,即订单的汇集与履行、库存管理、向供应商的采购、会计与财务、付款处理、包装和产品交付有关的活动。

(7) 中介。在电子市场中,中介是典型的运作于买卖双方之间的第三方,所有类型的中介都能在 Web 上提供其服务。在电子市场从事中介服务的电子中介通常与传统中介(如批发商)不同,在线中介创建并管理电子市场,提供基础设施服务,帮助撮合买卖双方并完成交易。

(8) 其他业务伙伴。除了中介,还有其他几种类型的业务伙伴,如第三方物流企业,他们往往通过互联网进行合作,这些伙伴多数是供应链上下游的合作者。

(9) 支持性服务。在电子市场中,有许多不同的支持性服务,包括从认证、第三方担保(安全保障)到内容提供商等都提供相应的支持性服务。

这些基本要素以及它们之间的相互作用参见图3-1。

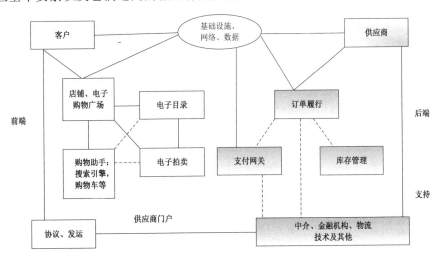

图 3-1 电子市场的要素与机制

二、电子市场的类型

电子市场的类型很多,这里我们将电子市场简单地分为 B2B 电子市场和 B2C 电子市场。B2B 电子市场按照服务范围可以划分为私有的和公共的电子市场,而按照电子市场的创建主体可以分为以卖方为中心的电子市场、以买方为中心的电子市场和第三方电子市场（电子交易所）；而 B2C 电子市场通常指我们平常所说的电子店铺和电子商城。

其实商城与市场的区别并不明显，在现实世界中，商城通常是指由众多电子店铺(电子商店)聚集而成，这些店铺彼此独立且价格一般固定。与其相对的，传统市场则往往是指卖方进行竞争、购物者寻求低价并期望能进行讨价还价的场所。而在网络世界中，"市场"有着截然不同的含义。如果个体消费者想要议价，他们可以在一些电子店铺或商城中进行。比如淘宝商场，消费者可以通过阿里旺旺直接与商家讨价还价。通常情况下，术语电子市场(e-marketplace)特指 B2B 电子商务。

1. B2B 电子市场

1) 私有电子市场

私有电子市场是指那些仅为一家公司所拥有的市场。私有电子市场归卖方所有，或是归买方所有。在以卖方为中心的电子市场(sell-side E-marketplace)中，一个像思科(Cisco)这样的公司向多家获得认证的公司销售标准产品或定制产品，这种销售模式称为一对多，它类似于一个 B2C 店铺。在以买方为中心的电子市场(Buy-side e-marketplace)中，一家公司可以从多家供应商那里进行采购，这种模式称为多对一。私有市场常常只对经过筛选的客户开放，并且不符合公共规范。

2) 公共电子市场

公共电子市场(public e-marketplace)通常为第三方(非买家或卖家)或者一组买方或卖方的公司(联盟)所拥有，而且服务于众多的买主和卖主。这种市场常被看成是交易所(如股票交易所)，它们面向公众，由政府或交易所的所有者制定规范。

2. B2C 电子市场

1) 电子店铺

电子店铺亦称网络店铺，是指单个公司进行销售产品和服务的网站，也就是电子化的商店。店铺可能属于一家生产商(如 dell.com)，也可能属于一家零售商(如 walmart.com)，或在家销售商品的个人以及其他业务类型。

一个店铺包含管理销售活动所必要的运行机制，比如电子目录，帮助消费者在目录中查找产品的搜索引擎，结账前存放货物的电子购物车，电子拍卖工具，支付网关，指定交付安排的出货场地，以及包括产品及许可信息的客户服务等。特别值得注意的是服务型公司(指非生产性公司，如保险公司)可能会把其店铺称为门户，一个与服务相关的门户的例子就是酒店预订系统。

2) 电子商城

除了在个人店铺购物外，消费者还能在电子商城购物。与现实世界中的商城类似，电子商城是一个包含许多店铺的在线购物场所。例如，Taobao.com 就是一家汇集了几千家店铺,提供几万种不同商品的电子商城。该网站包含一个产品分类的目录,并在每个类目下列出相关的店铺。当消费者在目录中找到自己感兴趣的商品种类时,他们就被链接到相应的独立店铺中,同时提供大量的共享服务。有些商城实际上是大型网上和传统业务共存的零售商,还有些则是纯粹的虚拟零售商(如 buy.com)。

3) 店铺与电子商城的类型

店铺和商城的类型有如下几种。

(1) 普通型店铺/商城。这些店铺/商城有许多销售各类商品的大型市场空间(如 Amazon.com、choicemall.com),还有一些主要的公共门户(yahoo.com)。大量的商业机构和折扣商店都属于这种类型。

(2) 专门型店铺/商城。这些店铺/商城只销售一种或有限的几种产品,如书籍、鲜花、葡萄酒、汽车或宠物玩具等。例如,Amazon.com 从一家专门型电子书店起步,但如今它已发展成为一家综合型电子商城。

(3) 区域性与全球性店铺。有些店铺(像电子杂货店或重型家具销售商)主要服务于住在附近区域的客户,如 parknshop.com 主要服务于香港社区,它不会把商品卖到纽约去。但有些本地店铺在客户愿意支付运输费、保险费及其他成本的情况下,也可以把产品销售给区域外的客户。

(4) 纯粹的在线组织与"鼠标加水泥"型店铺。有些店铺可能是纯粹的在线(即虚拟)组织,比如 Amazon.com、Buy.com,这些公司没有实体店铺;而有些公司则有实体(即砖瓦和水泥构成的)店铺,同时也开展在线销售(如拥有 Walmart.com 网上店铺的沃尔玛)。后一种类型的店铺被称为"鼠标加水泥"型店铺。

三、电子市场的机制

能够支撑电子市场运行的机制很多,这里主要介绍电子目录、搜索引擎和购物车。

1. 电子目录

目录通常是印刷在纸上的,但随着互联网的迅速发展,因特网上的电子目录十分流行。电子目录由产品数据库、目录、搜索能力以及展现功能构成。许多电子商务企业通过网上电子目录实现在线销售商品。对商家而言,电子目录的作用是进行广告宣传以及产品与服务的促销。对于顾客而言,电子目录的作用是查找产品与服务信息。在搜索引擎的帮助下,用户可以快速地搜索电子目录,这一过程也可能是交互的。例如,我们到 hairstyler.com 浏览一下,你便可以看到如何插入自己的照片,然后变换发型和颜色。

1) 电子目录的功能

早期的在线电子目录主要是复制印刷版目录的文字和图片。然而,现在的电子目录能够实现以下功能。

(1) 电子目录可以是静态或动态的。静态目录中展现的信息主要是文字和图片。动态目录中的信息以动态图片、动画或附带的声音来展现。

(2) 定制化程度。目录可以是标准的或是定制的。在标准目录中，商家为每个客户提供的是相同的目录；而在定制化目录中，内容、价格以及显示方式都是根据特定客户的要求进行定制的。

(3) 在线目录可以与购物车、订单履行、付款流程、供应商或客户的外部网和 Web 主机等集成起来，也把购买和销售过程集成起来，实现动态更新和协同商务。例如，当客户在卓越亚马逊上下达订单后，订单被自动传送给一个计算机化的可用库存核查。

2) 电子目录与纸质目录的优缺点比较

(1) 纸质目录的优点：①创建容易，无须高科技；②没有计算机系统，读者也能浏览目录；③比电子目录有更好的便携性。

(2) 纸质目录的不足主要表现在：①难以灵活地更新或修改产品信息；②只有有限的产品能被展现；③使用摄影照片与文本表现有限的信息；④对于高级的多媒体(如动画和语音)无能为力。

(3) 电子目录的优点：①产品信息容易升级；②能够与购买流程集成；③良好的搜索与比较能力；④能提供实时的、最新的产品信息；⑤可提供全球范围的产品信息；⑥可以加入声音和动画；⑦节省长期成本；⑧易于定制；⑨提供比较性更强的购物；⑩易于与系统中的订单获取、库存处理和支付系统进行连接。

尽管电子目录有如上诸多明显的优点，但它也存在缺点和局限性。电子目录主要的不足就是顾客必须用计算机并通过因特网才能访问在线目录。同时，目录开发有难度，固定成本比较高，使用缺乏便捷性。因此电子目录目前还不能完全取代纸质目录，大量纸质目录仍然可以作为电子目录的补充。

3) 定制化目录

定制化目录是指面向特定公司而组织起来的特定目录。它也可针对忠实的个体购物者或特定的客户段(如经常性的买主)进行剪裁。虽然定制化目录偶尔也用于 B2C 业务，但它在 B2B 电子商务中尤其有用。例如，电子目录可以只显示允许某个特定组织中的员工采购的那些条目，而屏蔽掉那些公司经理不愿让其员工看到或采购的那些条目。电子目录还可以被定制成针对不同客户在不同价格下显示的相同条目，同时反映出折扣或采购合同协议。它们甚至能显示买方购买条目的 ID 号、购买模式或 SKU(库存持有单位)号，而不是卖方的 ID 号，同时外部网能把定制过的目录传递给不同的业务客户。创建定制目录的方法主要有以下两种。

第一种方法是让顾客在总目录中识别出他们感兴趣的部分，然后用软件来实现定制目录。用这样的软件创建目录有高效的增值能力，这样就使客户更易于找到他们想购买的商品，从而直接定位到他们需要的信息上，并快速配置自己的订单。

第二种方法是基于客户的交易记录，让系统自动识别客户特征。运用数据挖掘技术，自动对客户的记录进行搜索，自动匹配，生成客户与其感兴趣的产品之间的关系，为客户提供定制化的目录。

2. 搜索引擎与智能代理

搜索引擎(search engine)是一个用于访问互联网资源数据库，搜索特定信息或关键字，并给出搜索报告的计算机程序。例如，客户倾向于用惯用方式询问产品信息(如产品信息或定价请求)，这类请求往往是重复的，而且由人来回答这些问题是有成本的。搜索引擎通过匹配问题与 FAQ(常见问题)模板来传递答案就非常经济、高效，并且模板正是针对那些可回答的问题而设立的。

Google、Baidu 和 Lycos 都是非常流行的搜索引擎。像 Yahoo 和 MSN 这样的门户网站也都有他们自己的搜索引擎，很多公司在自己的门户网站和网络商店上也设有自己的搜索引擎。

与搜索引擎不同，软件(智能)代理能做的事情要比搜索匹配多得多。它可用于需要智能的地方去执行一些例行的任务。例如，它能监视一个网站的运作，检查一个客户是否看起来迷路了，或是冒险进入了不符合其个人特征的地方。如果发现了这种冲突，该代理会提醒客户并提供相应帮助。软件代理可在电子商务中用于支持价格比较、信息翻译、活动监视以及像助理一样地工作，用户甚至能聊天或与代理合作。

在电子商务中，用户既可以使用搜索引擎也可以使用智能代理。如果客户是在一个店铺或电子商城中，他们就可以利用搜索引擎来查找产品和服务。他们可以利用 Web 搜索引擎(如 google.com)来查找产品或服务的完整信息。最后，他们可以用软件代理去执行比较和其他任务。

3. 购物车

购物车是一种订单处理技术，它允许客户在连续购物时将自己想购买的商品累积在一起，进行删除、增加、更改等活动。在这点上，它有点像现实世界中的购物车。电子购物车软件程序允许客户选择商品，核查自己已经选择了哪些商品并进行修改，然后确定购物列表。单击"购买"按钮后进行在线支付后便会执行真正的购买行为。

B2C 业务的购物车相当简单，但对于 B2B，购物车就会复杂许多。一个 B2B 的购物车要能允许客户在不同网站购物的同时，始终保持购物车在买方的网站上，以便将其集成到买方的采购系统中。在那里，除了在卖方网站提供的购物车外，还有一个买方购物车驻留在买方网站上，它是由参与销售的一方提供的。

四、我国的电子商务发展概况

据中国电子商务研究中心(100EC.CN)监测数据显示，2016 年中国电子商务交易额达到

22.97万亿元，同比增长25.5%。其中，B2B市场交易额为16.7万亿元，网络零售市场交易额5.3万亿元，生活服务电商交易额9700亿元。其中网络购物占比达到23.3%，本地生活服务O2O电商占比将达到1.6%，发展势头迅猛。艾瑞网曾预测，2018年中国电子商务交易额将达到28.1万亿元，总体来看电子商务的发展势头良好。

电子商务市场交易规模及行业构成如图3-2所示。

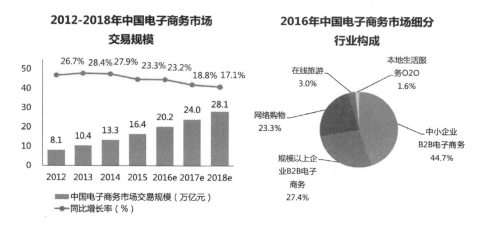

图3-2 电子商务市场交易规模及行业构成(资料来源：艾瑞网)

同时，艾瑞咨询数据显示，2016年中国移动网购在整体网络购物交易规模中占比达到68.2%，相比2015年增长22.8个百分点，移动端已超过PC端成为网购市场更主要的消费场景；与此同时，2016年，中国网络购物市场TOP10企业移动端用户增速远超PC端，App端用户增速达27.1%，PC端仅增长9.6%。艾瑞分析认为，用户消费习惯的转移，各企业持续发力移动端是移动端不断渗透的主要原因。

据中国电子商务研究中心监测数据(100EC.CN)显示，截止到2016年12月，中国电子商务服务企业直接从业人员超过305万人，由电子商务间接带动的就业人数，已超过2240万人。到2017年上半年环比增长8.7%，电子商务的稳步增长带动了直接就业人员的随之增长，并呈现出快速增长的趋势，间接带动就业人员不断增长。大量的电子商务平台、应用、服务、物流、支付等企业诞生，相关的网络、金融等专业性电商服务均发展迅速。直接就业人员随着电商的规模化发展以及不断向农村市场下沉，更多的传统企业加入到电商的行列，带动了电商从业人员的不断攀升。另外，随着电子商务产业的迅猛发展，通过其衍生出来的新职业也如雨后春笋般涌现。例如，网络模特、店铺装修师、淘宝文案、电商主播、买手、试客等新兴职业日益成为传统就业模式的补充，被越来越多的年轻人选择。

随着中国宏观经济实现稳步增长，中央加快"供给侧改革"力度，旨在通过"互联网+"来促进传统企业转型升级。从中央到地方，电商已成发展重点。伴随着"互联网+"向传统产业不断渗透，大宗电商平台近年来异军突起。同时，网络零售仍将维持中高速的增长势头，"一超多强"竞争格局基本稳定，虚实融合、线上线下协同成为产业发展的主基调。

在传统零售业绩持续下滑背景下,互联网零售转型成为所有零售企业未来最重要的增长点之一,新零售成为未来发展的主要趋势。

第二节　B2B 电子商务模式

【案例 3-2】通用汽车的 B2B 电子商务

一、通用汽车面临的问题

通用汽车(GM)是全球最大的汽车制造商,该公司向 190 个国家销售汽车,并在约 50 个国家建有生产基地。由于汽车行业竞争十分激烈,GM 一直寻找提高效率的方法。最引人注目的新动议就是 GM 期望能在几年内实现大部分汽车的用户定制化。公司希望通过这种定制化系统来减少成品汽车库存,从而节约数以亿计的资金。

同时,GM 通过其经销商的网站来销售用户定制汽车。因为这种在线销售并不是面向最终用户的直接市场,GM 可以避免与网络经销商发生渠道冲突。这种合作需要与经销商共享在线市场、汽车服务和保修方面的信息。GM 及其经销商需要与 GM 的供应商合作。这些供应商同样也要与其他汽车制造商合作,因此一个好的沟通体系非常必要。

除了需要有效的沟通,GM 还要面临许多与其他大公司一样的问题。其中之一就是关于如何处置那些不能再有效生产的机械设备,这些固定资产随着时间贬值并最终被取代。GM 一直是通过中介商采取实物拍卖的方式来出售这些资产,问题在于此类拍卖要花费几周甚至是几个月来完成。更糟的是拍卖价格非常低,并且还要支付给第三方拍卖行 20%的佣金。

GM 的另一个问题与商品采购有关,这些商品包括直接和间接用于制造汽车的原材料,诸如灯泡或者办公用品。GM 每年要花费超过 1000 亿美元从 2 万家供应商那里购买大约 20 万种的商品。公司以前采用人工招标的方式与潜在的供应商洽谈,签订合同。所需物料的详细要求将邮寄给各个潜在的供应商,供应商应标,GM 从中选择价格足够低的供应商作为中标者。如果所有的投标价格都太高了,就将举行第二轮甚至是第三轮投标。有的时候,在 GM 确信价格和品质均为最优之前,这一程序已经耗费了几周甚至几个月的时间。投标所涉及的准备费用使得一些供应商选择放弃,因而没有足够的供应商参与投标,结果就是 GM 公司必须以更高的价格来购买商品。

二、解决方案

为了解决这个涉及经销商和供应商的问题,GM 设立了一个外部网络,称为 ANX(网络自动交易)。ANX 逐渐发展成了一个 B2B 交易市场(covisint.com)。为了解决上述固定资产问题,早在 2000 年年初,GM 就在 covisint.com 上实现了自己的电子市场,并在这里进行拍卖操作。第一批拍卖的物品是 8 个 75 吨级冲压机,GM 邀请了 140 名被认可的投标人在网上观看了冲压机的图片和相关服务记录。仅用一周准备,拍卖就在网上展开,拍买不到两个小时,冲压机就被全部卖掉了。

至于物资采购问题,GM 在它的电子采购网站上通过反向拍卖的方式使得拍卖过程自动化。有资质的供应商在互联网上对 GM 公司需要采购的商品进行投标,投标是"公开的",这意味着所有供应商都能够看到他们竞争对手的投标。GM 公司可以同时接受多个供应商的投标,通过提前设定的标准,例如价格、交货期限和付款方式,可以很快地和最合适的投标人成交。

三、取得成效

在最先进行的公开正向拍卖的 89 分钟内,8 台冲压机卖了 180 万美元。如果使用传统的离线方式,同样的物品只能卖到网上价格的一少半,并且需要 4~6 个星期。自 2001 年以来,GM 进行了数以百计的电子拍卖,其他卖家也很受鼓舞,纷纷到该网站拍卖他们的物品,并根据最终价格向 GM 支付佣金。

第一次参与网上逆向拍卖时,GM 采购了一大批用于生产汽车的橡胶封圈,GM 支付的价格明显低于该公司以前采用人工协商购买的相同物品的价格。现在这个网站上每周都要进行许多类似的投标。每一单的管理成本节约了 40%,甚至更多。

(资料来源:Efraim Turban.电子商务管理视觉[M]. 4 版. 严建援,等译.
北京:机械工业出版社,2008)

案例启示

GM 公司的案例说明了一个大公司如何参与两种电子商务活动:①网上拍卖报废设备;②以电子招标方式采购。拍卖和采购活动都是通过 GM 企业内电子商务网实现的,这种交易就是 B2B 模式。在 B2B 交易中,企业既可以是一个卖家,为众多买家提供商品和服务;也可以是一个买家,在众多卖家(供应商)中寻找商品和服务。在实施这种交易的过程中,企业可以像 GM 那样采用拍卖的方式,或者也可以使用电子目录以及其他的市场模式,这些模式和方法将在本节中逐一提及。

一、B2B 电子商务概述

1. B2B 电子商务的概念

B2B 电子商务,即企业对企业之间通过互联网进行产品、服务及信息交换的电子商务。它指的是通过因特网、外联网或私有网络,以电子化方式在企业间进行的交易。这种交易可能是在企业及其供应链成员间进行的,也可能是在企业和任何其他企业间进行的。通俗来讲,B2B 是指进行电子商务交易的供需双方都是商家(或企业、公司),她(他)们使用了因特网的技术或各种商务网络平台,完成商务交易的过程。这些过程包括:发布供求信息,订货及确认订货,支付过程及票据的签发、传送和接收,确定配送方案并监控配送过程等。

近几年来,基于互联网的 B2B 电子商务发展速度十分迅猛,市场交易规模一直以较快速度增长。预计到 2020 年，我国 B2B 电商市场的交易规模将达到 31.50 万亿元，规模较 2016 年再翻一番。而从电商需求结构角度来看，目前互联网应用已由传统的网购购物逐步渗透到企业 B2B 等实用性电商，增长潜力十足，表现出以下特征。

(1) 随着中国经济增速趋缓亟待转型，整个产业链重构机会明显，为了推动产业全面升级，国家提出"互联网+"战略，大力推动产业互联网的发展，在此背景下各种垂直类 B2B 平台不断涌现。

(2) B2B 电商成为近年来创业最活跃板块，多方助力使 B2B 市场交易规模逐年不断攀升，资本不断追逐下一代 BAT 在 B2B 领域诞生。

(3) B2B 行业前景开阔，行业基础条件完善不够。随着商业诚信体系发展成熟后，B2B 模式将会在诚信的土壤中迅速成长。产业互联网迎来更多需求，B2B 成为传统行业转型升级青睐方向，也为企业级服务带来机遇。

2. B2B 电子商务的利弊分析

电子商务的引入能够给企业带来巨大的收益。在飞速发展的网络经济时代，企业面临更大的挑战和更多的机遇。经济全球化带来了日益激烈的市场竞争，企业必须缩短生产周期、降低经营成本、提高服务质量、加强供应链管理和客户关系管理，才能在严峻的市场经济环境中生存和发展。B2B 电子商务给企业带来以下明显的好处。

(1) 改善供应链管理。供应链是从采购原材料开始，到生产中间产品和最终产品，最后由销售网络把产品送到消费者手中的将供应商、制造商、分销商直到最终用户连成一个整体的功能网链结构模式，是企业赖以生存的商业循环系统。通过 B2B 电子商务，可以动态维持企业的采购、制造、分销、运输等各个环节以及和其他企业的贸易合作关系，大大降低供应链的运营成本，真正建立高效的全球供应链系统。

(2) 增加商业机会和开拓新市场。作为 B2B 电子商务的主要工具，因特网没有时间和空间限制，且成本低廉，从而为企业提供了理想的和低成本的信息发布和传递渠道。越来越多的企业加入电子商务这一新的商务领域中来，从而大大增加了商业机会。

(3) 缩短订货周期。B2B 电子商务带来了更快捷、更准确的订单处理和更低的安全库存量，提高了库存动态更新的自动化程度。

(4) 改善过程管理。更好的记录跟踪，更少的错误发生，提高了企业业务处理和过程管理的质量和效率。

(5) 降低交易成本。减少了通信、邮政和纸质文档的维护工作量，减少了业务代表成本，减少了中间环节，减少了传统广告投入。

(6) 改善信息管理和决策水平。丰富、准确的信息和交易审核跟踪营造了更好的决策支持环境，协助发现潜在的大市场。

(7) 改善工作方式，最终提高利润率。

(8) 使企业协调制造，大宗定制化产品成为可能。

(9) 增加生产弹性，实现及时送货。

同时我们也看到 B2B 电子商务的引入,使制造商可以通过网络绕过中间环节直接向终端消费者销售产品,减少了分销商和零售商环节,这对买卖双方来说是有利的,但对分销商和零售商来说是不利的,容易引起渠道冲突,使中间商减少而引起渠道非中介化。

二、B2B 电子商务的基本类型及收益来源

1. B2B 电子商务的基本类型

1) 按照参与 B2B 交易的买卖双方的数量及参与交易的模式进行分类

(1) 卖方集中模式,也叫一对多电子市场。由一家卖家为中心的模式,这被称为卖方市场(sell-side marketplace)(一对多)。

(2) 买方集中模式,也叫多对一电子市场。即一家买家企业为中心的模式,由一家企业进行所有的购买,这被称为买方市场(buy-side marketplace)(多对一)。例如,生产商或商业零售商可以与上游的供应商之间形成供货关系。

(3) 多对多市场,中立的第三方交易市场。这是许多买方和卖方以电子化方式交流和交易的电子市场。这种电子市场有许多种,也称为交易社区、交易中心或者交易所。这种电子市场通常是属于一个第三方企业或者团体运作管理,中立的第三方交易市场对所有的参与方都是公开的,所以也被称为公共电子市场。

(4) 协同商务。企业之间通过电子商务平台开展商品交易的同时开展协同商务,包括交流、设计、筹划以及商业伙伴之间的信息共享,以及协调设计、制造等协同事务。例如,合作商务、其他类型的服务(如价值链集成商、价值链服务提供商和信息经纪人)。

2) 按照电子市场发起者的不同进行分类

(1) 私有电子市场。这种电子市场往往是由一个或几个大型公司、企业创办并管理电子市场,在这样的市场里一个企业既完成所有的购买活动(卖方市场),也完成所有的销售活动(买方市场)。由于电子商务活动注重于单个企业在交易中买或卖的需求,所以侧重以企业为中心,买方模式或卖方模式的企业个体支配着那些参与买卖交易和支持信息系统的每一方,在此意义上交易是完全私有的,如海尔商城。

(2) 公共电子市场。由中立的第三方中介创办,在这里众多买卖方进行接触,创办者对交易进行有效的无差别管理,这类 B2B 电子商务如阿里巴巴。

3) 依据电子商务交易的方向进行分类

(1) 水平电子交易市场。各类企业、各个领域交汇在一起,可以适用于所有产业的商品和服务的交易。例如,生产材料、办公用品、个人电脑和运输服务等。它是将各个行业中相近的交易过程集中到一个场所,为企业的采购方和供应方提供了一个交易的机会,像 Alibaba、环球资源网等。

(2) 垂直电子交易市场。面向制造业或面向商业的垂直 B2B,主要体现为同一产业内部之间的供应链上的交易。垂直 B2B 可以分为两个方向,即上游和下游。生产商或商业零

售商可以与上游的供应商之间形成供货关系，比如戴尔计算机公司与上游的芯片和主板制造商就是通过这种方式进行合作。生产商与下游的经销商可以形成销货关系，比如 Cisco 与其分销商之间进行的交易。

2. B2B 电子商务网站的盈利模式

B2B 电子商务主要盈利模式有以下几种。

(1) 会员费。会员费是指固定的年费用或月费用。交纳会员费可以使交易所会员免费享受服务、提供折扣。这已成为国内 B2B 网站主要的收入来源。问题是低廉的会员费可能影响交易所的收益。然而，会员费高又会阻碍参加者的加入。

(2) 交易费。交易费主要是指由销售商为每笔交易支付的佣金。

(3) 服务费。一些交易所成功地将收益模式从佣金(交易费)模式转向"服务费"模式。比起佣金来说，销售商更愿意为增值服务支付费用，有时采购方也支付服务费。

(4) 广告费。交易所也可从其信息门户上的广告费中获取收益。例如，有些销售商希望增加他们的知名度而愿意在门户网站上为广告付费(就像黄页电话查号簿上的广告)。

(5) 其他增值服务。B2B 网站通常除了为企业提供贸易供求信息以外，还会提供一些独特的增值服务，包括企业认证、独立域名、提供行业数据分析报告、搜索引擎优化等。像现货认证就是针对电子这个行业提供的一个特殊的增值服务，因为通常电子采购商比较重视库存这一块。所以可以根据行业的特殊性去深挖客户的需求，然后提供具有针对性的增值服务。如果电子交易所具有拍卖功能，就可以收取拍卖费；或者可以就专利信息和软件收取许可费；同时，做市商也可以收取服务费。

三、B2B 电子商务运作策略

1. 一对多：卖方电子交易市场

卖方集中的电子交易市场，指通过基于 Web 的私有营销渠道(通常通过外联网)向企业客户提供商机。卖方可以是制造商、分销商、零售商或大企业直销商，即一个卖家对多个潜在的买家。这种 B2B 电子商务模式与 B2C 电子商务模式很类似，而且购买过程也很相似。两种电子商务模式的主要区别在于流程方面。例如，B2B 中大型企业可以得到定制的目录和价格优惠。通常，企业会将 B2C 订单与 B2B 订单分开处理，原因之一是订单执行的流程不同。

以卖方为主的 B2B 电子商务模式是一种最普遍的电子商务模式。在这种模式中，提供产品或服务的企业即卖方企业占据主动地位，它先上网公布信息，然后等待买方企业上网洽谈、交易。这种电子交易市场可以加快企业产品的销售过程，能够降低销售成本的同时拓展卖方的销售渠道和范围，特别有利于新产品的推广。由于一般只有较大规模的企业才能自行建立较为完备的网上交易系统，而且众多企业的网站知名度并不是很高，所以对于中小规模的企业，在销售一般竞争性的产品时，简单地采用这种方式运作，其效果可能不会很好。

以卖方为中心的电子交易市场，按照价格的不同确定方式，主要有三种模式：电子目录、正向拍卖和一对一销售(一般建立长期合作关系)。

1) 通过电子目录直接销售

企业在互联网上可以通过在线电子目录直接销售产品。这里的销售主体可以是制造企业，也可以是中介商，包括分销商或者零售商。制造企业通过网络直接销售就是所谓网络直销。有数千家企业在使用这种模式，如应用直销模式的成功企业包括戴尔、英特尔、IBM和思科等。如果企业在市场上有良好的声誉和足够多的忠诚客户，那么直销模式就有可能取得成功。中介商也可以从多家卖家那里购买商品，然后组合成自己的销售目录，通过网络向终端消费者销售产品。这种销售一般是面向个人消费者，就是B2C电子商务。许多知名的分销商，如山姆会员店、亚马逊等都是面向企业分销商品的典型例子。

在电子目录直销方式下，卖方在线企业通常会准备两类目录，一类是可向所有用户提供的目录，另一类是向每一个大客户提供的定制化的目录。前者主要是针对大量的中小企业客户以及其他没有稳定关系的客户来设置的，而后者主要是针对那些多次、大量购买的企业客户而设置的，这种方式下实现了B2B直销中有效客户的定制化。在电子目录这种模式下，买卖双方信息系统可有效对接。买方可以通过卖方提供的订购软件，在网上查看订购信息、自主定制、签订订货合同、查询订单流转状况等。为了方便B2B的直销，销售商为购买者提供定制的购物车，它能存储订单信息并与购买者的信息相整合，而且许多销售商还可以为重要的客户提供独立的页面和目录。与B2C的情况相似，直销为企业提供了一个进行有效定制的机会。

【案例3-3】中香化学网上目录销售模式

中香化学网(www.cac.cn)是由杭州中香化学有限公司于2003年投资创建的关于香精行业的专业网站。杭州中香化学有限公司是一家专门从事研发、生产、经营化工产品、食用香精、日化香精和食品添加剂等产品的行业巨头。

中香网是关于香精香料行业的专业网站，在其创办之初，就以全球化的视野经营企业。中香强调以业务为基础，将传统行业的核心业务与互联网技术完美融合起来，在提供丰富的在线信息目录的同时，构建了能够促进信息流、资金流、物流和商品流"四流合一"的供应链管理模式，能够为全球企业和个人提供最快的交货速度、最安全的资金支付和最轻松的交易平台，从而使客户获得最高品质商品的服务。在资金流方面，中香网与中国最早的EPAYMENT (网上支付系统)8848合作，通过国内外银行卡网上支付及申请中国银行等18家银行开通的B2B网上支付系统，来确保支付安全；在物流方面与UPS、联邦快递、DHL和中铁等国内外物流公司进行资源共享，客户终端可以随时跟踪货物状态；在信息流方面，中心、中香网整合美国在线、雅虎和GOOGLE等全球知名搜索引擎的搜索技术。通过中香的在线订购程序，客户可以查看订单信息，签约订货合同，查阅订单流转状况，跟踪订单物流状态。

(资料来源：陈德仁.中国电子商务案例精选(2008版)[M].北京：高教出版社，2008)

案例思考题

(1) 对于中香化学有限公司而言，中香化学网的好处是什么？
(2) 分析中香化学网的客户如何从门户网站中受益？
(3) 分析采取网上在线目录销售模式，具有哪些优势和不足？同时登录中香化学网，请分析中香化学网还存在哪些不足，提出改进意见。

2）正向拍卖

通过前面的案例我们可以看到，通用通过拍卖能够快速销售大量已经报废的固定资产，为企业获取收益。因此在以卖方市场为中心的电子市场上可以进行拍卖销售，这样可为卖方节约更多的成本，产生更大的收益。同时卖方还可以实行歧视性定价，吸引更多的客户，保持会员数量，增加公司网站的点击率。

如果卖方公司拥有自己的网站并开展了网上目录销售，需要选择在自己的网站上进行拍卖，就需要建立自己的拍卖软件与体制，同时要进行网站维护，这样的维护费用并不高。另一方面许多中介商开辟的专门的第三方拍卖网站，提供了很好的增值服务，吸引了许多商家选择在公共交易市场借助第三方(例如 eBay)进行拍卖。但在第三方拍卖网站上进行销售活动一般有一定的时间性，对规则和信息的控制也不如在公司网站上有力度。

许多网络拍卖中介商专门提供在线拍卖服务。中介商可以在自己的网站或者是卖方的网站上与买方进行私下拍卖。借助第三方拍卖有很多好处，首先是不需要诸如硬件、带宽、技术人员、IT人员等资源，也不需要支付薪金、运营成本以及公司资源再调整带来的附加费用。另外第三方拍卖中介公司可以随时根据需要举办一次活跃的拍卖。如果没有中介商，企业通常要花费几个星期组织一次拍卖。其次，借助中介商可以帮助卖家发布和收集信息。

3）一对一销售

一对一销售主要是指非人工的B2B自动化管理。软件开发商可根据商务的需要开发出简洁、标准和易于整合管理的商务软件。例如，能完成交货期、付款期、价格、送货事项、品质保证、保险等问题的谈判软件，能与谈判软件整合使用的合同管理软件、支出管理软件和资源管理软件等，只要软件开发商能将相应的市场规则和企业环境等因素考虑进去，那么一对一自动销售管理是完全可以实现的。

2．多对一：买方电子交易市场与电子采购

B2B独有的一项特色是买方市场及其在采购方面的应用。对采购的改进已经进行了几十年，通常采用信息技术进行改进，但电子采购才是真正的契机。当买方进入卖方市场(如思科公司的市场)时，其采购部门必须将订单信息手工输入到自己企业内部的信息系统。而且，在电子商店和电子商城中搜索和比较不同供应商的产品需要花费大量的时间且成本高。因此，大型买方企业可以开放自己的市场，比如像通用(GM)这样的大型买家开辟了所谓以买方为中心的电子市场，邀请众多的供应商即卖方来浏览网站并进行交易，买家通过网络购买商品和服务。

  采购管理是指为了完成公司采购商品或服务而进行的所有的相关协调工作。采购主要有两种方式：直接方式和间接方式。直接物资(也被称为生产物资)通常被直接送到产品的生产或装配地，或服务的提供商所在地。直接物资的特点是它们的使用是有计划的，通常是在谈判和签订合同后进行大批量购买。间接物资通常用于维护、修理和运营活动，它们被称为 MRO(maintenance repairs and operations)或者非生产性物资。一方面企业采购的约80%的商品(绝大部分用于 MRO)仅占购买总额的 20%。另一方面企业采购人员的很大一部分时间被花在不能增加价值的活动上，如数据输入、检查文字错误、催促交货或解决质量问题，而且采购人员需要花大量时间和精力进行上游采购活动，如供应商资格的审核，价格和条款的谈判，与供应商建立和谐关系以及对供应商进行评估和检查。

  如果采购人员整天忙于处理 MRO 这样的低价值商品的细节问题，他们就没有时间关注高价值的商品的采购，因此企业正努力通过采用新的采购模式来改变这种不平衡。为了改善这种状况，采购和供应专业人员(如采购员、存货管理员和物料管理员等)，现在都将采购管理革新视为提高利润率的战略途径。许多公司通过重组采购体系来推行新的采购模式，特别是引入了电子采购。许多企业发现借助 Web 进行电子采购，能够大幅度降低采购成本并将其直接转化成利润。买家通过电子采购使采购工作简洁并自动化，采购人员就可以把注意力集中在战略采购上，达到以下目的。

(1) 提高采购人员的工作效率(节约更多的时间和减少工作压力)。
(2) 通过商品标准化、逆向拍卖、数量折扣和合并采购来压低购买价格。
(3) 促进信息流通和管理(例如，供应商的信息和价格信息)。
(4) 尽量减少在从未接触过的供应商处的采购(减少单独采购)。
(5) 确保及时送货。
(6) 通过自动调节减少订单填写和流转时间，降低对采购人员技能和训练的要求。
(7) 使采购过程简洁、迅速(可能包括申请人直接桌面购买，绕开采购部)。
(8) 寻找能够更好、更便宜地提供商品或服务的供应商(改进购货渠道)。
(9) 在采购过程中实现预算控制。
(10) 有效掌控和规范采购行为，将购买或发货过程中的人为错误减至最低。

  电子采购是比较容易实现的，通常不会发生渠道冲突，而且改革的阻力也很小，但是对于电子采购软件的筛选和其他机构的配合则需要花费一些合理的成本。电子采购策略主要包括：电子化招标、集合供应商产品目录的内部采购市场和团体购买等。

  1) 逆向拍卖

  逆向拍卖也为反向拍卖、招标或竞标模式，是电子采购的主要手段之一。逆向拍卖是一个系统，供应商受邀进行投标，价低者胜出。在这种模式下，买方企业在自己的服务器上开设电子市场，邀请潜在的供应商对自己所需的产品进行投标。这种逆向拍卖的"邀请"是一种称为报价申请(RFQ)的表格或者文件。

随着 Web 技术的逐步完善和成熟，众多企业都开始采用逆向拍卖的模式，在线邀请供应商来参与投标。随着此类逆向拍卖网站的增多，供应商不可能人工监视所有的拍卖网站来获取信息。因此，供应商一方面通过引入在线目录(online directories)罗列出所有开放的询价单(RFQ)来解决信息的搜索，另外一方面通过使用软件代理进行搜索和匹配，以减少搜索RFQ 的难题。同时利用智能代理软件助手，可以自动锁定拍卖流程而减少投标过程中人员的工作负担。

2) 其他电子采购方式

除了反向拍卖，电子采购还有许多创新模式，现主要介绍常见的两种。

(1) 将供应商的目录集成在买方网站上。大型跨国企业集团一般面向全球众多供应商采购商品，因此公司设置许多采购人员或者采购助理，他们通常分散在全球各地完成商品采购业务。这样就要全面规划，致使控制采购成本难度增大。一个有效的解决方法就是整合所有选定的供应商目录，合并成单一的内部电子目录，再把供应商目录整合到买家的服务器上，并对所有的采购活动进行集中管理。由于价格通过事先谈判确定，采购人员不需要每次采购进行讨价还价。这种整合的商品目录称为内部采购市场。

内部采购人员可以使用搜索引擎迅速地从内部整合目录上搜索到想购买的东西，查询库存、送货周期，还可以直接下电子订单。另外，通过整合供应商，可以减少供应商数量，提升单个供应商采购商品数量，实现价格折扣，降低采购成本。其次，通过整合目录的内部采购市场还便于财务监督。当采购者进行采购时，系统会显示其账户收支情况，一旦超出预算，系统将不允许采购。

(2) 加入团体购买计划。许多公司，特别是小公司倾向于团购。通过团购，多家买家的采购量积累到一定数量就能获取价格折扣。但单一的中小企业很难找到团购合伙人来增加采购总量，因此需要借助一些第三方网站来寻找合伙人。互联网中存在一些专门为小型团购提供服务的中介企业，他们通过在线整合需求，与供应商谈判或举行逆向拍卖，从而实现更多的价格优惠，提供更好的服务，并从中获取一定的服务费。

3. 多对多：第三方电子交易市场

【案例 3-4】ChemConnect 全球化学制品电子交易市场

一、问题

在世界各地的数千家公司每天都要对未加工或半加工的化学制品、塑料制品及其相关材料进行交易。在互联网出现之前，这种速度慢、不连续的交易过程效率低且费用高，而且需要中介来协调完成。

二、解决方案

现在,化学制品和塑料制品的采购商和销售商可以在 chemconnect.com 上以电子方式进行交易,它是一种大型互联网公共电子市场(建立于 1995 年)。全球化学行业的领先者,如英国石油公司(British Petroleum)、德国巴斯夫(BASF)、韩国现代石油化学株式会社(Hyundai)等,每天都通过 ChemConnect 进行实时交易。它们因此节约了交易成本、缩短了周期时间,而且可以在全球范围内发现新的市场和贸易伙伴。ChemConnect 是化工行业的第一个 B2B 电子市场。

ChemConnect 为 135 个国家的 9000 多名会员提供了交易市场和信息门户。会员包括化工行业所涉及的制造商、顾客、分销商、期货投资者和中介机构。ChemConneet 为会员提供的交易中心(Trading Center)包括三种交易市场。

(1) 为采购商提供的市场。在该市场中,采购商可以发现遍布世界的供应商。他们可以利用逆向拍卖、谈判等多种方式发出询价。

(2) 为销售商提供的市场。这种市场将销售商展示给许多潜在的新客户。它提供了快速清算的自动化工具,1000 多种产品以拍卖形式进行买卖。

(3) 商品市场平台。该平台提供了与全球现货市场的有效连接,这些市场从事化工、塑料制品以及其他原料的交易。会员能以市场价格进行交易,访问实时的市场情报,并能有效地进行风险管理。交易者可以快速、可靠和匿名地进行出价和报价,直到交易完成。

ChemConnect 是独立的第三方中介。因此,它是在一定的规则与指导方针下从事工作,以便保证以无偏见的方式进行交易。所有合法的需求、支付、交易规则和其他方针政策都是完全开放的。ChemConnect 的收益包括会员每年的交易费、认购费(用于交易和拍卖)和交易履行费,而会员只对成功完成的交易支付交易费。三种交易市场都提供最新的市场信息,这些信息被翻译成 30 种不同的语言。业务伙伴提供多种支持服务,如花旗集团和 Chem Connect 联合为交易所会员提供多种金融服务。此外,ChemConnect 提供的系统可以将公司的后台系统与其业务伙伴进行连接。

三、结果

总体来说,Chemconnect 带给会员的益处就是更高效的业务过程、更低的交易成本,并节约了谈判和投标的时间。例如,在交易室内进行的逆向拍卖将节约 15%的产品成本,并在 30 分钟内完成。同样的过程若采用人工投标方式将耗时数星期甚至数月。此外,销售商可以联系到更多的采购商,并可快速清算余额。ChemConnect 在不断成长,会员逐步增加,并且每年的交易额都在增长。

(资料来源:陈月波. 电子商务盈利模式研究[M]. 杭州:浙江大学出版社,2006)

案例启示

ChemConnect 的情况说明电子市场拥有许多采购商和销售商,他们都处于同一行业(纵向电子市场)。这些采购商和销售商,以及其他一些业务伙伴,以电子方式聚集在一起进行交易。这种市场是由第三方中介拥有并经营的电子市场,也称作公共电子市场。

1) B2B 第三方电子交易市场概述

公共电子市场或公共电子交易所(public e-marketplaces or public exchanges)是对所有感兴趣的参加者(许多采购商和许多销售商)开放的交易场所，它们使用公共的技术平台，通常由第三方团体或行业联合会进行管理。这里采取第三方电子交易市场来描述多对多电子市场。在电子商务环境下第三方电子交易市场是虚拟的(在线的)交易场所，而非实体地点，它们是以电子方式运营的。许多第三方电子交易市场支持团体活动，如发布行业新闻、主办在线讨论组、提供研究成果。它们也提供支持服务，如支付和物流。

第三方电子交易市场可以是纵向的(面向行业的)或横向的，它们可能用于长期的采购关系，也可能用于满足短期需要。尽管电子交易市场之间有差异，但它们都有一个重要特征就是为许多采购商和销售商，还可能是为其他业务伙伴提供电子化的贸易集会场所。在每个交易所都是以做市商(market maker)——第三方团体为中心的，并在许多情况下该团体制定交易规则并管理和操纵交易所。和传统的公开交易市场一样，采购商和销售商可以在交易市场中互相作用，对价格和数量进行谈判。

2) B2B 第三方电子交易市场的功能

B2B 第三方电子市场主要功能包括以下三项。

(1) 匹配采购商和销售商。匹配采购商和销售商的活动包括：建立产品报价，汇总和公布用于销售的产品，提供价格和产品信息，组织投标、进行易货贸易和拍卖，匹配供应商的报价和采购商的偏好，对价格和产品进行比较，支持采购商和供应商之间的谈判并促进协议的达成，提供采购商和销售商的地址录。

(2) 为交易提供便利。为交易提供便利包括如下活动：安排物流计划从而将信息、商品或服务交付给采购商；提供账单和支付信息，包括地址信息；详细说明各种条款和其他交易准则；授权用户能够访问电子交易市场，并认证使用交易所条件的公司用户；交易支付清算、收取交易费以及提供担保证书服务；采购商和供应商的注册和资格证明；对信息和交易采取适当的安全措施；对团体(批量)采购进行计划安排。

(3) 维护交易所的政策条款和基础设施。维护制度上的基础设施包括：确保在交易市场内进行的交易遵守商业法规、合同法、进出口法和知识产权法；提供技术基础设施来支持大量和复杂的交易；提供访问采购商和供应商标准系统的接口的能力；可以接受合适的网站广告商并收取广告费和其他费用。

3) B2B 第三方电子交易市场的管理机制

(1) 第三方电子交易市场的所有权。互联网第三方电子交易市场的所有权模式有三种基本类型：行业巨型企业创办、中立第三方创办和社团创办。

① 行业巨型企业创办。在这种模式中，一个制造商、分销商或代理商创建并管理电子交易市场。例如，1999 年 IBM 公司建立了用于销售专利的电子交易市场(delphion.com)，同时发出 25 000 份用于销售的专利并且也邀请其他企业销售它们的专利。另外通用电气的

TPN 是买方电子交易市场的一个例子。它最初是由一个行业巨型企业控制的，现在由某投资集团拥有。这种类型的交易所面临的主要问题是企业的大型竞争对手是否愿意使用该企业创办的交易市场。

② 中立第三方创办。在这种模式下，由第三方中介建立电子交易市场，并承诺对交易市场进行有效的无差别管理。例如，ChemConnect 就是一个由中立方创建的交易市场。这类电子交易市场潜在的问题是买卖双方是否愿意使用它。

③ 社团创办。这种类型的交易所是由行业内的许多成员共同建立的，因此所有成员都可以从中获利。例如，Covisint 就是这类交易市场。这种模式的主要潜在问题是需要确定由谁来管理交易市场。

(2) 电子交易所的组织要素。无论第三方电子交易市场的所有权、管理结构如何，它都包括如下组织要素。

① 会员资格。会员资格是指组织和电子交易市场之间的关系、收取费用的关系和会员的等级类型。会员可能具有全部特权、准会员部分特权或部分特权，相应的收费标准也不尽相同。对于收取注册费和年会员费的交易市场(如 chemconnect.com)可能会设置不同的会员级别。例如，会员可能是观察会员，即只能观察交易所发生的情况而不能进行交易；也可能是交易会员，可以进行报价和投标、支付和安排交货。交易会员通常需要通过做市商的资格认证，在有些情况下还需要保证金。

② 站点访问和安全性。第三方电子交易市场必须是安全的。由于会员的活动可能是战略性的，互为竞争对手的会员经常在同一交易市场聚集，因此必须对信息谨慎地加以保护。除了通常的电子商务安全措施外，还需要特别注意防止非法报价和投标。

③ 电子交易市场提供的服务。第三方电子交易市场对买卖双方提供许多服务，提供服务的类型取决于交易所的性质。例如，股票交易所以及钢铁、食品交易市场，与知识产权、专利交易市场提供的服务完全不同。许多交易市场提供的服务包括目录管理、会员管理和拍卖管理等服务，以及新闻、信息、行业分析等服务，还包括一些支持性服务(融资、支付、保险、物流、担保、订单跟踪)、系统安全和系统集成等功能。

4) B2B 第三方电子交易市场的形式

按照电子交易市场的所有权，目前多对多的公共电子市场主要有三种形式：B2B 门户网站、行业联盟或社团贸易交易市场、中立第三方电子交易市场。

(1) B2B 门户网站。B2B 门户网站是为企业提供信息的门户。有些电子市场充当的就是纯粹的信息门户，它们通常包括由每个销售商提供的产品目录、列出采购商及其需求以及其他一些行业的或综合的信息，这样采购商就可以访问销售商的网站进行交易。门户网站可以收取介绍费或只从广告中获取收益。因此，在信息门户上创造足够的收益比较困难。正因为如此，许多信息门户开始提供额外的收费服务来支持交易行为，如担保证书和发货服务，包括收取会员费、提供不同的咨询服务、站点的竞价排名等费用来支持运营。阿里巴巴是一家作为纯粹的信息门户网站起家的，其收入主要包括广告收入、会员费、联机售货、竞价排名等。

像其他电子交易市场一样，信息门户可能是横向的(如 Alibaba.com)，为不同的行业提供范围广泛的产品)；信息门户也可能是纵向的，集中于单一行业或行业的某个部分。

【案例3-5】在线广交会

在线广交会(www.cecf.com.cn)是我国的一个B2B信息门户网站，由商务部直属事业单位中国国际电子商务中心承建并运营。肩负国家信息化建设重点工程(金关工程)主干网建设、维护与运营。拥有一支实力雄厚的技术专家和经验丰富的管理人员共同组成的高素质队伍，向市场提供专业化的电子商务业务以及全方位、高质量的服务。作为中国电子商务领域的开拓者、建设者和服务者，CIECC构筑的功能完善、安全可靠的大型电子商务平台为中国企业打开了通向世界之门。

CIECC建设运营的在线广交会作为电子商务第三方专业服务的先行者，打破了时空界限，为不能参加现场广交会的企业提供网上参与广交会的机会。经过七年的发展，在线广交会在国内外企业中拥有很高的声誉，现拥有60万家企业会员及金牌服务会员，被称为"永不落幕的交易会"。

在线广交会提供的服务主要包括：①提供会员服务，包括普通会员和金牌服务，提供商品展示；独享43万海外采购商每天发布200条的贸易商机；免费使用在线洽谈；定制信息服务；网站浏览排序、产品图片更新展示等服务。②首页推荐企业/商品服务。③在线广交会国际电子商务专业出口经理培训认证。④不定期举办专题网上活动。销售商可以发布关于它们商品的销售信息；采购商可以找到它们所需的商品并通过一个综合且安全的采购渠道购买商品，这有助于采购商降低成本，缩短周期并提高效率。2003年非典期间，在线广交会的成交额达13亿，占全部成交额44.2亿美元的1/3。在线广交会基本上还是一个信息门户，旨在促进匹配买卖双方的交易信息。

(资料来源：陈德仁.中国电子商务案例精选(2008版)[M].北京：高教出版社，2008)

(2) 中立的第三方电子交易市场。第三方电子交易市场是一个中立的、公共的、第三方纵向做市商，它们大多数是面向特定行业的。比如一些成功的电子交易市场(retailexchange.com)，它将制造商和零售商连接起来进行采购并销售剩余的库存。Globalnetxchange是服务于全球零售行业的第三方交易市场，而我们国内纯粹的第三方交易市场还很少。

第三方电子交易市场具有两个相互矛盾的特征。一方面，它们是中立的，因为它们不偏向任何销售商和采购商任何一方。另一方面，由于没有固定的采购和销售客户，它们设法和众多贸易伙伴建立战略联盟的伙伴关系，以吸引更多的采购商和销售商加入到交易市场中。同时致力于与大型的销售商和采购商、提供支付方案的金融机构以及履行订单的物流公司建立合作关系。这种合作和联盟关系的目标就是降低成本、节约现金并有可能提高资金流动性。

第三方电子交易市场是电子化的中介。与诸如 Alibaba.com 的门户网站不同,这种中介不仅提供目录(就像门户网站),也设法对采购商和销售商进行匹配,并通过提供电子化的贸易场所和空间来支持它们之间的交易(一般的门户网站不具备这些功能)。

(3) 社团贸易交易市场。社团贸易交易市场严格意义讲是第三方电子交易市场,但它是由一组主要公司(或者行业内主要巨头)创建并经营的电子交易市场。该市场并不是完全中立的,创建方致力于降低成本、提升效率。其主要目标是提供行业范围内支持采购和销售的交易服务,这些服务包括连接到参加者的后台处理系统、协作计划及设计服务。社团贸易交易市场主要包括面向采购的社团和面向销售的社团,一般由行业内的巨头联盟起来,集中采购或者集中销售,一般迫使供应商降低价格,改进供应链绩效。

【案例 3-6】中国煤焦数字交易市场

中国煤焦数字交易市场(www.ccce.com.cn)由大型煤焦生产企业、山西煤焦运输公司等几家行业巨头投资创建的山西源通煤焦电子商务有限公司创建并运营。该平台是国家 863 计划、科技部"九五"重大攻关项目,是一个整合卖家、政府资源,联合银行和物流企业的集政府监管、信息服务、交易功能、订单履行、物流结算为一体的网上综合性平台。该平台启动后,将山西省内 4000 余家煤焦企业联网,其中 8 大矿务局、省煤炭进出口公司等 50 余家大型主导企业实现网上交易,网站日访问量达到几千次,成功在线完成一笔交易按照成交额的 0.5%~1%收取交易费用。

该平台主要包括三大核心业务平台,物流支持系统和三大辅助支持系统。三大辅助系统指:会员服务、政府监管和交易辅助系统,能够满足与海关、税务、工商、法律、保险等相关系统的对接。

(资料来源:陈德仁.中国电子商务案例精选(2008 版)[M].北京:高教出版社,2008)

第三节 B2C 电子商务模式

【案例 3-7】京东商城 B2C 电子商务

一、案例背景

京东商城是一家除了通过代理模式自营销售产品外,还为第三方卖家提供在线销售开放平台和物流等一系列增值服务的综合性网络零售企业。2004 年 1 月,刘强东构建了第一个在线销售网站,随后在当年开创了京东业务。2006 年 8 月,大家电产品全线登录京东商城,3C 产品战略布局正式完成。2007 年 6 月,京东正式启动全新域名 www.360buy.com,并成功改版,正式更名为京东商城。2010 年 11 月,京东图书产品上架销售,实现了从 3C 网络零售商向综合型网络零售商转型,同年 12 月,京东开放平台正式运营。2013 年 3 月,京东域名正式更换为 www.jd.com。截至2016年年底，京东已经有超过1亿的注册用户，网站日均独立访客达到2000万、访问量超过2亿，销售13大类商品，日订单超过100万单。

京东的使命是"让生活变得简单快乐"，秉承"客户为先"的经营理念，致力于为消费者提供丰富优质的产品、便捷的服务和实惠的价格，打造广大用户的优质网购。

二、产品与服务

(1) 商品销售。京东商城最主要的业务是自营商品销售，以满足消费者的网络购物需求。

(2) 开放平台。京东向第三方卖家开放在线销售平台，同时其配送、物流、仓储都向卖家开放，教卖家如何进行供应链管理，并且给卖家提供云、促销工具、ERP软件等方面的服务。卖家可以根据业务需求选择经营模式，通过京东开放平台向买家销售商品或提供服务。截至2014年9月30日，京东开放平台商家已达50 000家。

(3) 广告服务。京东为卖家提供多样化的广告服务：①广告展位，面向全网精准流量定价的展示广告模式，为客户提供广告位购买、精准定向、创意策略、效果监测、数据分析等一站式广告投放解决方案；②京东快车。以站内推广、京东联盟、EDM邮件推广三大模块的推广为第三方买家、自营供应商及业务部门等广告主提供"整合营销"和"精准营销"平台；③京东直投。商家通过在京东直投可获得百亿级腾讯海量流量，包含QQ空间、腾讯朋友网、QQ客户端(QQ秀)、每日精选页卡及腾讯网等海量优质资源位。

三、盈利模式

京东的盈利模式主要有以下几个方面。

(1) 自营商品收入。京东商城作为自营网络销售，其直接利润来源于所销售的商品采购价和销售价之间的差价。在整个过程中，京东取买卖差价，并同时承担、物流、配送等方面基础设施建设。

(2) 开放平台收入。京东的开放平台为用户提供信息发布、交流，吸引第三方经营者开设店铺并经营。京东为其提供技术服务并收取费用。开放平台的服务收入包括：平台使用费，卖家依照与京东签署的相关协议，一般包括每年的固定技术服务费用及按照每单交易比例缴纳的费用。

(3) 广告服务收入。京东为开放平台的第三方经营者和自营商品的供应商提供多样化的广告服务并收费。其收费方式涵盖了按天收费的广告展位、点击付费的站内推广和效果付费的京东联盟等。近年来，京东的广告业务产生的收入得到快速扩张。

(4) 物流服务收入。2012年11月，京东正式开放物流服务系统平台，其物流系统除满足自身需求外还开始对外提供服务。京东向第三方商家提供的物流服务收入逐年提升。

案例思考题

(1) 请分析京东取得成功的原因、京东与天猫运作模式的区别。

(2) 京东为什么不专注于创业之初的3C产品的销售而开始拓展其他品类产品？

(3) 登录苏宁易购网站，请分析比较苏宁易购与京东运作模式有哪些异同。

一、B2C 电子商务概述

B2C(Business to Customer)，即企业对消费者的电子商务模式。这种形式的电子商务一般以网络零售业为主，主要借助于因特网开展在线销售活动。B2C 模式是我国最早产生的电子商务模式，以 8848 网上商城正式运营为标志。B2C 即企业通过互联网为消费者提供一个新型的购物环境——网上商店，消费者通过网络在网上购物并进行在线支付。由于这种模式节省了客户和企业的时间和空间，大大提高了交易效率，特别是对于工作忙碌的上班族，这种模式可以为其节省宝贵的时间。

虽然中国网络零售市场起步晚于美国，但发展较快。据中国电子商务研究中心(100EC.CN)监测数据显示，2016 年中国网络零售市场交易规模达 53 288 亿元，相比 2015 年的 38 285 亿元，同比增长 39.1%。网络零售市场不断"升温"，但相较于行业前期增长速度，已经有放缓趋势。各电商企业间的发展模式不再是一个绝对、清晰的界点，而是各种模式相融、共存。随着电商模式的丰富多样，电商品类也被不断细分。跨境、母婴、农村电商成为各企业的发力点，并实现了从发展到完善、完善到优化的一系列飞跃转变。

二、B2C 电子商务的分类及虚拟服务

1. 根据交易的客体分类

按照电子商务交易的客体，可把 B2C 电子商务分为无形商品和服务的电子商务模式以及有形商品和服务的电子商务模式。前者可以完整地通过网络进行，而后者则不能完全在网上实现，要借助传统手段的配合才能完成。

1) 无形商品和服务的电子商务

无形商品和服务(如电子信息、计算机软件、数字化视听娱乐产品等) 一般可以通过网络直接提供给消费者，其主要有网上订阅模式、广告支持模式和网上赠予模式三种模式。

(1) 网上订阅模式。消费者通过网络订阅企业提供的无形商品和服务，并在网上直接浏览或消费。这种模式主要被一些商业在线企业用来销售报纸杂志、有线电视节目等。网上订阅模式主要有在线出版、在线服务、在线娱乐三种模式。

在线出版指出版商通过互联网向消费者提供除传统出版物之外的电子出版物。在线出版商在网上发布电子刊物，消费者可以通过订阅来下载该刊物所包含的信息。与大众媒体不同的是，这些网站经营的是较为专业的内容，面向的是较为专业的人士，其收费方式也是较为成功的。国务院发展研究中心的国研网(www.drcnet.com.cn)就是采用的这种方式，其大量的论文可免费阅览，但一些专题报告是有偿阅读的。

在线服务指在线服务商通过每月收取固定的费用而向消费者提供各种形式的在线信息服务。在线服务商一般都有自己特定的客户群体。例如，美国在线(AOL) 的主要客户群体

是家庭用户,而微软网络(Microsoft Network)的主要客户群体是 Windows 的使用者,订阅者每月支付固定的费用,从而享受多种信息服务。在线服务一般是针对一定的社会群体提供的,以培养消费者的忠诚度。

在线娱乐指在线娱乐商通过网站向消费者提供在线游戏,并收取一定的订阅费,这是无形商品和服务在线销售中令人关注的一个领域,也取得了一定的成功。当前,网络游戏已成为网络会战的焦点之一,Microsoft、Excite、Infoseek 等纷纷在网络游戏方面强势出击。事实上,网络经营者们已将眼光放得更远,通过一些免费或价格低廉的网上娱乐换取消费者的访问率和忠诚度。

(2) 广告支持模式。在线服务商免费向消费者提供在线信息服务,其营业收入完全靠网站上的广告来获得。这种模式虽然不直接向消费者收费,但却是目前最成功的电子商务模式之一。Yahoo 等在线搜索服务网站就是依靠广告收入来维持经营活动的。由于广告支持模式决定了网站的主办企业要依靠广告收入来维持其生存与发展,因而其网页能否吸引大量的广告就成为其生存的关键,而能否吸引网上广告主要依赖于该网站的知名度。提升网站的访问次数,为访问者提供大量的信息,吸引广大消费者的注意成为其成功的主要因素。

(3) 网上赠予模式。这种模式经常被软件公司用来赠送软件产品,以扩大其知名度和市场份额。一些软件公司将测试版软件通过因特网向用户免费发送,用户自行下载试用,也可以将意见或建议反馈给软件公司。用户对测试软件试用一段时间后,如果满意,则有可能购买正式版本的软件。采用这种模式,软件公司不仅可以降低成本,还可以扩大测试群体,改善测试效果,提高市场占有率。美国的网景公司(Netscape)在其浏览器最初推广阶段采用的就是这种方法,使其浏览器软件迅速占领市场,效果十分明显。由于赠送的是无形的软件产品,用户可以自行下载,无须物流配送服务,因而企业投入低。只要软件确有实用性特点,很快就会得到消费者接受。

2) 有形商品和服务的电子商务

有形商品是指传统的实物商品,如果采用这种模式,有形商品和服务的查询、订购、付款等活动在网上进行,但最终的交付不能通过网络实现,还是用传统的方法完成。这种电子商务模式也叫在线销售。最典型的运作模式是网上商店模式。

网上商店模式即消费者通过网上商店购买商品,是 B2C 电子商务的典型应用之一。通过网上商店,消费者可以浏览、选购自己喜欢的商品,通过网上购物可以获得更多的商业信息,买到价格较低的商品,节省购物的时间,足不出户就可以通过"货比千家"来购买商品,安全地完成网上支付,享受网络的便捷性。对于企业,则可以通过网上商店将商品销售出去,同时减少租用店面的开销,减少雇用大量销售人员的支出,同时可能实现零库存销售,极大地减少资金占用和降低风险。

网上商店和传统的门市商店在部门结构和功能上没有本质的区别,两者的不同点在于实现这些功能和结构的方法手段以及商务运作方式上发生了很大的变化。一般而言,网上商店主要包含四个主要内容。

(1) 商品目录(含商品搜索引擎)。商品目录(含商品搜索引擎)的作用在于使顾客通过最简单的方式找到所需要的商品，提供文字说明、图像、客户评价甚至包含音频视频的多媒体材料，便于消费者对相近商品进行对比分析，做出购买决策。

(2) 购物车。购物车则是用来衔接商店和消费者的工具，顾客可将其所需购买的商品放入购物车，也可将已放入购物车中的商品移出(改变购买决定)，直到最后付款确认。

(3) 付款台。付款台是顾客网上购物的最后环节，消费者在付款台选择付款方式，输入其账号(信用卡号)和密码，即可完成付款。

(4) 后台管理系统。上述过程均可在互联网上实现，不过，支持网上商店正常运转还需要一套后台管理系统。后台管理系统用来处理顾客订单、组织货源、安排发货、监控库存、处理客户投诉、开展销售预测与分析等。后台管理系统是顾客看不见的部分，它一般由网上商店的管理人员来使用，为网上商店的正常运转提供支持。

2. 按照销售渠道分类

按照销售渠道分类，可把 B2C 电子商务分为在线邮件订购商、制造企业直销、虚拟电子零售商、"鼠标加水泥"零售商、网络集市零售。

1) 在线邮件订购商

采用邮购销售方式的传统零售商，如电话、广播和电视直销商等在原有销售渠道上简单增加了网络销售渠道，如安利 www.amway.com.cn，直销绕过批发商和零售分销商，直接从客户那里获取订单。知名度高、邮购业务成熟的公司在网络销售中具有明显优势，原因是这些公司有现成的支付处理、商品目录管理和订单执行管理系统。

2) 制造企业直销

制造商通过网络渠道直接将产品销售给终端消费者。因为和消费者直接接触，制造商可以更好地了解市场，获得更多相关产品信息。戴尔公司是最先使用直销和按单制造相结合销售策略的公司，客户可以按个人需求规格订购公司产品。以前，直销一词是指邮寄目录结合电话交流的销售方式。直销商绕过了传统零售商店，直接从消费者那里获得订单。另外，直销商可能从制造商那里直接购买产品，从而绕过传统批发商。网络为直销商和顾客提供了另一种交互方式，那些建立了成熟的邮购业务的公司在在线销售方面具有独特的优势，因为它们有着现成的支付处理流程、存货管理机制，以及订单履行流程。

3) 虚拟电子零售商

虚拟电子零售商是直接通过互联网向客户销售商品的公司，公司没有要维持的实体销售渠道。亚马逊是这类电子零售商的主要代表。虚拟零售商具有管理成本低和运营效率高的优点。虚拟零售企业可能是综合零售商，也可能是专营零售商。综合零售商利用互联网向处于不同地理位置的不同人群提供范围广泛的商品销售目录。

4) "鼠标加水泥"零售商

"鼠标加水泥"零售商(click and mortar retailers)，指传统零售商在经营实体商店的同时开辟网上渠道，采取双渠道模式向终端消费者销售商品。传统零售商销售渠道一般只是单一店铺，也有同时使用邮购销售的。在当今数字经济时代，"鼠标加水泥"零售商经历了实体商店销售，通过人工接听声讯电话销售，到通过互联网交互网站销售几个发展阶段。比较典型的代表公司包括沃尔玛、HP公司等。尽管虚拟销售商可能具有管理成本较低等实际优势，但是双渠道容易引起渠道冲突现象。

5) 网络集市零售

互联网集市类似于现实世界中的综合商城，是一个包含许多店铺的在线购物场所。互联网集市有两种类型：一是提供商业目录。它基本上是一个按商品类型组织的目录，通过网站上的商品分类列表或广告横幅为商品和商店做宣传。用户单击某一商品或商店时，就会转到相应销售商网站，然后用户在这里完成购物。目录所列网站或是自己的网站，或是支付一定费用的其他加盟网站。二是服务共享购物中心。在服务共享的网络集市中，消费者能够查找、订购和购买所需商品，同时选择送货方式。销售商要向网站管理者支付租金或交易费。在这类网络集市中既有制造商，也有零售商，如淘宝、eBay等，现在这些网站可提供方便的购物车，进行一次付款，而后期的交货与售后是由销售商独立完成的。

当然，还有其他B2C模式，如在线旅游观光服务，在线就业和招聘市场，在线房地产、保险和股票交易，在线银行和个人理财服务，在线交付数字商品、娱乐和媒体服务，在线购物决策辅助工具等。

3. B2C电子商务虚拟服务

1) 在线旅游服务

旅游业是信息密集型和信息依托型产业，是跨国界合作和跨空间运作的典型产业。因旅游业较少涉及物流问题，电子商务又能较好地解决个性化需求与规模化的矛盾，因此电子商务在旅游业得到了全面的应用和发展。虚拟旅游服务代理几乎提供所有传统旅游代理所提供的服务。从提供一般信息到订票和购票，从安排食宿到娱乐项目。除此之外，虚拟旅游服务代理还经常提供一些大多数传统旅游代理所不能提供的服务，其中包括有经验的游客介绍的旅游技巧(例如，如何使用信用卡)、提供电子旅游杂志、费用比较、城市向导、货币兑换计算、全球商业和位置查询、旅游用品商店和图书、旅游新闻、聊天室和公告板等。同时有很多在线旅游公司销售廉价旅游商品。在一些特殊网站，客户可以找到廉价商品，如低价机票、航班剩余座位折价机票和酒店剩余折价房间等。

在线旅游服务的收入主要包括直接收入(代理费)、广告收入、咨询费、订阅或会员费和分享收入费等。e龙旅行网是国内领先的在线旅游服务公司，业务范围覆盖全球酒店预订及机票预订、休闲度假产品、特约折扣商户和集团差旅等服务。

2) 在线保险

网络保险，英文为 Internet Insurance 或 e—Insurance，也称为网上保险，即借助因特网开展的保险业务，是一种与现代网络密切相关的保险理念与方式。网络保险的出现，将传统保险业与网络信息技术相连接，不仅促进了保险业务的变革和发展，也让客户感受到了崭新的与时代脉搏同步的保险服务理念。

通过网络保险，保险公司不仅可以开展投保理赔、投资等业务活动，还可以利用网络进行内部管理、培训职员、产品推广宣传、内部信息交流以及与保险监管当局、商业伙伴、保险中介机构、投保客户等进行联系沟通。因特网作为保险公司和客户之间的桥梁纽带，保险代理人无须登门造访就可完成与客户的联系交流，从而节约大量的时间与费用。对广大客户来讲，通过这一方式，不但可以方便快捷地了解保险公司的背景、保险产品的内容及费率等几乎所有的信息，而且通过比较也可从中选择一个最适合自己的产品，并可以在任何时候直接借助因特网向保险公司提出投保、索赔等。

因为网络保险具有众多优势，使得它从诞生之日起就迅速受到了用户的欢迎。近年来，随着网络的普及和发展，网络保险在全球正处在一个飞速发展的时期，网络保险不但具有非常广阔的前景，而且也代表了未来全球保险业发展的方向。

3) 在线招聘

网络招聘是指企业通过互联网寻找和吸引候选人发送电子简历前来应聘，并借助因特网对其进行初步筛选而组织的一系列活动。

目前综合门户类招聘网站是国内最为主流的招聘网站商业模式，在中国以前程无忧、中华英才网和智联招聘综合性服务网站为主，三者的营业收入占据网上招聘市场规模的70%以上。招聘网站主要面向企业提供简历查询、职位发布、简历订阅、人才猎寻、校园招聘、政策法规查询、人才测评、智聘系统及企业培训等服务；面向个人提供简历存储、职位搜索、职位订阅、人才测评、职业技能培训等服务。此外，网站还提供包括人事新闻、英才就业指数、英才薪资调查、薪资指数、兼职信息、培训与职业发展在内的各种综合人事信息，同时网站还有求职者和人事经理之间的网上社区，便于他们做进一步的沟通和交流。

网上招聘最早出现在美国，有数据显示，网上招聘以其招聘范围广、招聘信息全面、招聘方式便捷等优点已经成为现代美国公司招聘的主流形式。网上招聘在全球的发展也带动了中国网上招聘求职市场的相关增长，根据 iResearch 公司的研究，2007—2008 年中国网上招聘市场份额达到 9.7 亿元，环比增长 27.6%。艾瑞咨询预测，随着网络招聘法律法规、技术环境的不断成熟，市场规模有望持续增长，到 2011 年将达到 26.3 亿元。在招聘手段上是多种网络招聘模式共存，综合类招聘站点仍是主流，形成了发挥多种渠道优势、线上与线下相结合态势。

网上招聘的主要优势体现在信息量大，24 小时提供招聘信息和照片服务，信息更新速度快，不受空间限制，跨地域寻找业务伙伴，为招聘企业节约人力、物力和时间，降低招聘成本。

4) 网络银行与网络证券

网络银行，是指一种依托信息技术，基于因特网平台开展和提供各种金融服务的新型银行机构。即银行利用公共信息网，主要是因特网将客户的计算机终端连接到银行网站，实现将银行的除提现以外的全部金融服务业务直接送到客户办公室\家中和手中的金融服务系统。网络银行可以向客户提供开户、销户、对账、行内外转账、信贷、证券外汇、投资理财、网络支付、代发工资、金融信息查询等金融业务以及对电子银行的创新功能的支持。

网络银行自身的特点非常明显，如运行成本低、服务质量高、个性化强，更有利于宣传企业形象、创立新的智能型服务平台。

网上证券是电子商务应用较好的领域，主要业务集中在网上证券交易和各种增值服务。网上证券及其相关业务主要集中在查询上市公司历史资料、查询证券公司提供的咨询信息、查询证券交易所公告、进行资金划转、网上实时委托下单、电子邮件委托下单、电子邮件对账单、公告板、电子讨论、双向交流等。投资者可以使用计算机、手机、双向寻呼机、机顶盒、手提式电子设备等种种信息终端进行网上证券交易。证券增值服务包括一般财经信息服务、信息研究服务、专业咨询服务、投资理财顾问服务等。

网络证券交易作为一种新型的证券交易方式，它具有委托快捷便利、可视化强、资金网上自助管理、保证金存取方便等特点。目前，证券业的网络交易是在国内开展较早、规模较大、比较成功的金融电子商务。

三、B2C 电子商务收入来源

一般来说，B2C 电子商务企业主要是通过以下几个方面获得盈利。

(1) 销售本行业产品。通过网络平台销售自己生产的产品或加盟厂商的产品。商品制造企业主要是通过这种模式扩大销售，从而获取更大的利润，如戴尔电子商店。

(2) 交易佣金。拍卖产品收取交易佣金，如汉唐收藏网为收藏者提供拍卖服务。

(3) 会员。收取注册会员的会费，大多数电子商务企业都把收取会员费作为一种主要的盈利模式。

(4) 上网服务。为行业内企业提供相关服务，如中国服装网、中华服装信息网。

(5) 信息发布。发布供求信息、企业咨询等，如中国药网、中国服装网、亚商在线、中国玩具网等。

(6) 广告。为企业发布广告，目前广告收益几乎是所有电子商务企业的主要盈利来源。这种模式成功与否的关键是其网页能否吸引大量的广告，能否吸引广大消费者的注意。

(7) 咨询服务。为业内厂商提供咨询服务，收取服务费，如中国药网、中药通网站等。

第四节 C2C 电子商务模式

【案例 3-8】eBay 与它的全球化

eBay 产生的背景

1995 年 9 月，当时 Omidyar 的女朋友酷爱 Pez 糖果盒，却为找不到同道中人交流而苦恼。于是 Omidyar 建立起一个拍卖网站，希望能帮助女友和全美的 Pez 糖果盒爱好者交流，这就是 eBay。令 Omidyar 没有想到的是，eBay 非常受欢迎，很快网站就被收集 Pez 糖果盒、芭比娃娃等物品的爱好者挤爆，其方便灵活的交易方式立即吸引了大量用户，在开始的第一年内，上万人列出他们打算出卖的商品或购买的商品。风险投资家们发现这是一个好机会，促使 eBay 转向商业化市场。与其他网络公司(诸如亚马逊)不同，eBay 的模式简单而且取得了不可思议的成功。

在此后一年多的时间里，它处理的交易量超过 20 万笔。在 eBay，顾客自己决定商品的价格；自己选择卖什么，打算多长时间卖出去；自主上传或下载图片，以便更好地描述商品。如果一个交易成交，卖家负责包装、邮寄，并确保商品准时到达买家，买家只要核实商品，然后付费即可。更重要的是，顾客通过给他们的交易伙伴评级来互相监督，系统自行监管。eBay 本身既不占有商品，也不实际拥有货物、金钱和文件。因此，eBay 的经营模式实现了真正意义上的可扩展。

eBay 提供的物品与服务

每天都有数以百万的家具、收藏品、计算机、车辆在 eBay 上被刊登、贩售、卖出。有些物品稀有且珍贵，然而大部分的物品可能只是个布满灰尘、看起来毫不起眼的小玩意。只要物品不违反法律或是在 eBay 的禁止贩售清单内，即可以在 eBay 刊登贩售。eBay 还推翻了以往那种规模较小的跳蚤市场，将买家与卖家拉在一起，创造一个永不休息的市场。同时像 IBM 等大型跨国公司也利用 eBay 的固定价或竞价拍卖来销售它们的新产品或服务。每天 eBay 的待拍数量达 50 万件之多，分别属于从古董到体育用品再到儿童玩具 1000 个不同的物品目录，几乎任何人在那里都可以买卖任何东西。超过 9500 万来自世界各个角落的 eBay 会员，在这里形成了一个多元化的社区，他们买卖上亿种商品，从电器到计算机，到家居用品，到各种独一无二的收藏品。

eBay 的商业模式

1. 建立网上交易市场

eBay 利用一种前所未有的以网络为基础的服务——网上拍卖创造了电子商务世界中最成功的商业模式。从某种意义上来说，eBay 是虚拟的：它本身不生产商品，不提供商品，也没有现实生活中的零售店。eBay 把传统的拍卖形式搬到了网上，它赋予拍卖新的含义、新的形式，使拍卖商的商品超越时间和空间的限制，能够在极短的时间里接触到来自全世界的诸多潜在顾客。eBay 专注于"平台"建设，即建立规范模式化的交易平台，不参与交易行为，不赚取商品利润，只以管理费和交易费作为收益。它使得 eBay 不用承担传统 B2C 业务中商品积压、物流渠道、供货商关系、购买者习惯等带来的压力。

2. 解决支付问题

eBay 为了解决网络交易中的信用问题和付款问题，采取了买卖双方互评估打分，通过保留双方的交易记录和评价等级来保证交易的真实性，从而解决信用问题，同时花高价收购了 PayPal 公司，开辟了专门针对网上交易的支付方式，解决了付款问题，促进了 eBay 的快速扩张。

3. 创新盈利模式

eBay 要想获得较大的利益，单靠旧货市场交易显然不能维持持续指数增长。没有人能每天把自家的旧货拿到 eBay 上拍卖。因此，eBay 渐渐地从网上跳蚤市场转变成了网上自由市场。eBay 开始帮助电子商务的小商家通过 eBay 开设自己的商店。eBay 为它们提供了一个不需要花钱为自己的网站做广告就能接触到全球消费者的场所，而这些小商家将一部分销售所得作为交给 eBay 的提成。这种商业模式实际上是对传统的零售商业模式的一种颠覆。

4. 从交易服务中获利

eBay 向每笔拍卖收取刊登费(费用从 0.25 美元到 80 美元不等)。向每笔已成交的拍卖再收取一笔成交费(成交价的 2%到 5%不等)。由于 eBay 另外拥有 PayPal，所以也从此处产生利益。

(资料来源：百度百科：http://baike.baidu.com/)

案例启示

从上面的模式中我们可以得到以下几点启示：eBay 的 C2C 拍卖模式无疑取得了巨大的成功。在进入电子商务的道路中 eBay 捷足先登，选择了一条极为吸引人的方式，因此，eBay 模式被纷纷效仿。同时 eBay 的成功之处在于它选择了一个很好的电子商务切入点——网上拍卖。网上对互联网公司来说，运作相对简单，完全电子化的交易只需公司提供一个交易的平台和完备的服务，且在网上拍卖极具市场潜力，消费者的心理可得到极大满足。

一、C2C 电子商务概述

C2C(Consumer To Consumer)电子商务模式，是个体消费者之间的在线交易，有时候也称为 P2P 电子商务，指伙伴之间进行的交易。这类商务活动还可以由第三方参与或是在社交网络上进行，由它们来组织、管理、促成交易。C2C 交易由于参与交易的群体成千上万，交易的商品也是五花八门，要促成买方和卖方之间的匹配，交易成本比较高，于是出现了

eBay 这样的中介机构网站。这些中介机构进行买卖需求匹配，从而向卖方收取少量的服务费用。同时由于买卖双方相互不了解，缺乏信任，于是就出现了第三方支付平台(支付宝等)，同时这些中介平台网站提供担保，提高卖方的信誉从而降低买方购买成本，促进了 C2C 电子商务的快速发展。同时，社交网络(Facebook，微信等)为 C2C 交易的发展提供了理想的场所，人们可以以 C2C 在线交易的方式分享音乐、销售音乐文件、物物交换、销售游戏虚拟装备等。

中国 C2C 市场曾经呈现三足鼎立的形势：eBay 收购 E 趣网，一直坚持着收费方针，市场份额不断减少；作为后起之秀的淘宝网，以免费的手段不断扩张自己的市场空间；异军突起的腾讯旗下拍拍网，免费策略加上腾讯 QQ 的巨大用户数量优势，在 2005 年 9 月上线以来，呈现高速增长态势。拍拍网致力于打造一个卖家和买家互联互通的 C2C 平台，通过提供包括服装服饰、母婴、食品和饮料、家居家装和电子产品等在内的丰富的产品，来全面满足消费者的需求。与此同时，拍拍网也为第三方卖家提供数据挖掘和分析等增值服务，这些增值服务将帮助卖家对消费者和市场做出精准分析，并为其产品规划和开展精准营销提供支持。京东为了进一步丰富其电商布局，于 2014 年收购拍拍网，但因为无法避免的假货问题，京东于 2015 年年末正式关闭了拍拍网的运营。

二、C2C 电子商务运作模式

1. C2C 网上拍卖——eBay 模式

目前 C2C 电子商务采用的主要运作模式就是由第三方为买卖双方搭建网上拍卖平台，按比例收取交易费用。网上拍卖是出售商品的个人在网上发布消息，由多个买者竞价，或与买者讨价还价，最终成交的模式。许多拍卖是通过中介来完成的。这种模式的代表有易趣(http://www.eachnet.com/)、雅宝(http://www.yabuy.com.cn/)等拍卖网站。雅宝是我国首家在线拍卖公司，它于 1999 年 6 月开通。在它的站点上，物品种类包括计算机软硬件、家电、图书影院等，多达数千种。雅宝的目标是促成普通用户的在线交易，任何人只要上网，就能够立即进行交易。网上拍卖的最大特点在于将现场拍卖的交易方式利用互联网的特点，变成了非现场式的交易，从而突破了现场拍卖所特有的时间、地点、空间限制。网上拍卖是传统拍卖业在互联网上的延伸，是现代信息技术在传统拍卖业中的应用。网上拍卖的拍卖方式大多数是在传统拍卖方式的基础上演变来的，但与传统拍卖相比，更加多样。

2. C2C 第三方交易平台——淘宝模式

C2C 第三方交易平台模式是由独立的第三方搭建 C2C 商务平台，方便个人在交易平台开设店铺，以会员制的方式收费，也可通过广告或其他增值服务收取费用。目前国内的第三方交易平台(比如淘宝)采取免费策略，即免费开店不收取任何店铺租金。这种运作模式不需要前期投入大量资金，卖家(个人)只需要登录交易平台，按照要求注册成为用户，然后登录填写建店信息，完成建店。用户可以使用平台工具，实施店铺"装修"设计，不受时间、地域的限制，个人只需要一台计算机就可以天天上网管理商品，决定价格和促销手段，实现在线销售商品。

3. 分类广告模式——Yahoo 模式

人们每天可以通过分类广告来与其他人进行交易。基于因特网的分类广告与报纸广告相比有许多优势。因为因特网使产品销售范围大大拓展，这使得商品和服务的提供大大增加，也使得潜在购买者的数量大大提升。例如，classifieds2000.com 包含了一个大约50万辆汽车的列表，而在当地通过其他途径只能获得很少数量的汽车列表，同时它还包括了全国的房屋出租信息和个人广告。一些网站还提供搜索引擎供用户使用以缩小所需物品的搜索范围。此外，基于因特网的分类广告不仅能够为一些私人组织免费提供，还能够实现简单编辑或修改，更多情况下还能够把要卖出的产品的照片放置到网上。

分类广告模式的分类广告是多种类的小广告的集合，区别于其他各版独立的大幅广告，分类广告的读者目的性更加明确。分类广告网站就是专门经营目标明确、投放精准的小广告的网站。分类广告网站上一般企业发布广告信息收费，个人发布信息免费，广告浏览者不收费，如58同城、百姓网等。收费的分类广告网站商业气氛浓郁，信息可信度高，但是网民浏览量不大。不收费的分类广告网站信息未经验证，可信度不高。因为没有收费门槛，垃圾信息很多，但是网民互动性强，浏览量大。

三、C2C 电子商务运作策略

网络信息搜索是 C2C 开展的第一步，消费者与消费者之间的电子商务信息来源广泛、分类庞杂、信息总量庞大。所以，没有功能强大的信息搜索工具是很难开展 C2C 电子商务的。很多 C2C 运营商都提供了很好的搜索引擎，作为消费者开展交易的辅助工具。随着网络信息量的不断膨胀，对网络搜索引擎的要求也越来越高。

即时通信是 C2C 电子商务的工具之一，是开展交易时常用的工具。消费者与厂商不同，厂商一般就有固定的品牌等印象，而消费者一般没有固定的品牌印象。所以，交易前的网络直接沟通是必要的。沟通的工具就是即时通信工具，如腾讯的 QQ、淘宝的淘宝旺旺、百度有啊的百度 Hi 等。

第三方支付平台是确保 C2C 电子商务支付安全的保障机制，是消费者之间相互进行网上支付的可信赖的工具。一般来讲，C2C 网上交易平台都支持在线信用卡支付，但缺乏支付安全保障，因此很多 C2C 运营商都开发了自己的第三方网络支付工具，如拍拍网的财富通、淘宝网的支付宝、百度有啊的百付宝等。

网络社区是 C2C 电子商务的重要组成部分，是聚集网络消费者的有效手段。网络消费者可以在网络社区中获取各种信息和享受各种乐趣。

网络拍卖是 C2C 电子商务交易的主要形式，网络消费者以拍卖的形式交易自己的商品。当然 C2C 还有其他的交易形式，比如一口价、议价、物物交换等交易方式等。总之，C2C 交易方式不是固化的，是广大的网络消费者创造的，比其他电子商务模式的交易形式更具活力、更具创造性。

网络信用评价是 C2C 交易的重要组成部分，是交易的最后一步。由于网络消费者的信用我们无法提前预知，所以就必须建立评价机制进行事后的监督。网络信用评价是 C2C 交易结束后，通过打分或选择满意与否等方式，买方对卖方信用的一种评价。网络信用评价是 C2C 交易中网络消费者甄别事物的有效机制。除网络信用评价之外，还有投诉和举报等。

四、C2C 电子商务盈利模式

目前 C2C 电子商务的盈利模式是通过为买卖双方搭建拍卖平台，按比例收取交易费用，或者提供平台方便个人在上面开设店铺，或以会员制的方式收费。虽然我国网民已经突破了 1 亿，市场规模巨大，但由于受一些条件的制约，我国的 C2C 电子商务仍然处于融资烧钱聚集用户阶段，并未形成成熟的盈利模式。在 C2C 运营过程中，个体经营者在电子商务企业平台上开设店铺销售自己拥有的物品，个人获得销售收益，平台企业收取店铺租金、广告费或其他增值性服务费。网站在国外运作是收费的，在国内出现了收费的易趣模式和免费的淘宝模式，并且在淘宝模式的影响下几乎所有 C2C 网站都打免费的牌子，或者日渐趋向免费的模式。其主要的收益来源包括以下几项。

1. 会员费

会员费是会员制服务收费，是指 C2C 网站为会员提供网上店铺出租、公司认证和产品信息推荐等多种服务组合而收取的费用。由于提供的是多种服务的有效组合，比较能适应会员的需求，因此这种模式的收费比较稳定。费用第一年交纳，第二年到期时需要客户续费，续费后再进行下一年的服务，不续费的会员将恢复为免费会员，不再享受多种服务。

2. 交易提成

交易提成不论什么时候都是 C2C 网站的主要利润来源。因为 C2C 网站是一个交易平台，它为交易双方提供机会，就相当于现实生活中的交易所或大卖场，从交易中收取提成是其市场本性的体现。

3. 广告费

企业将网站上有价值的位置用于放置各类型广告，根据网站流量和网站人群精度标定广告位价格，然后再通过各种形式向客户出售。如果 C2C 网站具有充足的访问量和用户忠诚度，广告业务会非常大。根据 Alexa 网站统计分析，除了目的性较强的上网者外，有 70% 的上网者只是观看一个网站的首页，所以网站首页的广告铺位和展位都具有很高的商业价值。对于 C2C 网站首页的"黄金铺位"，网站可以定价销售也可以进行拍卖，购买者或者中标者可以在规定时间内在铺位上展示自己的商品。

4. 增值服务费

C2C 网站不只是为交易双方提供一个平台，更多的是为双方提供交易服务。尽量满足客户的各种需求来达成双方的交易。C2C 网站商品的丰富性决定了购买者搜索行为的频繁性。搜索的大量应用就决定了商品信息在搜索结果中排名的重要性，由此便引出了根据搜索关键字竞价的业务。用户可以为某关键字提出自己认为合适的价格，最终由出价最高者竞得。通过提供"搜索排名竞价""首页黄金铺位"推荐等增值服务收入一定的服务费用。

5. 店铺费、商品登录费

以 eBay 为例，它的广告收入只占总收入的 5%，其余的利润，大都产生在商品交易的过程中。eBay 的盈利模式是向用户收取店铺费、商品登录费、交易服务费等费用。为了应对淘宝的免费模式，eBay 将普通店铺月租费从 50 元/月下调到 35 元/月，而商品登录费则因商品类别、价格的不同而不同，最便宜的登录费为 0.8 元，而较贵的，比如汽车、摩托车等超过 2000 元的商品的登录费为 8 元左右。

第五节　O2O 电子商务模式

【案例 3-9】苏宁易购：高大上的 O2O 领军人

2013 年，苏宁凭借着与京东的一场混战，加入到了 O2O 的大军中。资本雄厚的苏宁，一上来便宣布了一系列大刀阔斧的 O2O 变革：线下店要实时盯准线上价格，二者要统一；剥离线下原有毛利基础上还要加大运营效率；集团原有的业务组织架构都需进行重新梳理。2014 年，苏宁易购的销售量激增，截至当年年底，苏宁的 1/3 营业额来自苏宁易购，由此可见苏宁的 O2O 已经渐渐成型。

未来苏宁易购还将大力发展 O2O 模式，包括线下线上同等服务，指定时间送达，线下建立社区体验店等。甚至，为了进一步加强 O2O 模式，苏宁还关闭了线下的诸多店铺，努力让用户习惯线上消费模式。大资本大运作，让苏宁成为 O2O 领域最受关注的品牌。苏宁进军 O2O，并带来了诸多的服务，意味着中国的 O2O 市场规范正在逐步建立：线上线下享受同样的服务和价格，同时完善庞大的物流网络。未来，如果有其他品牌做不到这些，例如线上线下差价过大，或无法及时派送，就很难利用 O2O 模式站稳脚跟。

一、黄太吉：小品牌创造的 O2O

作为一个煎饼品牌，黄太吉的 O2O 显得有些另类。但正是凭借着 O2O 模式的应用，这家位于北京 CBD、面积不过十几平方米的煎饼铺，却创造出了耀眼的奇迹。黄太吉的 O2O，依旧是传统的线上订购、线下消费模式，但它有一个其他品牌很难做到的特色，就是提供最好的互动。

例如，在这个只有 16 个座位的煎饼铺内，黄太吉提供了免费 WiFi，并鼓励用户在社交媒体上进行分享；而创始人赫畅也是一个手机达人，会针对相关微博第一时间逐一回复。他认为，这么做的动机不仅仅是互动，更重要的是用心和顾客沟通，迅速、及时地回复更是诚意的一种体现。而诸如老板开奔驰送煎饼、美女老板娘送餐、煎饼相对论公开课等话题的炒作，也让这个品牌经常被粉丝津津乐道。目前，风投对其估值超过 4000 多万元。

黄太吉的成功，不仅在于对 O2O 的运用，更在于其宣传推广的趣味性。O2O 不仅应当是工具，更应该是一种可以互动的模式，用户、商家能够借助线上、线下平台，进行社交网络的交流，这是黄太吉给我们的最大启迪。

二、上品折扣：最全渠道 O2O

上品折扣虽然有一定数量的线下店，但数量并非非常庞大，所以 O2O 模式就成了它必须开展的形式。目前来看，上品折扣的 O2O 较为成功。一方面，导购员通过手持设备，将产品录入，从而搭建出了庞大的产品信息数据库，使线上、线下的产品得到了统一；同时，因为上品折扣的线上购物平台有很多，既有独立平台也有与第三方合作的平台，所以购物入口、商品挑选、下单支付、物流配送以及售后服务等，都进行了合理的规划。尤其是后台的建设和优化，让上品折扣的 O2O 系统可以快速反应，使得业务流程能够承担多渠道购物的压力。

另一方面，在运营后台的建设及优化方面下工扎实，也使其业务流程能够承受多渠道购物的压力。对于规模较大的品牌而言，全渠道 O2O 是必须进行的工作。毕竟，我们不是小餐馆、小服装店，如果 O2O 模式过于单一，就不能满足所有消费者的需求。这就是上品折扣给我们的启迪。

三、阿姨帮 APP

2014 年，一款名为阿姨帮的手机 APP 正式上线。这是一款预约日常保洁、大扫除、新居开荒、衣物干洗、鞋具洗护服务的手机软件。预约后，客服将为客户安排阿姨上门服务，服务完毕后还可以对服务进行打分和评价。

这是一款侧重于生活服务的软件，为什么它会成为 O2O 市场非常受瞩目的软件？这是因为它预示着 O2O 已经从电商、购物等大平台，开始逐渐向生活细节处进军。而与其他生活类 O2O 公司相比，阿姨帮的定位，不再仅仅是中介，而是服务直接提供方：阿姨帮有自己的家政服务团队，所有成员将经过公司的培训才能上岗。与中介类 O2O 相比，阿姨帮的运营成本显然更大，但它却能够提供真正的 O2O 服务——品牌能够监督质量，能够将所有的环节牢牢控制。

(资料来源：高连兴，常洛瑜. 手机掘金实战宝典[M]. 北京：中国纺织出版社，2016)

案例启示

这几个 O2O 案例，涵盖了目前 O2O 电商的主要运营模式。通过这些经典案例的分析，发现 O2O 的发展或是在经营内容上、或是在线上选购上、或是在模式推广上通过创新实现了全渠道、互动体验的电子商务新模式。阿姨帮的出现，意味着O2O进入了更加细分的领域，O2O将更加与我们的生活密切相关。而这种趋势所带来的不仅是O2O公司进一步增多，还有产品如何更加优秀，服务如何更加成熟，这对一些立足小区域的公司而言，既是一个机遇，也是一个挑战。

一、O2O电子商务概述

1. O2O电子商务产生的背景

TrialPay创始人兼CEO Alex Rampell在描述庞大的线下消费规模时举例说，"普通的网络购物者每年花费约1000美元，假使普通美国人每年收入为4万美元，那么剩下的39 000美元到哪里去了？答案是，大部分都在本地消费了，人们会把钱花在咖啡店、酒吧、健身房、餐厅、加油站、水电工、干洗店和发廊"。在美国这种电子商务非常发达的国家，在线消费交易比例只占8%，而其他92%的交易活动发生在线下。因此通过O2O模式，将线下商品及服务进行展示，并提供在线支付"预约消费"，这对于消费者来说，不仅拓宽了选择的余地，还可以通过线上对比选择最令人期待的服务，以及依照消费者的区域性享受商家提供的更适合的服务，同时商家使用比线下支付更为优惠的手段吸引客户进行在线支付，这也为消费者节约了不少的支出。

随着移动互联网技术的提高，使用手机、平板电脑等移动终端上网成了多数人的习惯，移动互联网的业务融合与创新引领O2O模式进入新时代。O2O模式的特点就是可以随时随地满足人们的购物需求。美国著名投资家约翰·杜尔在2011年年初提出了SoLoMo，即社交、本地和移动相结合。移动商务更适合O2O模式商业应用，商家和企业能以更低的成本接触和赢得更多客户，将成为推动O2O模式融入更广泛的商业生活的主导力量。

O2O(online to offline，线上到线下)是线下商机与互联网的结合，这个概念是美国支付与推广平台Trialpay公司的创始人亚历克斯·兰佩尔于2010年8月首次提出的。随着互联网的快速发展，O2O于2011年11月被正式引入中国，并搭上了团购市场的顺风车，迅速在生活服务领域遍地开花。随着互联网思维和技术的发展，线上和线下的定义将越来越模糊，通过互联网思维和技术，最终将使整个零售业与消费者的连接变得更有效率。从本质上改变整个商业供应链的组织方式的O2O电子商务模式将成为未来电子商务发展的主要趋势。

2. O2O电子商务的发展历程

O2O将线下的商务机会与互联网结合，让互联网成为线下交易的前台，其发展经历了以下几个阶段。

(1) O2O 1.0阶段。O2O线上线下初步对接，主要是利用线上推广的便捷性等把相关的用户集中起来，然后把线上的流量倒到线下，主要集中在以美团为代表的线上团购和促销等领域。在这个过程中，存在着单向性、粘性较低等特点。平台和用户的互动较少，基本上以交易的完成为终结点。用户更多的是受价格等因素驱动，购买和消费频率等也相对较低。

(2) O2O 2.0 阶段。这个阶段最主要的特色就是升级为服务性电商模式，包括商品(服务)、下单、支付等流程，把之前简单的电商模块，转移到更加高频和生活化场景中来。在新模式的推动和资本的催化下，出现了 O2O 的狂欢热潮，于是上门按摩、上门送餐、上门生鲜、上门化妆、滴滴打车等各种 O2O 模式开始层出不穷。在这个阶段，由于移动终端、微信支付、数据算法等环节的成熟，加上资本的催化，用户出现了井喷，使用频率和忠诚度开始上升，O2O 和用户的日常生活开始融合，成为生活中密不可分的一部分。

(3) O2O 3.0 阶段。这一阶段开始了明显的分化，一方面真正的垂直细分领域的一些公司开始凸显出来。比如专注于快递物流的速递易，专注于高端餐厅排位的美味不用等，专注于白领快速取餐的速位。另一方面是垂直细分领域的平台化模式发展，由原来的细分领域的解决某个痛点的模式开始横向扩张，覆盖到整个行业。比如饿了么从早先的外卖到后来开放的蜂鸟系统，开始正式对接第三方团队和众包物流。以加盟商为主体，以自营配送为模板和运营中心，通过众包合作解决长尾订单的方式运行。配送品类包括生鲜、商超产品，甚至是洗衣等服务，实现平台化的经营。

2013 年 6 月 8 日，苏宁线上线下同价，揭开了 O2O 模式的序幕。因此 O2O 在我国从 2009 年的饿了么外卖平台上线，开启线上下单、线下消费的 O2O 模式，到 2014 年 BAT 纷纷布局 O2O 领域带来了 O2O 电商的快速发展。

O2O 发展历程如图 3-3 所示。

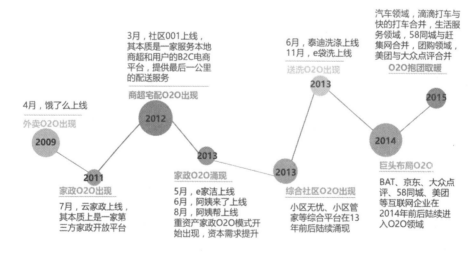

图 3-3　O2O 发展历程

3. O2O 电子商务的概念

从广义上讲，O2O 是指通过线上营销推广的方式，将消费者从线上平台引入到线下实体店，即 Online To Offline；或通过线下营销推广的方式，将消费者从线下转移到线上，即 Offline To Online，在整个过程中不完全强调要通过线上支付环节完成交易。从狭义上讲，O2O 是指消费者通过线上平台在线购买并支付/预订某类服务/商品，并到线下实体店体验/消费后完成交易过程；或消费者在线下体验后通过扫描二维码/移动终端等方式在线上平台购买并支付/预订某类服务/商品，进而完成交易。狭义 O2O 强调的是交易必须是在线支付或预订的，同时商家的营销效果是可预测、可测量的。图 3-4 为 O2O 线上营销方式。

图 3-4　O2O 线上营销方式

首先，O2O 是一种思维的习惯，是线上线下的平衡。对传统企业来说不能只关注线下，也需关注线上，线下渠道终端散布着用户，线上平台同样散布着用户，且更多。

其次，O2O 是一个体系，无论是线上还是线下，企业都要尽可能去构建用户的消费习惯，与用户建立直接的关系。如何寻找用户、与用户建立联系、管理并沉淀用户？这些是贯穿传统企业 O2O 全部进程的基础问题。

另外，O2O 是一种新型电子商务模式，是指把线上的消费者带到线下的实体店中，消费者在线购买线下的商品或服务，然后到线下消费商品或者销售服务。O2O 把电子商务和服务性消费结合在一起，有效整合了线上、线下营销，提高了服务水平，改善了消费者体验。

无论是 Online to Offline，还是 Offline to Online，O2O 概念更深层次反映的是互联网及智能终端日渐普及。用户信息获取、行为习惯改变的背景下，企业营销方式、业务流程、资源配备等方面将迎来一系列变革。

二、O2O 电子商务运营模式

1. O2O 电子商务交易流程

与传统的消费者在商家直接消费的模式不同，在 O2O 平台商业模式中，整个消费过程由线上和线下两部分构成。线上平台为消费者提供消费指南、优惠信息、便利服务(预订、在线支付、地图等)和分享平台，而线下商户则专注于提供服务。在 O2O 模式中，消费者的消费流程可以分解为五个阶段。

第一阶段：引流。线上平台作为线下消费决策的入口，可以汇聚大量有消费需求的消费者，或者引发消费者的线下消费需求。常见的 O2O 平台引流入口包括：消费点评类网站，如大众点评；电子地图，如百度地图、高德地图；社交类网站或应用，如微信、人人网。

第二阶段：转化。线上平台向消费者提供商铺的详细信息、优惠(如团购、优惠券)、便利服务，方便消费者搜索、对比商铺，消费者在线上平台获取一系列的商品或服务信息，通过选择、评估，最后做出购买的决策，消费者通过互联网进行在线支付购买商品或服务，交易成功后，领取数字等形式的支付凭证。

第三阶段：消费。消费者凭借取得的凭证或优惠券到线下实体店消费所购买的商品或服务，完成消费。

第四阶段：反馈。消费者将自己的消费体验反馈到线上平台，有助于其他消费者做出消费决策。线上平台通过梳理和分析消费者的反馈，形成更加完整的本地商铺信息库，可以吸引更多的消费者使用在线平台。

第五阶段：存留。线上平台为消费者和本地商户建立沟通渠道，可以帮助本地商户维护消费者关系，使消费者重复消费，成为商家的回头客。

2. O2O 电子商务运作模式

团购网站可以认为是国内最早期的 O2O 模式。2010 年团购网站在中国兴起，大量团购网站相继上线。除团购外，各种分类信息网站、点评类网站、订餐类网站等纷纷试水 O2O。商业 WiFi、云计算、大数据、DSP、LBA、移动支付、移动客服等技术不断发展，也为 O2O 迎来良好的发展机遇。O2O 模式是一种打破常规、跨平台的销售模式，企业可以根据自己的实际情况从线上、线下相结合的角度出发，创新 O2O 的具体模式。O2O 运作模式主要有以下几种。

第一，Online to Offline，即线上交易到线下消费体验。企业先搭建起一个线上平台，以这个平台为依托和入口，将线下商业流导入线上进行营销和交易，同时，用户借此又到线下享受相应的服务体验。用户通过移动终端等产品连接互联网，在相关的 O2O 商务平台上查找自己所需的产品或服务，完成在线支付后，凭借交易凭证到相应商家获得产品或享受服务。例如，消费者在线订购电影票、用餐券后再到实体店里消费。这种模式主要应用在生活服务方面的消费领域，用户不仅能够通过互联网选购实惠、心仪的产品，而且能够不受时间和地域限制安排自己的生活。用户在线上购买或预订服务，然后再到线下商户实地享受服务；或用户在线上购买或预定商品，然后再到线下的实体店取货或体验。

第二，Offline to Online，即由线下到线上的互动模式。企业先搭建起线下实体平台，以这个平台为依托进行线下营销，让用户享受相应的服务体验，同时将线下商业流导入线上平台，在线上进行交易，由此促使线上线下互动并形成闭环。消费者先到实体店进行体验服务，然后通过智能终端扫描感兴趣的商品的二维码，或者通过产品页面在线下单支付，线下实体店转变为样品体验店。这种模式逐渐被传统零售商(家电、服装等)借鉴，实体店更多的是承担体验功能(售前体验、商品维护、售后服务等)，引导消费者选择和网上下单。另一种线下到线上的应用情景是商家开设商品虚拟销售渠道，用户直接用移动终端扫描商品对应的二维码下单购买，可以满足线下消费者一系列的快速购买和支付的需求。用户通过线下实体店体验并选好商品，然后通过线上下单来预定商品。

第三，Offline to Online to Offline，即线下营销到线上交易再到线下消费体验，实现了由线下到线上再到线下的互动模式。先搭建起线上平台进行营销，再将线上商业流导入线下让用户享受服务体验，然后再让用户到线上进行交易或消费体验。消费者被LBS(基于位置服务)信息推送、线下产品推广活动等引导到消费地点，利用移动终端感应芯片等可当场直接完成交易，并获得优惠信息，然后进行产品消费或服务体验。这种模式下，消费者能够通过移动终端近场支付享受优惠服务，国内不少餐饮行业涉足了这一消费模式。实体店商家还能够利用近场支付业务的数据充分分析、挖掘用户的消费行为信息，为自己的运营提供决策依据。

第四，Online to Offline to Online，即线上交易或营销到线下消费体验再到线上消费体验。企业先搭建起线下实体平台进行营销，再将线下商业流导入或借力全国布局的第三方网上平台进行线上交易，然后再让用户到线下享受消费体验。

3. O2O 电子商务运营引流策略

通过分析以上几种O2O运作模式可知，电子商务运营都需要将新客户引过来并留住老客户。O2O的根本目标是为了打通线下与线上。从具体情况看，O2O分为发展新客户及留住老客户两大阶段，两个阶段有不同的目标。对于发展新客户阶段而言，O2O的主要目标有两类：一类是引流到线下，另一类是引流到线上。对于留住老客户阶段而言，O2O的主要目标是为了让线下与线上相互打通，并形成能持续良性循环的闭环，让客户不断地乐于往返于线上与线下。主要采取的客户引流策略一般有线上策略和线下策略两种。

(1) 线上策略通过互联网企业O2O布局抢占流量入口，在线上企业集中布局线下流量入口，发挥信息及数据优势。具体包括以下策略。

① 提供营销平台，线上线下流量互补。传统零售企业在电商平台上开展网购业务，包括第三方平台上各类品牌旗舰店、自建电商平台等，有利于开拓线上市场。

② 获取和分析用户数据。线下门店会员信息与互联网企业(如淘宝、天猫)，会员做匹配，以分析用户行为习惯等，作为精准营销的基础和依据。

③ 搭建无线网络基于位置的精准推送。所在地附近的消费者由手机LBS引导至店，最新的动态、购物、活动参与、优惠券分发等。

④ 线上线下会员体系打通。会员体系打通，通过线下扫码的方式，与线上同步进行优惠补贴，还可实现线上下单线下取货。有利于企业进行用户管理及维护。

⑤ 线上发布可以供线下使用的优惠券；关注线上某账号后线下可以打折消费或获赠礼品；设计抽奖活动，要求其中某些环节必须在线下完成等方式实现引流。

(2) 线下策略通常也通过互联网企业O2O布局，发挥门店优势，在线下企业结合门店、物流及体验优势，扩大业务范围。总体来讲，目前传统零售企业布局O2O主要通过以下途径。

① 构建线上平台，鼓励消费者线上下单、支付，线下到店体验、提货，如苏宁易购。

② 提供就近门店配送，自提，退货服务，线上下单可实现线下取货，或者就近门店配送：利用移动定位功能或根据配送地址，联手找到离消费者最近的线下门店，再通过本地快递公司上门揽件，实现就近门店发货，为消费者提供当日达或次日达配送服务，如绫致集团、拉夏贝尔、特步、李宁。

③ 店内铺设免费无线网络，消费者可根据推送信息，自由选择柜台购买或线上购买，如梅西百货。

④ 虚拟展示节约门店空间，同时门店向侧重用户体验转型，门店可设置导购屏，消费者到店可在电子屏上查看店内爆款的线上销售和评价情况；或通过导购 App 购买商品，弥补线下门店物理空间对货品的局限，大大提高店铺坪效，如苏宁云店。

⑤ 门店安装、服务线上购买线下退货。打通线上线下服务，实现家电送装一体；网购服装，到店试穿，不合适直接退货或网购服装只需到店出示网上订单，便可直接退换货；以及其他服务，如佰草集门店还可以给消费者提供皮肤测试。

⑥ 扫码支付，扫码溯源。提供手机支付、二维码支付等创新支付方式，为消费者提供便捷服务。另外，二维码识别商品来源，辨别真假。

【案例 3-10】BAT 的 O2O 布局

一、百度系

从 2015 年下半年开始，百度加大将核心流量资源导向 O2O 的力度，企业投资 200 亿元用来支持旗下百度糯米的发展，并从公司战略上全民开启 O2O 扶持计划。

在入口方面，百度以 81.11%的份额在搜索市场保持绝对优势，移动市场的营收也早已超过 PC 端。手机百度、百度地图等也已成为超级 APP。而对于入口的下一步，百度选择了场景。一是加强搜索的服务场景(例如，用户搜索一部电影之后，之前的搜索只是为其展示信息内容，而百度目前做的是通过糯米、支付、地图等满足用户在线购票选座，并乘坐交通工具前往影院的所有场景)。二是提升主流 APP 的场景服务能力，百度地图被视为 O2O 的重要入口之一，并相继提供了地图+出行、餐饮、酒店、门票、电影等各类生活服务。糯米和百度外卖也正从单一的餐饮扩展到更多的服务场景。三是支付的引流和营销，百度钱包的定位已经从支付工具变成联合所有商户的超级钱包，起到导流、用户管理的综合平台作用。

在生态和开放上，除了借助自家的核心产品如外卖、团购、电影票业务作为 O2O 的常态化业务外，百度一方面扩大服务范围，另一方面则借助"航母计划"对投资者开放百度优质资产的项目，包括百度糯米、91 桌面、作业帮、百度音乐等，先后牵手投资者。

二、阿里系

阿里是 BAT 三方中涉足 O2O 最早的一家，也是布局链条最长的一家。首先是淘宝推出了地图服务，之后是本地生活信息服务平台丁丁网正式宣布获得阿里巴巴与花旗银行的投资，以及2014年阿里巴巴集团对银泰商业进行战略投资，并将组建合资公司。虽然阿里目前与各地政府展开智慧化合作，大有占领线下市场之势，但由于阿里流量属性整体依旧还未摆脱"电商交易"的属性，其在社交和搜索流量上的突破进度，也让阿里的O2O大战劣势凸显出来。由于社交领域被微信、微博、手机QQ垄断，这使得要通过社交获得新的流量突破难度较大。阿里的O2O布局主要包括以下内容。

（1）淘宝本地生活平台。2006年，阿里巴巴收购口碑网，后调整成为淘宝本地生活平台，提供本地商户信息、电子优惠券、团购、租房、外卖和演出等六类服务，并拥有本地生活、淘宝电影等两个移动客户端。

（2）团购：聚划算、中团、大众点评。淘宝于2011年2月将"聚划算"重心调解为线下区域化的团购，正式加入"千团大战"。

（3）线下零售业。2014年3月31日，阿里巴巴集团与银泰商业集团共同宣布，双方将打通线上线下的未来商业基础设施体系，并将组建合资公司。

工具：一淘网。淘宝旗下比价网站一淘网，提供有扫二维码比价应用"一淘火眼"，可查询商品在网上和线下的差价。

支付工具：支付宝。支付宝已经在手机摇一摇转账、NFC传感转账以及二维码扫描支付方面有所布局，并在线下和分众传媒、品折扣线下商场达成了合作。

淘宝地图服务：LBS在移动互联网时代，基于地理信息的搜索，向用户推荐地图及与地理位置信息相关的商户信息变得尤其重要。淘宝刚刚推出的地图服务，具有定位、找周边团购优惠、找本地商户等功能。其中团购优惠由聚划算提供，商家来自淘宝本地生活，地图由阿里云提供。

三、腾讯系

腾讯作为和京东紧紧绑定在一起的巨头，腾讯拥有阿里如今在电商领域最大对手这个重量级合作伙伴，这无疑是腾讯O2O大战的一大卖点。腾讯在PC时代尝试过从流量到电商的转化，收购拍拍网、易迅失败后放弃自建服务的想法，通过入股京东、美团大众点评、同程等来进行O2O布局。

腾讯O2O采取以"二维码+账号体系+LBS+支付+关系链"路径构成的腾讯路径，其重要的环节包括以下内容。

入口：微信+二维码。马化腾多次强调：腾讯和微信就是要大量推广二维码，这是线上和线下的关键入口，"微信扫描二维码"成为腾讯O2O的代表型应用。

工具：财付通宣布与微信腾讯电商等进行深度整合，以O2O的方式打开手机支付市场。其核心业务"QQ彩贝"计划打通商户与用户的联系，实现精准营销，打通电商和生活服务平台的通用积分体系。

平台：F团与高朋合并的公司获得4000万美元融资，Groupon主投，腾讯跟投。前后加起来，腾讯在团购业务的投资已经超过1亿美元。据搜狐IT的消息称，F团的业务未与微信进行整合,但并不意味团购不会成为腾讯扩张O2O的助推器。"F团高朋的团购业务将给腾讯带来丰富的商户资源,有助微信的发展",电子商务观察员鲁振旺说到。

QQ地图:腾讯通过多样化方式提供的地图平台,开放的API允许更多开发者的接入和调用。通过LBS的应用可以调用腾讯的街景和地图接口,直接在应用里显示所在地方的实际街景数据。

BAT在O2O领域的布局见表3-1。

表3-1 BAT在O2O领域的布局

项 目		百度	阿里巴巴	腾讯
引流	地图	百度地图	高德地图	搜狗地图
	搜索	手机百度	手机淘宝,神马	搜狗
	社交		微博	微信,QQ
	其他		支付宝钱包,UC	QQ浏览器
场景	团购	糯米	美团	点评
	外卖	百度外卖	淘点点,美团	点评
	打车	Uber	快的	滴滴
	旅行	去哪儿	淘宝旅行	
	零售	王府井	银泰	华南城
	物流		菜鸟物流,日日顺物流	
	生活信息	安居客		58同城
交易	支付工具	百度钱包	支付宝	微信支付

案例启示

互联网巨头纷纷加入对O2O市场的争夺,除了自营的通过收购或者控股抢占O2O不同领域,形成闭环和封闭的生态系统。阿里巴巴以手机淘宝、聚划算等购物平台或者丁丁网、淘点点等本地生活服务平台为基础,把控信息的入口,然后逐步融合支付、地图等,并通过与商家后台的打通,形成综合性O2O服务平台。腾讯以微信为中心,先后推出了微信公众账号、微生活会员卡等,并通过微信支付的迅速普及实现闭环。

本 章 小 结

随着电子商务的迅速发展,无论在理论体系、支撑技术、应用领域及运作模式上都日益清晰,同时许多创新型的电子商务运作模式得以产生,丰富了电子商务的领域,创新了电子商务商业模式。电子商务主要围绕电子市场,买卖双方进行产品与服务交换,通过电子支付方式实现资金交付。而支撑电子市场运行的机制主要包括电子目录、搜索引擎和购物车。根据电子市场的运作主体可以简单地将电子市场划分为 B2B 电子市场和 B2C 电子市场。电子商务按照交易主体主要运作模式可分为 B2B、B2C、C2C 和 O2O 四种运作模式。

B2B 电子市场运作模式主要包括：卖方集中模式，也叫一对多电子市场；买方集中模式，也叫多对一电子市场和多对多的第三方交易市场。以卖方为中心的电子市场，按照价格的不同确定方式，主要有三种模式：电子目录、正向拍卖和一对一销售。以买方为中心的电子商务运作主要应用于企业电子采购，逆向拍卖是电子采购的主要手段。多对多电子市场按照交易市场的所有权，可以分为 B2B 门户网站、行业联盟交易市场和中立的第三方电子交易市场。

按照电子商务交易的客体，可把 B2C 电子商务分为无形商品和服务、有形商品和服务的电子商务模式。前者可以完整地通过网络进行，而后者则不能完全在网上实现。无形电子商务模式主要有网上订购模式、广告支持模式和网上赠予模式三种模式，而有形电子商务模式的典型运作模式是网上商店模式。

C2C 电子商务运作模式主要包括网上拍卖的 eBay 模式、中立的第三方交易平台的淘宝网上商城模式及 Yahoo 的分类广告模式，其核心是交易安全、在线支付及物流支持等问题。

O2O 就是指引导消费者通过线上平台在线购买并支付/预订某类服务/商品，并到线下实体店体验/消费后完成交易过程；或消费者在线下体验后通过扫描二维码/移动终端等方式在线上平台购买并支付/预订某类服务/商品，进而完成交易。O2O 是一种新型电子商务模式，是指把线上的消费者带到线下的实体店中，消费者在线购买线下的商品或服务，然后到线下消费商品或者销售服务。O2O 把电子商务和服务性消费结合在一起，有效整合了线上、线下营销，提高了服务水平，改善了消费者体验。

复习思考题

1. 电子市场的构成要素有哪些？
2. 电子商务运作模式主要有几种模式？请通过举例加以说明。
3. B2B 第三方电子交易市场主要有哪几种形式？请通过举例加以说明。
4. B2C 电子商务主要运作策略有哪几种？其主要收入来源是什么？
5. C2C 电子商务运作模式主要有哪几种？请通过举例加以说明。
6. 结合生活实践，分析 O2O 电子商务运作模式特点。

实　践　题

1. 登录招商银行网上商城、淘宝商城及卓越亚马逊合作伙伴商城，分析它们运作模式的区别？

2. 登录艾瑞咨询网,搜集资料分析中国 B2B\B2C 电子商务和网络购物市场的发展现状、存在的问题及发展趋势。

3. 请登录环球资源企业网(globalsources.com)及阿里巴巴(alibaba.com),分析其运作模式的异同,并对两者提供的服务进行比较。假设你是一家玩具经销商,你会选择在哪家进行注册?为什么?如果你是一家汽车零部件的采购商,你会选择在哪家注册?为什么?

第四章

电子商务盈利模式

【学习目标】

通过本章的学习,学生应了解电子商务盈利模式的基本概念;掌握网上目录、数字内容、广告支持、服务费用及交易费用等电子商务盈利模式的原理、收入来源和应用领域;熟悉微博、社交网络、视频网站等电子商务模式的收入来源及盈利模式。

【关键词汇】

盈利模式(Profit Model)　网上目录(Online Catalogue)　数字内容(Digital Content)　广告支持(Advertising Support)　服务费用模式(Fee-for-sevice Model)　交易费用(Transaction Fee)

电子商务以其独特的运营模式提供商务交易、新闻、网上社区、电子信箱等服务,同时新的电子商务模式不断推陈出新。分析不同电子商务运行的盈利模式对创新电子商务模式、推动电子商务的快速发展具有重要的作用。一般来说,电子商务的盈利来源主要有两方面:一是广告收入,二是对某一领域及相关的信息服务和技术支持收取费用。另外通过电子商务融合互联网和商务本质,促进产品或者服务交易,通过电子商务平台销售商品产生收益。从理论上讲,电子商务网站主要是以节约商品中间流通成本,降低运作成本,提供方便快捷以及全天候 24 小时的在线服务为优势与传统商家形成竞争,应该具有巨大的生存和发展空间。虽然电子商务网站有美好的前景,但现实却不容乐观。网络经济的潮起潮落,引起了世界经济的大幅震荡,不得不引起人们从电子商务盈利模式进行透彻分析。

在第二章介绍电子商务商业模式时,指出了实施电子商务时需要考虑其盈利模式,或者说开展电子商务采取的收入模式。有些企业开展电子商务项目的目标并不是为了盈利,而是为了降低成本或改善客户服务,比如通用电器开通的在线采购系统。本章将介绍目前开展电子商务的主要盈利模式,包括网上目录模式、广告支持模式、数字内容模式、服务费用模式及交易费用模式等。这些盈利模式既适用于企业与消费者之间的电子商务(B2C),也适用于企业间电子商务(B2B),企业经常是采取混合多种收入模式来支撑电子商务的运行。

【案例 4-1】网商十年,改变中国

1999 年 5 月 18 日,王峻涛创立的 8848.com 正式上线,成为中国第一家电子商务网站。

其网上销售、网上推广、在线支付、实时客服等功能开创了历史先河。到2000年年初，8848一个月的销售额已经突破千万元大关。但是8848却在花开最娇艳的时候倒下了。根本原因是诸多投资者削弱了企业家对股权的控制，对该走B2B业务还是B2C业务争论不下，最终导致8848拆分，一步步逼近衰败的边缘。在8848开始衰败时，张永青的"e国一小时"正式开通，张永青大胆承诺，北京四环以内的居民，只要点击e网站购物，公司保证顾客下单一小时之内把货物送货到家，而且售价低于零售店水平。到2000年年末，"e国一小时"的配送队伍从当初的50人扩展到500人，销售额直线上升。但e国后来却因为物流成本居高不下而遭遇发展瓶颈，最终归于沉静。

2003年"非典"期间，淘宝网正式上线，20天便迎来了1万名注册用户。淘宝免费为买卖双方搭建了提供相互交易的平台，与eBay盈利模式不同的是不收商品登录费和交易费。淘宝巧妙地将配送成本转移给用户，因此实现了自己的"长尾"。阿里巴巴多次向淘宝追加投资，并在2005年10月提出"继续免费十年"的口号。

当然，任何一家企业最终的目标都是盈利。淘宝网在承诺的3年免费期结束后，也开始寻找自己的盈利模式。2007年7月26日，淘宝网对外宣称进行网络营销尝试被认为是盈利行动的开始。淘宝副总裁当天也表示，网络营销尝试是淘宝盈利模式的探索，淘宝已经从2007年春节开始在网络广告上与众多品牌有所合作。

淘宝网的主要收入来源来自广告收入。淘宝网推出各种类型小广告(比如商家品牌Banner广告)，也有按照点击与成交量付费的广告，还会给卖家提供许多增值服务，比如店铺管理、装饰工具等，受到了他们的欢迎。淘宝网副总裁邵晓锋对外宣布，淘宝正式启动网络广告业务，将网站重要的Banner广告位和搜索结果的右侧广告位对外销售。

这是淘宝官方正式宣布的首个盈利模式。淘宝网副总裁邵晓锋说，2007年之前，淘宝还没到可以为客户做大规模整合营销的阶段。但经过3年的长足发展，目前淘宝已经是一个日成交额超1亿人民币、用户数超4000万的活跃大平台，而且开始引导中国年轻一代的消费习惯，因此选择在此刻推出了网络广告服务。

邵晓锋称，淘宝试水的网络营销业务，主要是集中在如何利用自身的独特优势，为客户提供精准、高效的网络营销服务。比如帮助客户提升品牌，帮助客户促进销售；另外还向广告客户推出了增值的服务计划，包括品牌推广、市场研究、消费者研究、社区活动等；同时帮助客户促进销售、开拓网络营销渠道、品牌旗舰店建设、代理商招募等服务。

淘宝创建伊始，支付宝也成为淘宝网实现盈利的一个新亮点。目前，除了淘宝网，支持支付宝的商家已经超过46万，除当当网之外，中国排名前10的B2C商城都成了支付宝的客户。2004年12月，支付宝脱离淘宝网，成为一个独立的公司进行运营。

当然，要实现盈利仅仅依靠这些传统的模式还不够。2006年5月，淘宝正式推出了淘宝商城(后来更名为天猫)，开创全新的B2C业务。两年后，淘宝网对这一平台全面升级，超越了以亚马逊为代表的传统模式。传统B2C模式是自己作为进货商，通过网络卖给消费者，其盈利模式在采购价与销售价之间赚取差价。而新的B2C模式使商家直接充当卖家角色，与消费者直接沟通，让生产商获得更多利润，最终让消费者受益。实际上淘宝网的管理人士也意识到，要突破盈利瓶颈，就必须寻求新的增长方式。淘宝依靠自己建立起来的品牌优势，及时进军 B2C 市场，也进一步表明了其寻找盈利形式的决心。同时，淘宝网内部管理人士也表明，进军 B2C 市场，也是为淘宝的上市扫除最大的障碍。

(资料来源：成功营销.2009年第9期(有删减))

案例思考题

(1) 分析 8848 "e 国一小时" 失败的根本原因是什么？

(2) 从 8848、"e 国一小时" 到淘宝，分析电子商务选择盈利模式取得成功的主要因素有哪些？

(3) 结合案例，分析淘宝的收入模式是什么。通过淘宝案例，试分析电子商务收入模式与盈利模式的主要区别是什么？

第一节 电子商务盈利模式概述

一、盈利模式

1. 盈利模式的概念

盈利模式是探求企业利润来源、生成过程和产出方式的系统方法，一个企业是否能够在运营实践中应用盈利模式，是关系到企业生长成败的关键因素。而盈利模式并非电子商务诞生以后的产物，传统企业也有其自身的盈利模式。但是，工业时代的企业盈利更多的是遵循既有的行业统一模式，而信息时代网络经济多元化、个性化的发展趋势使得同类型企业之间盈利模式的差异性显现出来。

对于盈利模式概念的理解可以分为广义与狭义两个层面。从广义的角度讲，盈利模式是企业在经营过程中确立起来的以盈利为目的的商务结构与业务结构。商务结构主要指企业外部所选择的交易对象、交易内容、交易规模、交易方式、交易渠道等商务内容及其时空结构；业务结构则是指满足商务结构需要的企业内部从事的研发、采购、生产、营销、管理等业务内容及其时空结构，前者直接反映的是企业资源配置的效率，后者反映的是企业资源配置的效益。从狭义的角度而言，盈利模式就是企业相对稳定和系统的盈利途径和方式。

2. 影响电子商务盈利模式的因素

在我国，电子商务的发展在经历"概念炒作"的第一阶段和".com 公司"竞相涌现的第二阶段后，目前已进入理性发展的第三阶段。所谓理性，一方面是指对电子商务的理论认识上，改变过去重"电子"轻"商务"的错误观点，认识到电子商务"电子"只是工具，

"商务"才是核心。另一方面,在对电子商务盈利模式的选择上,不再求大求全,而是根据企业自身的特点,做专做深,创建具有核心竞争能力的电子商务模式。管理意义上的核心竞争能力,是指企业在经营过程中形成的,不易被竞争对手模仿且能带来超额利润的能力。这种能力反映在电子商务盈利模式选择上,是指选择一种不能为其他企业学习的模式,或学习成本相当高的模式。企业通过电子商务方式可以创造新的顾客价值来源,实现企业价值,并在此基础上构建盈利模式。

影响电子商务盈利模式的因素主要有以下几项。

(1) 盈利模式必须能提供独特的价值。有时候这个独特的价值可能是新的思想,而更多的时候,它往往是产品和服务独特性的组合。这种组合要么可以向客户提供额外的价值,要么能使客户采用更低的价格获得同样的利益,或者是用同样的价格获得更多的利益。例如,美国的大型连锁家用器具商场HomeDepot,就是将低价格、齐全的品种以及只有在高价专业商店才能得到的专业咨询服务结合起来,作为企业的盈利模式。

(2) 盈利模式的不可复制性。严格来说,任何盈利模式都是可复制的,只是复制的难度不同,而复制难度大则可以使竞争者难以进入,为自己的发展赢得时间。独特的盈利模式是难以模仿的,企业通过自己独立的盈利模式,建立利润屏障,提高行业的进入门槛,从而保证利润来源不受侵犯。对一种电子商务盈利模式而言,抓住时机、利用先发优势、网络效应、切换成本等手段使得其模式难以被竞争对手复制,也是影响其获得成功的重要因素。比如,直销模式是盛行很久的商业模式,戴尔通过其独特的商业运作和盈利模式取得了成功。虽然任何商家都可以模仿戴尔的做法,但是目前我们还没有看到取得与戴尔相同业绩的案例,这就说明了好的商业盈利模式是很难被人模仿的。如果一种电子商务盈利模式在盈利逻辑和成本效益分析上都是可行的,又能让竞争对手难以复制,那么取得成功的可能性会更大。以戴尔公司的成功为例,它的盈利模式来自过程的创新,其成功之处就在于支持其网站直销的一系列供应链管理的策略。

(3) 盈利模式的持久性。盈利模式设计的最终目的是为了能够长远获利,因此电子商务盈利模式应该瞄准长期的目标,而不是短期目标。目前利用因特网赚钱的方式虽然不少,但是作为一种电子商务盈利模式必须是针对一种长期存在的市场开发出来的。如果针对的只是一种临时的需求和市场,那不能算是一种成功的盈利模式,因为市场一旦失去了,就没有其存在的必要,这种模式必然失败。当然,也有可能在某种偶然的情况下创造了一个市场并发展起来,然后随着其发展完善并总结出应用模式,如 eBay 就是由 Pierre Omidyar 为女友收集 Pez 糖盒建立起的拍卖网站发展而来的,从而成功地发展了网上拍卖这种电子盈利模式。

(4) 盈利模式的可发展性。电子商务盈利模式在目前技术发展日新月异、竞争日趋激烈的时代要保持一定的持久性,与盈利模式的可发展性是分不开的。这里所谓盈利模式的可发展性,是指可利用现有盈利模式所拥有的顾客基础、相关活动、能力和技术开发新的收入来源,也指盈利模式的一些组成部分和连接环节是可以重新设计和改造的,以便向客户提供更好的价值。

总之，一种电子商务盈利模式是否成功取决于多个方面，除了以上所列举的因素外，还受时机、宏观和微观环境等诸多因素的影响。在构建和实施某种电子商务盈利模式时，不仅需要找到顾客价值来源和构成形式来设计盈利模式，还要综合考虑各方面的影响，才能保证其更大的成功可能性。

二、电子商务盈利模式的分类

研究和分析电子商务盈利模式的分类体系，有助于挖掘新的电子商务盈利模式，为电子商务盈利模式的创新提供依据。目前国外已经有大量的文献报道了这方面的研究，学术界对盈利模式的分类各持己见。最初国外学者简单地将盈利模式分为 B2B 和 B2C 两类，把电子交易参与者的特征简单地看成是盈利模式的划分依据。显然，这样的分类不能为企业进行盈利模式创新提供任何有价值的指导。随着电子商务实践的不断发展，人们对其盈利模式的认识也在不断深化，从而从不同角度提出了电子商务盈利模式的分类框架。比较典型的分类主要有以下几种。

1. 基于电子商务的功用分类

Crystal Dreisbach 和 Staff Writer 根据因特网的商务功用，将电子商务盈利模式划分为三类：基于产品销售的盈利模式，基于服务销售的盈利模式，基于信息交付的盈利模式。这种划分区别了不同模式中收入取得方式的区别，即为盈利模式的不同，收入的体现方式和成本的发生方式以及价值的产生方式也是有差异的。这种分类从构成盈利的商业要素角度来分析，对指导现实电子商务企业的盈利模式有很大的启示作用。

2. 基于价值链的分类体系

以 Paul Timmers 为代表的学者提出了基于交互模式和价值链整合的分类体系。他从价值链的结构和重组的观点出发，提出了"识别盈利模式构建的系统方式"，认为典型的盈利模式的构建和实施需要识别价值链要素(如采购物流、生产、销售物流、营销、研发、人力资源管理等)、交互模式(一对一，多对一，多对多)和技术的最新发展。Timmers 总结了 11 种盈利模式，即 E-Shop(电子商店)、E-Procurement(电子采购)、E-malls(电子商场)、E-auctions(电子拍卖)、Virtual Communities(虚拟社区)、Collaboration Platforms(协作平台)、Third-part Marketplaces(第三方交易市场)、Value-Chain Integrators(价值链集成者)、Value-Chain Service Providers(价值链服务提供者)、Information Brokerage(信息中介)、Trust and otherThird-party Services(信用中介和其他第三方服务)。其中，电子商店仅包含营销职能，创新程度最低，而价值链集成者的创新程度最高。这种分类方式结合了价值链集成的交互模式，为盈利模式的创新提供了思路，但只注重企业的网上业务而忽略了作为一个完整企业应具有的其他方面。

3. 混合分类体系

Rappa 和 Tapscott 提出了包含电子商务元素的盈利模式分类。他们关注的重点是企业在价值网络中的定位，认为适当的定位才能获得回报，并一次归纳了 9 大类共 9 种模式。这 9 种模式包括：Brokerage Model(经济模式)、Advertising Model(广告模式)、Infomediary Model(信息中介模式)、Merchant Model(批发商模式)、Manufacturer Model(制造商模式)、Affiliate Model(会员模式)、Community Model(社区模式)、Subscription Model(订阅模式)、Utility Model(效用模式)。这种分类体系具有以下特点。

(1) 混合分类，没有采用完整一致的分类体系。例如，批发商模式和制造商模式的主要区别在于后者的商品是自己制造的，而前者是他人制造的。这两个模式有重复，因为它们都在进行销售。

(2) 既包含传统的盈利模式，如经纪模式、批发商模式、订阅模式，也包含信息中介模式和社区模式等网络经济下特有的盈利模式，新旧模式相互融合。

(3) 覆盖范围广泛，几乎囊括了所有的盈利模式，因此也成为被广泛引用的分类体系。

需要指出的是，电子商务盈利模式可以分为纯电子商务式和混合式。如果一个企业不存在旧有的传统盈利模式，则称之为纯电子商务的盈利模式，或者说纯电子商务企业的盈利模式。这种模式不存在原有企业从事商务活动时所需的一切环节，著名的亚马逊、卓越等都是这种模式的代表。而另一种企业原本就从事某一领域的商务活动，并在此基础上开展了电子商务，它们需要解决的是在开展电子商务活动之后如何盈利的问题。这种在某一领域原来已有的模式基础上建立起来的电子商务盈利模式是混合型盈利模式，具有这种模式的企业必须改造旧有模式中的一切缺陷。采用这种模式的企业有海尔、思科等。但是不管是纯电子商务型的还是混合型的盈利模式，都存在于具体的形式之中，它们的共同目标都是盈利。

我们按照电子商务收入来源，将电子商务盈利模式划分为：网上目录、广告支持、数字内容、交易费用、服务费用等几种盈利模式，下面进行详细介绍。

第二节 电子商务盈利模式分析

一、网上目录的盈利模式

1. 网上目录模式概述

目录销售，日本称之为"邮政贩卖"。目录营销是指运用目录作为传播信息载体，并通过直邮渠道向目标市场发布，从而获得对方直接反应的营销活动。严格意义上说，目录并不是一种独立的直复营销媒介，它只是直邮营销的一种特有形式。世界上第一个目录诞生于 15 世纪的欧洲，是一个关于书籍的目录。在美国，本·富兰克林于 1744 年印制了美国第一份目录,其中列出了数百本图书。20 世纪 90 年代左右,目录销售已经成为国际社会比较流行的商业形式。但是近十年来,伴随技术革命的深入和信息时代的到来,以及人们价值观和消费方式的改变,目录销售的增长率急剧下降。今天,目录销售在美国零售业中占有十分之一的份额,在其他国家还不到十分之一。

在目录盈利模式下,商家建立一种品牌形象,并利用这个形象优势通过潜在购买邮寄商品目录来销售商品。购买者通过邮寄或拨打商家付款电话来下订单。这种业务模式通常称为邮购模式或商品目录模式,在很多消费品(包括服装、计算机、家电、家庭用品及礼品等)上都非常成功。

将邮寄目录的模式扩展到网上,就是企业用网站上的信息来替代商品目录的分发。这种模式称为网上目录盈利模式。消费者可通过网站或电话下订单,这种灵活性是很重要的,因为很多消费者现在还不愿意在网上进行采购。在消费品电子商务发展的前几年里,很多购物者都用网络来了解产品信息、比较价格和性能,但是用电话来完成采购。这些消费者发现早期的网站不好用,而且也担心信用卡号码在网络上传递的安全性。虽然这些担心今天已经不严重了,但是采取网上目录盈利模式的公司还是提供通过电话或邮购进行结算。

目前大多数成功的网上商品目录销售企业都是曾在邮寄商品目录行业中成功的公司,他们只把自己的业务扩展到网上。还有些企业发现店铺里的商品能在网上销售后就开始采用网上目录盈利模式,这种新渠道不需要新建店铺,还能接触世界各地的客户。采用网上目录盈利模式的商品包括计算机与家电、图书与音像制品、奢侈品、服装、鲜花与礼品、折扣商品。

2. 网上目录盈利模式

采用网上目录盈利模式的企业主要采取 B2C 网上商店的电子商务模式。这里企业主要有两类:一类是以交易为主导的电子商务零售企业,采取 B2C 网上商店模式,主要通过交易产生收益,如亚马逊、卓越、当当等在线零售商。另一类是以制造商为主导的网上直销模式,制造商绕过批发商、零售商等中间环节,通过电子商务平台直接将生产的产品销售到终端消费者。

这类模式使价值链中的许多经营活动的效率得到提升,成本得到降低,在此基础上为客户提供了价值,创造了利润点。通过与传统商业交易的对比,这种商业模式的盈利点主要通过网上从事实物产品的交易产生收益。注重的是效率、过程以及成本的降低。可以发现在这类商业模式中,收入的来源是完全相同的,不同的只是实现收入的方式。在传统的商业交易中,存在着或长或短的中间环节,即大大小小的中间商和代理商,这些中间商和代理商必然要赚取利润,同时在中间环节中也必然会发生各种费用。而通过互联网,可以绕过这些中间环节直接进行交易,这样就节省了中间环节赚取的利润和在中间环节发生的部分费用。虽然收入的来源在本质上是相同的,通过在线目录实现交易,一部分利润来自于交易产生的利润,还有一部分来源于广告收入及会员费用等。

通过网上销售商品获得收入,而且网上发布产品速度快,节约了制造和包装的成本,使得网上商品比传统销售中的产品便宜很多。由此可见,网上销售比传统营销更具有价格方面的竞争力,必将赢得越来越多消费者的青睐。和传统商务模式相比,B2C 商务模式可以实现 24 小时在线服务,可以为企业降低销售成本和内部管理成本,从而为企业带来更大的盈利空间。如上述戴尔公司,在顾客方面,戴尔与顾客保持互动,通过戴尔网站实行直销,不仅可以更深入地了解顾客需求,更能获取传统模式中留给中间商的利润空间,降低了销售成本。

3. 网上目录销售适用的商品

(1) 计算机与家电。家电零售商也可采用网上目录盈利模式开展电子商务,如京东电器网上商城(http://www.360buy.com)。

(2) 图书与音像制品。采用网上目录盈利模式销售图书与音像制品的零售商是最知名的电子商务案例,如卓越亚马逊、当当网等。

(3) 奢侈品。人们不太愿意通过网站购买某些商品,如奢侈品和高档时装。

(4) 服装零售店。很多服装店也将商品目录销售的模式转移到网上。采购员是一个智能代理程序,可以学习客户的偏好并提供相应的建议。虚拟模特是根据客户的身材建立的图像模特,可以替代客户试衣。网上商店的优点是比传统店铺覆盖的市场大,又比印刷的商品目录更新更及时。但是大众服装零售商在采用网络展示时常因不同计算机显示器色彩设置的差异,顾客很难了解产品到货后的真正颜色。在解决这种问题的技术出现前,很多在线服装店可以应顾客请求寄一小片样布,这样顾客就可以了解到布的质地,这是商品目录无法做到的。

(5) 鲜花与礼品。很多礼品零售商也在使用网上目录盈利模式。

(6) 折扣店。很多公司已经开始网上折扣销售业务,如新开业的公司。这些公司借用了沃尔玛的折扣会员店的概念,在网上折价销售计算机、软件、家电、图书、音乐光盘和体育用品,售价非常低。有些网上折扣店通过网上广告收入来弥补低价销售商品的亏损。

【案例 4-2】当当网

当当网是全球最大的综合性中文网上购物商城,从 1999 年 11 月正式开通至今,当当已从早期的网上卖书拓展到网上售卖各品类百货,包括图书音像、美妆、家居、母婴、服装和 3C 数码等几十个大类,数百万种商品。当当于美国时间 2010 年 12 月 8 日在纽约证券交易所正式挂牌上市,成为中国第一家完全基于线上业务、在美国上市的 B2C 网上商城。2016 年 5 月 28 日,当当宣布与当当控股有限公司和当当合并有限公司签署最终的合并协议与计划。2016 年 9 月 12 日,当当股东投票批准了该私有化协议。当当从纽交所退市,变成一家私人控股企业。

一、当当网的服务项目

当当网的服务主要包括以下几项。

1. 当当图书

在图书品类，当当占据了线上市场份额的 50% 以上，当当的图书订单转化率高达 25%，远远高于行业平均的 7%。当当通过全品种上架、退货率低、回款最快获取了价格和竞争优势。在天猫开设当当图书旗舰店，并在 2012 年 11 月上线试运营，仅仅几天后日销售额便破千万。2014 年 3 月 5 日，当当、1 号店宣布达成战略合作，双方各自优势的商品品类将进驻对方平台——当当的图书将接入 1 号店，1 号店的食品将接入当当。

2. 当当百货

2013 年百货零售业务已经成为当当的战略重心。面对 2012 年电商严酷价格战的情形，当当百货服装实现 95% 增速，超过了图书的成交额，某些品类如服装、孕婴家纺异军突起，增速有的达到 10 倍，标志当当向着聚焦于几个核心品类的综合购物中心转型成功。作为当当百货零售领域最核心的品类，当当服装主要采取卖百家货的方式，通过入库联营为主的招商模式发展服装零售，最大限度地有效控制假货，实现品牌真货和 100% 质量保证，用"品牌、风格和价位"三个维度不同组合的精选商品来满足顾客需求。

3. 当当数字阅读——"数字阅读 APP"

2011 年 12 月，当当上线电子书平台。2012 年，当当推出当当读书客户端 APP、手机阅读以及自己的阅读器——都看。2013 年拥有最多的中文数字书资源，数字商品超过 20 万种。作为国内最大的中文电子书平台，当当通过电子书销售平台+PC、手机、Pad 客户端+都看电子书阅读器为用户提供全方位电子阅读体验。

二、当当网的盈利来源

作为年销售额过亿的 B2C 电子商务网络平台，当当网的盈利主要来源于以下几个方面。

1. 直接销售

直接销售主要是通过压低制造商的价格，在采购价与销售价之间赚取差价。目前，当当网的业务经营涉及图书、影视、音乐、游戏、数码、百货等几十个领域，其中图书收益占当当网总收入的很大一部分，且辅助以影音和游戏制品的销售，数码和百货业也已占据整体营业额的 60%。

2. 其他投资盈利

虚拟店铺出租费、产品登录费、交易手续费，还有充分利用由付款和收货后再支付的时间差而产生的巨额常量资金利息。此外，当当网还可以通过为优质客户提供电子商务平台——网上店铺来收取租金。

3. 广告收入

当当网上的广告种类多种多样，有横幅广告、插页广告、按钮广告和移动广告等。其每月上千万的浏览量吸引了大量的广告商，带来了巨大的广告收入。另外，当当网上也有若干公益广告，除了显示出网站人性化的一面，还提高了网站的人气。

当当网的营销策略虽然看起来稍显简单，但其诚信的服务态度和有效的经营理念，却依然吸引了众多的消费者。当当以优惠的价格占据市场份额，"坚持更多选择、更多低价"。其市场推广采用"礼券+网络广告"的模式。通过礼券让顾客获利，通过网络广告吸引更多的眼球,从而达到提高知名度和培养潜在客户的目的。自建仓储、送货迅速、无条件退换货都是当当网的运营优势。

案例思考题

(1) 请分析比较当当网、亚马逊和京东商城在战略定位、目标客户、运营模式等几个方面的异同。

(2) 分析当当网的盈利模式是什么?

二、数字内容的盈利模式

用户对特定信息的查询往往会产生两种结果:信息过载和信息迷向。信息过载是指找到的信息太多,无法有效消化和应用;信息迷向是指基于目前技术,面对信息量急剧膨胀的网上数据资源,难以有效地表达需求和准确寻找到所需资源。鉴于此,能有效解决信息分类、深入加工和提供专业检索的网站,必然存在巨大的市场。原来做信息的传统企业,在向互联网迁移的过程中,利用其自身的信息优势,依托互联网来提供更好、更方便的检索手段,必然会赢得越来越多的受众。

由于互联网在传播信息的速度、广度和互动性方面有着传统媒体无可比拟的优势,互联网的出现极大地改变了人们传播信息和获取信息的方式,对传统媒体形成了巨大的挑战。利用互联网的这些优势进行商业应用自然也是顺理成章的事情,电子商务具有提供数字内容产品服务无法比拟的优越性。拥有知识产权的企业认为网络是新兴的高效分销机制。拥有知识产权的分销商可通过电子商务来销售数字产品获取盈利。数字内容电子商务盈利模式主要通过网络来销售数字产品实现盈利,比如学术期刊电子数据库资源、报纸电子版内容、研究报告、音乐电影等数字产品,其收入主要为按照时间(比如年订阅费,月订阅费)、单位流量的订阅费等方式。这种电子商务盈利模式的核心竞争能力不在于信息技术,而在于它能提供给用户高质量、具有知识产权的数字信息内容。

Lexis Nexis 是法律研究的主要工具,多年来一直以联机方式提供服务。现在 Lexis Nexis 可提供多种信息服务,包括法律界信息、公司信息、政府信息、新闻和图书馆学术资源。以前的法律信息产品现在放在网站 Lexis.com 上,可以全文检索法律、法规、专利数据及税务法规等内容。过去律师事务所要访问这种信息,需要订阅并安装昂贵的专用计算机系统。现在网络为 Lexis Nexis 的顾客提供了灵活的信息采购方式,律师事务所可通过 Lexis.com 网站缴纳订阅费来订阅这种服务,而这种服务又可根据律师事务所的规模和使用方式定制。对不愿订阅的顾客,可以按照下载内容的流量进行收费,并通过信用卡进行支付。Lexis Nexis 用网络改进了现有产品线的送达方式,并开发出适应网络特点的新产品。

【案例4-3】CNKI(中国知网)

CNKI 由中国学术期刊(光盘版)电子杂志社、清华同方知网(北京)技术有限公司主办,是基于《中国知识资源总库》的全球最大的中文知识门户网站,具有知识的整合、集散、出版和传播功能，通过向会员收取查询资料的费用或按照产生的流量费进行收费。

CNKI是全球信息量最大、最具价值的中文网站，它把国内7000多种期刊、1000余种报纸、18万本博士/硕士论文、16万册会议论文、30万册图书以及国内外1100多个专业数据库放到互联网上。其中，博士/硕士论文、会议论文及部分数据库为一次出版，期刊、图书、报纸等为二次出版。其市场细分非常明确，为高校和学术团体进行信息查询和学术研究提供服务。CNKI.NET自1999年开通以来已有200多个定向站点，所有的高校都是它的用户，包括一些省市级的图书馆。CNKI的专业检索技术极大地方便了高校和学术团体进行信息查询和学术研究。同时CNKI还有很多信息没有进行数字化，没有进行深入加工，即还有很好的市场前景。

CNKI也是一个互联网出版平台，传统出版走向互联网出版已经成为必然。CNKI是国家新闻出版总署首批批准的互联网出版平台，可以二次出版所有传统出版方式已经出版过的内容，也可以直接通过网络进行一次出版，出版形式多种多样，包括文本、图片、音频、视频、动画、软件、网络课程、科学数据等多种媒体方式。

案例思考题

(1) 分析CNKI的盈利模式的核心是什么？

(2) 分析CNKI的经营成本、竞争对手和核心业务是什么？

(3) 请分析CNKI与Yahoo、新浪等门户网站提供数字内容模式的主要区别是什么？

三、广告支持的盈利模式

1. 广告支持盈利模式概述

广告支持的盈利模式，是早期美国的电视网络采用的模式，提供带广告信息的免费节目。广告收入用于支持电视网络的运营和节目制作的成本。在网络发展的初期，许多观察家认为互联网广告潜力无穷，网络广告收入从1994年的零起步快速上升到1998年的20亿美元。但是，从2000年以后网络广告收入增长速度明显放缓。

广告支持的电子商务盈利模式是互联网产业中出现比较早的、以提供内容为主的电子商务模式。其中成功的代表是美国的雅虎，在我国则是新浪、网易和搜狐等。这类互联网企业主要是利用互联网作为新兴媒体的巨大优势，其商业模式与经营传统媒体的企业(如电视台、报社、杂志社等)在实质上并无太大区别。作为以提供内容为主的互联网，向互联网用户提供大量的免费网上内容、实时新闻信息(主要以网页的形式出现)，吸引网民的眼球，从而通过广告来维持其运营，因此也称为"眼球经济"。

2. 广告支持盈利模式的制约因素

在广告市场方面，目前电子商务网站与传统媒体争锋，而且要让客户愿意在网站上发布广告并付费也不是一件容易的事。网站必须要有相当大的访问量，而要达到这一要求，网站在建设时以及在吸引网民的信息发布过程中的投入是相当大的，可能比广告费用还要大。但毕竟其营收不可忽视，且近年来有始终保持增长的态势。由于网络广告的播出具有随时性，不像电视广告一样必须规定一个特定的播放时间，所以随着计算机的发展，网络广告已经成为引领广告行业的潮流。

网络广告的成功受两个障碍的限制。首先是没有测量网站访问的统计方法。因为网络支持多种方法，如访问数量、非重复访问者数量、点击率和访问者行为的其他属性，广告主很难确定网络广告收费标准(类似大众媒体所用的 CPM 测量方法)。除了访问者数量和页面访问量外，另一个吸引广告主的重要因素就是黏度。网站的黏度是吸引访问者在网站驻留以及吸引重复访问的能力。访问者在某个网站停留的时间越长，就会收到越多的广告信息。

> 【案例4-4】广告支持的门户网站
>
> 广告几乎是门户网站和大部分电子商务企业的生存法宝。没有广告就没有互联网的今天，正是如此多的广告商才推动了中国互联网的茁壮成长。从门户网站代表新浪的收入结构来看，广告收入占到总收入的1/3以上。国内的三大门户网站，做门户广告是内容为主，内容足够吸引眼球，才能引来广告客户。以新浪为代表的门户网站在得到国家有关部门批准登载新闻之后，不断做实做强新闻内容，以一个在线媒体的身份活跃在互联网上，以此积聚了大量的人气，使其广告收入始终保持为最主要的收入来源。门户广告的基础是人气，三大网站在积聚人气方面各有侧重，新浪是新闻为本，网易除了新闻外有免费邮箱和社区，搜狐总体特色不鲜明，只是充当一个追随者角色。目前以及未来一定时期内，广告业务仍将是传统门户网站竞争的主战场。

四、交易费用盈利模式

1. 交易费用盈利模式概述

交易费用即佣金。交易费用模式是指网站(一般为第三方中介)为交易的双方提供一个交易的平台，从中收取佣金。例如，当一个经纪人帮助顾客卖出一笔股票(通过将一个卖家和一个买家撮合配对)，这个经纪人要提取这个交易中的一笔佣金。这类网站在网上大量存在，如很多的行业网站、招商网站、旅游代理网站等。比如，经典的 eBay 是一个网上拍卖场所，主要为卖家和买家提供商品交易的市场。除了为卖家提供一个推荐和评级系统，为了促进交易的完成还提供信用服务。当一笔交易通过 eBay 完成后，公司根据交易的规模收取佣金。

交易费用模式通常都与中介相联系，这就解释了为什么一些研究者把这种模式称作中介模式或者经纪商模式。一些企业帮助交易一方寻找另一方达成交易，成为"经纪商"；另一类为市场本身制定规则，允许买方和卖方寻找对方，成为"市场制造者"或者"市场创造者"。商家扮演市场制造者的角色,将卖方和买方撮合到一起,促成他们的交易并收费。他们可以是企业对企业、企业对顾客,或者顾客对顾客的经纪人。

2. 交易费用盈利模式的开展领域

(1) 拍卖交易佣金。许多拍卖网站,在实现拍卖交易后需要向电子商务交易所缴纳一定比例的交易佣金。拍卖网站做得最成功的有美国的 eBay,该公司是著名的消费品拍卖网站,它的成功在于吸引了足够的买家和卖家来形成有足够物品的拍卖市场,虽然 Yahoo、Amazon 也有大量访问者并进入到这个领域,但由于 eBay 的先入优势,Yahoo、Amazon 还没有办法超过它。拍卖网站要解决的一个核心问题是交易双方的信用问题,市场经济是信用经济,网络经济同样是信用经济。为此,拍卖网站(如 Amazon)提出"拍卖担保"和"代管契约服务"等方案。中国的易趣拍卖网站做得很好,为了解决信用问题,它把自身的用户注册信息库与公安的信息数据库相连,从而可以核实用户信息的真实性,保证了交易的可信性。这一点也是易趣拍卖网站得以发展壮大的核心竞争能力。另外,在易趣网站交易后的双方可以为对方就本次交易自由做出评价,作为下次参与其他交易的信用参考,也有力地约束了交易者的行为。

(2) 旅行行业。在线旅行社逐步取代传统旅行社,开展全方位的旅游服务。从它所售的机票、预订的旅馆、租用的汽车和导游活动中收取佣金。佣金由交通或住宿服务商支付。旅行社的盈利模式是通过支持一个交易来收取费用,旅行社所增加的价值是对信息的整理和过滤。好的旅行社为旅行者提供旅游目的地的情况,一边为旅行者提供有价值的信息(连在大型数据库上的计算机能够很好地完成信息的整理和过滤工作),同时为旅行者提供个性化的旅游规划服务和旅游路线计划。比如携程旅行网(www.ctrip.com),还会在旅行旅游信息网站上放置网络广告来赚取一定的广告收入。这些广告同检索页面上的广告类似,因为它们不需要了解网站访问者的认可,统计信息就可以送达目标市场。

(3) 证券经纪公司。证券经纪公司也采用交易费用的模式,按每笔交易向顾客收取佣金。以前,经纪人会向客户提供投资建议和具体的买卖建议,他们不会对投资建议收费,但会对为客户操作的交易收取很高的佣金。

(4) 票务。要买音乐会、演出或体育比赛的票很麻烦。有些场馆自己售票,有些则由票务代理售票。网络则为演出方提供了向世界各地客户售票的能力。

(5) 在线银行与金融业。金融服务不涉及有形产品,因此适宜在网上提供。网上银行目前的业务量只占到全球金融交易中的极少部分。随着网上银行的声誉和可靠性的增加,很多客户会接受通过网上银行处理自己的银行事务。许多传统银行都已经开展了网上银行业务,鼓励客户通过网上银行进行转账、支付等业务,需收取一定的交易佣金,但因为这样比通过银行职员在银行柜台进行交易的成本要低得多,网上银行的交易佣金远比柜台交易低很多。这样一方面降低了银行的经营成本,又为客户节约了成本,还提供了便捷服务。

(6) 其他。在国外,有许多汽车销售商、房地产与抵押贷款经纪商开展电子商务,帮助客户在线匹配期望价格和产品的销售商,完成交易后从中赚取交易佣金。

【案例4-5】携程网

作为中国领先的在线旅行服务公司,携程旅行网成功整合了高科技产业与传统旅行业,向超过3400万会员提供集酒店预订、机票预订、度假预订、商旅管理、特约商户及旅游资讯在内的全方位旅行服务,被誉为互联网和传统旅游无缝结合的典范。凭借稳定的业务发展和优异的盈利能力,携程网于2003年12月在美国纳斯达克成功上市。

目前,携程旅行网拥有国内外近五万家会员酒店可供预订,是中国领先的酒店预订服务中心,每月酒店预订量达到约一百五十万间;在机票预订方面,携程旅行网是中国领先的机票预订服务平台,覆盖国内外所有航线,并在四十三个大中城市提供免费送机票服务,每月出票量约一百五十万张;携程旅行网的度假超市提供数千条度假线路,覆盖海内外众多目的地,是中国领先的度假旅行服务网络,每月为数万余人次提供度假服务;携程旅行网的VIP会员还可在全国主要商旅城市的近三千家特惠商户享受低至七折的消费优惠;携程旅行网除了在自身网站上提供丰富的旅游资讯外,还委托出版了旅游丛书《携程走中国》,并委托发行旅游月刊杂志《携程自由行》;携程旅行网使用Microsoft平台进行开发,拥有优秀的.Net开发团队。

携程旅行网的盈利模型主要由网站、上游旅游企业(目的地酒店、航空票务代理商、合作旅行社)和网民市场构成。其目标市场以商旅客户为主,同时也将观光和度假游系列为其重要的目标市场。酒店和机票预订是网站的主营业务。此外,携程还建立了目的地指南频道和社区频道,有效的信息沟通和良好的环境营造成为盈利流程中不可或缺的辅助因素。

携程的收入主要来自以下几个方面:①酒店预订佣金,这是携程最主要的盈利来源。携程的酒店预订代理费用基本上是从目的地酒店的盈利折扣返还中获取的。②机票预订佣金,这是从顾客的订票费中获取的。③自助游与商务游中的酒店、机票预订佣金费,其收入的途径与前两项基本一致。④线路预订佣金。携程通过与其他一些旅行社的合作,也经营一些组团的业务,但这不是携程的主营业务。

携程的核心竞争力,可以归纳为三点:①规模,实行大规模集中化处理。②技术,自行开发客户管理系统、呼叫排队系统、订单处理系统,这些在业内并不多见。③人员培训,强化服务人员的服务理念。携程的成功证明了高科技和传统产业的结合。

(资料来源:http://baike.baidu.com/view/174227.htm(有删减))

五、服务费用盈利模式

1. 服务费用盈利模式概述

企业接受服务才付费,所有的在线服务都计入流量,并且企业最终要为它们消费的服务付费。这一模式成功运用到可持续商务中的途径就是说服客户频繁地使用该服务或者拥有大量的客户，或者两者皆有。现在网上提供各种收费服务的公司越来越多，这些服务既非证券经纪服务，也不是按交易量进行收费的服务，而是按服务本身的价值收费。有的盈利模式目前是明晰的，如网络游戏，盛大网络依赖网络游戏实现盈利。服务费盈利模式的主要收入来源于服务费、会员费、广告费(实际上是一种搜索引擎竞价排名费)，以及与运营商合作带来的业务分成收入。例如，中国移动与SP(电信增值服务提供商)的分成是15%和85%。在这一领域中，技术和服务对于企业盈利有极大的推动作用。这些服务提供商能够获得极大的收益，往往有赖于某项新技术、新软件、新服务的推出，如在线即时通信技术、流媒体技术、移动增值服务等。

2. 服务费用盈利模式

(1) 会员服务。会员制收费模式是指网上店铺出租、公司认证、产品信息推荐等多种服务组合而成的套餐式增值服务，为会员提供独特的区别于非会员的特权服务。它一般适用于提供企业之间交易平台的B2B电子商务网站，比如阿里巴巴等。

(2) 搜索引擎排名服务。国内外有大量的提供搜索引擎服务的专业网站，比如百度、雅虎、google等，通过购买关键字使企业信息排名靠前，产生了搜索引擎排名服务，收取服务费用。

(3) 竞价排名服务。随着网上电子目录信息繁多，商品日益丰富决定了购买者的搜索行为的频繁应用。搜索的大量应用也就决定着排在搜索结果前列的物品信息的重要性。由此便引出了一种收费模式，根据搜索关键字竞价业务。用户可以为某一关键字提出自己认为合适的价格，最终以最高价的用户竞得，此用户即可一段时间内享用此关键字搜索结果的某一名次排名。阿里巴巴公司的竞价业务由2005年提出并展开，并于2006年取得全年近两千万的收入，竞价业务成为现阶段阿里巴巴除会员制收费外第二大业务收入。阿里巴巴的竞价业务只有收费会员才能参加，因为阿里巴巴认为只有收费会员，才有足够的参与竞价的动力。每月1号至13号，竞价业务允许申请，付费会员可以对某一关键字提出认可价格，200元起价，比如一名会员出500元，如果没有其他会员对这一关键字提出的价格比500元更高，那这一名会员便以500元的竞价标准获得此关键字一个月搜索第一名的宣传位置。

(4) 在线服务费。例如，网络游戏、在线交流、在线音乐、在线电影、电子邮箱、虚拟空间、无线增值服务业务等。属于这一类型的电子商务企业大都属于服务提供商，它们通过提供与客户的需要相适应的、能够带来体验式的服务来创造价值，获得利润。由于这种服务是独特的，收入来源的稳定性取决于客户的忠诚度。计算机游戏和视频游戏是一个巨大的产业。有些游戏网站以前主要依靠广告收益，现在越来越多网站都提供付费游戏，访问者要玩必须付费，或付费后下载软件安装在计算机上，获缴纳注册费进入网站付费区。同时随着宽带上网的家庭越来越多，许多网站开始向付费用户提供音乐会和电影。无线提供无线增值服务，例如，电子商务异地交易需要短信提醒来辅助安全性，电子商务资讯信息的传递需要短信发送以增加时效性,电子客票的交易更适用于无线业务等。电子商务企业提供无线增值服务,并通过包月、计时等多种形式收取服务费。

【案例4-6】百度的服务性收入

一、百度网站概况

百度是目前全球最大的中文搜索引擎,2000年1月由李彦宏与徐勇创立于北京中关村。2000年5月,百度首次为门户网站——硅谷动力提供搜索技术服务,之后迅速占领中国搜索引擎市场,成为最主要的搜索技术提供商。2001年8月,百度从后台服务转向独立提供搜索服务,并且在中国首创了竞价排名商业模式。2001年10月22日正式发布百度搜索引擎。2004年,百度推出全新的框计算技术概念,并基于此理念推出百度开放平台,同年4月,百度正式推出搜索推广专业版,即凤巢推广系统。2005年8月5日,百度在美国纳斯达克上市。2011年6月,百度推出移动框计算技术概念,并基于此理念推出百度移动开放平台。百度为搜索用户提供搜索服务,搜索用户免费使用搜索服务,当搜索用户数量达到一定程度时,百度就开始为推广客户提供推广服务,推广客户需要付费才能使用百度的推广服务。

二、商业模式

从创立之初,百度便将"让人们最便捷地获取信息,找到所求"作为自己的使命。成立以来,公司秉承"以用户为导向"的理念,不断坚持技术创新,致力于为用户提供"简单,可依赖"的互联网搜索产品及服务,创新性地推出了基于搜索的营销推广服务,并成为最受企业青睐的互联网营销推广平台。2015年年初百度在中国的搜索引擎市场份额超过50%,中国搜索引擎用户超过5亿。同时,由于百度有庞大的免费搜索用户群体,因此,百度搜索引擎具有了很高的广告价值,以至于许多在中国开设业务的企业在百度投放搜索推广广告。其提供的产品和服务主要包括以下几项。

(1) 免费搜索服务。百度向用户提供免费的中文互联网搜索服务,使用户能够在网上找到自己需要的信息,包括网页、音乐、地图、图片、视频等。

(2) 搜索推广服务。百度为其客户提供基于PPC(Pay per click,点击付费广告)的搜索广告服务。百度基于PPC的搜索推广服务使得客户可以针对关键字搜索结果中的优先展示位置进行出价。

(3) 百度联盟服务。百度联盟包括许多第三方网页内容和软件供应商。百度联盟的成员可以显示内容与其匹配的百度客户的促销链接,一些百度联盟成员的网站还包括百度搜索框和工具条。百度为这些联盟成员的用户提供高质量和相关的搜索,作为回报,百度则获得增加流量带来的收益,同时百度与联盟网站分享点击带来的收益。

(4) 百度开放平台服务。2009年,百度基于框计算技术概念,推出了开放平台服务。框计算能够为用户提供基于互联网的一站式服务,用户只要在框中输入服务需求,系统就能明确识别这种需求,并将该需求分配给最优良的应用或内容资源提供商处理,最终返回给用户相匹配的结果。百度将用户的需求与信息或应用提供者提供的信息或应用相匹配，从而为用户提供更好的服务，为提供者提供信息或应用的发布平台。

(5) 其他服务。百度还提供基于在线社区的百度贴吧、百度知道、百度空间、百度百科和 Baidu hi 即时信息服务等产品。

三、盈利模式

(1) 搜索推广收入。以竞价排名为主的网络营销是百度最重要的收入来源。2009年第四季度完成了搜索营销经典版(即竞价排名)到搜索营销专业版(即凤巢系统)的全面切换。在原竞价排名的机制下，百度将普通的搜索结果和竞价排名的搜索结果排列在一起，仅在相关搜索结果的右下角以"推广"二字标出。

(2) 品牌专区收入。百度品牌专区是在网页搜索结果最上方为著名品牌量身定制的资讯发布平台，是为提升网民搜索体验面，整合文字、图片、视频等多种展现结果的创新搜索模式。在品牌展示区上，企业官网的丰富资讯以精选和更为直接的方式展现在网民面前。众多网民也得以更便捷地了解品牌官网信息，更方便地获取所需企业资讯。

(3) 百度联盟收入。百度联盟一直致力于帮助合作伙伴挖掘专业流量的推广价值。帮助推广客户推介最有价值的投放通路，是国内最具实力的互联网联盟体系之一。目前，百度联盟已成功拓展和运营了搜索推广合作、网盟推广合作、知道内容合作等业务。

(4) 品牌关联广告收入。百度品牌关联广告是以主题关联或受众关联整合广告资源，贯穿百度网页、贴吧、知道、新闻各个频道的新型广告形式。品牌关联广告上线于2008年，在消费电子类、IT类、通信服务类、快消类等行业投放最为显著。关联广告的售卖方式及广告形式都很灵活，能够满足不同广告主的多种需求，售卖方式是按照天或月以关键词和目录进行售卖。

(5) 百度开放平台收入。百度开放平台可以通过对数据或应用直接收费、在数据或应用中植入广告、免费应用捐赠等方式获得收入，收入的70%分给数据或应用的提供者，收入的30%归百度所有。其中，免费应用捐赠是指从数据或应用中获益的用户通过适当的方式以捐赠的形式把费用付给开发者，不强制收费。

百度的定价模式采用固定付费、展现量付费和点击付费模式相结合的定价模式。其中，品牌关联广告按天或月固定付费，搜索营销和百度联盟按点击次数付费，品牌专区则按日均展现量总和、品牌知名度、行业特征等商业因素来综合制定。

六、盈利模式的转变与混合盈利模式

前面提出的几种盈利模式主要是从收入来源进行考虑的，其实几乎所有的电子商务模式并非采取单一的盈利模式。很多公司学习如何在网上成功开展商务活动时都曾转变过盈利模式。随着网上购物的人越来越多以及网民行为的不断变化，公司不得不转变盈利模式以适应新的环境，出现了从收费模式转向广告模式、从广告模式转向广告-收费混合模式、从广告模式转向服务费用模式等多种转变,采取多种盈利模式才能确保电子商务网站蓬勃发展。

【案例4-7】 新浪的混合盈利模式

大部分门户网站主要是采用广告支持的盈利模式。新浪是中国最具影响力的综合门户网站之一,由四通利方信息技术有限公司与华渊资讯公司在1998年合并成立。新浪通过数字媒体网络,帮助广大用户通过互联网和移动设备获得专业媒体内容、用户自生成的多媒体内容,并与友人进行兴趣分享。通过上述主营业务及其他业务线向广大用户提供一系列网络媒体和社交网络服务,为全球超过亿万用户提供全面及时的中文资讯,具有庞大的客户群体。广告收入是其主要收入来源,其广告收入占其全部收入的50%以上。

新浪网通过与国内外数千家内容供应商达成合作关系,提供了30多个在线内容频道和20多个地方频道。广大网民可以及时全面地了解国内外突发新闻、体坛赛事、娱乐时尚、财经及IT产业资讯等内容。同时新浪提供无线增值服务,主要包括短信、彩信、手机拨打IP语音业务、手机上网、手机读书、手机钱包、手机购买各类点卡、手机微博客户端等手机相关业务的服务。另外新浪为用户提供多种形式的网络社区服务,包括微博、博客、新浪播客、新浪邮箱、新浪相册等。

根据不同的客户类型与推广需求,新浪提供大客户营销方案、中小企业营销方案与行业客户营销方案等网络广告服务。针对大客户,主要通过网络广告进行品牌宣传,提供传统展示型广告、赞助类广告、工具型广告、频道内容合作等多种形式的网络广告。针对中小客户,提供在重要频道的重要位置进行CPM广告服务以及按效果付费的新浪智投广告服务。另外,针对不同行业的不同客户的网络接触点,新浪为不同行业客户提供适合的行业网络广告营销模式。

新浪网的收入来源可分成广告收入和非广告收入两大类,以广告收入为主。

(1) 广告收入。新浪网主要通过大量的各类免费咨询、热点新闻、服务去吸引大量的浏览者,形成固定的用户群,从而保持较高的点击率和知名度,然后吸引企业在新浪网站投放广告。新浪的广告覆盖网站上所有页面、所有模块,类型主要分为强制性弹出窗口广告、背投式广告按钮广告、旗帜广告、网上视频广告等。

(2) 非广告收入。非广告收入主要是指无线增值业务收入,新浪无线致力于帮助用户获取新闻和信息,下载手机铃声、游戏和图片,参与约会和交友等社交活动。通过手机下单用户即可获得新浪无线基于月付或按信息条数收费的服务。新浪门户网站和包括电视、广播在内的传统媒体,以及各省运营商都是新浪无线的促销或联合促销载体。新浪借助中国移动公司的移动梦网和中国联通公司的联通在线等移动运营系统向终端用户提供无线增值服务,并收取费用。

(资料来源:李洪心.电子商务案例[M].北京:机械工业出版社,2006(有删减))

第三节 新型电子商务盈利模式分析

一、微博盈利模式分析

1. 微博的发展历程

　　Web 2.0 近几年得到了快速发展,博客、视频分享、网络社区等服务已经成为中国网民上网的主要应用。此外,RSS、维基、微博客等也受到更多的关注。Web 2.0 的进一步成熟不仅表现在网民应用上,还体现在越来越多的企业或个人开始将 Web 2.0 作为一种网络营销的新工具,一些营销案例已经成为经典。

　　博客是继 E-mail、BBS、ICQ 之后出现的第四种网络交流方式。博客产品指的是网络中专门为网民编写个人日志的服务器空间,主要分为两大类,一类是如新浪、搜狐等基于 Web 页面式的博客产品,这类服务使用门槛较低,只需用户注册便可立即使用。另一类需要用户使用专门的博客软件,这类产品的个性化服务更多、更强,但对用户的要求更高。Blog 是一种表达个人思想,内容按照时间顺序排列,并且不断更新的出版方式。Blog 可以翻译成博客日志,但大多数人将它简化成博客。

　　微博,即微型博客(micro-blog)或微博客,是基于用户关系的信息分享网络平台,用户可以通过有线或无线互联网终端发布简短的文字、超链接、图片、视频、音频等多媒体形式的信息,并可为其他网友共享。微博的平台运营商是指提供微博应用服务的网络服务提供商,比如国内的新浪微博、腾讯微博以及国外的 Twitter 等。2007 年 5 月,饭否网测试版上线,向用户提供通过网页、手机短信、即时通信软件等发布消息和私信等基本功能。随后,叽歪网、嘀咕网等类似的微博产品也陆续发布。同年 8 月,依托于庞大用户群的即时博客腾讯"滔滔"上线。2009 年 2 月,饭否网测试阶段结束,并于同年 6 月获得了网站的首笔收入——惠普公司成为首位付费用户。2009 年上述微博网站相继关闭或转型,7 月,饭否、叽歪、嘀咕网等相继停止运营,腾讯滔滔也于 2010 年 1 月开始将滔滔业务和 QQ 空间心情进行了整合。2009 年 8 月,门户网站新浪推出了"新浪微博"内测版,成为第一家提供微博服务的门户网站,而"新浪微博"也是目前我国发展的最为成功的微博平台之一。除此之外,腾讯、搜狐、网易、人民网、凤凰网等几家门户网站也都相继推出了相应的微博产品,国内微博市场形成了以门户网站为主要运营商的竞争局面。

　　微博营销是网络营销的生力军。随着新浪微博、搜狐微博、腾讯微博等微博营销平台的成功运营,微博这种新生代的社会化媒体工具,正在悄悄改变每个人的生活。对企业而言,微博营销更是企业品牌战略中不容忽视的促进力量。微博营销区别于利用传统的博客、论坛、SNS 社区等社会化媒体工具进行信息传播,微博营销具有信息传播简单快捷、互动性强和客户转化率高等特点。

2. 微博的盈利模式

微博的盈利模式主要有以下几种。

(1) 广告。微博通过建立平台吸引用户，再以用户为基础吸引广告投放。微博的广告主要包括以下形式：展示类广告，这类广告是最为常见的一种互联网广告，如微博首页、个人首页底部、应用页面均出现位置相对固定的广告，以展示信息为主，包括一些账号推荐、活动推荐等。搜索广告，用户搜索某些特定的关键字，会在搜索页面展示与关键字相关的广告。

(2) 游戏。游戏是微博提供的一种服务，也被称为"微游戏"。微博微游戏的核心商业模式是微博运营商向游戏开发者提供平台，用户来玩游戏，向开发者付费，而微博运营商作为平台提供者从中抽取一部分盈利。

(3) 会员和专业账户收费。通过对部分用户收取会员费，用户可以获得身份、相关功能、手机及安全等增值服务。微博会员收费的本质是向部分用户提供这些增值服务，并进行收费。而专业账户收费则是针对企业推出的服务，企业在微博上开通账号，微博可以基于自身用户产生的海量数据，为企业提供用户信息、用户广告效果分析等，企业由此向运营商付费。

(4) 企业账户收费。微博的盈利模式主要有对企业账户进行收费，帮助企业进行营销活动，还有发展自身电子商务平台等。

(5) 数据服务。微博通过将每日用户在其平台上产生的海量数据出售给企业和研究公司等获利。企业和研究公司获得了用户数据，可以用来详细分析用户对品牌和产品的态度，了解用户点击了什么网站、关注了什么广告，以及这些用户的人际关系等，从而对营销活动做出指导，进行精准营销。

微博的盈利模式均在不断变化和调整中，无论是Twitter、新浪微博还是腾讯微博，目前均没有显现出清晰的盈利思路。整体来说，新浪微博在广告方面的模式和Twitter比较接近，而腾讯微博的发展模式则相对独特，但是随着时间的变化也显示出了从电商平台到以广告为主的转变。在广告方面，国内的新浪微博和国外的Twitter均显示出了向移动端转移的趋势。

【案例4-8】新浪微博的盈利模式

2009年夏天，戛然而止的"饭否"留下一个巨大的市场真空，坐拥庞大明星人脉的新浪公司敏锐地找到了一个突破点：微博。这个当时只能发140字的产品，引起巨大社会影响，之后成为中国第一社交媒体。在新浪微博团队项目总编强势的"拉"动力下，实施奖罚分明的员工"拉人"制度，以名人效应带动粉丝注册，融合网友内容、自营话题、媒体内容等，把新浪微博热度运营到了一定水平线上。此后，多家门户也跟进上线的微博产品。"随手拍解救行乞儿童"、"7·23"动车事故、实名举报雷政富、雅安地震中的微救灾、邀环保局长污水游泳……微博用户想说就说、想发就发掀起过阵阵舆论的惊涛骇浪。不少大V在热点事件中发声，获得粉丝追捧，既改变了社会思想形态，又实现线下影响力的增值。新浪微博用户数一路走高，66天过百万，243天过千万，551天过亿。

2011年1月21日，腾讯推出社交通信工具微信，433天用户数破亿。微信的朋友圈和公众号体系瓦解了新浪微博的城墙。与此同时，2012年10月，新浪微博日均发博量跌到5000多万条，几乎腰斩。2012年11月，新浪微博进行史上最大一次改版，增加了社交元素。但是，原先鲜明的"媒体"气质却被无情地淡化。急于求变的新浪微博，在"社交媒体"和"社交网络"之间摇摆不定。

2013年，新浪微博关键的一年。时任新浪联席总裁兼CTO的许良杰加大商业探索。2013年第二季度，微博引入阿里巴巴5.68亿美元投资，阿里占股18%。此后来自阿里的输血源源不断，截至2016年9月，阿里占股增至31.5%，是微博的第二大股东。这笔投资交易完成后一天，淘宝卖家广告就出现在了新浪微博上。

"微博复苏"首先体现在公司运营层面。2013年四季度，新浪微博宣布首次盈利，该季度阿里为新浪微博带来的营收为2850万美元，占总营收的40%。2014年4月17日，新浪微博正式在美国纽约纳斯达克上市，总市值达41亿美元。同时，新浪微博也开始了它未来的商业化道路，围绕阿里的生态体系展开战略对策。阿里入股后，先后主导了新浪微博与淘宝的导流合作、支付宝对新浪微博的接入。最终，这一系列动作共同指向了"微博电商"战略，新浪微博被纳入阿里导流策略的一环，并通过阿里实现了初步商业化。

2016年一季度财报显示，来自阿里的收入迅速下降，但同时，新浪微博开始"自我造血"功能。2016年一季度到三季度，非阿里收入连续三个季度同比增速超100%。2016年第三季度，新浪微博广告和营销营收1.567亿美元，其中来自阿里巴巴的营收只有930万美元。

新浪微博的收入目前由两部分构成，一块是广告收入；还有一块是增值服务，向用户收费的增值服务。微博的主要盈利方式是帮助其广告和营销客户向用户推销品牌、产品和服务。微博为客户提供了一系列范围广阔的广告和营销解决方案，涵盖了阿里巴巴/电商卖家等大型品牌广告主，直至中小企业和个人。公司的绝大部分营收来自广告和营销服务的售卖，其中包括社交展示广告、促销微博和基于活动的广告解决方案。此外，微博还开发出并在持续精细化其社交兴趣图谱推荐引擎，使得客户能基于用户的人口统计学特点、社交关系、兴趣和行为进行针对个人的营销和锁定目标受众，在微博上达成相关性、参与度和效率更高的营销。

（资料来源：https://www.chinaz.com/news/2015/1119/472400.shtml，站长之家）

二、社交网站盈利模式分析

1. 社交网站的基本概念

早期在互联网上提供供用户互动支持的服务，如BBS、新闻组等。早期社交网络的服务网站呈现为在线社区的形式。用户多通过聊天室进行交流。随着 Blog 等新的网上交际工具的出现，用户可以通过网站上建立的个人主页来分享喜爱的信息。社交网站（Social Networking Site，也被称为 SNS 网站）是以用户关系为核心的网站，它通过提供各种平台或工具来协助人们维系或拓展社会人际关系，满足人们的社交需求，用户在社交网站上可以实现信息共享，利用信任关系拓展自己的社会化网络。简单来说，社交网站是一种供用户之间交流的网络服务平台。如果说门户网站是信息的汇聚，搜索引擎是信息的分类检索，那么社交网站就是人的聚集，是一个网络化社区。

据调查，全球各种社交网络的总用户规模为 30.28 亿人，这意味着全世界有四成的人口在使用社交网络。而移动互联网用户在社交网络用户中占到了绝大多数比例，活跃用户高达 27.8 亿人。随着社交网站的快速增长，社交网站营建了一个重要的市场环境。其一，社交网站搭建了企业与消费者之间深度沟通的平台；其二，基于用户关系产生的内容，如提问、评价、评定等成为引导消费的重要因素，口碑病毒式营销成为企业营销战略的重要环节；其三，社交网站的快速发展尤其是手机社交网站的快速发展，开拓了更广阔的互联网增值服务市场空间。

2. 社交网站的发展历程

社交网站起源于美国，其理论依据来源于六度分隔理论，即人们通过六层人际关系便可以找到地球上的任何一个人。1995 年，美国出现了校友录性质的 Classmates，可以说是社交网站的雏形。1997 年建立的 Six degree 形式进一步完善，它给用户提供创建账号、加入好友列表以及好友之间相互发送信息等功能。真正让社交网站风靡的是美国成立于 2002 年的 Friendster，后来诸如 Myspace、Facebook 等都是模仿其网站设计和功能服务创建的。MySpace 在 2003 年创立，2005 年被美国新闻集团收购后，将网络新闻、博客与社交网站相结合，使之进入更为广阔的发展空间，网站访问量一度超过 Google，成为当时全球最大的社交网站。Facebook 在 2004 年由哈佛大学学生马克·扎克伯格创立。短短 4 年用户数量就突破 6000 万，市值超过 150 亿美元。2008 年年初，Facebook 的全球访问量超过 MySpace，成为全球第一大社交网站。Facebook 的成功让人们意识到这类网站的发展潜力，从而大大小小无数社交网站在全球应运而生。

我国社交网站的发展历程大致可归纳为三个阶段。

第一个阶段是 2003—2004 年，随着美国 Friendster 的盛行，社交网站在中国诞生，它们大都仿照了 Friendster 的模式。用户通过"寻找朋友的朋友"，建立并完善自己的社交圈。这一阶段具有代表性的社交网站有 UUZone、友友网络、亿友网、若邻、Linkist、天际网等。这一阶段的社交网用户在线使用率低、网站不能有效吸引新用户、前期透支严重且缺少稳定的盈利模式，营销方式不够灵活等。如今除了若邻、Linkist、天际网仍在艰难维持，其他大多数站点已经关闭。

第二阶段是 2005—2007 年，由于 MySpace 和 Facebook 的成功，国内社交网站风行起来，发展出对搜索引擎开放(MySpace 模式)和不开放(Facebook 模式)两种模式。网站用户参与区域多为校园、网吧，囊括了大量城市流动人口，覆盖面扩展到三线城市，出现了线下同城约会。这一阶段的代表网站是 51 网和校内网。51 网在 2005 年由个人交友网站转型，致力于网吧营销，现为中国最大的博客社区。平台上包括 51 秀、51 商城和 51 群组等，当前基本实现盈亏平衡。2005 年诞生的校内网(2009 年更名人人网)，目标用户定位于高校人群，仿照 Facebook 采用封闭式注册模式，是这一阶段国内社交网站的成功典范。

第三阶段是 2007 年年底至今，美国的 Facebook、MySpace，德国的 Xing 以及韩国的 Cyworld 登陆中国。与此同时，国内众多网站复制国外模式而不断涌现，借助国内巨大客户群体进行推广。比较典型的有邀请式注册模式(通过邮件、msn、QQ 等形式邀请新注册用户)、社交网页游戏(运行在社交网站内的趣味性游戏吸引参与，比如开心农场、"抢车位"等)和站内封闭搜索引擎等几种方式。其中，开心网以邀请式注册模式结合应用游戏组件(如"种菜偷菜"、仿 Facebook 开发的"抢车位"和"朋友买卖")半年内跻身 Alexa 排名前 100 强。2009 年，各大网络巨头甚至通信运营商也开始进入该领域，新浪、搜狐、腾讯等门户网站推出了社交平台，阿里巴巴也在淘宝推出了"淘江湖"以拓展商机。

3. 社交网站的盈利模式

当前各大社交网站的收入来源主要包括以下几种模式。

(1) 广告。广告仍然是目前社交网站主要的收入来源。广告方式主要包括网页广告和定向广告。目前社交网站的网页广告主要有出现在网站首页、页面上方与两侧的条幅状动态 Flash 广告。位于边角的网页广告并不是用户需要的有效信息，也不具有强迫性，容易被用户过滤。另外，通过用户注册数据分析，包括用户个人信息、购买历史等信息的大数据分析，社交网站可以进行定向精准推送广告，提高广告投放的针对性。

(2) 会员收费。社交网站会员收费一般通过两种方式收费：一是对所有注册会员收费，另一种只对高端会员收费。例如，百合网，针对 VIP 高端用户收费，收费会员可以享受更多服务，如查看照片、与专业顾问直接沟通等。

(3) 虚拟物品销售。通过免费会员模式保持社交网站用户数量的情况下，出售一些虚拟物品获取收益，类似腾讯 QQ 秀、人人网的"鲜花物语""酒店大亨"等，结算货币是"人人豆"。"人人豆"的获取除网站赠送外还可以现金购买。

(4) 信息服务费。一些网站针对用户发布特殊内容，以此进行收费，如招募或职位信息以及一些在自己网站上的问卷调查结果等。

(5) 与其他企业合作。社交网站还通过开放平台与第三方合作，联合运营，创造并共享价值。比如，允许应用开发企业在其平台上推出自行设计的各类应用程序，最终与其进行收益分成。比如与游戏运营商合作，推出网页游戏平台，从而与游戏运营商实现收益分成或者在线交易的佣金分成，等等。

因此，中国互联网络信息中心公布的数据显示，我国社交网站约 80% 的收入来自网络广告，15%来自于会员及各种增值服务收费，5%来自于其他收入。目前社交网站的盈利过于依赖广告，收益并不理想，多数网站仍处于亏损状态。社交网站一般集合多种收入来源形成自己的盈利模式，比较典型的盈利模式包括：Facebook 的"定制广告+虚拟礼物+收费调查"和开心网的"广告+账户收费+第三方合作分成+虚拟货币"等盈利模式。

【案例4-9】Facebook 社交网络

Facebook 是由美国人马克·扎克伯格创办的一个社交网络服务网站，于2004年2月4日上线，总部位于美国旧金山的加利福尼亚大街。创办之初，网站会员仅限哈佛大学学生，后扩展到美国其他高校，为在校大学生提供交流、社交等服务。2006年9月，Facebook 面向全球所有用户开放，此后，发展迅速，目前已经发展出70多种语言版本。2012年5月18日在纳斯达克上市，估值1040亿美元。2014年10月，Facebook 市值超过200亿美元。调查显示，Facebook 月活跃人数达到13.5亿，在全球社交网站中排名第一。2017年2月，Brand Finance 发布2017年度全球500强品牌榜单，Facebook 排名第9，2017年《财富》美国500强排名中，Facebook 排在第98位。

Facebook 诞生于哈佛大学校园内，最初的用户也仅限哈佛大学的学生，2004年年底开始扩展到美国高校的学生。到了2005年9月，Facebook 将用户群体扩展到美国的高中生。然后，向加拿大、英国、墨西哥、澳大利亚、新西兰、德国、以色列等国家大学生扩展。2006年9月，Facebook 对全球所有互联网用户开放。在推广过程中，Facebook 结合真实、单一身份设计的特点，创新性地使用"用户通过 E-mail 向其朋友(熟人)邀请加入 Facebook 的病毒推广模式"，快速地增加了网站会员数。这种推广方式既非常恰当地迎合了用户"跟风"和"猎奇"的心态，也符合人与人之间社会交往的习惯。

1. 提供的产品和服务

目前，Facebook 不但为用户提供网络社交服务，还为企业提供精准的定向广告和品牌宣传服务，并提供多种针对性较强的特色服务和丰富的应用程序(游戏)服务。Facebook 的价值网络是以 Facebook 网站为平台，为用户免费提供真实身份的网络社交服务。在此基础上，通过数据分析技术，为企业投放精准的定向广告和品牌宣传服务。此外，Facebook 也与应用程序开发商合作，为 Facebook 用户提供数量丰富的免费或收费的应用程序(游戏)服务。Facebook 希望为人们提供一个真实的网络交流平台，让世界更加开放，人与人更加紧密相连。

Facebook 产品和服务覆盖用户、开发者和广告主三大群体。它为注册用户提供真实身份网络社交平台，海量的用户吸引广告商在 Facebook 平台投放定向广告，而面向开发者的开源代码和开源社区则促进了基于 Facebook 平台的应用大量涌现。而用户接入 Facebook 的方式也非常灵活，可以是台式机、智能手机或其他设备。为用户提供的产品与服务包括：有效的联系、分享、发现和交流的工具，主要包括时间轴新鲜事、照片和视频、即时信息、小组、列表、活动、地点、订阅、实时信息流、通知、个人主页等，实现用户信息分享和朋友交流等基本信息需求。

2. 盈利模式

社交网络服务作为 Facebook 基础服务，对所有用户免费，其收入来源主要依靠网络广告和收取第三方应用开发商服务费及分成，还有部分利润来源于支付业务和其他服务费。2014 年 Facebook 总营收为 124.66 亿美元，其中广告收入为 115 亿美元，而移动广告收入达到 74.32 亿美元，占广告总收入的比例为 64.6%，移动端广告收入已成为 Facebook 收入的主要来源，而支付业务和其他服务费营收占比较小。

(1) 网络广告。网络广告是 Facebook 最主要的收入来源。Facebook 经过近 11 年运营积累起来的超过 13 亿的用户群体，是对广告主最大的吸引力，也为 Facebook 选择网络广告收入模式奠定了坚实的基础。Facebook 针对真实和唯身份用户群体，为广告主进行精准定向广告投放，在提高投放效果的同时降低广告费用。

(2) 收取第三方应用开发商服务费及分成。Facebook 开放平台为满足用户的个性化需求提供了优秀的解决方案。由于 Facebook 拥有数以亿计的用户以及大量开放的 API，各大应用开发商纷纷开发基于 Facebook 平台的虚拟产品和数字产品，并通过 Facebook 平台进行销售，Facebook 则提供平台并为交易提供支付支持并从中收取一定的服务费。另外，还从平台游戏开发者收入中抽取至多 30%比例的分成。该类盈利模式将成为 Facebook 的另一个重要收入来源。

(3) 其他收入来源。Facebook 其他收入是指为应用内购买交易提供支付服务、推广贴、测评服务以及 Facebook gifts 等增值服务所带来的收入。这些收入相对于广告收入、应用分成与服务费而言，非常少，但却是 Facebook 寻求多元化收入来源的探索。

(资料来源：雷兵. 电子商务案例分析教程[M]. 2 版. 北京：电子书工业出版社，2016)

三、视频网站盈利模式分析

1. 视频网站的兴起

网络在线视频是基于流媒体、P2P 等技术支持，通过专业内容生产者或非专业内容生产者制作并在网络平台以一定的数据格式发布，可供网络用户在线观看、分享或下载的声像多媒体内容。视频网站则是提供网络视频线上直播、点播、发布、分享、下载等服务功能的网站，包括 Web 页面和各类客户端软件。视频网站主流形式按照核心技术条件可归结为两大类别，即视频分享模式和基于用户观看需要的视频点播模式。

2. 视频网站的发展历程

(1) 全球发展历程。专业视频网站的出现意味着在线视频应用服务进入了新的发展阶段。Web 2.0 技术的应用使用户原创成为在线内容的重要来源，视频分享网站应运而生。2005 年 2 月 14 日，三名美国 PayPal 公司前雇员 Chad Hurley、陈士骏、Jawed Karim 创办 YouTube 网站，其本意在于打造便于好友分享视频内容的线上空间。在网站创办后短短 15 个月，YouTube 超越同样提供在线视服务的 MSN Video 以及 Google Video，成为当时全球浏览人数最多的网站之一。YouTube 代表的视频分享网站的成功引发了业界的高度关注，其所涵的商业价值自然具有强大诱惑力。2006 年 10 月 9 日，Google 谷歌公司以 165 亿美元的价格收购了 YouTube 网站。

在线视频行业的发展潜力也使专业的视频内容生产者意识到了逐渐浮出水面的危机。用户收视渠道的转移，在线使用与消费习惯的形成，使得专业、正版内容拥有大量受众人群。也正是在这一背景下，以 Hulu 网站为代表的长视频模式成为又一主流形态。2007 年 3 月，美国 NBC Universal 公司新闻集团联合创办 Hulu 网站，Hulu 的内容定位围绕传统电视媒体的节目资源、影片剧集及其他来源，依托实力雄厚的媒体集团使得 Hulu 具备其他视频网站难以抗衡的内容优势，进而确立其市场地位。

(2) 我国视频网站发展历程。我国视频网站发展历程总体上可以归纳为三个阶段。

2004—2007 年为创始阶段。国外视频网站的成功运作引来国内互联网企业纷纷仿效。大量视频网站涌现出来，部分视频网站吸收海内外风险投资得以迅速扩张。比如，新成立 Youtube 网站的土豆网、优酷网等。

2008—2010 年为巩固期。2008 年北京奥运会期间，用户对赛事信息的空前关注使得视频网站获得难得的业务扩张机遇。在这一阶段，在线视频行业主体锐减，主要视频网站行业地位得以巩固，尽管大部分视频网站仍未实现盈利，但盈利模式越发清晰。以中国网络电视台为代表的传统广电媒体强势介入新媒体视频领域，多元竞争格局趋于形成。同时，视频网站开始涉足资本运作。

2011 年至今为成熟期，在线视频行业集聚度增加，业务模式走向同质化，盈利路径基本稳定，部分视频网站实现盈利。而且，在线视频行业进一步延展，多终端联动成为新趋势。

3. 视频网站的盈利模式

随着视频网站争夺正版版权之后，视频行业的竞争从以往的拼融资、拼概念、拼流量，进入了内容为王的时代。从商业模式上来讲，视频网站除了后向的版权分销、广告商业模式外，开始前向拓展，比如付费模式、视频应用等商业价值，形成了比较完善的视频网站运作模式。

(1) 广告是视频网站的主要收入来源。随着正版强档戏热播，广告商们也开始真正青睐起视频广告。在视频广告的成本与电视不可同日而语的当下，视频网站的掘金者们看准视频广告的上升空间，也正在不断创新行业现有的盈利模式。随着视频业的发展，内容不断创新，用户体验的变化，营销渠道的创新，整个行业将发生非常大的变化，给广告主的商业价值，也会逐渐凸显。

(2) 购买内容——购买独家版权。随着新媒体技术发展到相对成熟的阶段，竞争的焦点从过去"渠道为王"战略下的圈用户转变为"内容为王"。视频网站将以独到眼光选好剧、争相与上游制片方合作、与专业团队联合自制节目，提升网站内容资源的整合能力，提升竞争优势。

(3) 版权门槛时代——分销才是硬道理。因独播价格太高给视频网站带来成本压力，因此购剧之后再把版权分销出去是必经之路。视频网站越来越重视版权资源的同时，把分销收入纳入到了网站盈利的一部分。掌握大量版权资源，通过版权分销渠道进行盈利。

(4) 投资或合拍——与外部内容资源强强联手。要获得优质的差异化内容，除了在购剧选剧时要眼光独到，独家的自制内容是必不可少的部分。为了在自制内容方面获得更强大的资源支持，视频网站开始不再满足于在影视剧制作后购买，而是加强与上游影视剧制作厂商合作。经过几年磨合，视频网站与传统影视业的合作开始渐入佳境。

(5) 视频应用矩阵集结，试行付费模式。在院线上映结束后，免费观看前的空档时间里，视频网站不断尝试付费模式。无论是点播付费还是包月付费，视频网站付费服务正越来越密集。与此同时，视频网站一些看点的标注、分享、互动变多了，视频的 SNS 也出现了，提醒、分享、记录，视频网站运营商们正逐步打通和沉淀更多用户。奔着用户的体验而去，未来也将载着盈利的硕果归来，整个行业正靠人群的扩大来寻找附加价值。

付费最终不是提供内容而是提供服务，满足用户除了观看内容之外的需求，比如便利性、观看体验甚至由很多其他的一些内容衍生的娱乐需求。最前瞻的人、最重度的人才愿意为内容付费，尽管比例很小，收益尚无法和广告相比，但一旦用户养成付费收看的习惯，这块的市场前景有很大提升空间，付费模式或将成为未来阵地。视频网站也认准了付费的发展趋势和机会。随着支付渠道更完备，用户的服务和行为继续优化，付费业务逐步形成规模化的成长趋势。

本 章 小 结

电子商务以其独特的运营模式提供商务交易、新闻、网上社区、电子信箱等服务，同时新的电子商务模式不断推陈出新，探索成功的盈利模式是电子商务企业的核心所在。按照电子商务创造收益来源可将电子商务盈利模式分为网上目录模式、广告支持模式、数字内容模式、服务费用模式及交易费用模式等。这些盈利模式既适用于企业与消费者之间的电子商务，也适用于企也对企业之间的电子商务以及个人对个人之间的电子商务。

网上目录盈利模式主要是电子商务零售商或者制造商通过网络平台销售产品，降低成本，通过交易产生收益；数字内容模式主要通过网络来销售数字产品实现盈利，其收入主要为按照时间(比如年订阅费，月订阅费)或流量收取的订阅费；广告支持的盈利模式主要指以提供内容为主的互联网，向互联网用户提供大量的免费网上内容、实时新闻信息(主要以网页的形式出现)，吸引网民的眼球，从而通过广告来维持其运营的模式；交易费用模式是指网站为交易的双方提供一个交易的平台，从中收取佣金，比如行业垂直网站、旅游代理网站等；服务费用盈利模式主要通过在线提供多样化的服务。另外一些新兴的创新电子商务模式，比如微博、网络社区、视频网站等，其盈利模式一般呈现多元化，除了广告费为其主要收入来源外，还有付费、提供一些增值服务，与相关运营商合作带来的业务分成收入等混合盈利模式。

复习思考题

1. 影响电子商务盈利模式的主要因素有哪些？
2. 电子商务盈利模式主要有哪几种分类方法，各有什么优缺点？
3. 分析数字目录盈利模式、数字内容盈利的基本原理及应用领域，并比较其异同点。
4. 分析比较广告支持盈利模式、交易费用盈利模式和服务费用盈利模式的基本原理，并比较其异同点。
5. 分析比较微博、视频网站、社交网站等在盈利模式设计上有哪些共同点？

实 践 题

1. 登录百度、google 及雅虎中国网站，分析其站点页面设计的区别，并分析比较其盈利模式的异同。
2. 分析比较盛大传奇和 YouTube 网站运营模式和盈利模式的异同。
3. 分别登录 http://www.eachnet.com/ 和 http://www.taobao.com/，分析比较其盈利模式的异同点。

第五章

电子商务定价模式

【学习目标】

通过本章的学习，学生应掌握电子商务的定价模式，掌握动态定价的类型、动态定价策略，熟悉电子拍卖的概念、类型，明确电子拍卖存在的风险及其防范措施，了解电子拍卖与动态定价的关系及电子拍卖的基本流程。

【关键词汇】

电子拍卖(Electronic Auction)　定价模式(Pricing Model)　动态定价(Dynamic Pricing)
拍卖风险(Auction Risk)

电子商务市场机制最有创新意义的就是电子拍卖。电子拍卖被广泛用于 B2B、B2C、C2C、G2B 以及其他一些电子商务形式中。拍卖的一个主要特征就是其定价是建立在动态定价的基础之上。动态定价是指价格不固定，随市场变化过程中的供求变化而波动。相对而言，目录价格是固定的，大部分的网上电子目录的定价采取固定定价策略。

本章主要从以卖方为主导的定价模式和以买方为主导的定价模式两个角度来介绍电子商务的五种定价策略，重点介绍动态定价的策略、方法以及与电子拍卖的关系，详细讲授电子拍卖的概念、类型、电子拍卖的流程以及电子拍卖的风险识别及防范措施。

> **【案例 5-1】eBay 法国的价格策略**
>
> eBay 是最具盈利性的电子商务网站之一。这个最成功的电子拍卖门户源自于一个具有 50 年历史的新奇物品——Pez 糖果自动售货机。Pare Omidyar 是一个 Pez 糖果自动售货机的收集爱好者，她想出了在网上进行交易的主意。1995 年，Omidyar 夫妇创建了一个叫作 AuctionWeb 的公司。2000 年下半年在线拍卖巨人 eBay 开张，并且迅速收购了欧洲最大的竞争对手 iBazar。eBay 法国 2002 年上半年的拍卖商品多达 30 万条目。
>
> 然后，该公司宣布了一个重大的价格变更：卖主不仅在成交之后向 eBay 支付一笔交易费，它还被 eBay 收取登录费(listing fee)。这个费用大小适中(从 0.13 美元到 2 美元不等)，但是其影响却是巨大的：在短短的几天里，该站点上商品条目数量下跌了将近 50%。三个星期之后，该站点举办的拍卖只有 3.7 万个——90%的骤降。与此同时，当卖主逃离 eBay 后，eBay 在欧洲的主要竞争对手 Yahoo! 法国和 QXL 法国正对自己拍卖条目的兴旺兴高

采烈。

　　这对 eBay 是一个灾难，果真如此吗？未必。事实证明，如果没有登录费的话，许多卖主就会用没有多大机会出售的商品塞满站点。当这些卖主离开之后，eBay 法国就变成一个精简的站点，对真正的卖主和买主更具吸引力。而且事实上，拍卖条目数量逐渐开始回弹，尽管缓慢。正如德意志银行(Deutsche Banc Alex Brown)分析家帕特(Jeetil Patel)告诉 CNet 的新闻记者那样，强加登录费管理应该发挥"自我管辖机制，鼓励卖主在该站点上清理无用的库存和推销不出去的商品"。一句话，eBay 的定价政策导致卖主减少，但我们知道，少往往在实际上就是多。

(资料来源：Rafi A.Mahammed.网络营销[M]. 王刊良，译．北京：中国财政经济出版社，2004)

案例启示

　　从上面的案例我们看到 eBay 通过有效的定价策略，即通过收取登录费实现了"自我管辖机制，鼓励卖主在该站点上清理无用的库存和推销不出去的商品"的目的，从而降低了运营管理成本，提高了成交的概率，方便了买主进行精准搜索，提升了竞争力，为买卖双方及 eBay 获取了更大的收益。因此，采取有效的定价策略是电子商务商业模式非常重要的要素，同时也是电子商务企业一个强有力的营销工具。

　　eBay 的定价可以从三个角度来审视：买主角度、卖主角度以及 eBay 角度。eBay 的买主面临两类定价：固定价格拍卖和动态定价拍卖。固定价格拍卖对于不愿意体验传统拍卖形式压力和不确定性的买主有吸引力。eBay 拍卖的主要部分是动态定价拍卖，无论是英式拍卖还是改进的荷兰式拍卖等衍生拍卖形式，在这些拍卖中，不是 eBay 自己，而是卖主确定其价格。许多卖主可能不会在其确定定价策略上花费很多的精力，主要依赖于 eBay 拍卖来定价而获取收益。eBay 对浏览、出价或购买商品的个人不收取任何费用，eBay 的收入来自列表费及各种形式的最终交易费。

第一节　电子商务定价策略

　　电子商务定价策略根据动态特性差异可以分为固定价格和动态定价。固定价格机制中价格不经常发生变化，不能实时反映供求信息，价格的调整落后于市场条件的变化。动态定价就是根据顾客认可的产品、服务的价值或者根据供给和需求的状况动态调整价格，是买卖双方在交易时进行价格确定的一种定价机制，包括拍卖、逆向拍卖、谈判、团购等。动态定价允许同样的货品或服务因为顾客、时间、空间或供应需求的不同而确定不同的价格。固定价格机制适合于确定的市场环境。动态定价机制则有助于在不确定的环境下找到价格，通过价格和当前市场条件的匹配，买者和卖者之间能产生出一个最优的结果，从而达到更高的市场效率。

　　目前电子商务采用的定价策略主要包括：卖方主导的定价策略和买方主导的定价策略。

其中，卖方主导的定价策略包括免费定价策略、静态定价策略；而以买方主导的定价策略包括：动态定价策略、定制生产定价策略和物物交换三种。

一、免费定价策略

1. 免费定价策略内涵

免费定价策略是市场营销中常用的营销策略，它主要用于促销和推广产品，这种策略一般是短期和临时性的。但在电子商务环境下，免费价格不仅仅是一种促销策略，更是一种有效的产品和服务定价策略。

目前，电子商务采用免费定价策略，一个目的是让用户免费使用习惯后，再开始收费，如金山公司允许消费者在互联网下载限次使用的 WPS2000 软件，是想待消费者使用习惯后，掏钱购买正式软件，这种免费策略主要是一种促销策略，与传统营销策略类似。另一个目的是想发掘后续商业价值，是从战略发展需要来制定定价策略的，主要是先占领市场，然后再在市场获取收益。例如，淘宝利用免费策略跑马圈地，占领市场。

免费定价策略就是将企业的产品和服务以零价格形式提供给顾客使用，满足顾客的需求。免费价格形式主要包括以下内容。

(1) 产品(服务)完全免费，即产品(服务)从购买、使用和售后服务所有环节都实行免费服务，如《人民日报》的电子版在网上可以免费使用。

(2) 对产品(服务)实行限制免费，即产品(服务)可以被有限次使用，超过一定期限或者次数后，取消这种免费服务，如金山软件公司免费赠送可以使用 99 次的 WPS2000 软件，使用次数用完后需要付款申请继续使用。

(3) 对产品(服务)实行部分免费，如一些著名研究公司的网站公布部分研究成果，如果要获取全部成果必须付款购买，比如艾瑞咨询网。

(4) 第四类是对产品(服务)实行捆绑式免费，即购买某产品或者服务时赠送其他产品和服务。例如，国内的一些 ISP 为了吸引接入用户，推出了上网免费送 PC 的市场活动。实际上从另一面来看，这个商业模型就相当于分期付款买 PC、赠送上网账号的传统营销模式，只不过市场操作从 PC 制造商转向了 ISP。

2. 免费定价策略的适用领域

网络营销中产品实行免费策略是要受到一定环境制约的，并不是所有的产品都适合于免费策略。互联网作为全球性开放网络，它可以快速实现全球信息交换，只有那些符合互联网这一特性的产品才适合采用免费定价策略。一般来说，免费产品具有以下特性。

(1) 易于数字化。数字化产品用户可以通过互联网自由下载使用，企业通过较小成本就实现产品推广，节省大量产品推广费用。例如，Cisco 公司将产品升级的一些软件放到网站，公司客户可以随意下载免费使用，大大减轻了原来免费升级服务的费用。

(2) 无形化特点。通常采用免费策略的大多是一些无形产品，它们通过一定载体表现出一定形态，如软件、信息服务(报纸、杂志、电台、电视台等媒体)、音乐制品、图书等。这些无形产品可以通过数字化技术实现网上传输。

(3) 零制造成本。零制造成本主要是产品开发成功后，只需要通过简单复制就可以实现无限制的产品生产，这与传统实物产品高变动成本有巨大区别。上面介绍的软件等无形产品都易于数字化，可以通过软件和网络技术实现无限制自动复制生产。对这些产品实行免费策略，企业只需要投入研制费用即可，至于产品生产、推广和销售则完全可以通过互联网实现零成本运作。

(4) 成长性。采用免费策略的产品一般都是利用产品成长推动占领市场，为未来市场发展打下坚实基础。例如，微软为抢占日益重要的浏览器市场，采用免费策略发放其浏览器探险者 IE，用以对抗先行一步的网景公司的航海者 Navigator，结果在短短两年之内，网景公司的浏览器市场丢失半壁江山，最后只有被兼并以求发展。

3. 从免费到收费的转变

定价是电子商务面临的最大策略挑战之一。在对在线客户展开竞争时，电子商务企业总是将重点集中在免费分发产品或者以很高的折扣出售，以便击败竞争对手并抓住忠诚客户基础，期望能将客户基础货币化。对于像 Amazon.com、eBay 这样的公司，这个策略是可行的。对于大多数公司来说，这个策略会适得其反。采用这个策略的大多数网络公司仍然在琢磨如何让客户为其服务付费，比如淘宝。

对于大多数公司来说，这个策略一直是保持某种程度的免费服务，同时希望一些消费者会为升级的产品或服务包付费。例如，Yahoo!因其提供的免费 E-mail 服务而闻名，但是现已开始为增强的 E-mail 服务收费。另一策略是在为其优势定价时使用公平性概念。尽管公平一般被视作收取更高价格的约束。公平还可用作佐证特定收费的方法，例如，公司可以讨论公司提供这些服务必需的开销，从而证明开始向特定服务收费是正当的。为服务收费也使公司的价值动议更加清晰。不过，并非所有客户都愿意为过去免费的服务付费。例如，喜欢发送免费电子贺卡的消费者可能会因支付 11.95 美元的特权而退却。另一个关键的教训是你无法控制你的竞争对手。如果竞争对手在提供免费服务或提供很高的折扣，那么公司也就别无选择。在电子贺卡的两难境地中，消费者可能转到另一个提供免费服务的电子贺卡站点。

二、静态定价策略

静态定价策略，即明码标价(menu pricing)，也称作固定定价策略，即销售者设定一个价格，购买者可以接受或拒绝这个价格。这是定价最一般的形式，几乎在全球所有的零售商店中都可以看到明码标价的使用。

固定价格策略通常适合于确定的市场环境。由于明码标价几乎不能体现消费者的偏好，因此要发现并顺应消费者偏好，并迅速及时地调整价格并不那么容易。尽管静态定价机制在许多行业中被成功地使用，但在不确定性的市场环境中却很少使用。固定价格策略主要有两个缺点：第一，购买者有可能愿意付出比销售者标价还要高的价钱。在这种情况下，销售者就损失掉了原本可以到手的钱。第二，可能标价太高，吓跑了很多只愿意付出较低价格购买产品的买者。同样，卖者丧失了这些额外的收入。这种价格还有一种黏性，因为一旦设定，它很难改变。

固定价格一般由卖方来确定，并保持在一定时间范围内不变。价格一般按照传统营销商品的定价策略来确定，一般可以采取多种形式：①成本导向，成本利润加成定价。②需求导向，根据顾客需求的价格弹性定价。凡价格弹性较大的产品，宜采用低价，实行"薄利多销"；反之，价格弹性较小的产品，宜采用较高的价格，以获取厚利。③价值导向，根据客户对公司产品的价值认知确定价格。④竞争导向的随行就市定价法，价格的调整可以依据需求、地区、促销政策来进行调整。

三、动态定价策略

1. 动态定价概述

动态定价机制由来已久，通过谈判和拍卖来动态确定价格的机制至少可以追溯到两千多年前。网络环境下，将在线技术引入动态定价机制，模拟传统动态定价流程，可实现在线动态定价。最早基于 Web 的在线拍卖网站 OnSale 和 eBay 分别于 1995 年的 5 月和 9 月开始运行。国内成立最早、最著名的两家拍卖网站雅宝、易趣相继于 1999 年的 6 月和 8 月成立，拍卖的主要特征在于它是基于动态定价的。当动态定价和拍卖等方法一起使用时，就形成动态交易过程。例如，IBM 的 WebSphere Commerce 套装软件包括一个动态交易模块，该模块可以实现逆向拍卖、电子交易所和合同谈判功能。最近的几年里，具有部分谈判功能的购物助手或购物代理也开始运行于各种电子商务网站。

在因特网各种交易模式中，以动态定价模式进行的交易方式正在不断增加，成为买卖双方在线交易时最为常用的定价策略。动态定价的概念通常被用在市场经济或竞标式的交易行为上，而 eBay、Priceline 等拍卖网站更将此概念带到因特网上，也扩展了在线拍卖交易市场。动态定价是指在交易过程中，价格不是固定不变的，而是根据供需关系上下波动的。相比之下，目录价格是固定的，就如同百货商店、超级市场以及其他店面中的价格。

动态定价就是根据顾客认可的产品、服务的价值或者根据供给和需求的状况动态调整价格，是买卖双方在交易时进行价格确定的一种定价机制，包括拍卖、逆向拍卖、谈判和讨价还价等。动态定价允许同样的货品或服务因为顾客、时间、空间或供应需求的不同而确定不同的价格。动态定价机制则有助于在不确定的环境下找到价格，通过价格和当前市场条件的匹配，买者和卖者之间能产生出一个最优的结果，从而达到更高的市场效率。

互联网促进了 B2B 和 B2C 的许多动态定价模式。大多数电子交易市场进行动态定价的基本过程包括如下步骤。

(1) 公司提出购买商品的出价或销售商品的报价。

(2) 激活拍卖(正向的或逆向的)过程。

(3) 采购方和销售方可以看到出价和报价,但通常看不到是哪一方发出的。匿名性是动态定价的关键要素。

(4) 采购方和销售方实时地相互出价和报价。有时采购方可以联合起来从而获得批量折扣的价格(团体采购)。

(5) 当采购方和销售方就价格、数量和其他条款,如地点或质量达成一致,一笔交易就商定了。

(6) 交易实施,安排支付和交货事宜。

交易市场外部的第三方公司通常提供支持服务,如信用卡验证、质量保证、担保证书服务、保险和订单履行。它们确保采购方的支付保障和销售方货品状态的完好,并协调实现产品的交付过程。

2. 动态定价的类型

电子商务发展促进了拍卖,而拍卖最主要的特征就是动态定价。动态定价有多种表现形式,主要策略包括一对一议价、正向拍卖、逆向拍卖、双向拍卖四种方式。而谈判和讨价还价是最早采用的动态定价策略模式。按照参与拍卖的买卖双方数量的多少,动态定价可以分为四类,见图5-1。

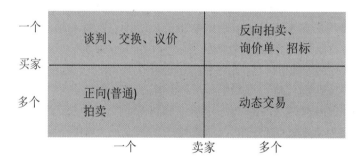

图 5-1 动态定价的类型

1) 一对一在线谈判议价

在第一种结构中(图左上角),一个买家和一个卖家就交易价格展开谈判、议价和交换。一对一议价定价策略中,卖者和买者互相协商来决定买者对所获得的商品所出的价格是否合适,克服了明码标价导致顾客因价格超过自己意愿的出价而走开的缺点,同时也避免卖主损失顾客愿意比标价多付出价钱可能情况的发生。但其缺点是卖者不能确认买者究竟认为他要购买的产品价值是多少,买者也不能确认卖者销售产品的底价是多少。最后的价格由双方讨价还价的能力、谈判的力量、该产品在市场上的供求关系以及市场商业环境因素等来决定。当然最终价格也与送货方式、包装、批量等有直接关系。这些因素是在双方讨价还价时经常被考虑的因素。

在现实世界中，谈判也是一种众所周知的方法，特别是对于某些昂贵的或者是特殊的产品，如不动产、汽车以及珠宝等。当大量采购的时候，这种方法也被经常使用。谈判与拍卖很像，谈判价格取决于买卖双方的交互和讨价还价。但和拍卖相比，谈判还涉及一些非价格因素，如运输、担保、支付方式以及信用等。电子市场的出现，使得谈判可以涵盖几乎所有的产品和服务。

在线电子谈判比离线谈判更容易实现。由于客户化定制的产品和服务的绑定，常常有必要对在线销售的价格和条款进行谈判。电子市场允许虚拟地对各类产品和服务进行在线谈判。通过电子市场，利用智能代理或者电子竞价技术可以实现在线谈判(online negotiation)过程。在这个过程中，买卖双方轮回议价，最终达到一个共同的可接受价格。谈判代理是一些软件程序，它们可以在预定的限制条件下独立做出投标决策，接受或拒绝报价。这些代理受谈判规则或谈判协议的制约，从而可以控制买卖双方的相互作用。例如，价格谈判的起始点可能是卖方的初始报价，或者是根据规定而出的投标或报价。同时智能代理还可以进行价格因素和非价格因素的谈判，如交货期、退换货策略以及其他的增值交易。

谈判和议价涉及买卖双方之间的相互作用，为了完成交易过程，双方需要按照以下过程来进行。

(1) 搜索。议价开始之前需要搜集有关产品和买卖双方的所有信息，借助智能代理技术执行搜索和比较，从而提供高质量的客户服务以及一个协商价格的基础，提高搜索的效率。同时对搜索到的信息进行整理汇总，为谈判议价提供决策支持。

(2) 选择。过滤器可以帮助用户得到经过屏蔽的信息，从而帮助买卖双方决定需要买(卖)什么东西以及选择哪个卖(买)家。该过滤过程根据消费者所提供的标准(如价格、担保、有效性、交货时间以及声誉)，来对所采购的产品和提供该类产品的卖方进行评估。经过屏蔽和选择过程会得到一个产品和谈判候选人的名单集合。通过软件代理工具，可以帮助用户进行选择。

(3) 谈判。谈判阶段的主要焦点是确定交易的条款，如价格、产品质量、交货期以及支付方式等。根据产品以及市场的不同，谈判的持续时间和复杂性也不同。在在线市场中，所有的谈判阶段都可以通过自动程序或软件代理来执行。

(4) 反复选择与谈判。按顺序重复上述步骤，直到达成一致的结果，并且签订合同。

(5) 交易完成。实现交易后的在线支付和产品物流配送，以及客户服务、担保和退款业务。

2) 正向拍卖，一个卖家，许多潜在买家

在此种结构中(图的左下方)，卖方采用正向拍卖机制向众多潜在的买方提供一个产品。因为正向拍卖是最普遍和传统的拍卖形式，所以经常被简称为拍卖。采取正向拍卖定价的方式主要有四种：英式拍卖、荷兰式拍卖、一级密封拍卖和二级密封拍卖。英式拍卖中，出价随着拍卖进程的进行而升高；荷兰式拍卖中，出价随着拍卖进程的进行而降低；一级密封拍卖中，投标者只有一次投标机会，这是一种无声拍卖，投标者不知道有谁在投标，也不知道他们为什么物品而投标，最终物品分配给价格最高的投标者；二级密封拍卖中，物品被分配给出价最高的投标者，但收取的价格按照所有出价的第二最高价格，其目的是为了减轻投标者对其出标价格远远大于物品真实市场价值的担心。

拍卖竞价方式是一种最市场化的方法，目前购买群体主要是消费者市场。个体消费者是目前拍卖市场的主体，而采用拍卖竞价并不是企业目前首要选择的定价方法，因为拍卖竞价可能会破坏企业原有的营销渠道和价格策略的制定。采用网上拍卖竞价的产品，比较适合企业处理一些库存积压产品，比如通用电气；也可以是企业的一些新产品，以低廉的价格在网上拍卖，以吸引消费者的关注，起到宣传促销的效果。

【案例5-2】eBay 网上拍卖定价过程

电子商务企业 eBay 成立于 1995 年，曾经宣称自己是"美国车库大卖场"。不过，如今它已经发展成为了最受欢迎的网站之一。起初，它为 P2P 交易和 B2C 交易提供服务，后来发展到 B2B 业务。eBay 既满足了买方想低于成本价购物的心理，又满足了卖方希望以尽可能高价出售商品的心理。eBay 拍卖以英式拍卖为主，采用动态定价策略，并在此基础上做了一些有趣的改进，最终成交价格趋于服务价值定价的能力定价。首先，在 eBay 拍卖中，卖方列出的拍卖品通常留有 1～7 天的竞拍时间，在某个规定的时日终止。不过，这种限制使竞买者很难进行实时竞拍。为了解决这个问题，eBay 引进了自动的离拍系统，见表 5-1。

表 5-1 自动离拍系统

eBay 拍卖程序	瑞德克·吉特 1993 年 Tops 公司新人棒球卡
拍卖者的底价	25.00 美元
当前最高出价：竞拍人 1 (没有达到底价)	20.00 美元
下一个略高的出价：竞拍人 2	22.00 美元
当前最高出价：竞拍人 1(没有达到底价) 系统以竞拍人的离拍价为限自动产生的出价最大值为 24.5 美元	22.00 美元
下一个略高的出价：竞拍人 2 竞拍人 2 的别人看不见的最高价格	30.00 美元
当前最高出价：竞拍人 2(超过底价) 超出竞拍人 1 的最高出价 2 美元	26.50 美元
如果需要，系统以竞拍人 2 的最高拍价为限自动产生的出价	30.00 美元
在没有其他竞拍者情况下的最终拍卖价格	26.50 美元

例如，eBay 拍卖德瑞克·吉特(Derek Jeter，美国职业棒球明星，纽约洋基队的王牌强打者)1993 年的 Topps 公司新人棒球卡。竞拍者看到的当前的最高竞拍价是 20 美元，也知道这个价格尚未达到拍卖者的底价，但他并不知道拍卖者的底价是 25 美元。每次新的出价都被视为当前最高竞价，但这个竞价至少要比目前最高竞价高出一个预定的增额，在此次拍卖中每次加价至少是 2 美元。竞拍人 2 是一位美国球迷，输入 22 美元的竞价，但却发现别人比他出价更高。竞拍人 1 的离拍价格最高是 24.5 美元，该离拍价格被 eBay 软件拍卖系统自动激活，第 1 位竞拍人的出价就被视为当前最高竞价。

这时，竞拍人 2 有两个选择。第一，放弃该物品竞拍，转向其他拍卖品。第二，出一个更高价。这时竞拍人 2 意识到，与自己竞价的竞拍人 1 输入的最高离拍价是未知的，而且卖方设定的底价也是未知的。下一步，他可以逐步加价，直至其最高竞价刚好超过竞拍人 1 的最高出价，或者他也可以输入购买此物所愿意出的最高价 30 美元。30 美元的竞价已经超过了竞拍人 1 的最高出价，这时竞拍人 2 就以 26.5 美元的竞拍价成为新的最高价竞拍人，该价格比当前最高出价(24.5 美元)高出 2 美元，比底价高出 1.5 美元。大家注意，他的最高价 30 美元别人是看不到的，而且只有在另外一位竞拍人输入的报价至少高于 26.5 美元 2 美元时它才有效。如果拍卖以竞拍人 2 的 30 美元最高出价结束，但是最高拍卖价却是 26.5 美元，中标人只需支付 26.5 美元。

(资料来源：Allan Afuah.电子商务教程与案例[M].李明志，译.北京：清华大学出版社，2005)

案例启示

从上述案例我们看到，eBay 拍卖系统与传统英式拍卖的区别在于，最高竞拍出价只是决定了谁是赢家，却不是最终的成交价格，成交价格等于第二高的竞拍出价加上设定的增量。eBay 改进英式拍卖产生的价格近似于服务价值定价价格。卖方获得的价格除了包括反映服务成本价格的 25 美元底价，还包括代表买方消费者剩余的额外 1.5 美元。eBay 的拍卖机制相当透明，在竞拍过程中提供了大量的信息，只是最高竞价和底价以及竞拍人的真实身份被隐藏起来了。动态定价模式以电子商务企业 eBay 最为典型，eBay 的拍卖机制既满足了买方低价购物的心理，又满足了卖方尽可能高价出售商品的心理。

3) 一个买方，许多潜在的卖家

在这种结构中，一个买方向多个卖方或供应方请求投标，因此这种类型的拍卖叫作投标(招标)，主要采取的拍卖类型有：逆向拍卖和买方定价拍卖两种类型。

(1) 逆向拍卖。逆向拍卖系统也被称为竞标或招标系统。逆向拍卖中，买方将所需要的物品列在需求说明书(request for quotation，RFQ)中，或者提交一个招标书(request for proposal，RFP)，潜在的卖方对这些物品进行投标，不断降低价格。由于卖方根据买方的需求为提供产品或服务报价，因此这种拍卖被称为逆向拍卖。在逆向拍卖中，价格是递减的，往往要经历几个回合，直到竞标人不再降低价格为止。如果只考虑价格因素，那么最低价格投标者中标。这种拍卖主要应用于 B2B 和 G2B 中。B2B 逆向拍卖作为一种在线采购产品和服务的机制越来越受到青睐。大部分 C2C 拍卖采取正向拍卖，目前 eBay 也提供了逆向拍卖服务，比如需要购买二手车的人可以根据自己的期望给出一个针对个人的招标需求说明，让那些能够满足这种需求的投标者主动来联系。

(2) 买方定价模式。买方定价模式("Name-your-own-Price")首先由 Priceline.com 倡导。在这种模式中，潜在的买方向有任何愿意且可能成为自己的卖主方报出他所愿意支付的价格(或其他要求)。即通过让消费者自定义产品和服务的价格，使消费者节约大量的成本。尽管这种模式经常被一些企业应用，但基本上算是一种 C2B 的模式。这种网络动态定价战略已经被 Priceline.com 申请了专利。这种定价模式是指针对不同个体客户需求"量身定制"的产品价格，它是通过卖方主导的服务价值定价方案。供应方对给定的需求产品或服务进行报价，出价最低或者满足需求方要求的供应方会中标，定价的主动权在买方手中而不是卖方手中。

【案例 5-3】Priceline.com 的 C2B 定价模式

Priceline.com 把消费者的要求提供给卖方，卖方在买方期望的价格和条款下尽量满足有保证的要求。或者 Priceline.com 在自己的数据库中搜索包含有卖方最低价格的信息，并尝试进行供给与需求匹配。它要求顾客必须在价格合适或低于要求价格时保证接受出价，并要求顾客提供一个信用卡卡号进行担保。

潜在客户可以通过 Priceline.com 系统对各种旅游产品及机票"自己定价"。客户可以选择出发地、目的地的一对城市的组合，也可以选择旅游日期，然后输入一个他或她愿意支付的机票价格，这个价格是一个附有信用卡卡号的有约束力的要约价格。Priceline.com 随后凭此要约价格向其合作航空公司购票，航空公司有权接受或拒绝该要约，也有权决定起飞和到达时间、飞行路线、经停地点和次数以及服务于该对城市的机场。与 eBay、Hotwire.com 和 Orbitz.com 的透明拍卖相反，这个竞拍过程是不透明的，也就是说对竞价者是模糊的。在要约价格被接受之前，包括航空公司在内的许多信息都是隐而不见的。作为回报，购买者可以得到一个低于价目表价格的票价，获得部分生产者剩余，即航空公司收入超过其边际成本的部分。

假如航空公司因为价格太低而拒绝了要约价格，情况会如何？潜在客户是否会开出一个略高一点的价格？再次报价会将逆向拍卖机制改变为议价定价模式吗？事实并非如此，因为 Priceline.com 禁止在同一天内就同一次旅行提交两次报价。这一规定对航空公司是有利的，因为潜在买方只有报出最合理的价格才有可能买到机票。这一规定还可以使航空公司的计算机免于受理大量琐碎的重复报价，其中每个报价也许只比前一个报价高出几个美分而已。毕竟，逆向拍卖机制只是计算机和计算机之间的价格匹配，有事业心的软件工程师花不了太长时间就可以编写出一套报价程序。如果首次报价被拒，该程序就会自动作出反应，小幅加价后重新报价。这就是电子商务中的市场。

在电子化市场中，逆向拍卖机制是有效率的，个体购买者能够迅速而廉价地表达其需求偏好。尽管如此，航空公司或其他类型企业为什么依然愿意放弃自己偏好的定价方案而加入到这种定价体系中呢？传统的市场是一种卖方定价模式(seller—posted pricing model)，多家买方只是对设定的价格作出反应。竞争的目的是阻止卖方运用垄断权利或者是制定高价来剥削买方。

自主定价的逆向拍卖模式会成为未来的发展趋势吗？传统的定价模式会像恐龙一样消失吗？尽管开始时曙光乍现，网络逆向拍卖的前景还是不容乐观的。Priceline.com 创立者JayWalker 在开设了 Webhouse(一家利用逆向拍卖模式专门销售汽油和日用百货的网上拍卖网站)时发现，在大额票务市场中，网络逆向拍卖是最有效的，价格让步能给购买者省去一笔不菲的开支。实践证明，竞拍 Wrigley 的口香糖或者 Clorox 的瓶装漂白剂很费时，而且不像机票或酒店预订那样有利可图。尽管 Webhouse 有其拥护者，但最终还是因为缺乏竞拍人和卖方的参与而倒闭了，这表明逆向拍卖机制是有一定局限性的。由此可见，传统定价模式是大宗低价、有形产品的最好销售形式。

此外，把廉价机票选择性地销售给低价购票人往往会破坏品牌忠诚度。在同一旅程中，如果花了 400 美元买票的乘客发现坐在旁边的乘客只花了 100 美元，那么他就会为此而感到愤愤不平。尽管他们所购机票可能会有很大的限制差异，但是该乘客却仍会认为这种系统是不公平的。很多公司也会反对以此种方式销售产品。最后，未施行拍卖模式的企业也变得越来越聪明，为了避免通过 Priceline 之类的公司处理其滞销产品，它们会改变自己产品的价格。这些企业是利用收益管理(yield management)机制来改变其产品价格的，即根据客户电话订票的时间、空座的数量以及其他能更好满足需求变化条件的变量，它们会制定不同的价格。它们也会进一步细化细分市场，充分挖掘客户的需求。对大多数公司而言，使用选择性定价方法所带来的收入减少和生产者剩余让渡损失要少于使用 Priceline.com 之类的拍卖网站带来的损失。

(资料来源：Allan Afuah.电子商务教程与案例[M].李明志，译.北京：清华大学出版社，2005)

案例启示

在需求相对稳定或已知的市场中，这种定价模式非常适用，但是在需求未知或持续波动的市场中，这一模式就有些问题，尤其是易腐烂物品或服务。航空公司所提供的服务是飞机座位，可是这种服务不能像耐用物品(如新汽车)那样库存起来。飞机一起飞，服务就已经提供了，不管座位上是否有乘客，空座就意味着永久的收入损失。而且该潜在空座上坐上乘客的边际成本微乎其微，接近于零。因此，在飞机起飞前，座位上都坐满乘客是对航空公司最有利的。然而，在空座数量已知的情况下，如果航空公司在起飞前夕降价销售，就会扰乱市场。购票者就会坚持熬到购票结束之时获取最后一分钟折扣，这种买方策略会加重航空公司的空座问题。因此，为了解决空座问题，航空公司通常会向要约锁定购票者提供选择性保密价格让步，交易价格是双方直接议定的，其他潜在购票者也不得而知。这种不透明的情况也只限于针对那些对价格敏感，但是对时间和路线却不敏感的客户群使用。商务旅行者、有老人和孩子的家庭一般不会愿意把自己的旅行托付给一个多变的、不透明的信息和预订系统。

4) 许多卖家，许多买家

在此种结构中，同时存在多个买家和多个卖家进行投标和报价。股票交易就是一个双向拍卖的例子。买卖双方可以是个人，也可以是企业，这种拍卖也被称为双向拍卖。

纵向和横向交易所的做市商都会将交易所内的供应和需求进行匹配，利用这种匹配确定价格。在实时采购中，价格根据需求的变化而变化，是动态的，且价格随着时间快速变化，并有可能越过消费者。股票交易所是动态定价的最好例子。股票交易的价格有时每秒都在变化，这取决于在某时刻有多少买方愿意购买这支股票，以及此时有多少卖方愿意以不同价格销售这支股票。

一般来说，双向拍卖能够产生竞争性的结果。双向拍卖是一种交互的市场，在这种市场中，买方和卖方之间存在竞争行为。因此理论上讲，要想促进竞争就要扩展在线双向拍卖，因为与传统的市场组织相比，通过这种机制可以提高经济效益。然而对于拍卖商而言，单向拍卖比双向拍卖能够产生更多的收益。

3. 动态定价的适用领域

对同一产品或服务收取不同价格的动态定价机制吸引了很多企业，电子商务企业成功实施动态定价的条件如下。

(1) 商品价值的时间弹性较大。商品价值的时间弹性越大，就越需要价格实时反映市场条件的变化，否则就会造成价值的损失，如容易腐烂的物品、折旧大的物品等。因此时间弹性比较大的产品或服务可以使用基于需求的动态定价方法。

(2) 估价信息的完全性。由于商品的市场价值依赖对买方或卖方估价信息的了解，在买方或卖方估价信息不完全的条件下，需要由定价机制来揭示估价信息，如古董、艺术品的定价。

(3) 需求或供给的可预测性。市场需求或供给的波动越是频繁，波动幅度越大，商品的市场价值对时间的依赖性就会越强，商品的市场价格越需要实时反映市场需求或供给的变化。

(4) 客户愿意为同样的货品或服务支付不同的价格。企业必须知道或能够推断出顾客对每一单位产品或服务的支付意愿，这个支付意愿随着顾客或销量的变化而变化。顾客对同样产品或服务的价值评估差异越大，越可以使用动态定价配置和管理需求，但是实行动态定价时不能让顾客感觉不公平。顾客反对根据他们过去的消费行为或者个人的支付能力进行的动态定价。但如果顾客参与定价过程，就算是有明显的价格歧视他们也愿意接受，同时企业必须有能力阻止或限制顾客转售套利。

(5) 市场越大，顾客数量越多，交易数量越大，使用动态定价的机会越多。市场越大，顾客数量越多，市场的不确定性就越大，这样的不确定性市场更适合动态定价。国际互联网增加了市场的不确定性，促进了传统经济向现代经济的转变，为电子商务企业采用动态定价提供了条件。

四、定制生产定价策略

1. 定制生产的内涵

随着消费者需求的个性化和多样化，对消费者实行一对一的精准营销是众多商家面临的全新挑战。随着电子商务技术的发展，按照顾客需求进行定制生产成为网络时代满足顾客个性化需求的实现形式。定制产品和服务是按照购买者所要求的标准规格来生产产品和服务。定制化生产根据顾客对象可以分为两类：一类是面对工业组织市场的定制生产，这部分市场属于供应商与订货商的协作问题，如波音公司在设计和生产新型飞机时，要求其供应商按照飞机总体设计标准和成本要求来组织生产。这类属于工业组织市场的定制生产主要通过产业价值链从下游企业向上游企业提出需求和成本控制要求，上游企业通过与下游企业进行协作设计、开发并生产满足下游企业的零配件产品。另一类是面对大众消费者市场，实现满足顾客个性化需求的定制生产以及按定制定价的。由于消费者的个性化需求差异性大，加上消费者的需求量又少，因此企业实行定制生产必须从管理、供应、生产和配送各个环节适应这种小批量、多式样、多规格和多品种的生产和销售的变化。为适应这种变化，现在企业在管理上采用 ERP(企业资源计划系统，Enterprise Resource Planning)来实现自动化、数字化管理，在生产上采用 CIMS(计算机集成制造系统，Computer Integrated Manufacturing System)，在供应和配送上采用 SCM(供应链管理，Supply Chain Management)。

2. 定制定价策略

定制定价策略是在企业能实行定制生产的基础上，利用网络技术和辅助设计软件，帮助消费者选择配置或者自行设计能满足自己需求的个性化产品，同时承担自己愿意付出的价格成本。为顾客定制 PC 的戴尔(Dell)公司就是这方面的典范。客户可以登录专门针对中国市场设计的可进行定制定购的主页，用户可以了解本型号产品的基本配置和基本功能。如果用户对配置还不满意想增加功能或者提高产品性能，比如想将硬盘从 40GB 扩充到 160GB 的容量，订货时只需要在图中右下角的方框中打钩，然后在页面上方的框内显示出当前配置的计算机价格。通过这些对计算机配件的选择，消费者可以根据自己的实际需要和能承担的价格，配置出自己最满意的产品，实现定制化产品，价格由客户自己来确定。在配置计算机的同时，消费者也相应地选择了自己认为合适的价格产品，因此对产品价格有比较透明的认识，增加了企业的信用。目前这种允许消费者定制定价订货还只是初步阶段，消费者只能在有限的范围内进行挑选，还不能要求企业完全满足消费者所有的个性化需求。

五、物物交换

物物交换大概是最古老的定价方式，最早由我们的祖先开始使用。物物交换(barter)指以物换物，或以物换服务等。当今，它主要应用于组织与组织之间。实物交换的问题在于寻找贸易伙伴的困难。电子实物交换是一种以在线方式进行的实物交易，它能通过吸引更多的伙伴参与交换来提高匹配进程。另外，匹配速度可能也更快，同时获得更好的匹配结果。经常进行在线实物交换的物品主要有办公空间、储藏和工厂空间、空闲设备、劳动力。

电子实物交换通常在电子交易所进行，当然也有通过分类广告实现交换的案例。一般交易所由中介安排交换的市场空间。典型的国内代表有换客易物网，国际代表有allbusiness.com、intagio.com等。国外运作流程为：公司告诉交易所它们想提供什么物品，交易所对公司提供的物品或者服务进行评估，并赋予它一定的"点数"或"实物交换币"。公司可以用这些"点数"从参与交换的伙伴那里购买它们所需要的物品。

尽管它对一些资金匮乏的新企业来说比较有利，但一般来说，物物交换是一种相对较弱的定价模式，没有什么长期发展潜力。

第二节　动态定价：电子拍卖

【案例5-4】现实中的拍卖

在案例3-2中，我们看到通用电气采取了两种不同形式的电子拍卖：用于旧设备清理的正向拍卖和用于汽车配件采购的反向拍卖。这些都属于B2B拍卖。下面将给出一些其他形式拍卖的例子。

一、C2B反向拍卖：DM&S公司

DM&S公司是一家小型卡车运输公司，每年的销售额约为180万美元。在1999年，卡车司机们非常繁忙，但是随着2000年年初美国经济趋缓以及燃料价格上涨，DM&S公司也和其他小型公司一样开始步入亏损。

其中的一个重要原因是卡车必须在特定时间开出，而当时并不一定满载。另外，在回程中货物也不一定装满。DM&S公司的执行总裁伯特·兰伯斯想出了一个点子：提供一项服务，让小型运输公司竞标单项货物的装运工作。装运时间灵活的客户将得到最大好处。这实际上就是反向拍卖的方式。

伯特·兰伯斯花费1.5万美元建立了拍卖网站dickerabid.com，一旦客户将工作放到网站上，卡车司机就可以开始竞标。对于那些目的地和行车时间正好符合顾客要求的卡车司机，装运任何货物都比开空车好。同样，顾客可以获得大比例折扣，而中标的卡车司机至少可以赚回燃料费。该网站在开始运行的几个月内就为DM&S公司增加了1.4万美元的收益，卡车司机也从最初的4名增加到20名。通过做汽车相关产品的广告，还可以获得额外收入。该网站获得了 Inc.杂志举办的 2000 年网站创新大赛第 3 名。

在这个案例中，DM&S 公司是一家第三方拍卖提供者，也是买家(购买卡车司机的服务)。大型卡车运输商拥有自己的网站 imove.tom，它提供了大量的信息。

二、B2C 和 C2C 正向拍卖：戴尔计算机公司

如果你想出售或者购买二手或者过时的戴尔公司的产品，可以去 dellauction.tom 网站。无论你是买家还是卖家，都可以得到大量关于你感兴趣的产品的信息。例如，你可以知道卖家是戴尔公司(B2C)还是个人(C2C)；你也可以查看许多产品细节，如质保条款和其他条件；还可以获得一些服务，如第三方委托保管等。一切都已经为你准备好了，从你自己的个性化购物车到支付和装运账户。

三、C2C 正向拍卖：大家都在 eBay

浏览一下 Bay.com 是很有必要的。eBay 在 2001 年春季就已经是一个拥有 2000 万注册用户的世界上最大的拍卖网站。该网站主要为个人提供服务，但同时也服务于一些小型公司。在 2000 年该网站上面的销售额有 50 亿美元，主要集中于收藏品，但也进行其他商品的拍卖(如剩余物资)。在 2001 年 eBay 开始和英国的 icollector.com 合作进行艺术品的拍卖。该网站还提供固定价格的交易。eBay 是全球化运作的，允许进行跨国交易，在美国、加拿大、法国、英国、澳大利亚以及日本有本地化的网站。来自 150 多个其他国家的购买者也可以参与。eBay 还提供一个企业交易所，在这里中小型企业可以通过 B2B 或 B2C 模式来买卖新产品或二手商品。

eBay 在美国有 53 个本地网站，允许用户方便地找到距离自己较近的商品，并逐一浏览。另外还有一些专门网站，如 eBayMotors，专门处理特定商品。

交易可以在任何时间和任何地点进行，无线交易也已经成为可能。了解 eBay 的最佳方式就是在 eBay 的交易社区出售或购买一件商品。

(资料来源：Efraim Turban.电子商务管理新视觉[M].2 版.王理平，译.北京：电子工业出版社，2003)

上述案例介绍了现实中普遍采用的多种拍卖形式，下面详细介绍拍卖的产生及类型以及拍卖的过程。

一、电子拍卖概述

1. 电子拍卖的产生

拍卖(auction)是一种市场机制，这种机制可以是卖方提供物品，买方根据物品进行投标(正向拍卖)；或者是买方列出特定物品的物品需求说明书(RFP)，卖方投标赢取相应的供应任务(逆向拍卖)。拍卖的特点是通过竞争性和动态性的特征产生最终的成交价格。拍卖是一种历史悠久的商业模式，它能够处理那些通过传统市场渠道不能处理的或低效率的产品或服务的交易。

拍卖是一种竞争的市场运行机制，在这一机制下，卖方连续请求买方出价(正向拍卖)，或者买方请求卖方出价(逆向拍卖)，通过出价来动态地确定价格。拍卖是确定物品价格的一种古老的市场机制，早在古罗马奴隶制社会，拍卖财产和奴隶的活动就曾盛行一时。随着西方发达国家市场经济的发展，拍卖已成为产品市场和资本市场必不可少的交易方式。我国自 1986 年广州国营拍卖市场成立以来，拍卖业已进入到常规发展阶段。特别是 1996 年《中华人民共和国拍卖法》的颁布，标志着我国拍卖业进入了一个新的发展时期。现代社会拍卖经常被用来完成在传统市场中无效或低效的产品与服务的交易。例如，拍卖能使那些需要清偿或需尽快销售掉的物品得到快速处置。

互联网的产生，为实现网上拍卖提供了一个低成本的基础设施，扩展了传统拍卖的时间和空间，并且可以使更多的买方和卖方参与到网上拍卖中。互联网技术和传统拍卖机制的结合产生了网上拍卖。

虽然很多消费品不适合拍卖，并且最好是通过传统的销售技术，但由于在线拍卖交易的特性也可以提供新的市场方式。例如，买方可以向所有潜在的卖方发出报价请求来寻求产品和供应商，而不必访问所有官方的网站。这种采购机制是如此的具有新意，甚至有潜力应用到所有类型的消费品中。通过从更大范围内的供应商或客户中寻求报价，拍卖提高了寻找最优匹配的概率，特别是在 B2B 方式中。现在有很多制造商和零售商利用拍卖的方式来销售产品或服务(如戴尔 amazon.com、沃尔玛的山姆会员商店)，或者是采购产品或服务(如通用电气、通用汽车、波音)。除此之外，有很多中介机构(eBay.com)也活跃在这个快速成长、百亿美元的市场上。

2．电子拍卖的优势

无论是对于个人还是商业组织，电子拍卖都日益成为买卖商品的重要渠道。电子拍卖使卖家在任何地方都可以对商品或者服务进行竞标，而且几乎可以获得价格、产品、供需等方面的完全信息。所有人都将从这些特征中受益。

1) 对于卖方的益处

(1) 可以通过扩大顾客的数量和缩短商业周期来增加收入。通过电子拍卖，可以使更多的买方参与进来，扩大了市场范围。卖方可以以有效的方式接触最感兴趣的顾客。

(2) 最优价格设定。卖方可以在拍卖过程中搜集关于价格灵敏度的信息，并且可以获得买方对产品真实价值更高的价格，为其在其他固定价格市场上的产品定价。

(3) 减少在中间商上的花费，降低交易成本。卖方可以直接向消费者供应产品，避开费用较高的中间商和昂贵的传统拍卖，从而获得更多的收益。除此之外，使用中介媒体提供的电子拍卖比使用物理拍卖场所能够节省更多的成本，与传统拍卖和清仓相比，电子拍卖交易成本更低。

(4) 更好的客户关系。买卖双方可以有更多的机会和时间相互交流，从而可以创造一种群体意识和忠诚度。另外，通过利用根据客户兴趣搜集的信息，卖方可以改善买方的整体电子商务体验，还可以传达更定制化的个性化服务，从而增强与客户的关系。

（5）清仓。买方可以非常迅速地清仓处理大量的、过时的或多余的产品。

（6）更低的管理成本。与通过电子商店和非互联网式的拍卖方式相比，通过电子拍卖方式发生的成本低得多。

2) 对于买方的益处

（1）买方有机会发现一些特殊的物品和收藏品，带来了更多的机会，从而可以寻找稀有产品或收藏品。不能在某个特定区域或特定时间内得到的物品可以定期在互联网上拍卖，比如邮票、硬币、芭比娃娃等。

（2）讨价还价的机会。这种拍卖机制允许买方和卖方讨价还价，而不是以固定价格购买。

（3）更低的价格。买方可以购买固定价格产品，并通过投标的机制来降低价格。

（4）娱乐性。参与电子拍卖可令人兴奋，富有趣味性。买卖双方的交互可创造一种亲切感和积极情绪，买方之间也可以随意接触。

（5）匿名性。通过第三方的帮助，买方可以保持匿名。

（6）便利性。买方能在任何地方进行交易，甚至通过移动电话进行，同时网上搜索引擎可以使买方很方便地搜索到所需竞买的物品。

（7）传统拍卖需要竞买人在同一时间进行，而网上拍卖的竞买人不需要同时竞价，竞价可持续数天或数周，这使得竞买人在竞价时间上具有很大的灵活性。

3) 对于电子拍卖人的益处

（1）更高的重复购买率。Jupiter 通信公司在 1998 年进行了一次调查，比较各主要电子商务站点的顾客重复购买率。结果显示，eBay 和 uBid 等拍卖网站比亚马逊这样的 B2C 电子商务网站拥有更高的重复购买率。

（2）黏性。黏性是指顾客在(拍卖)网站长时间停留和再次登录的趋势。拍卖网站往往比那些固定价格的网站更具有黏性。黏性强的网站可以获得更高的广告收入，因为浏览者有更深的印象和更长的浏览时间。

（3）更高的重复性采购率。1998 年，木星通信公司针对一些优秀的电子商务站点的重复采购率做了一项调查研究（Subramania 2000）。结果显示，相对于优秀的 B2C 电子商务网站(如 Amazon.com)、拍卖网站(如 eBay)有着更高的重复采购率。

（4）具有亲和力的网站。"亲和力"是指客户长时间滞留在一个网站并且经常访问。这些具有亲和力的站点，由于影响力更加深刻、浏览时间更长，因此广告收入更高。

3. 电子拍卖的限制因素

电子拍卖存在以下限制因素。

（1）欺诈的可能性。在许多情况下拍卖品是独一无二的、二手货或是古董。因为买家看不到实物，所以可能购到有缺陷的产品。而且买家也有可能实施欺诈，因此欺诈率很高。

（2）有限的参与者。有些拍卖只有受到邀请才能参与，还有些只对经销商开放，因此它们并不是完全公开的。

（3）安全性。有些在因特网上进行的 C2C 拍卖并不安全，而一些 B2B 拍卖在非常安全的专用网上进行。一些潜在的参与者可能由于害怕缺乏保障而被吓跑。

（4）软件问题。现在只有很少一部分"完全"和"现成"的解决方案可以支持优化定价策略所需要的动态商务功能，并且能定制以适应某公司或行业的特定需要。简而言之，动态商务的"最佳实践"仍被局限于行业内部，并将随着新的在线业务流程的出现而继续发展。

（5）周期长。一些拍卖可能会持续几天，并且有时买卖双方需要通过面对面的会见或者是第三方代理来完成一次交易，这是非常耗时的，而买卖双方可能不希望为此浪费时间。

（6）买方的设备。买方需要一台计算机来参与电子拍卖，并且他们还需要支付上网费用，这些要求在一定程度上限制了潜在的参与人数。随着人们开始使用手机参与拍卖活动，这些要求也正在改变，即需要一部能够上网的手机。

（7）订单执行成本。在拍卖站点上进行采购意味着买方需要支付运输和操作成本，再加上额外的保险成本。

二、电子拍卖的类型

1. 按照电子商务的交易模式进行分类

1) C2C 模式电子拍卖

做市商开辟拍卖网站，提供在线拍卖功能，允许任何用户在拍卖网站上拍卖和竞买商品，拍卖交易在网上个人用户之间进行。做市商的业务收入主要来源于对注册用户收取的商品登录费或者实现交易完成收取的交易佣金等附加费用。以 eBay、雅宝中文拍卖网站等为代表。经营 C2C 模式拍卖网站的目标是争取尽量多的卖方将拍品信息登录在网站上，并协助卖方以最优的价格完成每一笔交易。

2) B2C 模式网上拍卖

这种拍卖网站在提供自有产品给消费者的同时，也作为一个交易中介，为企业和消费者提供交易平台。提供这种服务的在线企业大多是在线零售商，他们兼营为消费者提供增值服务的业务。B2C 模式中有两种新的网上拍卖方式。

（1）集体购买。在采用集体购买拍卖方式的网站上，某些物品标上一个价格后进行展示，当单个买家就某个物品输入出价时（这时的出价就是同意购买这类型的物品），网站就可以和物品的提供商商定一个更低的价格，当出价的人数增加时，促使物品的价格不断下降。这种拍卖方式对消费者来说，可以买到更便宜的物品，而物品的提供商也增加了销售。Mercata 是第一个采用集体购买的网站，中国以酷必得网站为代表。当竞买人集合得越多，拍品成交的价格就越低，网站上一般只拍卖新品。

（2）逆向拍卖。买方提出购买要求，提供商品或服务的卖家相互竞争，标出愿意卖出产品的价格，商品价格的竞争在卖方间展开。例如 Priceline 网站，想要订购飞机票的人可以在网站贴出通告，这样由航空公司相互竞争，直至价格下降到所有航空公司不再出价为止，或者机票价格下降到买家能接受的较低出价为止。

当然，B2C 经营模式也会面临着许多困难，例如，要考虑如何快速运输物品、仓储成本，同时要面临实体商店及其他购物网站的双重竞争。

3) B2B 模式网上拍卖

典型的 B2B 网上拍卖应用就是电子采购。它有点像 B2C 模式，网上拍卖交易的双方都是企业或商家。通常是，大公司在自己的企业网站上出售过剩的存货。而对于小规模的公司，则由第三方拍卖网站取代了清算经纪公司，将许多小的企业集中在一个网站上拍卖它们过剩的存货。让那些以往没有业务往来的买家和卖家加入到网上拍卖行列中来。

对网上拍卖的经营模式进行分类，这有助于我们更清楚地了解它们的发展趋势，对国内十家大型的中文拍卖网站(雅宝、网猎、易趣、新网等)的调查，我们发现这些拍卖网站都是 B2C 和 C2C 的混合型，其交易的商品集中在计算机软硬件、消费电子、办公设备、服装、运动器材、娱乐品、书籍音像、首饰物、收藏品和服务等方面。B2B 拍卖交易的典型代表就是由美国大型汽车集团如福特、通用等共同组建的，主要应用于汽车零部件采购的拍卖网站 Covisint。

2. 按照拍卖方式进行分类

1) 英式拍卖

英式拍卖是目前网上拍卖最流行的一种拍卖方式。在英式拍卖中，竞买人出一个比前一个出价更高的价格，直到没有竞买人出更高的出价为止。这时，拍卖物品按最后一个出价，卖给了出价最高的竞买人。英式拍卖也被称为"出价逐升式拍卖"。这种拍卖的主要特征是先行确定较低的保留价，竞价的过程为价格从低向高展开，直至产生最高应价并被确认。英式拍卖是国际上普遍采用的最常见的一种拍卖形式，拍卖标的物求大于供的情况时尤为适当。

网上英式拍卖与传统英式拍卖有所区别。传统拍卖对每件拍卖品来说，不需要事先确定拍卖时间，一般数分钟即可结束拍卖；而对于网上拍卖来说，则需要事先确定拍卖的起止时间，一般是数天或数周。例如，在 eBay 拍卖站点，拍卖的持续时间一般是 7 天。由于网上拍卖的持续时间较长，这使得许多网上竞买人具有"狙击"情况，即直到拍卖结束前的最后数分钟才开始出价，试图提交一个能击败所有其他竞买人的出价，并使得其他竞买人没有时间进行反击。解决"狙击"情况的一种方式是在固定的时期内增加"扩展期"。例如，扩展期设定为 5 分钟，这意味着如果在最后 5 分钟内有出价，则拍卖的关闭时间自动延长 5 分钟。这一过程一直持续下去，直到 5 分钟以内没有出价，拍卖才终止。这种方式有效地解决了"狙击"现象。另一种方式是实施"代理竞价"机制。eBay 解释它的代理系统为"每一个竞买人都有一个代理帮助出价，竞买人只需告诉代理希望为该物品支付的最高价格，代理会自动出价，直到达到最高价格"。

2) 反向出价英式拍卖

许多拍卖站点(特别是 B2B 站点)利用反向出价拍卖来帮助公司节省采购成本。在这些站点上，公司通常提交一个招标书(RFP)或者询价单(RFQ)来启动一个供应拍卖。拍卖的赢家是为供应所需商品或者服务提供最低出价的投标者。主要应用于 B2B 网上采购，商家通过反向拍卖，大大降低采购成本，减少交易费用。

3) 荷兰式拍卖

荷兰式拍卖是英式拍卖的逆行。传统荷兰式拍卖中，拍卖人开始宣布产品的一个高价格然后逐渐降低产品价格，直到一个竞标人接受当前价格为止。其主要特征为：先行确定较高的起拍价，并按阶梯向低价位展开竞价，直至产生最高应价并被确认。其特征为利用竞买人的心理价位，及竞买人担心失去竞买机会，而制定出在第一时间应价有效的规则，这一规则限制了价格下降的空间，同样可以实现价格优势。

网上荷兰式拍卖与传统荷兰式拍卖一样，拍卖也是针对一个卖主有许多相同物品要出售的情况而设计的，但网上荷兰式拍卖并不存在价格逐渐下降的情况。通常是到截止时间后，出价最高的人获得了他想要的数量，如果物品还有剩余，就接着分配给出价第二高的出价人。如果有几个人出价同样高，那么网站会把拍卖品优先分配给先出价的人，即遵循"高价优先，先出价优先"的原则。至于最终的成交价格，有的网站规定是按照成功出价人各自的出价付款，有的网站则规定所有人都按照最低出价付款即可。

4) 密封拍卖

网上密封拍卖(sealed auction)是卖主提供商品给买主，买主对其进行评估并决定是否竞价。潜在的竞买人在指定的时间之前对产品提交一个密封的出价，出价一般可通过加密的 E-mail 发送给拍卖人，再由拍卖人统一开标后，产品被出售给出价最高的竞标人。

密封拍卖可分为一级密封拍卖和二级密封拍卖。在一级密封拍卖中，出价最高的竞买人中标。如果拍卖的是多件相同物品，出价低于前一个的竞买人购得剩余的拍卖品。二级密封拍卖和一级密封拍卖类似，只是出价最高的竞买人是按照出价第二高的竞买人所出的价格来购买拍卖品。这种拍卖方式能使卖方获得更高的收益，因它鼓励所有的竞买人都按其预估价出价，降低了竞买人串通的可能性。由于获胜的竞买人不必按照不合理的高价付款，从而使所有的竞买人都想以比其在一级密封拍卖中高一些的价格出价。威廉·维克瑞(William Vickrey)因对这类拍卖的研究而获得了 1996 年诺贝尔经济学奖。因此，二级密封拍卖也称为维氏拍卖。

Priceline 发明了一级密封拍卖的一个派生物。在 Priceline 的拍卖模型中，竞价人可以为指定日期的往返机票提交一个价格(密封出价)，同时由信用卡提供担保。一旦竞标人提交了自己的出价，他们就同意了 Priceline 在竞价人指定日期安置的任何航班(可能从早上 6 点到晚上 11 点之间)，而且机票不可退还。一旦提交了一个出价，Priceline 就检查该出价是否符合参加的航空公司为 Priceline 客户提供的价格和约束。在 Priceline 检查了是否有航空公司愿意以客户的出价或低于出价出售的机票后，航空公司检查在指定的日期是否有座位。如果有，它会从竞价人信用卡中收取票款，并通知旅行。Priceline 有效利用了先动优势，取得了"由你定价"拍卖过程的专利。这种方法被证明是以离散方式处理多余库存的一种简洁方法。

  5) 反向出价一级密封拍卖

  以类似的方法，公司也可以使用反向出价第一价格密封拍卖来购买商品。政府采购现在通常都采用这种拍卖方式来采购商品。政府招标采购委员会在网站向潜在供应商公布可以投标的 RFP 或 RFQ，供应商只提交完成请求的一个密封出价，他们不知道其他竞价人提交的价格，在拍卖结束之时，出价最低的竞标人将最终胜出。

  6) 双重拍卖

  在网上双重拍卖中，买方和卖方是通过软件代理竞价系统来出价的。在拍卖开始前，买方向软件代理竞价系统提交最低出价和出价增量，卖方向软件代理竞价系统提交最高要价和要价减量。网上拍卖信息系统把卖方的要约和买方的要约进行匹配，直到要约提出的所有出售数量都卖给了买方。双重拍卖只对那些事先知道质量的物品有效。例如，有价证券或定级的农产品，通常这类物品交易的数量很大。网上双重拍卖既可以按照密封递价方式，也可以按照公开出价方式进行。

三、网上拍卖的过程

  有许多软件或智能工具可以帮助买家和卖家寻找拍卖或完成交易。竞价代理是网上拍卖发展较快的领域之一。竞价代理是一个程序，它能搜索买方感兴趣的拍卖网站并自动出价。这些程序还应能搜索到最近结束的拍卖中特定产品的最后出价，并根据这些价格作出出价策略。

  网上拍卖涉及各种类型的人，而且一般的参与者对拍卖知识了解甚少。因此，拍卖应用软件的可操作性是非常重要的。许多拍卖网站都提供了软件的导航帮助系统，帮助功能一般包括：①如何使用拍卖应用软件；②解释所采用的拍卖方式；③买方可用的竞价策略；④卖方可用的拍卖机制。参与人可以借助帮助系统完成拍卖过程。

  交易过程(见图 5-2)有以下四个阶段：寻找和比较、开始拍卖、实际竞价、拍卖善后事宜。

1. 第 1 阶段：寻找和比较

  因为拍卖在全球数以百计的网站上进行，所以买卖双方需要进行大范围的寻找和比较来选择理想的拍卖网站。

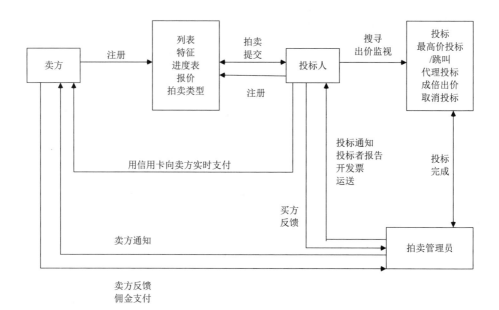

图 5-2 电子拍卖流程

1) 大范围搜索和比较

许多网站上都提供和数百个拍卖网站的链接，或者提供搜索特定网站的工具。大范围搜索工具不仅可以帮助卖家找到合适的网站来提交自己的物品，也可以帮助买家高效地浏览现有的拍卖网站。下面是一些比较流行的搜索工具。

(1) Aution Watch 提供了一个按类别组织的拍卖网站目录，还有拍卖新闻和留言板等。

(2) 因特网拍卖列表提供关于全球电子拍卖的新闻，并帮助买家和卖家参与无数的专门拍卖。

(3) 雅虎拍卖列表提供 400 多个与拍卖相关的链接。

(4) Bidder's Edge 对大量拍卖网站进行搜寻，寻找特定的拍卖品和价格信息，它还曾提供拍卖过的物品的详细历史信息。

2) 自动搜索服务

当买家感兴趣的物品在一个或多个拍卖网站上进行拍卖时，自动搜索服务就会通知买家注意。买家需要填写一张简单的表格，制定自己关注的物品，然后寻找像 Aution Watch、cool-seek.com 之类的搜索助理，监视网站并通过电子邮件通知买家。

3) 浏览网站分类目录

几乎所有的拍卖网站主页上都有一个产品类别目录，买家可以通过浏览一个类别的目录或该类别的子目录来缩小搜索范围。一些网站还允许用户根据拍卖时间来对物品排序。

4) 基本和高级搜索

买家可以通过搜索引擎查找单个词汇、多个词汇或关键词。在使用高级搜索时，买家需要填写一张搜索表,指明物品名称、物品描述、卖家用户名、拍卖品编号、价格范围、地点、截止日期等信息。

2. 第2阶段:开始拍卖

为参与拍卖,用户需要在所选网站注册。注册之后,卖家就可以将物品列在网站上,描述特征,设定拍卖时间表,报出价格。买家则可以查看卖家的档案和其他细节,如最低交易数量、拍卖规则和允许的支付方式,然后给出报价。

1) 注册和建立档案

在参与一项特定拍卖之前,买卖双方必须注册用户名和口令。用户页面的标题及拍卖列表中会显示对卖家的概要描述。在提交报价之前,买方可以查看卖方的档案,如会员用户名和先前的交易记录。如果拍卖网站提供自愿的用户认证计划,买方就可以通过第三方安全机构来检查卖方是否是合格的拍卖社区成员。

2) 陈列和促销

有许多软件程序可以帮助卖方陈列和促销货物。

(1) 广告向导可以帮助用户创建能够吸引客户的广告。通过一个简单易用的界面,用户只要填写相应的信息就可以为其拍品创建漂亮的电子拍卖广告。

(2) 利用拍卖助手(Auction Assistant)和广告工作室这样的在线工具帮助卖家创建拍卖商品的列表。可以通过改变字体、增加背景、选择主题进行强化描述其商品,同时用户还可以加入一些信息(包括运输方式、支付条款等)来吸引买方的眼球,同时还可以用于跟踪销售、支付和装运。

(3) Auction Mr.Poster。这套程序使添加图片变得很简单,并直接与 eBay 网站相连。它可以帮助添加背景和照片等,且不需要设计和编程技巧。这套程序可以一次产生 100 条广告,也支持批量列表。

(4) Auction Wizard 程序是一个海报张贴工具,这套程序可以同时提交 100 件拍卖品。它具备复制和粘贴功能,还可以输入用户名、口令、拍卖品名称、地点、公开报价、类别以及拍卖持续时间。

(5) Bulk Loader。卖方可以将多件拍卖品输入类似于微软 Excel 的电子表格程序中。

3) 定价

在提交一件拍卖品后,卖家必须决定出价的最小购买量、加价幅度以及底价。如果拍卖网站允许搜寻已经结束的拍卖,那么类似物品的交易价格可以为买家提供出价基准,也可以帮助卖家决定可接受的最低价格。

3. 第3阶段:实际竞价

在竞价阶段,买家可以亲自出价,也可以使用软件工具代表自己出价,他们还可以使用工具来查看拍卖状态,并在不同的网站上实时出价。

1) 竞价监视和多处竞价

买家可以在任何时候访问拍卖网站的主页，并且跟踪了解正在进行中的拍卖状态。他们可以回顾自己近期的一些成功或失败的竞价。

2) 自动截至

在拍卖的最后几秒以高于最高出价进行投标，称之为狙击。即在拍卖的最后几秒内进入，并以最高价格胜出。自动狙击需要使用电子化的工具来自动进行。

3) 电子代理竞价

软件系统可以作为代理来代表买家出价。在这种代理竞价中，买家要确定自己可以接受的最高出价，然后亲自手动进行第一次投标。电子代理系统自动执行购买者的投标行为并负责出价，并使报价尽可能低。一旦有新的竞拍者出现，代理将自动提价，直到达到预先设定的最高价。

4. 第4阶段：拍卖善后事宜

拍卖完成以后，就要考虑拍卖完成后的后续工作，包括电子邮件通知以及安排付款和运输。

1) 拍卖完成后的通知

(1) 竞价通知。在竞价过程中，买家的出价一旦被超过或取得领先位置，就会收到电子邮件或语音信息通知。

(2) 拍卖终止通知。拍卖结束后，卖家会收到一封电子邮件，告知出价最高者的情况。电子邮件提供了买卖双方的用户名、卖家和获胜者的电子邮件地址、到拍卖广告的链接、拍卖品名称、最后价格、拍卖结束的日期和时间、总的出价数以及开始和最高的竞价数量。

(3) 卖家通知。拍卖结束以后，卖家往往要和买家联系。卖家通知一般提供拍卖号码和拍卖品名称、总的购买价格、支付方式选择、邮件地址等。

2) 用户沟通交流

用户之间通过在线交流，双方可以共享所拍卖产品或服务的信息，以及在线拍卖进度的相关信息。用户之间的交流可以通过电子拍卖网站的聊天组实时发送信息，并迅速从其他人那里得到反馈，也可以通过邮件列表或者留言板进行沟通交流。

3) 反馈和评级

大多数电子拍卖网站都提供反馈和评级功能，使拍卖社区中的成员可以相互监督。这种功能使用户可以给卖家或竞拍者评级，并对卖家、竞拍者和交易进行简短评价。

4) 发票和账单

发票工具软件可以用电子邮件发送并打印发票，通过多种方式搜索和整理发票，编辑发票和取消发票。这种软件能自动计算运费和销售税，还能自动计算并向卖方收取刊登费和佣金。

5) 支付方式

卖家和竞价获胜者可以选择的付款方式包括现金支票、货到付款、信用卡、电子支付以及第三方委托保管支付等。

6) 包装和运输

拍卖完成后按照约定条款安排拍品的包装运输，一般可以通过一些专业运输服务商进行，能够为卖家提供一站式集成服务，包括包装、加工和运输货物服务。

四、网上拍卖的风险识别及其防范

根据国际消费者联盟的调查研究发现，在所有通过因特网开展的电子商务活动中，电子拍卖中的欺诈问题是最严重的，因此应有效识别网上拍卖可能存在的欺诈及风险，进行有效的防范，最大限度地避免网上欺诈的出现。

1. 电子拍卖中的欺诈种类

买家和卖家都可能实施欺诈。下面是一些例子。

(1) 出价保护。出价保护是指在拍卖开始的时候使用虚构的竞拍者报出非常高的价格，吓跑真正的投标者，而虚构竞拍者在拍卖的最后一分钟退出，之后投标者(虚构竞拍者的伙伴)以较低价格获胜。这种虚拟竞拍者相当于盔甲，保护出价低的竞拍者。借助竞价盔甲，一批不诚实的竞拍者可以通过抬高标的价格来吓退其他竞拍者。

(2) 雇用出价。卖方雇用出价人(或卖方) 扮作竞买人故意人为地抬高被拍卖物品的出价。卖家特意安排竞买人对其物品给出虚假的报价，人为抬高价格。在拍卖接近结束时，如果实际最高报价低于卖方的预期，则他们有可能突然报价来操纵价格，要么抬高价格达到预期，要么将产品卖给自己而保护拍品以获取下次拍卖机会。

(3) 虚假照片和误导性描述。为了吸引竞拍者的注意力，一些卖家会虚报自己物品的情况。借用图片、含糊其辞和弄虚作假是卖家可能使用的一些策略。

(4) 不正确的评级技术。物品评级经常是买卖双方争论最激烈的问题。卖家可能说物品有九成新，但是当竞拍者收到物品和付清货款后，却感到它只有七成新。对物品的评价各人都有不同的观点。尽管人们设计和采用了许多评级系统，但是物品评级因人而异。

(5) 出售复制品。卖家声称出售的是真品，但实际上却是复制品。

(6) 高额运费和处理费。一些卖家想从竞标者那里多收点钱。不同卖家收取的邮费和处理费各不相同。有些人收取额外费用来补偿"处理"成本和其他无形费用，还有人收取包装材料费，尽管这些材料能免费得到。

(7) 遗失和损坏索赔。买家声称他们一直没有收到货，或者收到货时货已被损坏，然后要求退款。卖家有时候无法证明货已送到，或者送到时状态良好。

(8) 调包和退货。卖家成功地拍卖掉一件物品，买家拿到时感到不满意。卖家及时退款后，但拿回的退货却和原先送出的不一样。有些买家可能用"垃圾"调换了别人的"珠宝"。

(9) 其他欺诈行为。比如完成拍卖，卖方不缴纳列表费及交易费用，买方付款后不能及时收到货物等；还有卖方销售偷窃的商品、提供假的身份等欺诈行为。

2. 电子拍卖中欺诈的防范策略

(1) 竞买人合谋的规避。在拍卖过程中，一组竞买人合谋而形成一个圈。圈内的成员承诺互不竞争。拍卖结束以后，如果圈内的某一成员中标，则该物品在圈内成员之间再次拍卖，将第一次拍卖价格与第二次拍卖价格之差作为利润在圈内成员之间分配。网络使得圈的形成更加容易，竞买人可以使用加密机制使他们的聊天室形成一个圈，即使缺乏这种集中的聊天室，如果竞买人的身份相互都知道，也很容易形成圈。设置保留价格能有效地减少圈的形成。

(2) 雇用出价的规避。雇用出价是卖方雇用出价人(或卖方) 扮作竞买人故意人为地抬高被拍卖物品的出价。雇用出价通常发生在拍卖价值较高的物品且竞买人对这些物品估价差异较大的情况下，这样卖方就能从雇用出价中获得较高的收益。随着网上拍卖的迅速发展，雇用出价已成为电子商务中最主要的一种欺诈行为。由于网上难以确认买卖双方的身份，使得卖方更容易以虚假的身份对自己拍卖的物品进行竞价。防范雇用出价的一种方式是通过设计恰当的拍卖中介费，使得卖方如果想从雇用出价中获得收益，就要面临较高的风险。

(3) 在公开叫价拍卖中撤回出价。在传统的公开叫价拍卖中，竞买人提交的出价是不可撤回的。但在网上拍卖中，由于拍卖要持续数小时或数天，竞买人有撤回出价的可能。因此，网上公开叫价拍卖必须给予竞买人选择是否撤销出价的机会。决策支持工具应具有这种选择功能。

为了避免电子拍卖中的欺诈行为的发生，还可以采取措施来审核认证买卖双方身份，借助第三方对拍品进行鉴定评级，委托第三方进行托管等，从而规避欺诈行为的发生。

【案例 5-5】 eBay 拍卖的风险防范策略

全球最大的拍卖网站 eBay，采取了很多措施来尽量减少欺诈行为，有些是免费的，有些是收费的。eBay 公司成功地达到了其目标：2001 年，eBay 所做交易中欺诈行为小于 0.1%(Konrad 2002)。eBay 采取的措施主要有以下几项。

1. 用户身份审核

eBay 借助 Equifax 的服务来审核用户的身份，每个身份审核需要花费 5 美元。一个新的自愿程序——eBay 用户校验——鼓励用户向 eBay 提供额外信息以供在线校验。通过提供他们的社会保险号码、驾驶证号码和出生日期，用户将以 5 美元的价格获得 eBay 上最高级别的校验。

2. 鉴定服务

产品鉴定是一种确定某个产品的真实性以及对产品的描述是否合理的方法。由于鉴定的结果因鉴定人的经验而有所不同，因此鉴定工作非常难以执行。由于专家们接受过训练并且富有经验，通常情况下他们可以根据一些细节判断产品是否是假冒伪劣的。然而，对于同一件物品，两个专家级的鉴定人可能会得出不同的鉴定结果。eBay可以聘请相关的公司来提供专业化的服务，主要包括专家意见、鉴定以及评级。这些公司收取一定金额的费用。

3. 评级服务

评级是一种确定物品物理状态(如"劣质"或"良好"等)的方法。在实际中，需要根据受评的物品选择评受系统。不同的物品有不同的评级系统。例如，卡片交易的评级为"A1"到"F1"，然而硬币的评级为"已损坏"到"完全自流通"。

4. 反馈论坛

eBay的反馈论坛允许注册的买家和卖家建立自己的网上交易声誉。该论坛允许用户根据交易经历来对其他用户进行评价，从而为其他买卖者提供决策借鉴作用。

5. 保险政策

eBay提供的保险是由英国劳合社经营的。当拍卖物品价值达到200美元的时候自动向客户提供25美分的保险自负额。eBay和劳合社公司所用的这个程序，对所有的eBay用户都是免费的。读者可以通过浏览AuctionInsurance.com来了解其他的保险方法。

6. 第三方服务

当拍卖物品的价值超过200美元，或者是买方或卖方认为需要附加安全措施时，eBay会推荐第三方服务(支付一定的费用)。通过一个与第三方服务的简单链接，交易中的双方都能得到保护。买方首先将付款邮寄给第三方，第三方核实付款并且在适当的时候通知卖方，此时，卖方将物品运送给买方。在买方收到物品之后，给第三方一个通知，然后第三方将核实结果发送给卖方。eBay、Yahoo!以及其他一些拍卖网站都提供自己的第三方服务。

7. 未能支付惩罚

对于那些赢得标的物却没有支付的投标者，eBay有相应的对策。为了保护卖方，对于那些第一次未能支付的投标者给予友好的警告，第二次出现这种情况给予严重警告，第三次出现未能支付处以30天账号查封，第四次则该用户的账号永久禁止。

8. 评价服务

鉴定者通过很多方式来对物品进行评价，主要是对物品的真实性和物品的状态进行评估，并总结最近几个月内市场上已经销售的类似产品。拍卖网站一般关链一些专业评估鉴定机构，用户可以选择不同的在线评价服务，这些服务能够覆盖eBay分类中的所有物品种类，包括艺术品、古董以及收藏品等。

9. 实况检查

通过实况检查可以避免很多问题，特别是对于收藏者的物品而言。当物品的买方和卖方在同一个地方时，比较容易安排这样的检查。eBay可以为地区性的交易提供检查服务，因此买方可以就近检查物品。

10. 物品确认

物品确认是一种识别物品特性和评估物品状态的方法。通过物品确认，中立的第三方可以通过很多种方法来对物品进行评估和确认。例如，一些收藏者为了便于确认而将其物品进行"DNA 标记"。这样，当一个物品在以后改变了所有权之后仍然能够进行追踪。

11. 其他安全性服务

eBay 有一个安全中心能够提供包含上述讨论过的所有的服务。例如，在 eBay 上有一个协商解决(买卖双方之间)中心。

(资料来源：Efrain Turban.电子商务管理视觉[M]. 4 版. 严建援，等译. 北京：机械工业出版社，2008)

本 章 小 结

电子商务使网上拍卖更容易开展。网上拍卖主要提供消费产品、电子零件、艺术品等产品的拍卖。拍卖最主要的特征在于动态定价。动态定价有多种形式，习惯上根据买卖双方的人数将动态定价分为四种形式，即一个买家，一个卖家；一个卖家，许多买家；一个买家，许多潜在的卖家；许多买家和许多卖家。电子拍卖使买家在任何地方都可以对商品或者服务进行竞标，而且可以获得价格、产品、供需等方面的完全信息，给买卖双方及中间的电子拍卖人都带来了好处，使电子拍卖在企业处理资产、采购、个人出售剩余物品等各方面得到全面的应用。

复习思考题

1. 电子商务定价模式主要有哪几种？
2. 动态定价主要有哪几种类型？简要分析每种类型的特点。
3. 电子拍卖有哪几种形式？
4. 请描述电子拍卖的基本流程。
5. 电子拍卖的风险有哪些？举例加以说明防范电子拍卖的基本策略。

实 践 题

登录雅宝、eBay 易趣、一拍、淘宝等网站，分析各网站在商品售卖页面设计、拍卖方式、商品分类、报价方式等方面的相同点、区别点、优点和缺点。

第六章

网络市场与网络调研

【学习目标】

通过本章的学习,学生应了解我国网络市场的发展现状,了解网络调研的内涵、特点,熟悉网络调研的流程,掌握网络调研的方法;掌握在线问卷设计的方法并学会在线问卷的投放和回收。

【关键词汇】

网络市场(Network Market)　网络调研(Online Research)　网络消费者(Online Consumer)　在线问卷(Online Questionnaire)

第一节　网　络　市　场

一、网络市场的内涵与分类

网络营销与传统营销的区别之一在于市场形态的变化。市场形态由传统的实体市场转变为以互联网平台为依托的虚拟市场。概括来讲,网络市场是以现代信息技术为支撑,以互联网为媒介,以离散的、无中心的、多元网状的立体结构和运作模式为特征,信息瞬间形成、即时传播,实时互动,高度共享的人机界面构成的交易组织形式。网络市场的构成主体包括企业、政府组织和网络消费者。

基于网络交易主体的不同,网络市场可以分为生产者网络市场和消费者网络市场。其中,生产者网络市场指的是B2B网络交易市场,即企业使用因特网向供应商订货、签约、接受发票和付款(包括电子资金转移、信用卡、银行托收等)以及商贸中其他问题(如索赔、商品发送管理和运输跟踪等);消费者网络市场指的是B2C、C2C网络交易市场,即通常所谓的网络购物市场。除了生产者网络市场和消费者网络市场,网络市场还包括以政府组织为主体的G2B、G2C网络交易市场。这里对于网络市场的分析,主要针对的是生产者网络市场和网络购物市场。

二、网络市场的特征

随着互联网络及万维网的盛行,利用无国界、无区域界限的因特网来销售商品或提供服务,成为买卖通路的新选择,因特网上的网络市场成为21世纪最有发展潜力的新兴市场。从市场运作的机制看,网络市场具有如下基本特征。

1. 无店铺的经营方式

运作于网络市场上的是虚拟商店,它不需要店面、装潢、摆放的货品和服务人员等,它使用的媒体为互联网络。例如,1995年10月"安全第一网络银行"(Security First Network Bank)在美国诞生,这家银行没有建筑物、没有地址,只有网址,营业厅就是首页画面,所有的交易都通过互联网络进行。员工只有10人,1996年存款金额达到1400万美元。

2. 无存货的经营形式

网络市场上的商店可以在接到顾客订单后,再向制造的厂家订货,而无须将商品陈列出来以供顾客选择,只需在网页上打出货物菜单以供选择。这样一来,店家不会因为存货而增加其成本,其售价比一般的商店要低,这有利于增加网络商家和"电子空间市场"的魅力和竞争力。

3. 成本低廉的竞争策略

网络市场上的虚拟商店,其成本主要涉及自设Web站成本、软硬件费用,网络使用费以及以后的维持费用。它通常比普通商店的成本要低得多,这是因为普通商店需要昂贵的店面租金、装潢费用、水电费、营业税及人事管理费用等。Cisco在其因特网网站中建立了一套专用的电子商务订货系统,销售商与客户能够通过此系统直接向Cisco公司订货。此套订货系统不仅能够提高订货的准确率,避免多次往返修改订单的麻烦,最重要的是缩短了出货时间,降低了销售成本。据统计,电子商务的成功应用使Cisco每年在内部管理上能够节省数亿美元的费用。EDI(Electronic Data Interchange,电子数据交换)的广泛使用及其标准化使企业与企业之间的交易走向无纸贸易。在无纸贸易的情况下,企业可将购物订单过程的成本缩减80%以上。在美国,一个中等规模的企业一年要发出或接受订单在10万张以上,大企业则在40万张左右。因此,对企业,尤其是大企业,采用无纸交易就意味着节省少则数百万美元,多则上千万美元的成本。

4. 无时间限制的全天候经营

虚拟商店不需要雇用经营服务人员,可不受劳动法的限制,也可摆脱因员工疲倦或缺乏训练而引起顾客反感所带来的麻烦。而一天24小时、一年365天的持续营业,这对于平时工作繁忙、无暇购物的人来说有很大的吸引力。

5. 无国界、无区域界限的经营范围

联机网络创造了一个即时全球社区,它消除了同其他国家客户做生意的时间和地域障碍。面对提供无限商机的互联网,国内的企业可以加入网络行业,开展全球性营销活动。

6. 精简化的营销环节

顾客不必等经理回复电话,可以自行查询信息。客户所需资讯可及时更新,企业和买家可快速交换信息,网上营销使你在市场中快人一步,迅速传递出信息。顾客需求的不断增加,对欲购商品资料需更多的了解,对产品本身要求有更多的发言权。于是精明的营销人员能够借助联机通信固有的互动功能,鼓励顾客参与产品更新换代,让他们选择颜色、装运方式、自行下订单。在定制、销售产品的过程中,为满足顾客的特殊要求,让他们参与越多,售出产品的机会就越大。总之,网络市场具有传统的实体化市场所不具有的特点,这些特点正是网络市场的优势。

三、我国网络市场的发展现状

1. 我国 B2B 电子商务市场发展现状

1) 我国 B2B 电子商务市场整体交易规模

中国电子商务研究中心(100EC.CN)监测数据显示,2015 年,中国 B2B 电子商务市场交易额达 13.9 万亿元,同比增长 39%,增幅上升 17%。宏观层面,"供给侧改革"将成为 B2B 电商发展的新机遇。未来,以重点行业、特色产业为基础的 B2B 电商,将为中国高端制造业和现代服务业的发展赋予新动能。微观层面,2015 年以来,资本涌入、政策鼓励等都让 B2B 行业站上了风口。典型企业也在不断地引领着行业向 2.0 时代转型,随着环境的成熟、企业意识的提升,B2B 在线交易正不断推进。

2011—2016 年中国 B2B 电子商务交易规模见图 6-1。

图 6-1 中国 B2B 电子商务交易规模

2) 我国 B2B 电子商务营收规模

2015 年,中国 B2B 电子商务服务商营收规模 220 亿元,同比下降 13.7%。营收规模下降的原因,一是由于宏观经济放缓等因素的影响,传统的面向中小企业提供信息服务为主的 B2B1.0 的商业模式面临挑战。近年来,B2B 企业开始面向以交易为核心的 B2B2.0 的商业布局。二是为了企业长远发展考虑,目前 B2B 主要服务商受新业务拓展、市场竞争加剧等因素影响,在营收/净利润方面均有不同程度的下滑。

2011—2016 年中国 B2B 电子商务营收规模见图 6-2。

图 6-2　中国 B2B 电子商务营收规模

3) 我国 B2B 电子商务市场份额

2015 年,B2B 电子商务服务商市场份额中,阿里巴巴排名首位,市场份额为 42%。环球资源、慧聪网、上海钢联、焦点科技、环球市场、网盛生意宝分别位列 2~7 位,分别占比 5%、4.2%、3.7%、2.2%、1.7%、0.8%,其他 40.4%。中国 B2B 电商服务商市场份额占比中,7 家核心企业占比为 59.6%,市场竞争格局未发生明显变化。随着大量垂直类涉及多领域的 B2B 平台出现,新兴企业开始不断蚕食市场份额,也使得老牌 B2B 巨头企业压力倍增,纷纷完善服务体制提高运营效率,在服务深度和服务广度层面均有加强。

2015 年中国 B2B 电子商务市场份额占比见图 6-3。

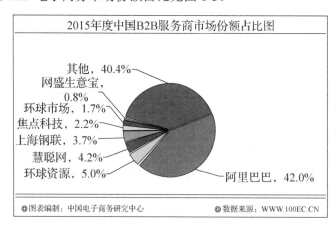

图 6-3　中国 B2B 电子商务市场份额

2. 我国消费者网络市场发展现状

1) 网购交易规模

2015 年，中国网络零售市场交易规模 38 285 亿元，同比增长 35.7%。预计 2016 年中国网络零售市场交易规模有望达 53 261 亿元。网络零售市场进入相对"成熟期"，行业已经脱离早前疯狂增长阶段，网络零售行业增速将回归平稳区间；电商企业的模式之间的界限逐渐模糊，各种商业模式互相融合发展，多种业态并存；各家电商不断扩充品类，完善和优化物流及售后服务，发力跨境进口电商、农村电商，并且在一些领域深耕细作，如母婴、医疗等。

2011—2016 年中国网络零售市场交易规模见图 6-4。

图 6-4　中国网络购物市场交易规模

2) 中国网购用户规模

2015 年，中国网购用户规模达 4.6 亿人，2014 年达 3.8 亿，同比增长 21%。电商发力移动端，用户购物习惯从 PC 端转移，充分利用碎片化时间进行购物，电商移动端占比达 60%～80%；电商渠道"下沉"，在一、二线城市相对饱和的情况下延伸到三、四线城市，并且积极在农村布局"互联网+农村"，圈住尚未开放的基数庞大的用户。2011—2016 年中国网络购物用户规模增长图见图 6-5。

3) 网购零售市场销售额占比

2015 年，中国网络零售市场中 B2C 市场交易规模占 51.6%，C2C 市场交易规模占 48.4%，较 2014 年的 54.3%减少了 5.9%。网络零售市场出现"拐点"，B2C 份额首次超过 C2C 份额，成为市场主体。一系列监管、扶持政策的出台也倾向扶持 B2C 的发展。当网络零售市场发展到一定阶段，随着京东关闭拍拍网、淘宝监管力度的日益加强，C2C 的日子不再风光。2014—2015 年中国网络零售市场销售额占比见图 6-6。

4) 网购市场份额

2015 年中国 B2C 网络零售市场 (包括开放平台式与自营销售式，不含品牌电商)，天猫排名第一，份额占 57.4%；京东名列第二，份额占 23.4%；唯品会位于第三，份额占 3.2%。

位于 4～10 名的电商依次为：苏宁易购(3.0%)、国美在线(1.6%)、1 号店(1.4%)、当当(1.3%)、亚马逊中国(1.2%)、聚美优品(0.8%)、易迅网(0.3%)。中国 B2C 网络购物交易额市场份额占比见 6-7。

图 6-5　中国网络购物用户规模

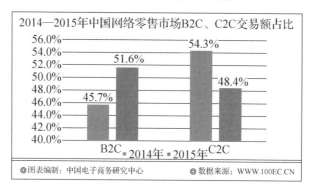

图 6-6　中国网络零售市场销售额占比

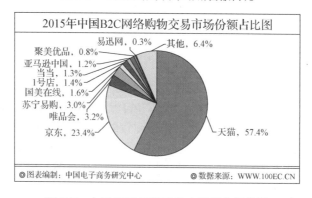

图 6-7　中国 B2C 网络购物交易额市场份额

5) 移动网购交易规模

2015 年中国移动网购交易规模达到 20 184 亿元，而 2014 年达 9285 亿元，同比增长 117.4%，增速远远超过网络购物整体增速。电商企业从 PC 端向移动端平移是大势所趋，移动端具有不受地域限制、碎片化、互动性、传播效率高、转化率高等特征，拉近了与用户之间的距离。

自 2015 年起，天猫、京东、唯品会、苏宁易购等电商平台在移动端上"下工夫"，开始了自身产品的"深度化"跃进，它们的"深度化"跃进表现在内容和社区两方面，加深了购物之外的体验，加上不断扩张品类和新业务，使得移动端持续渗透。显而易见，未来移动电商将取代 PC 端成为"主角"。

中国移动网购交易规模见图 6-8。

图 6-8　中国移动网购交易规模

第二节　网络调研

网络调研就是利用互联网发掘和了解顾客需求、市场机会、竞争对手、行业潮流、分销渠道以及战略合作伙伴等方面的情况。在某种程度上说，全球互联网上的海量信息、数万个搜索引擎的免费使用已对传统市场调查的计划和策略产生了很大的影响，它大大丰富了市场调查的资料来源，扩展了传统的市场调查方法。

【案例 6-1】普瑞纳公司的调研

雀巢普瑞纳公司是瑞士雀巢公司收购的一家经营猫、狗饲养用品的公司，旗下品牌有 Friskies、Alpo、Purina Dog Chow、Fancy Feast 等。雀巢公司如今经营着 30 多家品牌网站，服务对象有普通消费者、兽医、营养学家和食品科学家、饲养员和宠物爱好者等。雀巢公司需要知道企业网站和在线广告是否有助于增加离线的商品交易。具体来说，需要解决以下三个问题。

(1) 我们的消费者使用我们的品牌网站吗？

(2) 除了这些品牌网站以外，我们是否还应该在其他网站上为在线广告投入资金？

(3) 如果真的需要在其他网站上投放在线广告，那么哪些网站比较合适呢？

美国著名的数字媒体调研公司 comSore Media Metrix 开展调研的样本专题小组囊括了150万名网络消费者。Knowledge Networks 市场调研公司的样本专题小组则由2000万户经常购买日用品的家庭构成。结合这两个数据发现，其中有5万名消费者同时属于这两个不同的样本专题小组，于是这5万名消费者最终成为普瑞纳公司本次调查的研究对象。在调研过程中，工作人员将这些研究对象分为三个小组，其中两组受调查者将在日常网上冲浪时看到 Purina O.N.E.品牌狗粮的旗帜广告。这三个小组分别为一个对照小组(无广告影响)、一个低广告影响率测试小组(1~5次广告影响)和一个高广告影响率测试小组(6~20次广告影响)。在两组受广告影响的受调查者随意浏览网页时，旗帜广告会随机显现。接下来，公司对三个受调查小组的所有成员进行测评，判断他们对普瑞纳的品牌意识、购买意向和广告知晓度。最后，研究者把该网络调查的结果与对 Knowledge Networks 公司的样本专题小组实际离线购买行为的调查结果进行了比较。

雀巢公司的营销人员对这项研究的结果非常感兴趣。起初，旗帜广告的点击率很低(平均为0.06%)，后来，当调查参与者被问到"在想到狗粮时，您第一个想到的品牌是什么"时，两个受广告影响的测试小组中有31%的成员提到普瑞纳。相比之下，未受到广告影响的对照小组中仅有22%的成员提供此品牌。这个结果明显地显示出广告的影响程度。此外，与低广告影响率的小组相比，在高广告影响率小组中提到此品牌的人多出7%。接下来，研究人员研究了购买普瑞纳产品的网络调研小组成员浏览网页的习惯，得出的结论是这些顾客平时访问最多的是有关家庭、健康和生活的网站。这些信息可以帮助该公司决定在哪些类型的网站放置旗帜广告。在所有此类网站中，petsmart.com 网站和 about.com 网站的点击率最高，因此应该是广告投放的首选。

(资料来源：朱迪·斯特劳斯，等.网络营销[M]. 5版. 时启亮，等译.
北京：中国人民大学出版社，2013)

案例思考题

(1) 普瑞纳公司想通过调研解决什么问题？

(2) 普瑞纳公司应该采取哪些措施解决这些问题？

一、网络调研的内涵

网络调研是指在互联网上针对特定营销环境进行简单调查设计、收集资料和初步分析的活动。利用互联网进行市场调研，相应有两种方式：一种是利用互联网直接进行问卷调查等方式收集一手资料，这种方式称为网上直接调研；另一种方式是利用互联网的媒体功能，从互联网收集二手资料。由于越来越多的传统报纸、杂志、电台等媒体，还有政府机构、企业等也纷纷上网，因此网上信息蕴藏量极其丰富。关键是如何发现和挖掘有价值信息，而不再是过去苦于找不到信息，对于第二种方式一般称为网上间接调研。

二、网络调研的特点

网络调研的实施可以充分利用因特网作为信息沟通渠道的开放性、自由性、平等性、广泛性和直接性的特性，使得网络调研具有传统的市场调研手段和方法所不具备的一些独特的特点和优势。

(1) 及时性和共享性。网络调研是开放的，任何网民都可以进行投票和查看结果，而且在投票信息经过统计分析软件初步自动处理后，可以马上查看到阶段性的调查结果。

(2) 便捷性和低费用。实施网络调研节省了传统调查中耗费的大量人力和物力。

(3) 交互性和充分性。网络的最大好处是交互性，因此在网络调研时，被调查对象可以及时就问卷相关问题提出自己更多看法和建议，可减少因问卷设计不合理导致调查结论偏差。

(4) 可靠性和客观性。实施网络调研，被调查者是在完全自愿的原则下参与调查，调查的针对性更强，因此问卷填写信息可靠、调查结论客观。

(5) 无时空、地域限制。网络调研是 24 小时全天候的调查，这就与受区域制约和时间制约的传统调研方式有很大不同。

(6) 可检验性和可控制性。利用因特网进行网络调研收集信息，可以有效地对采集信息的质量实施系统的检验和控制。

【案例 6-2】互联网市场调研加快了宝洁公司的市场营销节奏

宝洁公司和高露洁公司在个人护理用品市场竞争了几十年。开发一个重要的新产品，从创意到进入市场，需要花费五年时间。首先要对创意进行检验：公司把产品照片和描述发送给潜在客户，询问他们是否会购买这个产品。如果反馈回来的是否定意见，公司会努力改进产品创意，然后重复前面所做的工作。一旦收到正面的反馈，公司就将样本产品寄送给客户，并且要求客户填写详细的问卷调查表。如果客户反馈和公司内部意见一致，公司将开始大规模电视广告宣传。

然而，公司要感谢互联网。由于互联网的帮助，宝洁公司只用了三年半时间就将白条增白牙膏产品投入市场，每天市场收入达 2 亿美元——比其他口腔护理产品开发速度快了很多。在 2000 年的 9 月，宝洁公司废除了旧的市场监测模式，通过互联网介绍白条牙膏，并且在公司网站提供产品销售。公司用了几个月时间对登录网站并且购买产品的客户进行调研,收集用户反馈的在线问卷调查信息,这比以前发送邮件方式快了很多。

通过对宝洁公司大规模历史数据(存储在数据仓库中)和新的互联网数据的挖掘,使在线调研更为便捷。在线调研发现了最热心的客户群。这些客户包括十几岁的女孩、准新娘和年轻的美籍西班牙人。公司立即启动了针对群体的广告宣传。在产品还没发送到任何商店之前,互联网就使产品知名度达到35%。产品上架时,人们纷纷打电话要求订购。

宝洁公司从这次经历认识到,灵活的、创造性的方法是产品和销售创新的重要途径。从产品创意、调研、市场分割到加速产品开发的整个过程都发生了革命性变化。

(资料来源:摘编自Buckley(2002)和pg.com)

案例思考题

(1) 宝洁公司为何选择网络调研?
(2) 通过网络调研,宝洁的经营活动有了哪些改善?

三、网络调研的过程

因特网提供了一条有效渠道来更快、更便宜和更可靠地收集和处理市场信息,甚至是多媒体格式的信息。在网上使用的调查手段包括:与特定消费者进行一对一的交流,在聊天室里聚集消费者群,在网站上进行调查。典型的网络调研的过程如表6-1所示。

表6-1 网络调研的过程

收集市场调查数据的步骤	调查的手段	调查的目标受众
1.确定调查的目的和目标市场	1.在讨论组有目的地张贴问题	1.比较你的受众和目标人群
2.找出要调查的新群体和网上社区	2.在自己的网站上张贴调查问卷,对参与者进行奖励	2.决定你的主题
3.确定讨论的话题	3.在自己的网站上有目的的张贴问题	3.决定你的内容
4.加入该群体,在社区注册	4.在讨论组张贴有关文章,并留下自己网站的链接	4.决定为各类受众提供哪些因特网服务
5.搜索讨论组的话题和内容列表来找到目标市场	5.以特别电子邮件的方式发送详细的调查问卷	
6.搜索电子邮件讨论组的列表	6.建立聊天室来培养消费者的网上社区	
7.申请过滤服务来监视该群体		
8.阅读常见问题解答和其他指导		
9.一有可能就加入聊天室		

公司可以在网站上使用游戏、奖品、小测验或奖金等形式与顾客进行交流。顾客只有回答了调查问卷上的问题,才能玩游戏、赢得奖品或免费下载软件。网上调查可以结合单选按钮、输入框和复选框等进行,这些可以帮助被访问者进行多项选择和输入没有的选择。

【案例 6-3】Double Click 的网络跟踪器

无论消费者浏览了哪些网页，他们都会留下自己的许多相关信息，我们称为电子指纹。例如，当消费者访问某个网站的时候，可以检测出消费者使用的操作系统以及浏览器类型、消费者浏览过的页面、以前浏览过的页面或者从哪个页面离开本网站等。

DoubleClick 是最大的在线广告网络，拥有将近 11 500 个网站。当用户访问其中任何一个网站，DoubleClick 会在用户的计算机上放置一个 Cookie 文件。Cookie 文件可以存储关于用户爱好、购买记录、浏览过的网站、浏览过的网页、经常浏览的网页和曾经点击过的旗帜广告等信息。

DoubleClick 曾宣布将在跟踪用户信息的基础上进一步将跟踪客户的在线数据与客户的个人信息联系起来，如地址、年龄、性别、收入、信用卡和购买信息，此举引起了轩然大波，因为一旦将这两种信息联系起来的话，也就说明 DoubleClick 不仅知道了用户的爱好和购物习惯，而且很清楚地知道这样的用户是谁，网络上的匿名性已经彻底消失。

(资料来源：宋文官. 网络营销与案例分析. 北京：高等教育出版社，2005)

案例思考题

这个案例说明了网络调研的什么特征？

第三节　网络调研的方法

一、网络市场直接调研

1. 网络直接调研的方式

网络直接调研是为特定目的在互联网上收集一手资料或原始信息的过程。网络直接调研的方式包括以下几项。

(1) 利用自己的网站。网站本身就是宣传媒体，如果企业网站已经拥有固定的访问者，完全可以利用自己的网站开展网上调查。这种方式要求企业的网站必须具有调查分析功能，对企业的技术要求比较高，但可以充分发挥网站的综合效益。

(2) 借用别人的网站。如果企业自己的网站还没有建好，可以利用别人的网站进行调查。这种方式比较简单，企业不需要建设网站和进行技术准备，但必须花费一定费用。

(3) 混合型。如果企业网站已经建设好但还没有固定的访问者，可以在自己的网站调查，但应与其他一些著名的 ISP/ICP 网站建立广告链接，以吸引访问者参与调查。这种方式是目前常用的方式。根据调查研究表明，传统的优势品牌并不一定是网上的优势品牌，因此它需要在网上重新发布广告吸引顾客访问网站。

(4) E-mail 型。直接向潜在客户发送调查问卷，这种方式比较简单直接，而且费用非常低廉。但要求企业必须积累有效的客户 E-mail 地址,而且顾客的反馈率一般不会非常高。采取该方式时要注意是否会引起被调查对象的反感,最好是能提供一些奖品作为对被调查对象的补偿。

(5) 讨论组型。在相应的讨论组中发布问卷信息,或者发布调查题目,这种方式与 E-mail 型一样,成本费用比较低廉而且是主动型的。但在指向 Web 网站上的问卷在新闻组(Usernet News)和公告栏(BBS)上发布信息时,要注意网上行为规范,调查的内容应与讨论组主题相关,否则可能会导致被调查对象的反感甚至是抗议。

2. 网络直接调研的步骤

网上直接调研是企业主动利用因特网获取信息的重要手段。与传统调查类似,网上直接调研必须遵循一定的步骤进行。

(1) 确定网上直接调研目标。因特网作为企业与顾客有效的沟通渠道,企业可以充分利用该渠道直接与顾客进行沟通,了解企业的产品和服务是否满足顾客的需求,同时了解顾客对企业潜在的期望和改进的建议。在确定网上直接调研目标时,需要考虑的是被调查对象是否上网,网民中是否存在着被调查群体,规模有多大。只有网民中的有效调查对象足够多时,网上调查才可能得出有效结论。

(2) 确定调研方法和设计问卷。网上直接调查方法主要是问卷调查法,因此设计网上调查问卷是网上直接调查的关键。由于因特网交互机制的特点,网上调查可以采用调查问卷分层设计。这种方式适合过滤性的调查活动,因为有些特定问题只限于一部分调查者,所以可以借助层次的过滤寻找适合的回答者。

(3) 选择调研方式。网上直接调查时,采取较多的方法是被动调查方法,即将调查问卷放到网站等待被调查对象自行访问和接受调查。因此,吸引访问者参与调查是关键,为提高受众参与的积极性可提供免费礼品、调查报告等。另外,必须向被调查者承诺并且做到有关个人隐私的任何信息都不会被泄露和传播。

(4) 分析调研结果。这一步骤是市场调查能否发挥作用的关键,可以说与传统调查的结果分析类似,也要尽量排除不合格的问卷,这就需要对大量回收的问卷进行综合分析和论证。

(5) 撰写调研报告。撰写调查报告是网上调查的最后一步,也是调查成果的体现。撰写调查报告主要是在分析调查结果基础上对调查的数据和结论进行系统的说明,并对有关结论进行探讨性的说明。

3. 网上直接调研应注意的问题

(1) 注意信息采集的质量检控。对采集信息实施质量检控,可以采用"IP+若干特征标志"的办法作为判断被调查者填表次数唯一性的检验条件。同时,在指标体系中所有可以肯定的逻辑关系和数量关系都应充分利用,列入质量检控程序。

(2) 答谢被调查者。给予被调查者适当的奖励和答谢对于网上调查来说是十分必要的，这既有利于调动网上用户参与网上调查的积极性，又可以弥补因接受调查而附加到被调查者身上的费用(如网络使用费、市内电话费等)。答谢的有效办法是以身份证编号为依据进行计算机自动抽奖，获奖面可以适当大一点，但奖品价值可以尽量小一些。

(3) 了解市场需求。设想您就是顾客，从他的角度来了解客户需求。您的调查对象可能是产品直接的购买者、提议者、使用者，对他们进行具体的角色分析。

(4) 网上直接调查的局限性。如果是有关具体产品时，往往需要采用详细调查的方式。详细调查针对小的客户群体，调查时需要面对面进行访谈，这样得到的信息更准确。调查结果包含的多是"为什么"的问题，因此目前还不适合用网上调查方法。

4. 网上直接调研的方法

直接调研的方法一般有四种：观察法、专题讨论法、在线问卷调查法和实验法，而使用最多的是专题讨论法和在线问卷调查法。

专题讨论法可通过 Usenet 新闻组、电子公告牌(BBS)或邮件列表讨论组进行。其中，使用较多的是电子公告牌，即通常说的论坛(见图 6-9)。在电子公告牌中，商家需要设定具有吸引力的论坛题目，然后吸引被调研对象登录论坛，发表意见，反馈信息。

图 6-9 Dell 社区

最常见的在线问卷调查法，将会在下一节详细介绍。

二、网络市场间接调研

网络市场间接调研指的是网上二手资料的收集。许多单位和机构都已在互联网上建立了自己的网站，各种各样的信息都可通过访问其网站获得，再加上众多综合型 ISP(互联网内容提供商)、专业型 ISP，以及成千上万个搜索引擎网站，使得互联网上的二手资料的收集非常方便。归纳起来，在互联网上查找资料主要通过三种方法：利用搜索引擎；访问相关网站，如各种专题性或综合性网站；利用相关的网上数据库。

1. 利用搜索引擎查找资料

搜索引擎是互联网上使用最普遍的网络信息检索工具。在互联网上，无论想查找什么样的信息，都可以通过使用搜索引擎完成工作。

国内常用的综合类搜索引擎包括：百度(www.baidu.com)、谷歌(www.google.cn)和中国雅虎(cn.yahoo.com)。国外常用的综合类搜索引擎包括：AltaVista(www.altavista.com)(见图 6-10)、Excite(www.excite.com)等。

图 6-10　AltaVista 主页

2. 访问相关网站收集资料

很多专题性的网站，由于其信息专业性和针对性很强，因此登录此类网站可以直接获取想要查找的信息。如想了解中国互联网发展情况信息，可以登录中国互联网信息中心网站(www.cnnic.net)；想了解我国网络营销发展情况数据，可以登录艾瑞网(www.iresearch.com.cn)(见图 6-11)。

图 6-11　艾瑞网主页

3. 利用相关网上数据库查找资料

在互联网上，除了借助搜索引擎和直接访问有关网站收集市场二手资料外，第三种方法就是利用相关的网上数据库。互联网上有成千上万的免费数据库，当然还有更多的付费数据库。我国的数据库业近年来有了较大发展，但以文献信息型数据库为主，如中国期刊网。国外数据库发展很快，而且几乎所有数据库检索系统都推出 Web 版，用户可通过

DIALOG(www.dialog.com)系统、ORBIT(www.questel.orbit.com)系统等查找资料(见图6-12)。

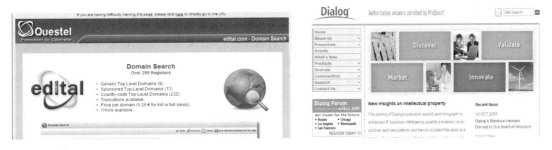

图 6-12　ORBIT 和 DIALOG 网上数据库

第四节　在线问卷调查与反馈

前文已经提到，在线问卷调查是网上收集一手资料的主要方式。在线问卷调查是一种便利而且费用低廉的调查研究形式，已经为企业市场调研及其他调查统计机构所普遍采用。网上问卷法是将问卷在网上发布，被调查对象通过因特网完成问卷调查。在线问卷调查一般有两种途径：一种是将问卷放置在 WWW 站点上，等待访问者访问时填写问卷，如 CNNIC 每半年进行一次的"中国互联网络发展状况调查"就是采用这种方式。这种方式的好处是填写者一般是自愿性的，缺点是无法核对问卷填写者真实情况。为达到一定问卷数量，站点还必须进行适当宣传，以吸引大量访问者。另一种是通过 E-mail 方式将问卷发送给被调查者，被调查者完成后将结果通过 E-mail 返回。这种方式的好处是，可以有选择性控制被调查者，缺点是容易遭到被访问者的反感，有侵犯个人隐私之嫌。因此，用该方式时首先应争取被访问者的同意，或者估计被访问者不会反感，并向被访问者提供一定补偿，如有奖回答或赠送小礼品，以降低被访问者的敌意。

一、在线问卷调查的分类

1. 答卷式问卷调查

答卷式问卷调查中最重要的是制定网上问卷调查提纲。调查题目是提出精练的要求，然后把这种要求具体化、条理化，这样就形成调查提纲。提纲是调查者与被调查者沟通和交流的工具。提纲往往由企业较高级的管理人员起草，他要把调查的目的、调查对象、问题、框架、时间、格式要求、奖品激励、期望调查的样本数量等清楚详细地制定出来。网站上修改调查问卷上的内容是极容易的。因此，可用不同内容的组合进行调查。

答卷式问卷调查往往是在本企业的网页上发布的，客户在访问该站点时，邀请他进行填写。这主要是从网上调查实现的方便性、客户填写的简洁性、以后计算机处理的简便性方面考虑。

2. 动画式(多媒体)问卷调查

多媒体和动画的加入肯定会使问卷调查生动得多,从技术上已经没有障碍,主要是受限于网络的传输速度。但网络的传输速度是跳跃式的、不断发展提高的。使用多媒体和动画问卷调查即将成为可能。

3. 游戏式问卷调查

问卷调查时,特别希望能留住访客,但访客往往很吝啬自己的眼球,把注意力转向别处。而对于游戏或网络上的游戏,有许多访客很愿意对它专心致志。如果问卷调查能够设计成游戏式的,将是一种很好的创意。

4. 使用电子邮件进行调查

如果在目标市场中收集了客户和潜在客户的电子邮件地址,就可向他们发出有关产品和服务的询问。利用电子邮件的群发功能,可快速地调查到信息。当然,大量的反馈电子邮件必须用软件自动处理。除此之外,也可在其他媒体上发出调查问卷,用电子邮件来收集回答。

二、在线调查问卷的设计

利用在线问卷调查收集信息,需要经过三个基本环节:调查问卷的设计、投放和回收。其中,设计高质量的问卷是在线调研获得有价值信息的基础。采用网上问卷调查时,问卷设计的质量直接影响到调查效果。设计不合理的网上调查问卷,网民可能拒绝参与调查,更谈不上调查效果了。

1. 在线问卷的一般结构

在线问卷一般由卷首语、问题与回答方式、编码和其他资料四个部分组成。

(1) 卷首语。它是问卷调查的自我介绍,卷首语的内容应该包括:调查的目的、意义和主要内容,选择被调查者的途径和方法,对被调查者的希望和要求,填写问卷的说明,回复问卷的方式和时间,调查的匿名和保密原则,以及调查者的名称等。为了能引起被调查者的重视和兴趣,争取他们的合作和支持,卷首语的语气要谦虚、诚恳、平易近人,文字要简明、通俗、有可读性。卷首语一般放在问卷第一页的上面,也可单独作为一封信放在问卷的前面。

(2) 问题与回答方式。它是问卷的主要组成部分,一般包括调查询问的问题、回答问题的方式以及对回答方式的指导和说明等。

(3) 编码。编码就是把问卷中询问的问题和被调查者的回答,全部转变成为 A、B、C...或 a、b、c...等代号和数字,以便运用电子计算机对调查问卷进行数据处理。

(4) 其他资料。其他资料包括问卷名称、被访问者的地址或单位(可以是编号)、访问员姓名、访问开始时间和结束时间、访问完成情况、审核员姓名和审核意见等。这些资料是对问卷进行审核和分析的重要依据。

由上述描述可以看出，一个完整的在线调查问卷包括三个主要组成部分：关于调查的说明(卷首语)、调查内容(问题和回答方式)、被调查者的个人信息(其他资料)。其中调查内容是主体，调查说明是为了增加被调查者的信任以及对调查问卷作必要的解释以免引起歧义。要求被调查者提供个人信息的目的，一方面在于了解被调查者的基本状况，另一方面也是为了向参与调查者提供奖励、感谢等，这部分内容通常为可选内容。

2. 在线问卷的特殊要求

在设计问卷时除了遵循一般问卷设计中的一些要求外，还应该注意下面几点。
(1) 在网上调查问卷中附加多媒体背景资料。
(2) 注意特征标志的重要作用。
(3) 进行选择性调查。
(4) 注意问卷的合理性。在问卷中设置合理数量的问题和控制填写问卷时间，有助于提高问卷的完整性和有效性。
(5) 注意保护调查对象的个人隐私。

3. 在线问卷中容易存在的问题

设计高质量的在线调查问卷不是一件轻而易举的事情，在实际工作中经常遇到种种问题，主要表现在以下几个方面。

(1) 对调查的说明不够清晰。这种情况容易降低被调查者的信任和参与兴趣，结果是参与调查的人数减少，或者问卷回收率低。

(2) 调查问题描述不专业或者可能造成歧义。这种情况会造成被调查者难以决定最适合的选项，不仅影响调查结果的可信度，甚至可能使得参与者未完成全部选项即终止调查。

(3) 遗漏重要问题选项，没有包含全部可能的因素并且没有"其他选项"。调查选项不完整可能使得参与者从中无法选择自己认为最合适的条目，这样的调查很可能得到不真实的结果，会降低调查结果的可信度。

(4) 调查问题过多，影响被调查者参与的积极性。同一份问卷中设计过多的调查问题使得参与者没有耐心完成全部调查问卷，这是在线调查最容易出现的问题之一。如果一个在线调查在 10 分钟之内还无法完成，一般的调查者都难以忍受，除非这个调查对他非常重要，或者是为了获得的奖品的目的才参与调查。

(5) 调查目的不明确，数据没有实际价值。由于问卷设计的不尽合理，即使获得了足够数量的调查结果，但是有些数据对于最终的调查研究报告却没有价值，这样也会失去调查的意义。为了避免这种事情的发生，在实际应用中可以采用"预期结果导向法"设计在线调查表。

(6) 过多收集被调查者的个人信息。有些在线调查对参与者个人信息要求过多，从真实姓名、出生年月、学历、收入状况、地址、电话、电子邮箱甚至连身份证号码也要求填写。由于担心个人信息被滥用，甚至因此遭受损失，很多人会拒绝参与这样的调查，或者填写虚假信息，其结果会导致问卷的回收率较低，影响在线调查的效率，并且可能影响调查结果的可信度。

三、在线调查问卷的投放和回收

设计好了在线问卷，还需要通过一定的方式让被调查者看到调查问卷并参与调查，这样才能完成调查。在传统市场调查中，调查问卷发放和回收是一项工作量巨大的工作，占用大量人力，而且效率比较低。网上市场调研则要方便得多，只要在网站上发布问卷即可，其前提是网站具有在线调查所需要的功能，如问卷的设置、发布、结果分析和输出等。图 6-13 为进入在线调研的网站主页。

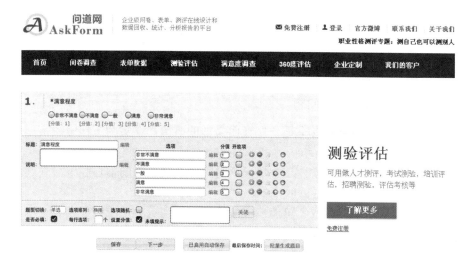

图 6-13　进入在线调研网站主页

1. 在线调查问卷的投放途径

在线调查问卷的投放途径包括：在企业网站或其他合作调查网站上设置调查表，访问者在线填写并提交到网站服务器；向被调查者寄出调查表；向被调查者寄出包含链接的相关信息，并把链接指向放在企业网站上的问卷。在线调查法广泛应用于各种内容的调查活动中，实际上也就是传统市场调研中问卷调查方法在互联网上的延伸。

1) 基于 Web 站点的在线问卷调查

基于 Web 站点的在线问卷调查，指的是在企业网站或其他合作调查网站上设置调查表，吸引被调查对象在线完成调查问卷，并提交，其流程如下。

(1) 登录在线调研网站主页(http://www.askform.cn)。

(2) 参与在线问卷调研。选择感兴趣的调研题目，如网上购买书的市场调研，点击马上参与，见图6-14。

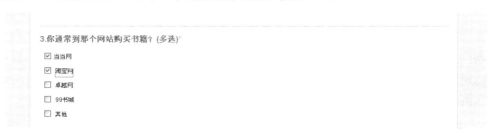

图6-14 选择感兴趣的调研内容

(3) 开始调研。调研说明中，对于调研活动的目的、意义等进行了简单阐述，点击进入调查。在调研问卷中，对每一个问题选择答案，见图6-15。

图6-15 开始答题

(4) 调研结束。当完成相关问题的解答后，最后进入到调研结束界面，见图6-16。

2) 通过E-mail进行在线问卷调查

通过E-mail向被调查对象发送调查问卷，或向被调查者发出含有调查信息的链接，见图6-17。

图 6-16　在线调研结束

图 6-17　通过 E-mail 进行在线调研

2. 在线调查问卷的回收

在一个完善的在线调查系统中，在线问卷的回收则是自动完成的。参与调查者完成调查后，单击"提交"按钮，问卷就回收了。通过在线调查的后台管理功能，即可看到调查的结果。这也是在线调查的优越性之一，不需要等到调查和问卷统计结束即可了解调查中的动态结果。调查结束，全部的统计结果也随之完成，无须用人工方式对大量问卷进行统计，也避免了统计过程中一些人为的错误，减少了数据处理的误差。在线问卷回收与统计结果示例见图 6-18。

3. 在线调查问卷投放和回收应注意的问题

从功能上说，在线问卷的投放非常简单。但在实际应用中，调查问卷的投放并不仅仅是发布在网站上，而是要考虑更多的因素。为了保证在线调查的质量，在问卷的投放和回收过程中应对下列几个方面给予必要的重视。

(1) 在线问卷发布之后应进行的必要宣传。将一个在线调查表发布在网站上之后，并不一定马上受到很大关注。尤其是访问量比较小的网站，为了获得尽可能多的用户参与调查，还有必要对调查进行一定的宣传，如在网站显著位置发布信息，通过会员通信做一定的宣传等。如果希望在短期内获得尽可能多的用户参与，还可以利用一些外部网络营销资源，如在访问量大的网站发布网络广告、利用专业服务商的邮件列表直接向用户发送调查问卷等。

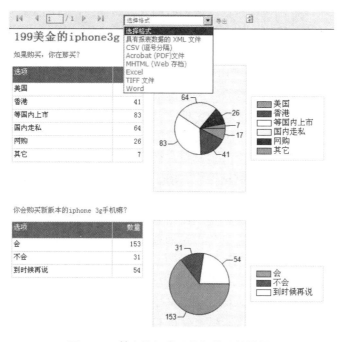

图 6-18　某在线问卷回收与统计的结果

(2) 对调查数据进行备份。在线调查一般需要几天甚至几个月的时间，随着在线调查的开展，获得的调查资料逐渐增加。在这个过程中，需要对这些资料给予备份，以免发生意外，出现数据丢失。可根据实际情况决定备份周期，如果参与人数较多，可以每天备份一次，否则可以适当放宽备份资料的周期。

(3) 跟踪调查进展，及时处理无效问卷。在调查过程中，可能会出现一些意外情况，如同一用户的多次提交、在线调查系统功能工作不正常造成无法提交调查表等。通过在线调查的后台管理系统，对调查进展进行跟踪分析，便于尽早发现问题，提高在线调查的质量。

四、在线问卷调查的注意事项

为了尽可能提高在线问卷调查的质量，下列几个问题需要给予足够重视。

(1) 认真设计在线调查表。前面已经分析过在线调查表本身可能存在的问题，综合起来，在线调查表应该主题明确、简洁明了、问题便于被调查者正确理解和回答。同时，调查表也应该方便调查人员的工作，且便于调查结果的处理，其实这也是所有问卷设计中应该遵循的基本原则。对于调查问句的设计仍然可以参考一般问卷的设计技巧。

(2) 吸引尽可能多的人参与调查。参与者的数量对调查结果的可信度至关重要，问卷设计水平对此也有一定影响，问卷内容中体现出"你的意见对我们很重要"，让被调查者感觉到，填写调查表就好像帮助自己或所关心的人，这样往往有助于提高问卷回收率。当然，也离不开有力的宣传推广，网上调查与适当的激励措施相结合会有明显的作用，必要时还应该和访问量大的网站合作以增加参与者数量。

(3) 尽量减少无效问卷。除了问题易于回答之外，大部分在线调查都利用 Javascript 等计算机程序在问卷提交时给予检查，并提醒被调查者对遗漏的项目或者明显超出正常范围的内容进行完善。当然，这只能在一定程度上有效。

(4) 公布保护个人信息声明。无论哪个国家，对个人信息都有不同程度的自我保护意识，让用户了解调研目的并确信个人信息不会被公开或者用于其他任何场合。其实，这一点不仅在市场调研中很重要，在网站推广、电子商务等各个方面都非常关键。但好像国内的一些网上调查对此还没有足够的重视。

(5) 避免滥用市场调查功能。市场调研信息也向用户透露出企业的某些动向，使得市场调查具有一定的营销功能，但应该将市场调查与营销严格区别开来，如果以市场调查为名义收集用户个人信息开展所谓的数据库营销或者个性化营销，将严重损害企业在消费者心目中的形象。

(6) 样本分布不均衡的影响。网上调查结果不仅受样本数量较少的影响，样本分布不均衡同样可能造成调查结果误差大。样本分布不均衡表现在用户的年龄、职业、教育程度、用户地理分布以及不同网站的特定用户群体等方面。因此，在进行市场调研时要对网站用户结构有一定的了解，尤其样本数量不是很大的情况下。

(7) 奖项设置合理。作为补偿或者刺激参与者的积极性，问卷调查机构一般都会提供一定的奖励措施，有些用户参与调查的目的可能只是为了获取奖品，甚至可能用作弊的手段来增加中奖的机会，虽然在传统的问卷调查中也会出现类似的问题，但由于网上调查无纸化的特点，为了获得参与调查的奖品，同一个用户多次填写调查表的现象常有发生，即使在技术上给予一定的限制条件，但也很难杜绝。合理设置奖项有助于减少不真实的问卷。

(8) 采用多种网上调研手段相结合。在网站上设置在线调查问卷是最基本的调研方式，但并不限于这种方式。常用的网上调研手段除了在线调查表之外，还有电子邮件调查、对访问者的随机抽样调查、固定样本调查等。根据调查目的和预算采取多种网上调查手段相结合的方式，以最小的投入取得尽可能多的有价值的信息。

【案例 6-4】思科公司的网络调研

思科公司是美国最成功的公司之一。1984 年由斯坦福大学的一对教授夫妇创办，1986 年生产第一台路由器，让不同类型的网络可以可靠地互相连接，掀起了一场通信革命。思科公司每年投入 40 多亿美元进行技术研发。1990 年上市以来,思科公司的年收入已从 6900 万美元上升到 2007 财年的 349 亿美元。目前,思科公司在全球范围内的员工超过了 63 000 名。

思科于 1994 年进入中国市场,目前在中国拥有员工超过 2300 人,分别从事销售、客户支持和服务、研发、业务流程运营和 IT 服务外包、思科融资及制造等工作领域。思科在中国设立了 13 个业务分支机构,并在上海建立了一个大型研发中心。

图 6-19　思科中国首页

通过图 6-19 可以看到思科公司对网络调研的重视程度:在首页最引人注意的图片播放位置邀请网站的访问者参与问卷的调查。

在思科的问卷中,思科公司主要向访问者询问以下问题:

(1) 多长时间访问一次 Cisco.com(思科官网)?

(2) 您是如何得知 Cisco.com 的?比如因特网搜索引擎,思科合作伙伴,在线广告,报纸,社交网站(如 Facebook、Blogs、Twitter)。

(3) 今天访问 Cisco.com 的主要目的是什么?比如,了解思科的产品或服务,购买思科的产品或服务,查找思科合作伙伴,寻求客户支持,了解培训或活动,管理我的 Cisco.com 个人资料。

(4) 客户如何描述其在 Cisco.com 上查找具体信息的体验?

(5) 评价思考网站的设计和外观、内容的数量、内容的质量、信息的覆盖面、信息的条理性、导航的便利性、良好的访问者支持、内容的时效性等。

同时思科还通过网络问卷向访客询问了其通常通过哪种途径访问 Cisco.com,是否出于休闲或工作目的使用一些社交网站,访问社交网站的频率,经常访问哪些高科技网站,以及喜欢那些网站的原因。

思科公司通过网络调研问卷的方式统计网站访问者,这是通过传统的纸质问卷几乎无法操作的工作。通过网络和问卷的结合，思科公司可以从中了解到访问者的来源，访问者的需求和目的，访问者对网站(包括内容)的评价，访问者获取思科信息的途径，以及对相关的社交网站和科技网站的调查。

通过对网站访问者回馈的问卷内容的分析，思科就能把握信息的传播途径，网站的接受程度，网站内容是否有待提高或者是否需要整理，社交网站的影响，以及访问者的其他科技爱好网站。这些信息对于思科公司了解访问者的信息、如何改善网站的质量、是否提供客户需要而原来网站上又缺少的信息、广告的最佳传播途径和建设网站方面的参考样板等都具有积极的作用。

(资料来源：http://blog.sina.com.cn/s/blog_6824d6f10100iltw.html)

案例思考题

(1) 思科公司开展网络调研的目的是什么？
(2) 通过网络调研，思科公司的收获是什么？

本 章 小 结

网络市场是基于互联网平台的虚拟市场，近年来我国的网络市场发展迅猛，无论从网络购物的金额，还是网络购物用户的数量来看，都呈现出快速增长的趋势。网络调研是基于互联网平台，充分利用各种信息技术手段有针对性、有目的性的收集、整理、分析网络市场、网络消费者等相关信息的过程。网络调研是开展电子商务的基础环节，更是网络行销成功开展的保证。根据收集资料的性质，网络调研分为网络直接调研和间接调研。在这两种类型的网络调研中，各种调研方法的恰当使用是调研成功的关键环节。尤其对于在线问卷调研来说，在线问卷的恰当设计、准确发放和有效回收是在线问卷调研成功与否的先决要件。

复习思考题

1. 网络购物市场的发展经历了几个阶段？
2. 我国网络购物市场的发展现状如何？
3. 什么是网络市场调研？网络市场调研有哪些特点？
4. 什么是网上直接调研？有哪些方法？
5. 什么是网上间接调研？有哪些方法？
6. 如何有效地设计在线调研问卷？

实 践 题

1. 登录淘宝天猫商城，找出2015年十大热销商品，了解鞋类网络购物行业现状。

2. 请开展一次大学生"双十一"网购行为的调研(要求：线上进行发放、回收问卷和结果分析等，并写出调研报告)。

3. 登录www.cnnic.net，分别收集第30次、第34次和第38次中国互联网发展状况统计报告，分析中国互联网发展的趋势和特点。

第七章

网络营销常用工具和方法

【学习目标】

通过本章的学习,学生应了解网络营销常用工具,熟悉搜索引擎营销、网络社区营销、微博营销、微信营销等的原理,掌握网络营销常用工具的使用方法。

【关键词汇】

搜索引擎营销(Search Engine Marketing)　网络社区营销(On-line Community Marketing)　微博营销(Twitter Marketing)　微信营销(Wechat Marketing)

网络营销职能的实现需要通过一种或多种网络营销方法,常用的网络营销方法除了搜索引擎注册之外还有:关键词搜索、网络社区营销、微博营销、微信营销、病毒性营销等。下面简要介绍几种常用的网络营销方法。

第一节　搜索引擎营销

【案例 7-1】兰蔻——品牌、销售两不误

如若有消费者在百度搜索上输入"兰蔻"两字,搜索结果页面最上方不再是普通的文字链接,而是图文并茂的兰蔻网上商城品牌专区(见图 7-1)。作为国内首家试水网上营销业务的化妆品品牌,兰蔻此次与百度的再度联手,意在将搜索引擎上的潜在消费者引入其 B2C 网站进行消费。

图 7-1　兰蔻搜索引擎广告

通过百度品牌专区、兰蔻网上商城链接、促销公告、商品信息等以图文并茂的形式呈现。与传统的搜索显示结果最大的不同是，广告主可以亲手编辑栏目内容，将企业的最新信息前移，主动管理企业在搜索引擎上的品牌形象，促进网络平台和线下活动的良性互动。

"通过百度的品牌专区，我们的品牌在那些搜索兰蔻的消费者面前有了更好的展示，不但能够提升品牌形象，而且为兰蔻网上商城带来了很多高质量的流量。在使用了品牌专区之后，我们大幅度地提高了品牌关键词的转化率，因此而产生的销售也相应提高了30%。"欧莱雅副总裁兰珍珍表示。

(资料来源：http://it.hexun.com/2008-07-16/107477599_1.html)

一、搜索引擎营销的原理与方法

1. 搜索引擎营销的原理

所谓搜索引擎营销(search engine marketing，SEM)，就是根据用户使用搜索引擎的方式，利用用户检索信息的机会尽可能将营销信息传递给目标用户。

搜索引擎营销得以实现的基本过程是：企业将信息发布在网站上成为以网页形式存在的信息源，搜索引擎将网站/网页信息收录到索引数据库，用户利用关键词进行检索(对于分类目录则是逐级目录查询)，检索结果中罗列相关的索引信息及其链接URL，根据用户对检索结果的判断选择有兴趣的信息并点击URL进入信息源所在网页。这样便完成了企业从发布信息到用户获取信息的整个过程，这个过程也说明了搜索引擎营销的基本原理。

近年来搜索引擎营销的应用更为普及，其效果也获得广泛认可，已成为中小企业网站推广的首要方法。

2. 搜索引擎营销的方法

搜索引擎注册(有时也被称为搜索引擎加注、搜索引擎优化登录、提交搜索引擎等)是最经典、最常用的网站推广方式。当一个网站发布到互联网上之后，如果希望别人通过搜索引擎找到你的网站，就需要进行搜索引擎注册。简单来说，搜索引擎注册也就是将你的网站基本信息(尤其是URL)提交给搜索引擎的过程。

对于技术性搜索引擎(如百度、google等)，通常不需要自己注册，只要网站被其他已经被搜索引擎收录的网站链接，搜索引擎可以自己发现并收录你的网站。但是，如果网站没有被链接，或者希望自己的网站尽快被搜索引擎收录，那就需要自己提交网站。技术型搜索引擎通常只需要提交网站的上层目录即可，不需要提交各个栏目、网页的网址。这些工作搜索引擎的"蜘蛛"自己就会完成，只要网站内部的链接比较准确。一般来说，适合搜索引擎收录规则的网页都可以自动被收录。另外，当网站被搜索引擎收录之后，网站内容更新时，搜索引擎也会自行更新有关内容，这与分类目录是完全不同的。用这种搜索引擎注册时，到各个搜索引擎提供的"提交网站"页面输入自己的网址，提交即可，一般不需要网站介绍、关键词之类的附件信息。例如，在百度注册网站的网址为http://www.baidu.com/search/url_submit.html。目前技术型搜索引擎的提交(或被自动收录)是免费的。百度搜索引擎数据提交页面见图7-2。

图 7-2 免费加入百度搜索引擎

二、关键词广告

关键词广告，是付费搜索引擎营销的一种形式，也可称为搜索引擎广告、付费搜索引擎关键词广告等。自2002年后关键词广告是市场增长最快的网络广告模式。google 的关键词广告(Adwords)是最有影响力的付费搜索引擎营销方法之一。

关键词广告的基本形式是：当用户利用某一关键词进行检索，在检索结果页面会出现与该关键词相关的广告内容。由于关键词广告具有较高的定位，其效果比一般网络广告形式要好，因而获得了快速发展。

不同的搜索引擎对关键词广告信息的处理方式不同，有的将付费关键词检索结果出现在搜索结果列表最前面(如常见的降价排名广告)，也有出现在搜索结果页面的专用位置(如google 的关键词广告 AdWords 出现在搜索结果页面的右方，而左侧仍然是免费的自然搜索结果)。

1. 搜索引擎关键词广告的特点

(1) 关键词广告可以随时进行投放。关键词广告信息可以随时出现在检索结果中，也可以随时终止投放关键词广告。根据这一特点，如果一个网站是刚刚建成发布，采用其他网站推广方法进行推广可能有一定的滞后效应，那么就可以尽快采用关键词广告推广来获得用户的关注。

(2) 关键词广告信息出现的位置可以进行选择。通过进行关键词的合理选择，以及对每次点击价格等进行合理设置，就可以预先估算推广信息可能出现的大致位置，从而避免了一般网络广告的盲目性。对于自然检索结果排名位置的不可预测性也是一个补充。

(3) 关键词广告信息可以方便地进行调整。出现在搜索结果页面的关键词广告信息，包括标题、内容摘要、链接 URL 等都是用户自行设定的,并且可以方便地进行调整,这与搜索引擎自然检索结果中的信息完全不同。自然检索结果中的网页标题和摘要信息取决于搜索引擎自身的检索规则,用户只能被动适应。如果网页的搜索引擎友好性不太理想,显示的摘要信息对用户没有吸引力,那么将无法保证推广效果。

(4) 可引导潜在用户直达任何一个期望的目标网页。由于关键词广告信息是由用户自行设定的,当用户点击推广信息标题链接时,可以引导用户来到任何一个期望的网页。在自然检索结果中,搜索引擎收录的网页和网址是一一对应的,即摘要信息的标题就是网页的标题(或者其中的部分信息),摘要信息也是摘自该网页;而在关键词广告信息中可以根据需要设计更有吸引力的标题和摘要信息,并可以让推广信息链接到期望的目标网页,如重要产品页面等。

2. 搜索引擎关键词广告的优势

(1) 关键词广告有助于提升公司网络知名度。搜索引擎具有绝对领先的网络商业流量,搜索引擎关键词营销是网络营销中最重要的部分之一。网站在搜索引擎网站中的排名直接影响企业网络知名度。

(2) 关键词广告有更好的针对性和目标性。只有当网民使用了企业购买的关键词时,企业相关信息才会出现在搜索结果页面的显著位置,而使用这些关键词的浏览者往往是对这些信息感兴趣的人,因此,关键词广告具有很强的针对性和目标性。

(3) 关键词广告有较为明确的效果。关键词广告一旦投放,关键词的选择和排名直接影响到企业知名度的网络排名和网站流量,效果较为迅速和直接,短期见效不是不可能。

(4) 关键词广告成本较低,容易控制成本预算。点击付费广告的特点是展示免费、点击付费。关键词的选择和广告预算随时变化,自由掌控。

(5) 关键词广告具有良好的投资回报率。相对于报纸、杂志、电视等传统媒体动辄上万的广告投入,搜索引擎广告更经济,具有良好的投资回报率。

【案例 7-2】美联航空——优化关键词选取,达成机票销量翻番增长

美国联合航空公司(United Airlines)在 2007 年第一季度期间,充分利用搜索营销手段,在消费者形成机票购买决策前就与之充分互动,将消费者最想预先知晓的机票信息做最有效的传达,在广告预算没有增长的情况下,搜索营销产生的销售业绩增长超过两倍。

美联航空通过调研获知,有 65%的消费者在做出旅行决定前,会进行至少 3 次的搜索,有 29%的消费者会进行 5 次以上的搜索。而用户关注的信息主要体现在三个层面:价格、服务和关于航空公司的详细信息。因此,针对这三个层面的信息,分别对关键词的选择以及结果的呈现方式做了优化,使消费者在决策前知晓相关的信息,从而带动了机票销量的促进。

案例启示

美联航空的案例告诉我们，搜索营销能够告知客户在购买周期内关注的细节是什么，以及如何把握这些细节。如能在营销活动中提升与客户的信息传达能力，并且时刻优化这些信息的呈现，让市场营销人员和用户保持互动循环，就能对销售产生实际的促进意义。

(资料来源：http://it.hexun.com/2008-07-16/107477599_1.html)

三、中国搜索引擎市场的发展

1. 中国搜索引擎用户规模

我国搜索引擎用户规模达 5.66 亿，使用率为 82.3%，2015 年用户规模较 2014 年底增长 4400 万，增长率为 8.4%。搜索引擎是中国网民的基础互联网应用，截至 2015 年，使用率仅次于即时通信。2010—2015 年搜索引擎用户规模与增速见图 7-3。

图 7-3 2010—2015 年搜索引擎用户规模与增速

(资料来源：http://www.cnnic.net/hlwfzyj/hlwxzbg/ssbg/201607/P020160726510595928401.pdf)

截至 2015 年 12 月，手机搜索用户数达 4.78 亿，使用率为 77.1%，用户规模较 2014 年底增长 4870 万，增长率为 11.3%。手机搜索是整体搜索引擎市场快速发展的持续推动力：2011 年至今，手机搜索用户规模年增长速度一直快于搜索引擎领域整体，在全国互联网渗透率、搜索引擎使用率长期保持小幅增长的背景下，手机搜索使用率的增长幅度更大。2010—2015 年中国手机搜索用户规模与增速见图 7-4。

2. 综合搜索引擎品牌渗透率

截至 2015 年 12 月，在搜索引擎用户中，百度搜索的渗透率为 93.1%，其次是 360 搜索/好搜搜索和搜狗搜索(含腾讯搜搜)，渗透率分别为 37.0%和 35.8%。搜索引擎市场集中度有逐年提高的趋势。综合搜索引擎品牌渗透率见图 7-5。

图 7-4　2010—2015 年中国手机搜索用户规模与增速

(资料来源:http://www.cnnic.net/hlwfzyj/hlwxzbg/ssbg/201607/P020160726510595928401.pdf)

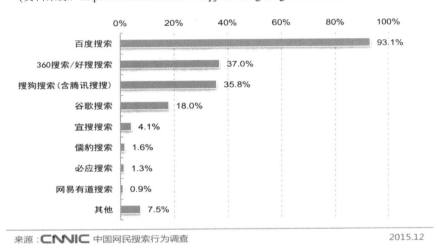

图 7-5　综合搜索引擎品牌渗透率

(资料来源:http://www.cnnic.net/hlwfzyj/hlwxzbg/ssbg/201607/P020160726510595928401.pdf)

3. 各类搜索引擎用户渗透率

截至 2015 年 12 月,94.6%的搜索用户通过综合搜索网站搜索信息,其次是购物、团购网站的站内搜索和视频搜索,渗透率分别为 86.3%和 84.4%。其他种类搜索引擎的使用涉及地图、新闻、分类信息、微博、导航等各类互联网应用,渗透率远超 50%;此外还涉及 APP 搜索和旅行网站搜索,渗透率也超过 45%。搜索行为贯穿于用户互联网使用的方方面面,"无上网,不搜索"的大搜索局面已经形成。各类型搜索引擎渗透率见图 7-6。

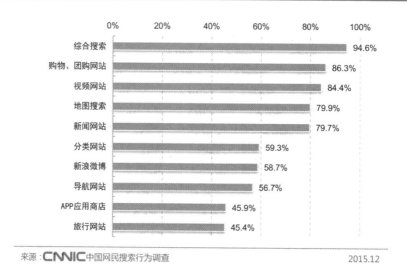

图 7-6　各类型搜索引擎渗透率

(资料来源：http://www.cnnic.net/hlwfzyj/hlwxzbg/ssbg/201607/P020160726510595928401.pdf)

第二节　网络社区营销

网络社区是网上特有的一种虚拟社会，社区主要通过把具有共同兴趣的访问者集中到一个虚拟空间，达到成员相互沟通的目的。网络社区是用户常用的服务之一，由于有众多用户的参与，因而已不仅仅具备交流的功能，实际上也成为一种网络营销场所。网络社区是指包括 BBS/论坛、公告栏、群组讨论、在线聊天、交友、个人空间、无线增值服务等形式在内的网上交流空间，同一主题的网络社区集中了具有共同兴趣的访问者。社区是互联网特有的一种虚拟平台，网络社区可以通过其平台特色，将分散的目标客户和受众群众精准地聚合在一起，达到用户之间相互沟通的目的。由于大量用户的参与，社区不但具备交流的功能，更重要的是，社区也逐渐成为网络营销的场所。网络社区营销是以网络社区为平台，针对社区用户积极的参与性、开放的资源分享性，以及网民之间频繁的互动性，借助线上/线下活动、事件讨论、话题引导等方式展开的营销行为。

【案例 7-3】星巴克爱情公寓 SNS 网站虚拟营销

星巴克一直以来采用的都不是传统的营销手法，而是采取颇具创意的新媒体形式。此次星巴克联手 SNS 网站爱情公寓尝试虚拟营销，将星巴克徽标做成爱情公寓里"虚拟指路牌"广告，是星巴克首次尝试 SNS 营销。

iPart 爱情公寓（www.ipart.cn）是两岸三地唯一一个以白领女性跟大学女生为主轴设计的交友社区网站（Female Social Networking），尽全力帮助网友打造一个女生喜爱的温馨交友网站。品牌形象中心思想关键词为：清新、幸福、温馨、恋爱、时尚、文艺、流行。

12月12日是星巴克滨江店举办"璀璨星礼盒"活动的特别日子，因此从12月1日开始，星巴克不仅将滨江店封装到巨大的礼包中，更在爱情公寓网站上做成了颇具创意的"虚拟指路牌"，并且还以倒计时的方式，吸引人们在线上或者去线下看看12月12日星巴克的"open red day"到底是什么，不肯把第一次的神秘一下子都给曝光出来。

礼包展开前，采用神秘礼物与星巴克情缘分享的方式进行。

(1) 神秘礼包：线上活动结合了线下活动的概念，送给网友的神秘礼物，会出现在网友小屋当中。虚拟的神秘礼包与实体的上海星巴克滨江店同日开张，礼包和实体店面同样以大礼盒的形象出现。

(2) 星巴克情缘分享：网友上传自己生活当中与星巴克接触的照片并写下感言，以口碑与体验的方式来塑造出星巴克式的生活态度是被大家认可且受欢迎的。

礼包展开后出现品牌旗舰店，打造了一个品牌大街，与繁华的闹市区不同，星巴克小店另开崭新的公寓大街区域，提供具有质感的品牌大街。虚拟的星巴克店面设计中，延续实体店面的温馨舒适感，店面周围环境设计以享受生活的感觉为主，不过度热闹繁华，以高品质的生活感受来凸显品牌的层次感。另外，结合爱情公寓内的产品来提升曝光度与网友参与、互动，让网友更加了解品牌个性与特色所在。

(1) 见面礼：设计专属礼品，来到虚拟店面就可领取或送好友。

(2) 活动专区、公布栏：星巴克线上及线下活动报道，大量的曝光让参与程度提升，分享关于星巴克的信息及新闻，引起各种话题讨论和增加网友的互动。

(3) 咖啡小教室：咖啡达人教室，固定的咖啡文化或相关教室消息，让网友了解更多关于咖啡的文化。

星巴克在爱情公寓的虚拟店面的植入性营销被众多业界人士称赞，甚至成为哈佛大学教授口中的案例。星巴克想让他们的消费者了解到他们的态度，因此他们做了一系列活动，包括从品牌形象到虚拟分店开幕、新产品推出，再到赠送消费者真实的优惠券等。这一系列营销非常符合星巴克的愿望——不让消费者觉得他们是在做广告。但是，如果星巴克每天发信息告诉你哪里有他们新开的店面，哪里有新出的产品，让你赶快来买他们的产品，短时间内可能会起到销售的效果，但是这种不断的强迫行为会让消费者产生强烈的厌烦感，反而会彻底毁灭星巴克在我们心中良好的形象。

(资料来源：http://www.i-wanggou.com/1004/346690.html)

案例思考题

(1) 分析星巴克SNS网站虚拟营销的策略。

(2) 分析星巴克在Part爱情公寓的交友社区开展的网络营销策略。

一、网络社区的形式和作用

1. 网络社区的形式

电子公告板(BBS)：是虚拟网络社区的主要形式，大量的信息交流都是通过 BBS 完成的，会员通过张贴信息或者回复信息达到互相沟通的目的。有些简易的社区甚至只有一个 BBS 系统。

聊天室(Chat Room)：在线会员可以实时交流，对某些话题有共同兴趣的网友通常可以利用聊天室进行深入交流。

讨论组(Discussion Group)：如果一组成员需要对某些话题进行交流，通过基于电子邮件的讨论组会觉得非常方便，而且有利于形成大社区中的专业小组。

论坛和聊天室是网络社区中最主要的两种表现形式，在网络营销中有着独到的应用。网络社区可以增进和访问者或客户之间的关系，也可能直接促进网上销售。

2. 网络社区的作用

(1) 可以与访问者直接沟通，容易得到访问者的信任。如果是商业性的网站，可以了解客户对产品或服务的意见，访问者很可能因为通过和你的交流而成为真正的客户，因为人们更愿意从了解的商店或公司购买产品。如果是学术性的站点，则可以方便地了解同行的观点，收集有用的信息，并有可能给自己带来启发。

(2) 为参加讨论或聊天，人们愿意重复访问你的网站，因为那里是和他志趣相投者聚会的场所，除了相互介绍各自的观点之外，一些有争议的问题也可以在此进行讨论。

(3) 作为一种顾客服务的工具，利用 BBS 或聊天室等形式在线回答顾客的问题。作为实时顾客服务工具，聊天室的作用已经得到用户认可。

(4) 可以与那些没有建立自己社区的网站合作，允许使用自己的论坛和聊天室。当然，那些网站必须为进入你的社区建立链接和介绍，这种免费宣传机会很有价值。

(5) 建立了论坛或聊天室之后，可以在相关的分类目录或搜索引擎登记，有利于更多人发现你的网站，也可以与同类的社区建立互惠链接。

(6) 方便进行在线调查。无论是进行市场调研，还是对某些热点问题进行调查，在线调查都是一种高效廉价的手段。在主页或相关网页设置一个在线调查表是通常的做法。然而对多数访问者来说，由于会占用额外的时间，大都不愿参与调查，即使提供某种奖励措施，参与的人数可能仍然不多。如果充分利用论坛和聊天室的功能，主动、热情地邀请访问者或会员参与调查，参与者的比例一定会大幅增加。同时，通过收集 BBS 上顾客的留言也可以了解到一些关于产品和服务的反馈意见。

二、网络社区营销的发展和问题

1. 网络社区营销的发展

互联网的快速发展促进网络服务内容不断推陈出新，网民的网络需求也不断向个性化和细分化方向发展。依托于互联网的网络营销在营销理念方面发生了根本性的变化，其营销平台和方式也越来越多样和丰富。网络营销发展历程见图7-7。由图可以看出，网络营销发展经历了三个时代。

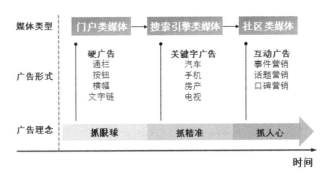

图7-7　网络营销发展历程

（1）门户时代：20世纪末期的"眼球经济"时代，网络营销方式主要以品牌网络广告为主。此时门户类网站成为通栏、按钮、文字链等广告形式的主要投放平台。广告主追求的更多的是广告投放覆盖的广泛性，而用户只是被动地接受。这种营销方式属于花大钱、撒大网形式，导致高投入、低产出的局面。

（2）搜索引擎媒体时代：此后随着搜索引擎在技术和使用上的快速发展，使其成为网民使用率最高的基础性网络服务之一，由此导致搜索引擎类媒体的迅速崛起。网民的网络需求更加明确，更多的网民开始主动地搜索自己所需要的信息，搜索引擎成为网民登录网络的主要入口。此时，基于搜索的竞价排名和关键词搜索等营销方式，由于其精准和快速的特点，使得搜索引擎媒体成为广告主青睐的重要的网络营销平台。

（3）社区互动时代：随着Web 2.0概念的实用化，基于Web 2.0的论坛、博客和视频分享等网络服务发展迅速，网民的高度参与性、分享性与互动性促使社区类媒体成为广告主新的淘金地。基于社区的事件营销、话题营销、口碑营销等方式开始崭露头角，网络营销方式由之前的推送式、拉动式向互动式方向发展，营销理念也由之前的抓眼球、抓精准进入抓人心时代。

2. 网络社区营销与传统营销的区别

网络社区营销与传统营销方式的最大区别在于以下两点。

(1) 用户依据自身需求的主动搜索：传统广告形式是以"推"的形式引起用户的关注，因此受众的广泛性非常重要，导致广告投入巨大，但最终形成购买行为的人群很小。而在 Web 2.0 时代，用户会根据自己的喜好去主动搜索，使得用户能够更快、更准确地找到自己需要的产品，也使得企业的广告投放更具针对性。

(2) 用户对体验结果的主动分享：传统营销模式终止于用户购买行为的发生。社区营销中，更重要的在于通过对产品的使用产生良好体验后，用户的主动的经验分享，可借助论坛、博客等多种社区互动平台进行快速、大范围的病毒式传播，从而形成网络上的众口相传。

因此，对于广告主和广告策划者而言，社区营销的关键在于，如何使用户产生想了解的兴趣，推动他们去主动搜索；更重要的是在用户体验过产品之后，为用户打造一个互动交流的平台，并通过各种方式促使一部分愿意分享良好体验的用户的声音加速传播和迅速扩大，从而可以影响更多的用户，形成众口相传的网络口碑营销。

3. 网络社区营销的问题

在互联网发展的早期，网上专业的商业社区还比较少，一些 BBS、新闻组和聊天室曾经是重要的营销工具，一些早期的网络营销人员利用网络社区发现了一些商业机会，甚至取得了一些成就。

但是，实际上网络社区营销的成功概率是非常低的，尤其是作为产品促销工具时。另外，随着互联网的飞速发展，出现了许多专业的或综合性的 B2B 网站，其主要职能就是帮助买卖双方撮合交易。因此，一般的网络社区的功能和作用也发生了很大变化，网络营销的手段也更加专业和深化，网络社区的营销功能事实上已经在逐渐淡化，并向着增加网站吸引力和顾客服务等方向发展。所以，当我们利用网络社区进行营销时，要正视这一手段的缺陷，不要对此抱太大的期望。

不过，一个优秀的社区在网站中所起的作用仍然不可低估。在可能的情况下，当规划和建设自己的网站时，应尽可能将网络社区建设作为一项基本内容。

三、如何建立网络社区

如果打算在自己的网站开设网络社区功能，那么就需考虑一些规划和管理网络社区的基础内容。

1. 网络社区的定位和主题

根据社区的规模和参与者的成分，可将网络社区划分为综合性社区和专业性社区两种主要形式，每个社区通常又会按照不同的主题分为若干版块。从网站的商业价值来讲，综合性社区和专业性社区各有优势，前者通常可以吸引大量人气，首先吸引网民的注意，然后通过网络广告等形式取得收入；而专业性社区往往直接蕴涵着大量的商机，例如一个关于汽车的社区，其会员中很可能有大量潜在的购买者。

一些专业网站或者企业网站在创建社区时通常会定位于专业性社区。那么，是不是生产什么产品的企业都建一个该产品的论坛，让消费者来发表关于某产品的意见。这样可能不是最好的方案，因为社区成员之所以参与的基本原因是可以与其他成员交流信息，并了解自己希望的信息。同时，网络社区又是一个休闲的场所，会员希望能在轻松愉快的气氛中了解自己感兴趣的内容，并发表自己的意见或见解。

2. 网络社区的功能

网络社区中最常用的功能和服务包括论坛、聊天室、讨论组、留言系统等，可根据自己的需要选择。

3. 网络社区的管理

有些网络社区由于存在各种缺陷，可能参与者很少，一个主题下面每天只有几条信息，甚至几天才有一条信息，造成这种结果的原因可能是多方面的。比如，网站访问量比较小，话题过于专业或类别过于详细等。所以，如何吸引尽可能多的成员来参与是至关重要的问题。

为了吸引尽可能多用户参与社区，需要在下列方面充分考虑会员的需要：

(1) 利益共享：这是网络社区的基本出发点，如果会员从中不能分享到自己所期望的利益，也许就不会对该社区关注。会员期望的利益包括切实的物质利益，也包括了解有价值的信息，与志趣相投者的交流、获得心理满足等多方面内容。

(2) 开放性：一个社区最活跃的是其核心成员，但仅有核心成员的参与是不够的。据估计，80%以上的社区成员通常不发表任何言论，但总会有新的成员不断加入进来，应该营造一种开放、平等的氛围，无论新老会员，都可以自由参与。由于互联网的社区很多，新用户在决定是否加入一个社区时，一般会先经过一段时间的考察和了解，对于还没有注册为正式会员的用户，应该给予了解社区的机会。

(3) 会员忠诚：为会员提供附加价值，增进对社区的忠诚度和依赖性。例如特别的折扣、不定期的奖励措施等，必要时可利用网下的沟通机会增强会员与社区的关系。

(4) 环境保护：不要让喧闹的广告出现在社区里，大量的广告会使会员觉得厌烦。也可以聘请主要成员参与社区管理，授权他们删除与主题无关的帖子，或者其他非法言论、恶意中伤等信息。

4. 网络社区的推广

现在，网上的各种社区不计其数，并非随便一个社区都会有大量用户主动参与。因此，网络社区建成发布之后，还需要进行一系列的推广活动。

网络社区的推广方法实际上类似于新网站的推广方法，可以提交给搜索引擎相关分类目录，在分类广告中发布信息，到其他相关社区发布新社区开张的消息，甚至可以利用网络广告、邮件列表等方式吸引目标用户的注意。

此外，如果你的网站已经先于网络社区发布并拥有一定量的访问者，可以充分利用网站来为网络社区开展推广活动。例如，在网站上发布社区开张的消息，像为产品做广告宣传一样。在网站上宣传参与社区的好处；在网站公布其他成员参加社区取得收获的证明材料或推荐书；定期邀请专家或知名人士作为嘉宾参加社区的活动，与会员现场交流或者解答会员的问题；为社区会员创建一份免费电子杂志，可以在每期电子刊物的结尾处提醒会员回来参与社区的活动。

第三节 微博营销

一、微博概述

微博客是一种非正式的迷你型博客，是近几年兴起的一个 Web 2.0 表现形式，是一种可以即时发布消息的系统。最大的特点就是集成化和 API 开放化，用户可以通过移动设备、IM 软件(gtalk、MSN、QQ、skype)和外部 API 接口等途径向你的微博客发布消息。微博客的另一个特点还在于这个"微"字，一般发布的消息只能是只言片语，每次只能发送 140 个字符。

1. 微博的现状

三言两语，现场记录，发发感慨，晒晒心情，Twitter 网站打通了移动通信网与互联网的界限。相比传统博客中的长篇大论，微博的字数限制恰恰使用户更易于成为一个多产的博客发布者。著名流量统计网站 ALEXA 的数据显示，Twitter 日均访问量已近 2000 万人次，在美国、英国、加拿大等地的网站排名中均列前 15 位。

2006 年 Twitter 的出现把世人的眼光引入了一个叫微博的小小世界里。国外 Twitter 的"大红大紫"，令国内有些人终于坐不住了，2005 年从校内网起家的王兴，在 2006 年把企业卖给千橡互动后，于第二年建立了饭否网；而腾讯作为一个拥有 4.1 亿 QQ 用户的企业，看到用户对随时随地发布自己状态的强烈需求后，也忍不住尝试了一把，2007 年 8 月 13 日腾讯滔滔上线。

2009 年 7 月中旬开始，国内大批老牌微博产品(饭否、腾讯滔滔等)停止运营，一些新产品开始进入人们的视野。Follow5 于 2009 年 6 月上线，同年 8 月开始正式测试。Follow5 是专注于分享的微博客，致力于使分享变得更轻松、更方便、更自由。把此时此刻，你正在做什么、想什么、看到什么记录下来，分享给其他人。新浪微博，是中国门户网站新浪网推出的微博服务，于 2009 年 8 月 14 日开始内测，目前是中国用户数最大的微博产品，公众人物用户众多是新浪微博的一大特色。随心微博于 2009 年面世，依靠自身清新、简约、时尚的界面、简单易用的微博功能和极佳的浏览速度，赢了不少微博玩家的追捧，也从侧面反映了微博真正的内涵在于博，而不是淹没于明星和粉丝的口水中，成为 2009 年微博阵营中的一道靓丽风景线。

截至 2016 年 6 月，微博用户规模为 2.42 亿，逐渐回升，使用率为 34%，与 2015 年年底相比略有上涨。微博主打陌生人社交，通过人与人之间的"关注""被关注"网络来传播信息。在内容维度上，微博正在从早期关注的时政话题、社会信息，逐渐向基于兴趣的垂直细分领域转型。国内主要微博兴起情况见图 7-8。

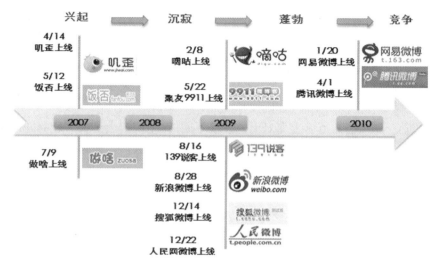

图 7-8 国内主要微博兴起情况

2. 微博的优势

(1) 简单易用。这里有两方面的含义，第一，相对于强调版面布置的博客来说，微博的内容只是由简单的只言片语组成，从这个角度来说，对用户的技术要求门槛很低，而且在语言的编排组织上，没有博客那么高。第二，微博开通的多种 API 使得大量的用户可以通过手机、网络等方式来即时更新自己的个人信息。

(2) 人际"圈"的影响力。相对于博客来说，用户的关注属于一种"被动"的关注状态，写出来的内容其传播受众并不确定；而微博的关注则更为主动，只要轻点"follow"，即表示你愿意接受某位用户的即时更新信息。从这个角度来说，对于商业推广、明星效应的传播更有研究价值。

同时，对于普通人来说，微博的关注友人大多来自现实的生活圈子，用户的一言一行不但起到发泄感情、记录思想的作用，更重要的是维护了人际关系。

(3) Web 2.0 时代到来后科技的完美结合。相对于博客需要组织语言陈述事实或者采取修辞手法来表达心情，微博只言片语的"语录体"的即时表述更加符合现代人的生活节奏和习惯。新技术的运用使得用户(作者)对访问者的留言更加容易进行回复，从而形成良好的互动关系。

3. 微博的特性

微博客草根性更强,且广泛分布在桌面、浏览器、移动终端等多个平台上,有多种商业模式并存或形成多个垂直细分领域的可能。但无论哪种商业模式,应该都离不开用户体验的特性和基本功能。

(1) 便捷性。在微博客上,140字的限制将平民和莎士比亚拉到了同一水平线上,这一点导致大量原创内容爆发性地被生产出来。微型博客的出现具有划时代的意义,真正标志着个人互联网时代的到来。博客的出现,已经将互联网上的社会化媒体推进了一大步,公众人物纷纷开始建立自己的网上形象。然而,博客上的形象仍然是化妆后的表演,博文的创作需要考虑完整的逻辑,这样大的工作量对于博客作者来说具有很重的负担。"沉默的大多数"在微博客上找到了展示自己的舞台。

(2) 创新交互方式。与博客上面对面的表演不同,微型博客上是背对脸的 follow(跟随),就好比你在计算机前打游戏,路过的人从你背后看着你怎么玩,而你并不需要主动和背后的人交流。可以一点对多点,也可以点对点。当你 follow 一个自己感兴趣的人时,两三天就会上瘾。移动终端提供的便利性和多媒体化,使得微型博客用户体验的黏性越来越强。

(3) 原创性。微博网站现在的即时通信功能非常强大,通过 QQ 和 MSN 直接书写,在没有网络的地方,只要有手机也可即时更新自己的内容,哪怕你就在事发现场。比如,最近爱上随心微博的李小姐在中央大街咖啡厅看书,忽然看到大街对面是自己认识的一对"地下情侣"。于是她马上用手机拍摄下来,发到自己的微博客上,在第一时间引起朋友圈子内的一片轰动。她非常为自己超具现场感的狗仔精神而欢喜,也因此更爱"微博"。

二、微博营销概述

利用微博开展网络营销的这种方式就叫微博营销。公司、企业或者个人利用微博的交互性平台,发布更新企业、公司或个人的相关信息,并且积极参与相互间的关注和交流,通过较强的微博平台帮助企业、公司或个人零成本获得搜索引擎的较前排位,以达到宣传目的。

1. 微博营销的特点

(1) 微博目标更为精确,能够针对目标客户进行精准的粉丝营销。

(2) 微博营销与传统营销方式相比,营销成本较低,通过网络媒介可以节省更多的人力、物力、财力资源。

(3) 微博广告具有交互性,可以通过粉丝进行互动交流,并能得到即时的问题回馈。

(4) 微博是一个信息发布和传递的工具,能够更快、更便捷地发布最新动态、产品信息。

(5) 与供求信息平台的信息发布方式相比，微博的信息量更大，并能进行及时的更新。

(6) 与论坛营销的信息发布方式相比，微博文章更简单方便，可以随手拍、随心去写，实效快。

2. 微博营销的优势

(1) 细分程度高，定向准确。

(2) 互动传播性强，信任程度高，口碑效应好。

(3) 影响力大，引导网络舆论潮流，有利于长远利益和培育忠实用户。

(4) 成本低。

3. 开展微博营销的方法

(1) 微博平台的选择。目前的微博平台有很多，人气最高的还是新浪微博和腾讯微博。根据企业的需要来选择适合自己的平台，新浪微博的用户学历较高，大部分是80后或10后。腾讯微博的用户比较多，其中以90后居多。微博平台的选择首先看影响力以及用户的活跃度，再根据企业发展的方向来选择最适合自己企业的微博平台。

(2) 微博的定位。对自己微博的定位是一个重要的环节，微博营销最忌讳急功近利。微博营销就是企业建立一个让自己扩大影响力的平台，所以企业要对自己有个准确的定位。定位好，才能根据企业的定位来选择目标用户群去发布内容，吸引用户群体，当用户群体积累到一定程度，金字塔式的、发散式的传播效应只是一个时间过程的问题。

(3) 危机公关处理。一件坏事的传播速度是好事的3倍，微博传播速度快这个特点就更该注意。要正确对待处理粉丝的正面、负面提问，及时积极、愉快的沟通。尤其在活动的时候，活动结果要客观公正，不要引起粉丝质疑与反感。建立一个品牌也许要很久，但要毁掉一个品牌只是几天的事情。例如，西门子的冰箱门事件让西门子的信誉大大受损，这种微博案例并不少见。因此公关危机处理要时刻保持清醒的头脑，尽量用诚恳的态度来与粉丝交流。

(4) 举办活动与利用名人效应。有奖活动是提高粉丝活跃性的最好办法，也是增加粉丝的助推剂，适当的活动能增加粉丝对企业的黏性与忠诚度。要注意的就是活动不能过度，过量的有奖活动只会带来大量的领奖专业户。名人效应是提高自己品牌知名度的最好办法，如微博女王姚晨代言的赶集网。企业借名人之手来提高自己的知名度，名人的粉丝可以帮助你的企业做转播，带来的二次转播的数量是非常可观的。所以，在资金允许的情况下利用有奖活动与名人代言是可以产生非常好的品牌效果。

【案例7-4】@可口可乐

2013年夏天是热闹的，因为可口可乐在全国掀起了一场"换装"热潮。可口可乐利用互联网上的热门词汇推出了一系列"昵称瓶"新装，诸如"文艺青年""小清新""学霸""闺蜜""喵星人"等几十个极具个性、又符合特定人群定位的有趣昵称被印在可口可乐的瓶标上。

图 7-9 可口可乐昵称瓶

在新浪微博上，可口可乐最初借助媒体明星、草根大号等意见领袖进行内容的预热阶段，赠送了印有他们名字的昵称瓶，于是他们都纷纷在社交网络上晒出自己独一无二的可口可乐定制昵称瓶。一时之间，各个明星粉丝和普通消费者纷纷在微博上求可口可乐定制昵称瓶，表示要过一下"明星瘾"或自己留作收藏等，更有部分网民表示希望用来向自己的暗恋对象表白用。

继第一波社交平台悬念预热，第二波官方活动正式启动，由五月天深圳演唱会为标志。第三波高潮利用 social commerce(社交商务)在微博上维持活动的热度。可口可乐与新浪微博微钱包一起合作推广可口可乐昵称瓶定制版，让更多普通的消费者也可以定制属于自己的可口可乐昵称瓶。

第一天，300 瓶可口可乐，1 小时被抢光。

第二天，500 瓶可口可乐，30 分钟被抢光。

第三天，500 瓶可口可乐，5 分钟被抢光。

接下来几天，都是在 1 分钟内秒杀完毕。

这是让人震惊的数字，而且呈现出越来越快的趋势。前三天一千多的销量，已经产生新浪微博五千多的分享与讨论。于是有更多的网友知晓并且参与到活动中来，如同滚雪球一样，知道和参与的人越来越多，抢购一空的时间也越来越短。这也正是社交网络真正吸引人之处，依靠口碑带动品牌与产品影响力的几何级的递增。

在微博上定制一瓶属于你的可口可乐，从"线上"微博定制瓶子到"线下"消费者收到定制瓶，继而透过消费者拍照分享又回到"线上"，O2O 模式让社交推广活动形成一种长尾效应。

(资料来源：http://www.100ec.cn/detail--6149091.html)

案例思考题

(1) 可口可乐如何开展微博营销？

(2) 结合案例谈谈你对微博营销的了解和认识。

第四节 微信营销

微信已经走过五年的发展历程，从最初的社交通信工具，成长为连接人与人、人与服务、人与商业的平台。截止到 2016 年 2 月，微信月活跃用户 6.5 亿，微信支付累计绑卡用户数超过 2 亿。汇聚公众账号超过 1000 万。

微信营销是网络经济时代企业营销模式的一种创新，是伴随着微信的火热而兴起的一种网络营销方式。微信不存在距离的限制，用户注册微信后，可与周围同样注册的"朋友"形成一种联系，用户订阅自己所需的信息，商家通过提供用户需要的信息，推广自己的产品，从而实现点对点的营销。

微信营销主要是以安卓系统、苹果系统的手机或者平板电脑中的移动客户端进行的区域定位营销。商家通过微信公众平台，结合微信会员卡管理系统展示商家微官网、微会员、微推送、微支付、微活动，已经形成了一种主流的线上线下微信互动营销方式。

【案例7-5】2013 年微信营销典型案例

案例一：杜蕾斯微信——活动营销

对于杜蕾斯大家都不陌生，每每提及微博营销案例，总能看到杜杜的身影，似乎它已经是微博营销中一块不可逾越的丰碑。这个在微博上独树一帜的"杜杜"也在微信上开启了杜杜小讲堂、一周问题集锦。

广大订阅者所熟知的还是杜杜那免费的福利，2012 年 12 月 11 日，杜蕾斯微信推送了这样一条微信活动消息：

"杜杜已经在后台随机抽中了十位幸运儿，每人将获得新上市的魔法装一份。今晚十点之前，还会送出十份魔法装！如果你是杜杜的老朋友，请回复'我要福利'，杜杜将会继续选出十位幸运儿，敬请期待明天的中奖名单！悄悄告诉你一声，假如世界末日没有到来，在临近圣诞和新年的时候，还会有更多的礼物等你来拿哦。"

活动一出，短短两个小时，杜杜就收到几万条"我要福利"，10 盒套装换来几万粉丝，怎么算怎么划算。微信活动营销的魅力在杜杜这里被演绎得淋漓尽致，毕竟免费的福利谁都会忍不住看两眼。

案例二：星巴克——音乐推送微信

把微信做的有创意，微信就会有生命力！微信的功能已经强大到我们目不忍视，除了回复关键词还有回复表情的。

这就是星巴克音乐营销，直觉刺激你的听觉！通过搜索星巴克微信账号或者扫描二维码，用户可以发送表情图片来表达此时的心情，星巴克微信则根据不同的表情图片选择《自然醒》专辑中的相关音乐给予回应。

这种用表情说话正是星巴克的卖点所在。

案例三：小米——客服营销 9:100 万

新媒体营销怎么会少了小米的身影？"9:100 万"的粉丝管理模式，据了解，小米手机的微信账号后台客服人员有 9 名，这 9 名员工最大的工作时每天回复 100 万粉丝的留言。每天早上，当 9 名小米微信运营工作人员在计算机上打开小米手机的微信账号后台，看到后台用户的留言，他们一天的工作也就开始了。

其实小米自己开发的微信后台可以自动抓取关键词回复，但小米微信的客服人员还是会进行一对一的回复，小米也是通过这样的方式大大地提升了用户的品牌忠诚度。相较于在微信上开个淘宝店，对于类似小米这样的品牌微信用户来说，做客服显然比卖掉一两部手机更让人期待。

当然，除了提升用户的忠诚度，微信做客服也给小米带来了实实在在的益处。黎万强表示，微信同样使得小米的营销、CRM 成本开始降低，过去小米做活动通常会群发短信，100 万条短信发出去，就是 4 万块钱的成本，微信做客服的作用可见一斑。

案例四：招商银行——爱心漂流瓶

微信官方对漂流瓶的设置，也让很多商家看到漂流瓶的商机。微信商家开始通过扔瓶子做活动推广，使得合作商家推广的活动在某一时间段内抛出的"漂流瓶"数量大增，普通用户"捞"到的频率也会增加。招商银行就是其中一个。

日前，招商银行发起了一个微信"爱心漂流瓶的活动"：微信用户用"漂流瓶"功能捡到招商银行漂流瓶，回复之后招商银行便会通过"小积分，微慈善"平台为自闭症儿童提供帮助。在此活动期间，有媒体统计，用户每捡十次漂流瓶便基本上有一次会捡到招行的爱心漂流瓶。

案例五：1 号店——游戏式营销

1 号店在微信当中推出了"你画我猜"活动，活动方式是用户通过关注 1 号店的微信账号，每天 1 号店就会推送一张图片给订阅用户，然后，用户可以回发答案来参与到这个游戏当中来。如果猜中图片答案并且在规定的名额范围内就可以获得奖品。

其实，"你画我猜"的概念是来自于火爆的 App 游戏 Draw Something，并非 1 号店自主研发，只是 1 号店首次把游戏的形式应用到微信活动推广中来。

案例六：南航——服务式营销

中国南方航空公司总信息师胡臣杰曾表示："对今天的南航而言，微信的重要程度，等同于 15 年前南航做网站！"也正是由于对微信的重视，如今微信已经跟网站、短信、手机 App，呼叫中心，一并成为南航五大服务平台。

对于微信的看法，胡臣杰表示"在南航看来，微信承载着沟通的使命，而非营销"。早在 2013 年 1 月 30 日，南航微信发布第一个版本，就在国内首创推出微信值机服务。随着功能的不断开发完善，机票预订、办理登机牌、航班动态查询、里程查询与兑换、出行指南、城市天气查询、机票验真等这些通过其他渠道能够享受到的服务，用户都可通过与南航微信公众平台互动来实现。

(资料来源：http://a.iresearch.cn/wmarketing/20130709/204332.shtml)

一、微信营销的特点

(1) 点对点精准营销。微信拥有庞大的用户群，借助移动终端、天然的社交和位置定位等优势，每个信息都是可以推送的，能够让每个个体都有机会接收到这个信息，继而帮助商家实现点对点精准化营销。

(2) 形式灵活多样。微信营销形式灵活多样，典型的形式见表7-1。

表7-1 微信营销的形式

形式	方式	实质
漂流瓶	把信息放进瓶子，用户捞起来得到信息并传播出去	随机方式推送信息
位置签名	在签名档上放广告信息，用户查找附近或者摇一摇的时候会看到	路牌广告，强制收看
二维码	用户扫描二维码，添加好友，进行"互动"	表面是用户添加，实际是得到用户关系
开放平台	把网站内容分享到微信，或者微信内容分享到网站	和各种分享一样
语音信息	通过语音推送和收集信息，类似带下行内容的微信热线	PodCast
公众平台	微博认证账号，品牌主页	专属的推送渠道

(3) 强关系的机遇。微信的点对点产品形态注定了其能够通过互动的形式将普通关系发展成强关系，从而产生更大的价值。通过互动的形式与用户建立联系，互动就是聊天，可以解答疑惑、可以讲故事甚至可以"卖萌"，用一切形式让企业与消费者形成朋友的关系，你不会相信陌生人，但是会信任你的"朋友"。

二、微信营销的优势

1. 高到达率

营销效果很大程度上取决于信息的到达率，这也是所有营销工具最关注的地方。与手机短信群发和邮件群发被大量过滤不同，微信公众账号群发的每一条信息都能完整无误地发送到终端手机，到达率高达100%。

2. 高曝光率

曝光率是衡量信息发布效果的另外一个指标。信息曝光率和到达率完全是两码事，与微博相比，微信信息拥有更高的曝光率。在微博营销过程中，除了少数一些技巧性非常强的文案和关注度比较高的事件被大量转发后获得较高曝光率外，直接发布的广告微博会很快地淹没在微博滚动的动态中，除非你是刷屏发广告或者用户刷屏看微博。

微信是由移动即时通信工具衍生而来，天生具有很强的提醒力度，比如铃声、通知中心消息停驻、角标等，随时提醒用户收到未阅读的信息，曝光率高达 100%。

3. 高接受率

微信用户已达 3 亿之众，微信已经成为或者超过类似手机短信和电子邮件的主流信息接收工具，其广泛和普及性成为营销的基础。除此之外，由于公众账号的粉丝都是主动订阅，信息也是主动获取，完全不存在垃圾信息招致抵触的情况。

4. 高精准度

事实上，那些拥有粉丝数量庞大且用户群体高度集中的垂直行业微信账号，才是真正炙手可热的营销资源和推广渠道。比如，酒类行业知名媒体佳酿网旗下的酒水招商公众账号，拥有近万名由酒厂、酒类营销机构和酒类经销商构成的粉丝，这些精准用户粉丝相当于一个盛大的在线酒会，每一个粉丝都是潜在客户。

5. 高便利性

移动终端的便利性再次增加了微信营销的高效性。相对于 PC 端而言，未来的智能手机不仅能够拥有 PC 端所能拥有的任何功能，而且携带方便，用户可以随时随地获取信息，而这会给商家的营销带来极大的方便。

三、微信营销的模式

1. 草根广告式——查看附近的人

产品描述：微信中基于 LBS 的功能插件"查看附近的人"便可以使更多陌生人看到这种强制性广告。

功能模式：用户单击"查看附近的人"后，可以根据自己的地理位置查找到周围的微信用户。在这些附近的微信用户中，除了显示用户姓名等基本信息外，还会显示用户签名档的内容。所以用户可以利用这个免费的广告位为自己的产品打广告。

营销方式：营销人员在人流最旺盛的地方后台 24 小时运行微信，如果"查看附近的人"使用者足够多，这个广告效果也会随着微信用户数量增加而上升，可能这个简单的签名栏也许会变成移动的"黄金广告位"。

2. 品牌活动式——漂流瓶

产品描述：移植到微信上后，漂流瓶的功能基本保留了原始、简单、易上手的风格。

功能模式：漂流瓶有两个简单功能，即①"扔一个"，用户可以选择发布语音或者文字然后投入大海中；②"捡一个"，"捞"大海中无数个用户投放的漂流瓶，"捞"到后也可以和对方展开对话，但每个用户每天只有20次机会。

营销方式：微信官方可以对漂流瓶的参数进行更改，使得合作商家推广的活动在某一时间段内抛出的"漂流瓶"数量大增，普通用户"捞"到的频率也会增加。加上"漂流瓶"模式本身可以发送不同的文字内容甚至语音小游戏等，如果营销得当，也能产生不错的营销效果。而这种语音模式，也让用户觉得更加真实。但是如果只是纯粹的广告语，是会引起用户反感的。

3. O2O折扣式——扫一扫

产品描述：二维码发展至今其商业用途越来越多，所以微信也就顺应潮流结合O2O展开商业活动。

功能模式：将二维码图案置于取景框内，然后你将可以获得成员折扣、商家优惠抑或是一些新闻资讯。

营销方式：移动应用中加入二维码扫描这种O2O方式早已普及开来，坐拥上亿用户且活跃度足够高的微信，价值不言而喻。

4. 互动营销式——微信公众平台

产品描述：对于大众化媒体、明星以及企业而言，如果微信开放平台+朋友圈的社交分享功能的开放，已经使得微信作为一种移动互联网上不可忽视的营销渠道，那么微信公众平台的上线，则使这种营销渠道更加细化和直接。

5. 微信开店

这里的微信开店(微信商城)并非微信"精选商品"频道升级后的腾讯自营平台，而是由商户申请获得微信支付权限并开设微信店铺的平台。截止到2013年年底公众号要申请微信支付权限需要具备两个条件：第一必须是服务号；第二需要申请微信认证，以获得微信高级接口权限。商户申请了微信支付后，才能进一步利用微信的开放资源搭建微信店铺。

本 章 小 结

企业在开展网络营销过程中，有一些工具和方法是经常使用的，如网络社区营销、网络口碑营销、微博营销、微信营销等。每一种工具、方法的使用，都有其自身的适用性。在具体的网络营销实践中，通常会将多种工具整合使用，以达到预期的效果。

复习思考题

1. 什么是网络社区？网络社区的形式和作用有哪些？

2. 微博营销的特点是什么？
3. 微信营销的模式有哪些？

实 践 题

1. 登录自己感兴趣的一个社区，并在社区中了解社区营销的基本应用。
2. 建立自己的微博和微信，并对两者的使用进行比较。

第八章

网络支付及支付工具

【学习目标】

通过本章的学习，学生应掌握网络支付的基础知识，了解网络支付产生的背景，掌握网络支付的概念、类型及支付流程，掌握网络支付工具及典型的解决方案；熟练掌握第三方电子支付平台的原理及流程，能够利用第三支付平台完成电子支付业务。

【关键词汇】

网络支付(Internet Payment)　　电子现金(E-Cash)　　第三方支付(The Third Party Payment)　　微支付　　移动支付(Micro Payment)

电子商务的成功实现需要信息流、资金流和物流畅通，在因特网快速发展和物流基础设施不断完善的情况下，资金流的解决就成为电子商务发展的重点。电子商务的便捷性，尤其是支付的便捷性，成为吸引越来越多的商家和个人上网购物和消费的原动力。然而，如何通过电子支付安全地完成整个交易过程，又是人们在选择网上交易时所必须面对的而且是首先要考虑的问题。

【案例 8-1】Flyady 公司采用新型电子支付方式 PayPal

一、面临的问题

几年前，Marley Cilley 创建了一个 E-mail 群，为其客户提供一对一的组织技能方面的指导。没有多久，她的客户群就达到了 60 000 多名会员。由于迅速扩大的客户群使得一对一的 E-mail 方式无法承载，于是 Marley 决定在网上提供组织技能方面的产品。于是，她建立了在线经营公司——Flyady.net。起初，公司通过 E-mail 接受订单，通过一个公司账户处理货款。但问题在于，这种业务处理方式要花费较高的交易费用，大约占每次交易额的 4.9%，这对公司的经营来说是一笔不小的开支。

众所周知，信用卡支付在网上交易中是一种普遍的支付方式。但是，对于诸如 Flyady 这样的刚起步的网上经营企业来说，接受信用卡支付所发生的成本对其盈利与否具有很大的影响。不仅因为信用卡支付过程发生的交易费用相对昂贵，而且要建立一个生意红火又安全、可接受信用卡支付的 B2C 网站，其成本和复杂性令人望而生畏。因而，大多中小型企业不愿冒这样的风险。幸运的是，FlyLady 的客户提出了另一种可行的支付方式——PayPal。

二、解决方案

使用过 eBay 网购物的人都会知道 PayPal。eBay 是在 2002 年 10 月采用的 PayPal，如今其用户数据库已有 500 多万名会员了。PayPal 实际上是一种网上虚拟的电子货币，会员的 PayPal 账户与其银行账户或信用卡账户是相关联的，会员在线只需用 PayPal 即可与网上的个人或企业进行交易。在 2003 年，PayPal 完成的支付交易额达到了 122 亿美元，其中 70%的交易额是通过网上拍卖的方式实现的。虽然当年的非拍卖交易方式的交易额所占比重较少，但是增长迅速快。一项数据显示，在 2004 年 4 月到 6 月期间，非拍卖方式的交易额增长了 58%。

对中小型网上经营企业来说，PayPal 支付方式是很容易建立并且集成到现有电子商务系统中的。虽然 PayPal 与信用卡是有联系的，但是它与直接的信用卡支付有着本质区别：它不需要通过信用审核，不需要安装特殊的设备和软件，不需要处理复杂的银行协议，更不需要收集购买者的信用卡号码或其私人财务信息。相反，网上商家只需要简单地建立一个 PayPal 商家账户，之后登录账户，用 PayPal 的商业开发工具在网上建立一个支付网页，便可以开始网上经营，并且与其客户通过 PayPal 的支付方式进行交易。整个交易过程只需几分钟就可以完成。每次交易 PayPal 只收取商家 30 美分的费用，大约占到交易额的 1.9%。

三、效果

自从网站应用了 PayPal 支付方式，FlyLady 的员工就真正体验到了在一个小时之内便可以收到支付的"立即购买"。FlyLady 的支付解决方案实现过程的基础便是 PayPal 的报表工具。员工每天登录 PayPal 下载公司的交易情况记录文件，并将这些文件导入到本地软件中进行数据分析和分类，之后生成订单和运输标签送往仓库安排发货。PayPal 报表工具的另一作用是监测每天的产品销量和销售趋势。

同其他公共网站一样，FlyLady 需要关注网络交易安全性问题。但有了 PayPal 交易方式，网站大可不必担心客户的财务信息安全受到威胁，因为这些都由 PayPal 站点处理，而网站的员工根本不会看到这些信息。

如今，FlyLady 的销售额已经将近 500 万美元。PayPal 帮助 FlyLady 公司将交易成本从 2.9%降到 1.9%，几乎节省了一半。

(资料来源：Efrain Turban.电子商务管理视觉[M]. 4 版. 严建援，等译. 北京：机械工业出版社，2008)

案例启示

绝大多数消费者网上购物都是通过信用卡方式来进行在线支付的。对商家来说，提供信用卡支付服务的成本相对比较高，主要表现在信用卡支付存在交易成本，同时经常出现欺诈购买的退款等情况；而且商家建立和管理一个安全的能够接受信用卡支付的电子商务网站，也需要比较高的费用。近几年来，有许多成本较低的用以代替信用卡支付的电子支付方式被相继推出，但是到目前为止，还很少能够真正代替信用卡。例如，数字现金(Digital Cash)、PayMe.com、第一银行(Bank One)公司的 eMoneyMail、Flooz、Beenz、Wells Fargo

和易趣的 Billpoint 以及雅虎的 PayDirect，这些支付方式都没能获得用户的普遍认可而以失败告终。相反，PayPal 的应用却由于多种原因得以成功。以上情况在 B2B 电子支付中同样存在。

第一节 网络支付概述

在影响电子商务的诸多因素中，研究和开发适合于电子商务交易的电子支付手段显得十分重要。支付是指商务活动过程中，为了清偿商品交换和劳务活动引起的债权和债务关系，一方向另一方付款的过程。要真正实现电子商务，网络支付和结算是基础，也是电子商务得以顺利发展的基础条件。

一、网络支付的概念及特征

商务活动中的支付活动是整个交易过程中的关键环节，在支付环节之前，交易处于意向阶段，而一旦实现安全、正确的支付，则意味着交易成功。过去在很长一段时间内，银行作为金融业务的中介，是通过自己创造的信用流通工具为商人与商家办理支付与结算，主要利用传统的各种纸质媒介进行资金转账，比如通过纸质现金或纸质单据等方式，称之为传统支付。现金是由本国政府发行的纸币和硬币形式供应的，支付的纸质单据主要指银行汇票、银行支票等。在 20 世纪 70 年代，计算机和网络通信技术得到普及和应用，银行的业务开始以电子数据的形式通过电子信息网络进行办理，诸如信用卡、电子汇兑等一些电子支付方式开始投入使用，这是应用电子信息技术手段用于商务支付结算的开始，一直发展到现在，出现了很多电子支付方式。

1. 网络支付的概念

电子支付(Electronic Payment)，是指电子交易的当事人，包括消费者、厂商和金融机构，使用安全电子支付手段通过网络进行的货币支付或资金流转。这种支付方式在 20 世纪 70 年代就开始了，因此电子支付方式的出现要早于现在的因特网。随着 20 世纪 90 年代全球范围内因特网的普及和应用，电子商务的深入发展标志着信息网络经济时代的到来。一些电子支付结算方式逐渐采用费用更低、应用更为方便的公用计算机网络特别是因特网为运行平台，网络支付方式应运而生。

网络支付，是以金融电子化网络为基础，以商用电子化工具为媒介，以计算机和通信技术为手段，以电子数据形式存储在银行的计算机系统中，并通过计算机网络系统以电子信息传递形式实现流通和支付。可以看出网络支付带有很强的因特网烙印。

网络支付是电子商务的一个最新发展阶段，或者说，网络支付是基于因特网并适用于电子商务的电子支付。网络支付比现在流行的信用卡、ATM 存取款、POS 支付结算等电子支付方式更新、更先进一些,将是21世纪网络时代里的主要电子支付方式。

2. 网络支付的特征

与传统的支付方式相比,网络支付具有以下特征。

(1) 网络支付是采用先进的信息技术,通过数字流转来完成信息传输的,其各种支付方式都是采用数字化方式进行款项支付;而传统的支付方式则是通过现金的流转、票据的转让及银行的汇兑等物理实体的流转来完成款项支付。

(2) 网络支付的工作环境基于一个开放的系统平台(如互联网)。而传统支付则是在较为封闭的系统中运作。

(3) 网络支付使用的是最先进的通信手段,如因特网、Extranet;传统支付使用的则是传统的通信媒介。电子支付对软硬件设施的要求很高,如联网的计算机、相关的软件及其他一些配套设施;而传统支付则没有这么高的要求。

(4) 网络支付具有方便、快捷、高效和经济的优势。用户只要拥有一台联网的计算机,足不出户便可以在很短的时间内完成整个支付过程。支付费用仅相当于传统支付方式的几十分之一,甚至几百分之一。

(5) 网络支付具有较高的安全性和一致性。网络支付系统和现实的交易情况基本一致,而付费协议提供了与纸质票据相对应的电子票据的交易方法。网络支付协议充分借用尖端加密与认证技术,设计细致、安全、可靠。所以,网络支付其实远比传统的支付结算安全可靠。

二、网络支付体系的构成

网络支付的过程涉及客户、商家、银行或其他金融机构、商务认证管理部门之间的安全商务互动,因此支撑网络支付的体系可以说是融购物流程、支付工具、安全技术、认证体系、信用体系以及现在的金融体系为一体的综合大系统。具体到电子商务系统中,电子商务的网络支付指的是客户、商家、金融机构及认证管理机构之间使用安全电子手段进行的网上商品交换或服务交换,主要以因特网为应用网络平台。面向电子商务应用的主要基于因特网公共网络平台的网络支付体系的基本构成如图8-1所示。

(1) 客户,是指在因特网上与某商家或企业有商务交易关系并存在未清偿的债权债务关系(一般是债务)的一方。客户用自己拥有的网络支付工具(如信用卡、电子钱包、电子等)来发起支付,是网络支付体系运作的原因和起点。

(2) 商家,是拥有债权的商品交易的另一方。商家可以根据客户发起的支付指令向中介的金融体系请求获取货币给付,即请求结算。商家一般设置了专门的服务器来处理这了过程,包括协助身份认证以及不同网络支付工具的处理。

(3) 客户开户行,是指客户在其中拥有资金账户的银行。客户所拥有的网络支付工具就是由开户银行提供的,客户开户行在提供网络支付工具的时候也同时提供了一种银行,即保证支付工具是真实并可兑付的。例如，在利用银行卡进行网络支付的体系中，客开户行又被称为发卡行。

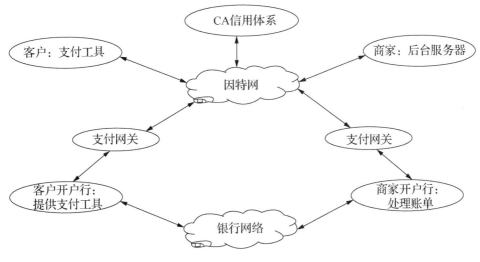

图 8-1 网络支付系统结构

(4) 商家开户行，是商家在其中开设资金账户的银行，其账户是整个支付结算过程资金流向的地方或目的地。商家将收到的客户支付指令提交给其开户行后，就由开户行进行支付授权的请求以及进行商家开户行与客户开户行之间的清算等工作。商家的开户行是依据商家提供的合法账单(客户的支付指令)来工作的，因此又称为收单行或接收行。

(5) 支付网关，英文为 Payment Gateway，是因特网公用网络平台和银行内部的金融专用网络平台之间的安全接口，网络支付的电子信息必须通过支付网关进行处理后才能进入安全的银行内部支付结算系统，进而完成安全支付的授权和获取。支付网关的建设关系着整个网络支付结算的安全以及银行自身的安全，关系着电子商务支付结算的安排以及金融系统的风险，必须十分谨慎。

(6) 金融专用网络，是银行内部及银行间进行通信的专用网络，不对外开放，具有很高的安全性，如正在完善的中国国家金融通信网，其上运行着中国国家现代化支付系统、中国人民银行电子联行系统、工商银行电子汇兑系统、银行卡授权系统等。目前中国传统商务中主要的电子支付与结算方式(如信用卡 POS 支付结算、ATM 资金存取、电话银行、专业 EFT 系统等)均运行在金融专用网上。

(7) CA 认证中心，作为认证机构必须确认各网上商务参与者的相关信息并提供相应安全服务。

除以上七大参与要素外，在电子商务网络支付系统的构成中还应该包括在网络支付时使用的网络支付工具以及遵循的支付通信协议，即电子货币的应用过程。目前经常被提及的网络支付工具有银行卡、电子现金、电子支票、网络银行等。银行卡的发展已有一段时间，多数只用在金融专用网络的 POS 支付结算等。发展到现在，基于因特网的公用网络上的银行卡支付已基本成熟，应该说在电子商务的一些小额支付结算中已得到很好的应用，迅速普及。

综上所述，基于因特网的网络支付体系的基本构成是电子商务活动参与各方与网络支付工具、支付协议的结合体。

第二节　网络支付系统

一、网络支付系统的基本流程

网上支付是一种通信频率大、实时性要求较高、分布面广的电子通信行为，因此网上支付的网络平台通常是交换型的、通信时间较短的、安全可靠的通信平台。网络支付的流程与传统支付方式基本相同，只不过是流动的媒介不同，一个是传统纸质货币与票据，大多手工完成，一个是电子货币并网上完成。可以说，基于因特网平台的网络支付结算流程与传统的支付结算过程是类似的，以因特网为基本平台的网络支付的一般流程如图 8-2 所示。

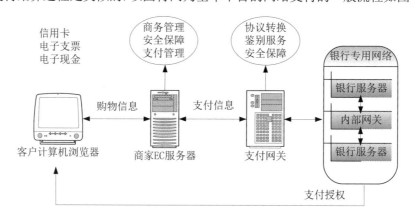

图 8-2　基于网络平台的电子支付一般流程

支付流程如下所述。

(1) 客户连接因特网，用 Web 浏览器进行商品的浏览、选择与定购，填写网络订单，并选择应用的网络支付工具，得到银行的授权使用，如信用卡、电子钱包、电子现金、电子支票或网络银行账号等。

(2) 客户机对相关订单信息(如支付信息)进行加密，在网上提交订单。

(3) 商家电子商务服务器对客户的定购信息进行检查、确认，并把相关的经过加密的客户支付信息(商家不能解密这部分客户隐私信息)等转发给支付网关，直至银行专用网络的银行后台业务服务器进行确认，以期从银行等电子货币发行机构验证得到支付资金的授权。

(4) 银行验证确认后通过刚建立起来的经由支付网关的加密通信通道,给商家服务器回送确认及支付结算信息,并为进一步的安全给客户回送支付授权请求(也可没有)。

(5) 银行得到客户传来的进一步授权结算信息后,把资金从客户账号转拨至开展电子商务的商家银行账号上,可以是不同的银行,在后台银行与银行借助金融专网进行结算,并分别给商家、客户发送支付成功信息。

(6) 商家服务器接收到银行发来的结算成功信息后,给客户发送网络付款成功并发货通知。至此,一次典型的网络支付结算流程就结束了,商家和客户可分别借助网络查询自己的资金余额信息,以进一步核对。

图 8-2 所示的网络支付流程只是对目前各种网络支付方式的应用流程的普遍归纳,并不表示各种网络支付方式的应用流程与图中所示是一致的。在实际应用中,这些网络支付方式的应用流程由于技术上、资金数量上、管理机制上的不同而有所区别,但大致遵守该流程。

二、网络支付的基本系统模式

网络支付的基本流程其实就是电子货币流动过程的普遍形式,但不同的电子货币,其应用流程还是有区别的。根据电子货币的支付流程的区别,可以把网络支付的基本系统模式大体分为"类支票电子货币支付系统模式"和"类现金电子货币支付系统模式"两种。

1. 类支票电子货币支付系统模式

类支票电子货币支付系统模式是基于电子支票、电子票证汇兑、信用卡(银行卡)、网络银行账号等工具的网络支付系统模型,支持大、中、小额度的资金支付与结算。

类支票电子货币支付系统模式,顾名思义,就是类似传统的纸质支票应用系统模式,原理上差不多,主要涉及三个实体即买方、卖方和各自的开户银行。银行可为同一个,也可是不同银行,在网络平台上还涉及 CA 认证中心。

类支票模式的基本应用过程简要描述如下。

(1) 电子商务买卖双方都在银行拥有账户,而买方应在开户行有一定的存款。

(2) 在买卖双方开始交易以前,买方先从银行得到电子支付票证,即授权的电子货币。

(3) 买方把授权的电子票证交给卖方,卖方验证此电子票证的有效性后,继续交易过程。

(4) 卖方将收到的电子票证转给自己的开户银行,要求资金兑付。

(5) 银行收到卖方的电子票证,验证确认后进行后台的资金清算工作,并给买卖双方回送支付结算成功消息。至此,这次网络支付完毕。

2. 类现金电子货币支付系统模式

类现金电子货币的网络支付系统模式，是一种新的网络支付模式，其主要的网络支付工具是类现金电子货币，较有代表性的是电子现金。类现金，顾名思义，就是类似传统的纸币现金，所以类现金电子货币的网络支付系统模式与传统纸币的支付模式也基本类似，原理上差不多，只是货币表现形式上有所不同。类现金电子货币表现为特殊的加密的电子信息串，用户可以像用纸币一样用类现金在网络平台上进行日常买卖。

类现金同样主要涉及三个实体即买方、卖方和各自的开户银行，银行可为同一个，也可是不同银行，当然在网络平台上还要涉及 CA 认证中心。

类现金模式的基本应用过程简要描述如下。

(1) 电子商务中的买方先在开户银行中有一定的存款，并对应其类现金账号。

(2) 在买卖双方开始交易以前，买方先从银行通过银行存款请求兑换类现金，就像我们平时从银行资金账号中提取纸币现金一样。

(3) 银行根据买方的请求把相应的类现金发送至买方的计算机中，可以随便使用。

(4) 买方根据付款数额把相应数额的类现金发送到卖方的计算机，卖方验证此类现金的有效性后，继续交易过程。

(5) 卖方可以把收到的类现金暂时存储起来，也可以发送给相应银行，银行清算后增加卖方账号的对应资金余额。卖方还可以把收到的类现金发送给自己的另一个商务伙伴(如供应商)进行网络支付。至此，本次类现金的网络支付过程完毕。

第三节 网络支付的工具

随着计算机和通信技术的发展，网上支付工具越来越多。这些支付工具一般可以分为三大类：一是电子货币类，如电子钱包、电子现金等；二是电子信用卡类，如智能卡、借记卡、电话卡等；三是电子支票类，如电子支票、电子转账(EFT)等。这些支付工具各有各自的特点和支付流程，适用于不同的交易场合。

【案例 8-2】Beenz 和 Flooz 网上代币先驱

Beenz 和 Flooz 是在网上发行代币的先驱。这两家公司发行的代币都可以在很多零售网站上购买或交换商品，或者用做商品的折扣。

Beenz 公司从 1998 年开始在自己的网站上销售代币，代币的名字就叫 Beenz，公司的标志是一个小豆角。很多商家都同意接受 Beenz 代币。到 2000 年中期，Beenz 的客户超过 100 万人。他们都积攒 Beenz 代币并用来在网上购物。Beenz 公司与哥伦布信托银行(Columbus Trust Bank)达成协议，后者可以将 Beenz 代币金额转移到借记卡上，使 Beenz 代币能够在现实世界里流通。

Flooz 公司从 1999 年年底开始销售 Flooz 代币，得到 NextCard 等大公司的狂热支持。很快同巴诺书店签约并在这个网上书店里使用。Flooz 公司开展了大手笔的促销活动，其中包括投入 800 美元请电影明星胡比·戈德堡(Whoopi Goldberg)拍摄广告。

到 2001 年 8 月，两家公司都关门了。虽然代币是很好的创意，但并没有解决消费者网上结算遇到的问题。使用 Beenz 和 Flooz 代币还需要消费者学会一种新的网上结算方式。这两种产品都不能同现有结算手段很好地融合。

(资料来源：Gary P. Schneider.电子商务.6 版. 成栋，等译. 北京：机械工业社，2007)

案例启示

Beenz 和 Flooz 的失败带给我们的教训是：任何网上产品或服务必须满足消费者的真正需求，不能要求这些消费者学习与习惯不同的新方式。新产品或服务必须能够同现有系统或实践很好地整合。商家应当向顾客提供多种安全、方便和广为接受的结算方式。关键是要找到最适合公司和顾客的最佳结算方式。

一、信用卡支付

在所有传统的支付方式中，银行卡(主要是信用卡和借记卡)最早适应了电子支付的形式。广义上的银行卡包括信用卡、贷记卡、准贷记卡、借记卡、储蓄卡、提款卡(ATM 卡)、支票卡及赊账卡等。在外形上，银行卡大小如同身份证，是由附有信用证明和防伪标志的特殊塑料制成的卡片。目前，国际上专业的银行卡组织主要有维萨(VISA)及万事达卡(MasterCard)两大组织，以及美国运输国际股份有限公司(America Express)、大来信用证有限公司(Diners Club)、日本国际信用卡公司(JCB)三家专业信用卡公司。在世界各地区还有一些地区性的信用卡组织，如欧洲的 EuroPay、中国的银联、中国台湾地区的联合信用卡中心等。

支付者可以使用申请在线转账功能的银行卡转移小额资金到另外的银行账户中，完成支付。一般来说，在线转账功能需要到银行申请，并获得用于身份识别的证书及电子钱包软件(E-wallet)才能够使用。在线转账使用时，付款人只需使用电子钱包软件登录其银行账户，输入汇入账号和金额即可完成支付。而此后的事务由清算中心、付款人银行、收款人银行等各方通过金融网络系统来完成。

银行卡支付使用最广泛的是信用卡。信用卡于 1915 年起源于美国，至今已有近百年的历史，目前在发达国家及地区已成为一种普遍使用的支付工具和信贷工具。它使人们的结算方式、消费模式和消费观念发生了根本性的改变。

1. 信用卡的概念

信用卡是金融服务的常见方式，也是目前应用最为广泛的电子结算方式。银行发行最多的是信用卡，它采用联网设备在线刷卡记账、电子收款机系统(POS)结账、自动柜员机(ATM)提取现金等方式进行支付。信用卡是市场经济与计算机通信技术相结合的产物，是一种特殊的金融商品和金融工具。

从广义上说，凡是能够为持卡人提供信用证明，持卡人可以凭卡购物消费或者享受特定服务的特制卡片均可称为信用卡，包括贷记卡、准贷记卡、借记卡、储蓄卡、提款卡等各种银行卡。

从狭义上说，国外的信用卡主要是指由银行或其他财务机构发行的贷记卡，是先消费后还款的信用卡。国内的信用卡主要是指贷记卡或准贷记卡(先存款后消费，允许小额、善意透支的信用卡)。

信用卡是由富有信用证明和防伪标志的特殊塑料制成的卡片。信用卡正面印有发卡银行(或机构)的名称、图案、简要说明、打制的卡号、有效期、持卡人姓名、性别、发卡银行名称缩写，背面附有磁条和签名条，还可印上持卡人的彩色照片和证件号码等。

2. 信用卡的功能

信用卡的功能主要有以下几个方面。

(1) 支付结算。信用卡的支付结算功能，可以提供广泛的结算服务，方便持卡人的购物消费活动，减少社会的现金货币使用量，加快货币的流转，节约社会劳动。

(2) 汇兑转账。信用卡的汇兑功能，体现在持卡人外出商旅、销售、度假的过程中。在异地甚至异国都可以借助汇款的方式，通过任何一家国际信用卡组织的会员机构的网点，实现资金的调拨流转。

(3) 个人信用。持卡人通过使用信用卡，可以在金融机构进行个人的信用度积累，长期优良信用的积累会给持卡人带来很多高价值的回报。个人信用会牵涉持卡人日常经济生活的方方面面。

(4) 信用销售。信用卡实质上是一种信用购销凭证，它的运作模式体现了背后商业信用或银行信用的支持，实际上今天的信用卡的信用购销功能已经从开始的商业信用行为转化为银行信用行为。信用卡的信用购销改变了传统的消费支付方式，扩大了社会的信用规模，使一手交钱一手交货的直接交易方式变成迂回交易，改变了社会货币实际购买力决定社会的购买行为的状况。超前的购买能力和扩大的信用规模势必扩大社会的总需求，为确保宏观经济的综合平衡必须加大社会总供给，以便与扩大的社会总需求相适应，从而促进了社会经济的发展。

(5) 循环授信。信用卡实质上是消费信贷的一种，它提供一个有明确信用额度的循环信贷账户，借款人可使用部分或全部额度，一旦已经使用的余额得到偿还，该信用额度又可以恢复使用。尤其是贷记卡的持卡人，只要每月支付一定金额的最低还款额度，在此额度之外的账款及贷款利息可以延至下个还款期偿还，如果借款人的账户一直出于循环信贷状况，那么周转中的贷款余额几乎可以看作是无期贷款。通过循环信用，持卡人可以在金融机构积累自己的信用度。

(6) 购物消费。信用卡的持卡人可以在受理信用卡的酒店、餐厅、饭店、商店等商业机构或网点凭卡进行消费结算。购物消费是信用卡最基本、最原始的用途。持卡人凭卡住宿、用餐和购物后，无须即时支付任何费用，只要出示信用卡即可，收银人员通过使用压印机或 POS 机对交易进行处理，持卡人消费的账款可以即时或延时从信用卡账户中转入商户账户，从而完成购买或支付行为。

(7) 提取现金。取现是信用卡的辅助用途。持卡人可以在发卡机构的网点柜台或 ATM 机上提取自己信用卡账户的储蓄存款，也可以预借现金。事实上，在国外发卡机构是不鼓励持卡人使用信用卡提取现金的，贷记卡尤为如此。因为最开始产生的信用卡-贷记卡，实质上核心特征是信用销售和循环信贷，并不仅仅是为了便于支付结算。

(8) 分期付款。信用卡与生俱来的核心特征决定了它可以通过循环信贷的方式实现分期付款的购物方式，实际上信用卡所提供的循环信贷是发卡机构向持卡人提供的一种小额消费贷款，允许持卡人可以凭借信用卡进行信用购买并通过部分还款实现分期付款购物。

(9) 小额融资。信用卡不仅仅具有资金支付的功用，还可以被持卡人用于小额融资，从而使交易双方受益。消费者得到了方便的贷款，从而更好地使自己的收入和支出同步；特约商户则可以向那些无法支付现金的客户出售商品，并通过赊销加快资金周转，从而实现扩大经营规模。商户既可以获得赊销所带来的全部好处，同时又避免了因向消费者提供商业信用而承担的成本和风险。

3. 信用卡网络支付的优点

利用信用卡电子支付具有以下独特的优点。

(1) 在银行电子化与信息化建设的基础上，银行与特约的网上商店无须太多投入即能投入使用，投入成本低。

(2) 用户每天 24 小时内无论何时在何地只要能够连接上互联网均可自助性使用，极大地方便了客户与商家，避免了传统 POS 支付结算中布点不足带来的不方便。

(3) 目前几乎所有的 B2C 类电子商务网站均支持信用卡的网络支付，使用方便。

(4) 相比较其他网络支付方式(如电子现金、电子支票等)，信用卡在网络支付上的法律和制度方面的障碍较少。

4. 银行卡网络支付的支付流程

银行卡电子支付的参与者包括付款人、收款人、认证中心以及发卡行和收单行等，其支付流程图 8-3 所示。具体支付过程可以描述如下。

(1) 付款人向发卡行申请认证，使得支付过程双方能够确认身份。

(2) 付款人通过电子钱包软件登录发卡行，并发出转账请求。转账请求包括汇入银行名称、汇入资金账号及支付金额等信息。

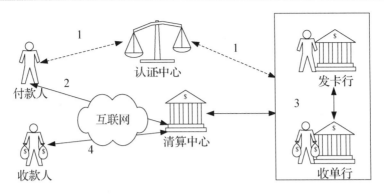

图 8-3 银行卡电子支付流程

(3) 发卡行接受转账请求之后,通过清算网络与收单行进行资金清算。
(4) 收款人与收单行结算。

【案例 8-3】中关村银行卡支付在线购物

中关村商城(zol.com)是中国第一 IT 门户——中关村在线(zol.com.cn)旗下的电子商城,致力为 3C 领域(注: 3C 是计算机 Computer、通信 Communication 和消费电子产品 Consumer Electronic 三类电子产品的简称)的品牌供应商提供一个产品展示、价格规范、个性独特的综合性网上直销平台,见图 8-4 所示。

图 8-4 中关村商城网站页面

中关村商城为方便客户购物,提供了线上付款和线下付款两种方式。线上付款中又提供银行卡付款、信用卡付款和第三方支付付款。下面以信用卡付款为例说明银行卡(含信用卡)支付的购物支付过程。

(1) 选择商品，下订单，确定订单后到达支付页面，"选择支付方式"—信用卡在线支付，选择—招商银行，进入支付页。

(2) 进入信用卡支付页，客户自己填写真实姓名、证件号码、信用卡卡号、有效期、cv2码等完成支付。

(3) 支付成功后，反馈支付成功信息。

(4) 订单反馈状态：款已到账。

(资料来源：中关村商城 http://www.zol.com/)

案例启示

中关村商城的绝大多数消费者都会采用信用卡方式进行在线支付。对于消费者而言，简单的支付操作流程是他们最终选择使用信用卡的主要原因。消费者不清楚，也没有必要清楚商家和银行之间的资金交结过程，那是商家和银行的事情。消费者关心的仅仅是自己银行的账号的钱是否真的转到了商家的银行账号，自己购买的货物是否能够准时地快递。此种方法简捷方便，但其交易过程全部建立在商城的诚信和信誉基础上。如果商家抵赖说没有收到钱或者消费者收到货物后不满意要求退货，消费者就会面对烦琐的维权过程。

二、电子现金网络支付

1. 电子现金的概念

电子现金是电子货币的一种，是近几年才研发出来的新型电子货币。电子现金(E-Cash)是一种以电子数据形式流通的、能被客户和商家普遍接受的、通过因特网购买商品或服务时使用、经过特殊防伪处理的货币。它把现金数值转换成为一系列的加密序列数，通过这些序列数来表示现实中各种金额的市值。用户在开展电子现金业务的银行开设账户并在账户内存钱后，就可以在接受电子现金的商店购物了。它可以被看作是现实货币的电子或数字模拟，电子现金以数字信息形式存在，通过互联网流通。但比现实货币更加方便、经济。电子现金的优势在于完全脱离实物载体，使得用户在支付过程中更加方便。

由于信用卡发卡银行的部分利润来自按交易额向商家收取的处理费，大致是交易额的1%～4%，通常每笔交易最低收取 20 美分。有些银行对网络商店的收费要比对传统商店高，最高达到每笔交易收取 1 美元。网络商店的结算成本比传统商店高 50%，因此小额交易对只有信用卡结算方式的商家来说是不盈利的，这就是电子现金发挥作用的地方。电子现金的固定成本非常低，可允许用户花 50 美分买一份在线报纸或花 80 美分发一份电子贺卡。电子现金是纸币现金的电子化，具有与纸币现金一样的优点。随着电子商务的发展，电子现金必将成为网络支付的一种重要工具，特别是涉及个体的、小额网上消费的电子商务活动。

2. 电子现金的优缺点

电子现金通常指由公司(非政府)建立的各种非纸币或硬币的资金存储与交换系统,它可以替代政府发行的通货。但电子现金系统不如其他结算手段普及,它有自己独特的优缺点。电子现金的优点主要表现在以下几个方面。

(1) 银行和商家之间设有协议和授权关系,由提供电子现金业务的银行负责顾客和商家之间的资金转移。

(2) 顾客、商家和电子现金银行都必须使用专门的电子现金软件。

(3) 身份验证是由电子现金本身完成的。电子现金银行在发放电子现金时使用了数字签名,商家在每次交易时,将电子现金传送给电子现金银行,由电子现金银行验证顾客使用的电子现金是否有效。

(4) 电子现金具有现金所具备的特点,可以存、取、转让,可以申请到非常小的面额,支付灵活方便,所以电子现金非常适用于小额交易。

(5) 电子现金可以用于匿名消费。从电子现金银行下载的每一笔电子现金都有一个计算机随机建立的序号,这个号码隐藏在一个加密的信封中,这样就没有人可以搞清楚谁提取或使用了这些电子现金。提倡个人隐私权的人对此很满意。匿名性也防止了商家收集个人或组织的购买习惯等信息。

电子现金因其灵活、方便、匿名等诸多优点在小额交易中备受消费者青睐。但电子现金支付方式也存在一些缺陷,这些缺陷制约了电子现金在更广阔的支付领域中的使用。电子现金的缺陷主要表现在:使用量小,成本较高,存在货币兑换问题,存在税收问题,存在洗钱问题,风险较大。

3. 电子现金的网络支付流程

所谓电子现金的网络支付,就是在电子商务过程中客户利用银行发行的电子现金在网上直接传输交换,发挥类似纸币的等价物职能,以实现即时、安全可靠的在线支付形式。电子现金的网络支付从电子现金的产生以及传输过程运用了一系列先进的安全技术与手段,如公开密钥加密法、数字摘要、数字签名以及隐蔽签名技术等手段,所以其应用上还是比较安全的。

电子现金网络支付方式的主要好处就是在客户与商家运用电子现金支付结算过程中,基本无须银行的直接中介参与,这不但方便了交易双方的应用,提高了交易与支付效率,降低了成本,而且电子现金具有类似纸币匿名可追溯使用者的特征,可以直接转让给别人使用(就像借纸币给别人一样)并保护使用者的个人隐私。电子现金的这些特征与信用卡、电子支票等网络支付方式不同,后者的支付过程中一直有银行的中介参与,而且是记名认证的。

应用电子现金进行网络支付,需要在客户端安装专门的电子现金客户端软件,在商家服务器上安装电子现金服务器端软件,发行者需要安装对应的电子现金管理软件等。为了保证电子现金的安全性及可兑换性,发行银行还应该从认证中心申请数字证书以证实自己的身份,并利用非对称加密进行数字签名,具体流程如图8-5所示。

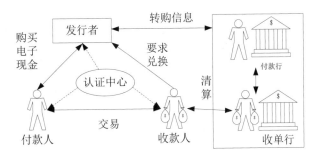

图8-5 电子现金的支付流程

电子现金支付方式的主要流程描述如下。

(1) 预备工作。付款人、收款人(商家)、发行者都要在认证中心申请数字证书,并安装专用软件。付款人从发行者处开设电子现金账号,并用其他电子支付方式存入一定数量的资金(例如,使用银行转账或信用卡支付方式),利用客户端软件兑换一定数量的电子现金。接受电子现金付款的商家也在发行者处注册,并签约收单行用于兑换电子现金。

(2) 付款人与收款人达成购销协议,付款人验证收款人身份并确定对方能够接受相应的电子现金支付。

(3) 付款人将订单与电子现金一起发给收款人。这些信息使用收款人的公开密钥加密,收款人使用自己的私钥解密。

(4) 收款人收到电子现金后,可以要求发行者兑换成实体现金。

三、电子钱包网络支付

1. 电子钱包的概念

所谓电子钱包,英文描述为 E-Wallet 或 E-Purse,是一个可以让客户用来进行安全网络交易特别是安全网络支付并存储交易记录的特殊计算机软件或硬件设备,就像生活中随身携带钱包一样,能够存放客户的电子现金、电子信用卡、电子零钱、个人信息等,经过授权后又可以方便地选择取出使用的新式网络支付工具,可以说是"虚拟钱包"。

可以认为,电子钱包本质上是个装载电子货币的"电子容器"。它把信用卡号码、电子现金、钱包所有者身份证、所有者地址及其他信息等集成在一个数据结构里,以后整体调用,需要时又能方便地辅助客户取出其中电子货币进行网络支付,是在小额购物或购买小商品时常用的新式虚拟钱包。因此,在电子商务中应用电子钱包时,真正支付的不是电子钱包本身,而是它装的电子货币,就像生活中钱包本身并不能购物付款,但可以方便地打开钱包,取出钱包里的纸质现金、信用卡等来付款,看起来结果就像用钱包付款了。

电子钱包本身可以是个特殊的计算机软件,也可以是个特殊的硬件装置。当其形式上是软件时,常常称为电子钱包软件,如 Microsoft wallet;当其形式上是硬件时,这时电子钱包常常表现为一张智能储值的卡,即 IC 卡,用集成电路芯片来储存电子现金信用卡号码等电子货币,这就是智能卡。所以有些书籍,常常干脆把智能卡就叫电子钱包,只不过是硬式的,应用方式上与软件的电子钱包基本一样。

随着客户网上购物次数变多,他们开始厌倦每次在填写订货单时都要重复输入送货地址、信用卡信息、个人身份信息等,比较费时麻烦,因为通常这些购物信息包括支付工具等均不会改变。如果能把这些购物信息统一放在一个"钱包"容器里,当购物过程中需要应用时,只需在网上点击一个个人的"钱包图标",就能把这些每次重复的个人商务信息自动地填写在订货单上,安全发送给商家网站,加快购物过程,提高购物效率,那是多好的事情。正如平时我们用钱包来管理现金、个人信用卡、几张个人名片等个人物品,用时只需打开钱包,想用什么就拿出什么,十分方便,也比较安全,避免了现金与信用卡的随意丢失。这个计算机上所谓的"钱包"容器就是下面叙述的电子钱包。消费者选好要采购的商品时,可立即点击自己的钱包,从而加速了订购的过程。

2. 电子钱包的网络支付流程

电子钱包的支付流程如图 8-6 所示,具体流程可以描述如下。

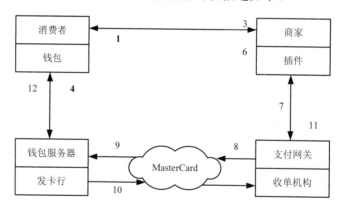

图 8-6 万事达卡电子钱包的运作流程

(1) 消费者在商家页面完成订单并确认结账。
(2) 消费者登录电子钱包。
(3) 电子钱包从商家网站支付页面读取相关信息。
(4) 电子钱包向发卡行钱包服务器发送授权请求。
(5) 钱包服务器生成认证记号并发送至消费者电子钱包。

(6) 电子钱包将认证记号作为隐含字段向商家提交支付表单。
(7) 商家向收单机构发送支付请求与认证记号。
(8) 收单机构通过 MasterCard 网络向发卡行发送支付请求与认证记号。
(9) 发卡行接收认证记号并与保存在钱包服务器中的认证记号进行对比检验。
(10) 发卡行返回支付授权信息
(11) 收单机构向商家返回交易信息
(12) 消费者待电子钱包接收交易收据。

3. 电子钱包的应用与解决方案

电子钱包最早于 1997 年由英国的国民西敏寺银行(National Westminster bank)开发，经过这几年的发展，电子钱包已经在世界各国得到广泛的使用，特别是预付式电子钱包，即 IC 卡式或智能卡式电子钱包。纯软件电子钱包方案由于只能在因特网平台上应用，投入较大，配置麻烦，所以成本较高，应用上还有些局限。目前世界上最主要的三大电子钱包解决方案是 visacash、mondex 和 proton。多是基于卡式，既可以用于传统 POS 支付，也可以用于因特网平台上网络支付。纯软件形式的电子钱包解决方案，很多银行正在研发与试运行中。

四、电子支票网络支付

1. 电子支票的概念

电子支票(Electronic Check)是一种借鉴纸张支票转移支付的优点，利用数字传递将钱从一个账户转移到另一个账户的电子付款形式。比起前面几种电子支付方式，电子支票的出现和开发相对较晚。电子支票以纸质支票为模型，用电子方式生成，使得买方不必使用写在纸上的支票，而是使用显示在屏幕上的支票进行支付活动。电子支票和纸质支票一样，包含支付人姓名、支付人金融机构名称、支付人账户名、被支付人姓名、支票金额等内容。买方填好电子支票后，可以通过计算机网络发到卖方的电子信箱中，同时把电子付款通知单发到买方开户银行，买方开户银行随即把款项转入卖方的银行账户，这一支付过程在几秒钟内即可完成。为了确保支付的安全性，电子支票和纸质支票一样，需要经过数字签名，被支付人数字签名背书，并采用数字证书确认支付者及被支付者身份、支付银行以及账户。电子支票在网络上的传递也采用加密方式，以确保交易的安全。电子支票既适合个人付款，也适合企业之间的大额资金转账，因而可能是最有效率的电子支付手段之一。

2. 电子支票的支付流程

在交易活动中采用电子支票作为支付手段的前提是用户必须首先在提供电子支票服务的银行开设账户，申请电子支票。具体使用中，电子支票的付款过程可以分为以下几个步骤。

（1）买卖双方达成购销协议，选择用电子支票支付货款。

（2）买方在计算机上填写电子支票，一般包含支付人姓名、支付人账户、接收入姓名、支票金额等内容，然后用自己的私钥在电子支票上进行数字签名，用卖方的公钥加密电子支票后形成电子支票文档。

（3）买方通过网络向卖方发出电子支票，同时向买方开户银行发出经过数字签名的付款通知单。

（4）卖方收到电子支票后用私钥解密电子支票，并用买方的公钥确认买方的数字签名，然后用数字签名的方式背书电子支票，填写进账单，并对进账单进行数字签名。

（5）买方将经过背书的电子支票和签过名的进账单通过网络发送给卖方开户银行。

（6）开户银行验证电子支票上买方的签名和卖方的背书，确认无误后进行数字签名并通过金融结算网络将电子支票发送给买方开户银行。

（7）买方开户银行验证电子支票上卖方开户银行和买方的数字签名，确认无误后，通过金融结算网络从买方账户划出相应款项到卖方开户银行，卖方开户银行在卖方账户上存入相应款项。

第四节　网络支付的方式

一、第三方支付

1. 第三方支付产生的背景

在实际商贸操作环节中，对于现货标的面对面交易，同步交换容易实现；但许多情况下，由于交易标的流转验收（如商品货物的流动、服务劳务的转化）需要过程，货物流和资金流的异步和分离的矛盾不可避免，同步交换往往难以实现。而异步交换，先收受对价的一方容易违背道德和协议，破坏等价交换原则，故先支付对价的一方往往会受制于人，陷入被动、弱势的境地，承担风险。异步交换必须附加信用保障或法律支持才能顺利完成。

传统的支付方式往往是简单的即时性直接付转，一步支付。其中钞票结算和票据结算适配当面现货交易，可实现同步交换；汇转结算中的电汇及网上直转也是一步支付，适配隔面现货交易，但若无信用保障或法律支持，会导致异步交换，容易引发非等价交换风险，出现现实中买方先付款后不能按时按质按量收获标的，卖方先交货后不能按时如数收到价款，被拖延、折扣或拒付等引发经济纠纷的事件时有发生。

在现实的有形市场，异步交换权且可以附加信用保障或法律支持来进行，而在虚拟的无形市场，交易双方互不认识，不知根底，故此，支付问题曾经成为电子商务发展的瓶颈之一。卖家不愿先发货，怕货发出后不能收回货款；买家不愿先支付，担心支付后拿不到商品或商品质量得不到保证。博弈的结果是双方都不愿意先冒险，网上购物无法进行。为迎合同步交换的市场需求，第三方支付应运而生。第三方是买卖双方在缺乏信用保障或法律支持的情况下的资金支付"中间平台"，买方将货款付给买卖双方之外的第三方，第三方提供安全交易服务，其运作实质是在收付款人之间设立中间过渡账户，使汇转款项实现可控性停顿，只有双方意见达成一致才能决定资金去向。第三方担当中介保管及监督的职能，并不承担什么风险，所以确切地说，这是一种支付托管行为，通过支付托管实现支付保证。对于网络商家而言，传统的支付方式如银行汇款、邮政汇款等，都需要购买者去银行或邮局办理烦琐的汇款业务；而如果采用货到付款方式，又给商家带来了一定风险和昂贵的物流成本。因此，网上支付平台在这种需求下逐步诞生。在线支付作为电子商务的重要组成之一，成为网络商务发展的必然趋势。网上支付平台是指平台提供商通过采用规范的连接器，在网上商家和银行之间建立起连接，从而解决从消费者到金融机构、商家现金的在线货币支付、现金流转、资金清算、查询统计等问题。

2. 第三方支付的概念及流程

所谓第三方支付，就是一些和产品所在国家以及国外各大银行签约、并具备一定实力和信誉保障的第三方独立机构提供的交易支持平台。在通过第三方支付平台的交易中，买方选购商品后，使用第三方平台提供的账户进行货款支付，由第三方通知卖家货款到达、进行发货；买方检验物品后，就可以通知付款给卖家，第三方再将款项转至卖家账户。第三方支付平台属于第三方服务型中介机构，它主要面向开展电子商务业务的企业提供与电子商务支付有关的基础支撑与应用支撑的服务。

在第三方支付交易流程中，支付模式使商家看不到客户的信用卡信息，同时又避免了信用卡信息在网络上多次公开传输而导致信用卡信息被窃。以B2C交易为例，第三方支付流程如下。

第一步，客户在电子商务网站上选购商品，最后决定购买，买卖双方在网上达成交易意向。

第二步，客户选择利用第三方作为交易中介，客户用信用卡将货款划到第三方账户。

第三步，第三方支付平台将客户已经付款的消息通知商家，并要求商家在规定时间内发货。

第四步，商家收到通知后按照订单发货。

第五步，客户收到货物并验证后通知第三方。

第六步，第三方将其账户上的货款划入商家账户中，交易完成。

3. 第三方支付的特点

第一，第三方支付平台提供一系列的应用接口程序，将多种银行卡支付方式整合到一个界面上，负责交易结算中与银行的对接，使网上购物更加快捷、便利。消费者和商家不需要在不同的银行开设不同的账户，可以帮助消费者降低网上购物的成本，帮助商家降低运营成本；同时，还可以帮助银行节省网关开发费用，并为银行带来一定的潜在利润。

第二，较之 SSL、SET 等支付协议，利用第三方支付平台进行支付操作更加简单且易于接受。SSL 是应用比较广泛的安全协议，在 SSL 中只需要验证商家的身份。SET 协议是基于信用卡支付系统的比较成熟的技术。但在 SET 中，各方的身份都需要通过 CA 进行认证，程序复杂，手续繁多，速度慢且实现成本高。有了第三方支付平台，商家和客户之间的交涉由第三方来完成，使网上交易变得更加简单。

第三，第三方支付平台本身依附于大型的门户网站，且以与其合作的银行的信用作为信用依托，因此第三方支付平台能够较好地突破网上交易中的信用问题，有利于推动电子商务的快速发展。

在通过第三方平台的交易中，买方选购商品后，使用第三方平台提供的账户进行货款支付，由对方通知卖家货款到达、进行发货；买方检验物品后，就可以通知付款给卖家。第三方支付平台的出现，从理论上讲，杜绝了电子交易中的欺诈行为，这也是由它的特点决定的。

4. 第三方支付企业行业分类

(1) 互联网型支付企业。以支付宝、财付通为首的互联网型支付企业，它们以在线支付为主，捆绑大型电子商务网站，迅速做大做强。

(2) 金融型支付企业。以银联商务、快钱、汇付天下、易宝、拉卡拉等为首的金融型支付企业，侧重行业需求和开拓行业应用。

(3) 第三方支付公司为信用中介。以非金融机构的第三方支付公司为信用中介，类似银联商务、拉卡拉、嘉联支付这类手机刷卡器产品，这类移动支付产品通过和国内外各大银行签约，具备很好的实力和信用保障，是在银行的监管下保证交易双方利益的独立机构，在消费者与银行之间建立一个某种形式的数据交换和信息确认的支付的流程。乐富支付向广大银行卡持卡人提供基于 POS 终端的线下实时支付服务，并向终端特约商户提供 POS 申请/审批、自动结账/对账、跨区域 T+1 清算、资金归集、多账户管理等综合服务。

5. 第三方支付的优缺点

第三方支付主要是围绕双方都信任的第三方机构来进行的，客户可以在第三方支付平台开设账号，银行卡信息不用在公用网络上多次传送，在网络传输的只是第三方支付账号，除了第三方代理机构外，其他人无法看见客户的银行卡信息。从总的流程来看，采用第三方网上支付具有以下特点。

(1) 第三方支付平台采用了与众多银行合作的方式，可同时提供多种银行卡的网关接口，从而大大地方便了网上交易的进行。对于商家来说，不用安装各个银行的认证软件，一定程度上简化了操作、降低了费用；对于消费者来讲，网上交易将最小限度地受限于特定的银行卡，并且交易的信用度也更有保障。

(2) 第三方支付平台作为中介方,可以促成商家和银行的合作。对于商家而言,第三方支付平台可以降低企业运营成本,同时对于银行而言,可以直接利用第三方的服务系统提供服务,帮助银行节省网关开发成本。

(3) 第三方支付平台可以对交易双方的交易进行详细的记录,从而防止交易双方在交易行为中可能出现的抵赖以及为在后续交易中可能出现的纠纷问题提供相应的证据,并能通过一定的手段对交易双方的行为进行一定的评价约束,成为网上交易信用查询的窗口。

(4) 比较安全。信用卡信息或账户信息仅需要告知第三方支付机构,而无须告诉每一个收款人,大大减少了信用卡信息和账户信息失密的风险。

(5) 支付成本较低。第三方支付机构集中了大量的电子小额交易,形成规模效应,因而支付成本较低。

(6) 使用方便。对支付者而言,他所面对的是友好的界面,不必考虑背后复杂的技术操作过程。

(7) 第三方支付机构的支付担保业务可以在很大程度上保障付款人的利益。

第三方支付虽然因灵活、方便、安全等诸多优点而受到消费者的青睐,但第三方支付方式也存在一些缺点。

(1) 这是一种虚拟支付层的支付模式,需要其他的"实际支付方式"完成实际支付层的操作。

(2) 付款人的银行卡信息将暴露给第三方支付平台,如果这个第三方支付平台的信用度或者保密手段欠佳,将带给付款人相关风险。

(3) 第三方支付机构的法律地位尚缺乏规定,一旦该机构终结破产,消费者所购买的"电子货币"可能成为破产债权,无法追回。

(4) 由于有大量资金寄存在支付平台账户内,而第三方支付机构并非金融机构,所以存在资金寄存的风险。

6. 第三方支付平台简介

目前中国国内的第三方支付产品主要有 PayPal(易趣公司产品)、支付宝(阿里巴巴旗下)、财付通(腾讯公司,腾讯拍拍)、快钱(完全独立的第三方支付平台)、百付宝(百度 C2C)、环讯支付、汇付天下。其中,用户数量最大的是 PayPal 和支付宝,前者主要在欧美国家流行,后者是阿里巴巴旗下产品。下面主要介绍国内比较热门的第三方支付工具。

(1) PayPal 支付。PayPal 是 eBay 采用的第三方支付工具。PayPal 对全世界近 40 个国家开放,是现在网络上最流行的免费信用卡工具。通过 PayPal 支付一笔金额给商家或者收款人,只要有一个电子邮件地址,付款人就可以登录开设 PayPal 账户,通过验证成为其用户,并提供信用卡或者相关银行资料,增加账户金额,将一定数额的款项从其开户时登记的账户(例如信用卡)转移至 PayPal 账户下。若商家或者收款人没有 PayPal 账户,收款人得依照 PayPal 电子邮件内容指示连线网站进入网页注册取得一个 PayPal 账户。收款人可以选择将取得的款项转换成支票寄到指定的住所、转入其个人的信用卡账户或者转入另一银行账户。

(2) 支付宝(AliPay)。支付宝(中国)网络技术有限公司是国内领先的独立第三方支付平台,由阿里巴巴集团创办。支付宝(www.alipay.com)致力于为中国电子商务提供"简单、安全、快速"的在线支付解决方案。支付宝提出的建立信任,化繁为简,以技术的创新带动信用体系完善的理念,深得人心。短短三年时间,用户覆盖了整个 C2C、B2C 以及 B2B 领域。它的功能就是为淘宝的交易者以及其他网络交易的双方乃至线下交易者提供"代收代付的中介服务"和"第三方担保"。从支付流程上来说类似于 PayPal 的电子邮件支付模式,业务上的不同之处在于 PayPal 业务是基于信用卡的支付体系,并且很大程度上受制于信用卡组织规则(在消费者保护方面)和外部政策的影响。另外 PayPal 支持跨国(地区)的网络支付交易,而支付宝虽然不排斥"国际使用者",但是规定"则需具备国内银行账户"。支付宝的设计初衷同样也是为了解决中国国内网上交易资金安全的问题,特别是为了解决在其关联企业淘宝网 C2C 业务中买家和卖家的货款支付流程能够顺利进行的问题。

(3) 易宝(YeePay)。易宝是专业从事多元化电子支付一站式服务的领跑者。易宝致力于成为世界一流的电子支付应用和服务提供商,专注于金融增值服务领域,创新并推广多元化、低成本、安全有效的支付服务。在立足于网上支付的同时,易宝不断创新,将互联网、手机、固定电话整合在一个平台上,继短信支付、手机充值之后,首家推出易宝电话支付业务,真正实现离线支付,为更多传统行业搭建了电子支付的高速公路。

易宝具有三大特点:易扩展的支付、易保障的支付、易接入的支付。由于用户的重要数据只存储在用户开户银行的后台系统中,任何第三方无法窃取,因此为用户提供了充分保障。从接入易宝到使用商家管理系统,无须商家任何开发,零门槛自助式接入,流程简单易学、即接即用。凡是成为易宝的客户,都可以自动成为财富俱乐部的会员,享受易宝提供的各种增值服务、互动营销推广以及各种丰富多彩的线下活动,拓展商务合作关系,发展商业合作伙伴,达到多赢的目的。

(4) 财付通。财付通是腾讯公司创办的中国领先的在线支付平台,致力于为互联网用户和企业提供安全、便捷、专业的在线支付服务。专业的在线支付服务使财付通获得了业界和用户的一致首肯,并先后荣膺 2006 年电子支付平台十佳奖、2006 年最佳便捷支付奖、2006 年中国电子支付最具增长潜力平台奖和 2007 年最具竞争力电子支付企业奖等奖项,并于 2007 年首创获得"国家电子商务专项基金"资金支持。

财付通网站 (www.tenpay.com) 作为功能强大的支付平台,是由中国最早、最大的互联网即时通信软件开发商腾讯公司创办,为广大的 QQ 用户群提供安全、便捷、简单的在线支付服务,是腾讯公司为促进中国电子商务的发展需要,满足互联网用户价值需求,针对网上交易安全而精心推出的一系列服务。

(5) 快钱。快钱公司(快钱)是国内领先的独立第三方支付企业,旨在为各类企业及个人提供安全、便捷和保密的综合电子支付服务。其推出的支付产品包括但不限于人民币支付、外卡支付，神州行支付，代缴/收费业务，VPOS 服务，集团账户管理等众多支付产品，支持互联网、手机、电话和 POS 等多种终端，满足各类企业和个人的不同支付需求。截至 2008 年 6 月 30 日，快钱已拥有 2500 万注册用户和逾 15 万商业合作伙伴，并荣获中国信息安全产品测评认证中心颁发的"支付清算系统安全技术保障级一级"认证证书和国际 PCI 安全认证。快钱为 2017 年度中国在线支付 TOP 第 6 名。

(6) 首信易。1998 年 11 月 12 日，由北京市政府与中国人民银行、信息产业部、国家内贸局等中央部委共同发起的首都电子商务工程正式启动，确定首都电子商城(首信易支付的前身)为网上交易与支付中介的示范平台。首信易支付自 1999 年 3 月开始运行，是中国首家实现跨银行跨地域提供多种银行卡在线交易的网上支付服务平台，现支持全国范围 23 家银行及全球范围 4 种国际信用卡在线支付，拥有千余家大中型企事业单位、政府机关、社会团体组成的庞大客户群。

首信易支付作为具有国家资质认证、政府投资背景的第三方网上支付平台，拥有雄厚的实力和卓越的信誉。同时，它也是国内唯一通过 ISO 9001:2000 质量管理体系认证的支付平台。规范的流程及优异的服务品质为首信易支付于 2005 年、2006 年和 2007 年连续三年赢得"电子支付用户最佳信任奖"，2006 年度"B2B 支付创新奖"，2007 年度"挪威船级社(DNV)的 ISO/IEC 27001:2005(信息安全管理体系 ISMS)国际认证"和 2007 年度"高新技术企业认定证书"殊荣奠定了坚实的基础。

二、微支付

1. 微支付的概念

微支付是指在互联网上进行的一些小额的资金支付。这种支付机制有着特殊的系统要求，在满足一定安全性的前提下，要求有尽量少的信息传输，较低的管理和存储需求，即速度和效率要求比较高。现在大家所说的微支付，主要是指微信支付。

微支付为腾讯旗下财付通(类似支付宝)的产品，微支付被镶入微信当中，用户绑定银行卡后可用于日常生活中在微信平台支付。微支付适用于 B2C、C2C 最活跃的商品交易，特别是数字音乐、游戏等数字产品，如网站为用户提供搜索服务、下载一段音乐、下载一个视频片段、下载试用版软件等，所涉及的支付费用很小，往往只要几毛钱、几元钱或几十元钱。微支付就是为解决这些"小金额的支付"而提出的。它的特点在于交易额度小，让你不假思索随手花出，同时自身的交易量大，颇有薄利多销的意味。

2. 微支付的特点

(1) 交易金额小。微支付的首要特征是能够处理任意微小的交易额。一般交易中所购买的商品价格通常在几分到几元之间，不像传统支付中通常一次交易的金额比较大。

(2) 安全性需求不高。微支付本身的交易额一般都很小，在这种情况下即使交易过程中有关的支付信息被非法截获、窃取或者是篡改,对交易双方的损失也不大。对安全性的需求就不如其他电子支付(如宏支付)那么严格。

(3) 交易效率高。正因为微支付交易额小,交易量很少,要求微支付系统比传统电子商务的交易效率高,使得消费者的交易请求得到即时满足。

(4) 交易成本低。由于小额交易的价值本身就很小,如果采用传统的支付方式,那么商家根本就无法盈利,这就要求采用微支付机制的交易费用非常低。

三、移动支付

1. 移动支付的概念

移动支付也称为手机支付,就是允许用户使用其移动终端(通常是手机)对所消费的商品或服务进行账务支付的一种服务方式。单位或个人通过移动设备、互联网或者近距离传感直接或间接向银行金融机构发送支付指令产生货币支付与资金转移行为,从而实现移动支付功能。移动支付将终端设备、互联网、应用提供商以及金融机构相融合,为用户提供货币支付、缴费等金融业务。

移动支付主要分为近场支付和远程支付两种。所谓近场支付,就是用手机刷卡的方式坐车、买东西等,很便利。远程支付是指通过发送支付指令(如网银、电话银行、手机支付等)或借助支付工具(如通过邮寄、汇款)进行的支付方式,如掌中付推出的掌中电商、掌中充值、掌中视频等。

2. 移动支付的特征

移动支付属于电子支付方式的一种,因而具有电子支付的特征,但因其与移动通信技术、无线射频技术、互联网技术相互融合,又具有自己的特征。

(1) 移动性。随身携带的移动性,消除了距离和地域的限制。结合了先进的移动通信技术的移动性,可随时随地获取所需要的服务、应用、信息和娱乐。

(2) 及时性。不受时间地点的限制,信息获取更为及时,用户可随时对账户进行查询、转账或进行购物消费。

(3) 定制化。基于先进的移动通信技术和简易的手机操作界面,用户可定制自己的消费方式和个性化服务,账户交易更加简单方便。

(4) 集成性。以手机为载体,通过与终端读写器近距离识别进行的信息交互,运营商可以将移动通信卡、公交卡、地铁卡、银行卡等各类信息整合到以手机为平台的载体中进行集成管理,并搭建与之配套的网络体系,从而为用户提供十分方便的支付以及身份认证渠道。移动支付业务是由移动运营商、移动应用服务提供商(MASP)和金融机构共同推出的、构建在移动运营支撑系统上的一个移动数据增值业务应用。移动支付系统将为每个移动用户建立一个与其手机号码关联的支付账户,其功能相当于电子钱包,为移动用户提供了一个通过手机进行交易支付和身份认证的途径。用户通过拨打电话、发送短信或者使用 WAP 功能接入移动支付系统，移动支付系统将此次交易的要求传送给 MASP，由 MASP 确定此次交易的金额，并通过移动支付系统通知用户，在用户确认后，付费方式可通过多种途径实现，如直接转入银行、用户电话账单或者实时在专用预付账户上借记，这些都将由移动支付系统(或与用户和 MASP 开户银行的主机系统协作)来完成。

3. 支付方式

移动支付使用方法有：短信支付、扫码支付、指纹支付、声波支付等。

(1) 短信支付。手机短信支付是手机支付的最早应用，将用户手机 SIM 卡与用户本人的银行卡账号建立一种一一对应的关系。用户通过发送短信的方式在系统短信指令的引导下完成交易支付请求，操作简单，可以随时随地进行交易。手机短信支付服务强调移动缴费和消费。

(2) 扫码支付。扫码支付是一种基于账户体系搭起来的新一代无线支付方案。在该支付方案下，商家可把账号、商品价格等交易信息汇编成一个二维码，并印刷在各种报纸、杂志、广告、图书等载体上发布。用户通过手机客户端扫拍二维码，便可实现与商家支付宝账户的支付结算。最后，商家根据支付交易信息中的用户收货、联系资料，就可以进行商品配送，完成交易。

(3) 指纹支付。指纹支付即指纹消费，是采用目前已成熟的指纹系统进行消费认证，即顾客使用指纹注册成为指纹消费折扣联盟平台会员，通过指纹识别即可完成消费支付。

(4) 声波支付。声波支付则是利用声波的传输，完成两个设备的近场识别。其具体过程是，在第三方支付产品的手机客户端里，内置有"声波支付"功能，用户打开此功能后，用手机麦克风对准收款方的麦克风，手机会播放一段"咻咻咻"的声音。

4. 支付种类

(1) 按用户支付的额度，可以分为微支付和宏支付。

微支付：根据移动支付论坛的定义，微支付是指交易额少于 10 美元，通常是指购买移动内容业务，如游戏、视频下载等。

宏支付：宏支付是指交易金额较大的支付行为，如在线购物或者近距离支付(微支付方式同样也包括近距离支付，如交停车费等)。

(2) 按完成支付所依托的技术条件，可以分为远程支付和近场支付。

远程支付：指通过移动网络，利用短信、GPRS 等空中接口和后台支付系统建立连接，实现各种转账、消费等支付功能。

近场支付：是指通过具有近距离无线通信技术的移动终端实现本地化通信进行货币资金转移的支付方式。

(3) 按支付账户的性质，可以分为银行卡支付、第三方支付账户支付、通信代收费账户支付。

银行卡支付：就是直接采用银行的借记卡或贷记卡账户进行支付的形式。

第三方账户支付：是指为用户提供与银行或金融机构支付结算系统接口的通道服务，实现资金转移和支付结算功能的一种支付服务。第三方支付机构作为双方交易的支付结算服务的中间商，需要提供支付服务通道，并通过第三方支付平台实现交易和资金转移结算安排的功能。

通信代收费账户支付：是移动运营商为其用户提供的一种小额支付账户，用户在互联网上购买电子书、歌曲、视频、软件、游戏等虚拟产品时，通过向手机发送短信等方式进行后台认证，并将账单记录在用户的通信费账单中，月底进行合单收取。

(4) 按支付的结算模式，可以分为及时支付和担保支付。

及时支付：是指支付服务提供商将交易资金从买家的账户即时划拨到卖家账户。一般应用于"一手交钱一手交货"的业务场景(如商场购物)，或应用于信誉度很高的 B2C 以及 B2B 电子商务，如首信、Yeepal(易宝)、云网等。

担保支付：是指支付服务提供商先接收买家的货款，但并不马上就支付给卖家，而是通知卖家货款已冻结，卖家发货；买家收到货物并确认后，支付服务提供商将货款划拨到卖家账户。支付服务商不仅负责资本的划拨，同时还要为不信任的买卖双方提供信用担保。担保支付业务为开展基于互联网的电子商务提供了基础，特别是对于没有信誉度的 C2C 交易以及信誉度不高的 B2C 交易。做得比较成功的是支付宝。

(5) 按用户账户的存放模式，可分为在线支付和离线支付。

在线支付：是指用户账户存放在支付提供商的支付平台，用户消费时，直接在支付平台的用户账户中扣款。

离线支付：是指用户账户存放在智能卡中，用户消费时，直接通过 POS 机在用户智能卡的账户中扣款。

【案例8-4】贝宝与支付宝

1. 贝宝

目前国际上最有影响的第三方支付平台是建立在美国的贝宝(PayPal)公司。该公司成立于 1998 年 12 月，是美国易趣(eBay)公司的全资子公司。买家确认成交后登录 PayPal 网站付款，货款直接归入卖家的 PayPal 账户，卖家收到信息后发货，买家收货。

PayPal 提供的是一种直接支付的服务，能为买卖双方提供即时、安全的支付服务。PayPal 的业务开展建立在 PayPal 专有的反欺诈、风险控制系统基础之上，具有国外成功的网上支付经验。PayPal 利用现有的银行系统和信用卡系统，通过先进的网络技术和网络安全防范技术，在全球 103 个国家为超过 1 亿的客户提供安全便利的网上支付服务。但 PayPal 是在拥有成熟信用卡机制和完善信用体系的环境下发展起来的，未必适合缺乏良好信用体系的中国国情。

2. 支付宝

在我国，阿里巴巴旗下的支付宝是国内最具影响的第三方支付平台。支付宝公司针对网上交易特别推出了安全付款服务，其运作的实质是以支付宝为信用中介，在买家确认收到商品前，由支付宝替买卖双方暂时保管货款，这种增值服务在虚拟的网络环境和信用缺失的情况下，保证了网上交易与支付的安全与可靠，即支付宝提供的强大的担保功能和"全额赔付"策略保证了交易双方的安全交易。

支付宝是专注服务于我国内地市场的网上支付平台，适应我国目前的经济、金融、信用体系等宏观环境，也符合国人的消费习惯和行为习惯。截至2009年7月，使用支付宝的客户已经超过2亿，通过支付宝进行的电子商务日交易笔数峰值已达400万笔，日交易额峰值突破7亿元。调查显示，大多数用户选择支付宝是因为其有担保功能，交易安全。

在应用上，用户使用支付宝之前必须在一家合约银行开通网络银行服务，通常是办理一个能够进行网络支付服务的银行卡。用户的 E-mail 地址通常作为支付宝账户，在支付确认时，只需借助 E-mail 地址即可完成支付，应用非常简单。使用支付宝支付的一般步骤如下。

(1) 开通网络银行账号(设定网银登录密码和网银支付密码，一般是银行卡账号)。
(2) 开通支付宝(设定支付宝登录密码和支付宝支付密码)。
(3) 在淘宝网上将银行卡里的钱充值到支付宝中。
(4) 买家订购确认后将货款打给支付宝，等待卖家发货。
(5) 买家确认收货后，淘宝网再借助支付宝打款给卖家相应网络银行账号。如遇交货不成功，可通过退款手续自动返回货款。

以淘宝网为例，当买家选择支付宝账户余额付款时，支付宝的应用流程叙述如下，见图8-17所示。

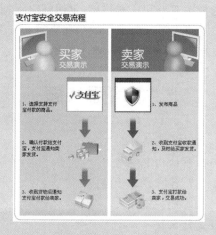

图 8-7　支付宝安全交易流程

(资料来源：李冰心. 电子商务概论[M]. 2版. 大连：东北财经出版社，2008)

> **案例启示**
>
> 第三方支付已经成为我国网上消费的主要支付方式，它相对更加的安全、稳定、快捷。尤其是支付宝第三方支付平台，对于中国电子商务发展的影响意义深远。在市场推广上，支付宝的信用计划在一定程度上消除了网民对网上交易安全性的担心。其运作的实质是以支付宝为信用中介，在买家确认收到商品前，由支付宝替买卖双方保管货款，这种增值服务在虚拟的网络环境和信用缺失的环境下，保证了网上交易和支付的安全和可靠。大多数用户选择支付宝是因为其有担保功能，交易安全。支付宝适应了我国目前的经济、金融、信用体系等宏观环境，也符合国人的消费习惯和行为习惯。

本 章 小 结

商务活动无论对于卖方还是买方而言，其成功的关键就是资金能否随交易的结束而结束并顺利地交割完成。传统商务活动经历了几千年的发展已经形成了一套行之有效的规则和评价体系，而在电子商务环境下，由于交易活动与支付清算的分离，从而产生了一系列的问题，包括安全、信用、技术操作、金融机构与服务平台的关系等。

电子支付是通过电子数字形式而不是传统的物理的货币现金形式，在因特网或其他专用的网络上进行金融交易。与之相关的两个重要内容是电子支付具体工具和第三方电子支付平台。

电子货币被广泛应用于各种场合，泛指各种支付方式，可分为基于卡和基于软件两类，具体包括电子支票、电子现金、智能卡、信用卡及小额支付系统等。电子货币作为现金支付的工具正在越来越多地替代目前的纸币和硬币。

第三方支付平台是为买卖双方和金融机构(包括网络银行)提供服务的独立机构。随着互联网应用特别是移动环境的成熟，电子支付会越来越普及深入。其中，网络银行体系的完善和第三方支付平台服务功能的增强将起到关键的作用。

复习思考题

1. 什么是电子支付？什么是网络支付？
2. 网络支付的流程与体系结构有哪些？
3. 网络支付有哪些工具？各有什么优缺点？
4. 什么是第三方支付及其优缺点？
5. 第三方支付的流程是什么？
6. 目前，国内都有哪些第三方支付平台？

实　践　题

在支付宝网站(www.alipay.com)上申请一个支付宝账号,将网上银行的少量金额转入支付宝账号。尝试使用支付宝账号中的金额进行支付购物。在购物完成后再将支付宝账号上的余额提现到网上银行。

第九章

订单履行与物流支持

【学习目标】

通过本章的学习,学生应理解订单履行的含义及过程,掌握典型电子商务企业订单履行的特点,理解电子商务与物流的关系,掌握电子商务物流的概念、特点与流程,重点掌握电子商务物流运作模式的特点与选择。

【关键词汇】

电子商务物流(E-commerce Logistics)　订单履行(Order Fulfillment)　物流配送(Logistics)　第三方物流(Third Party Logistics)

电子商务随着因特网在全球的广泛应用而受到各方面的关注,逐渐扩大了其应用领域。电子商务的兴起所带来的变革力量波及企业的方方面面,对企业的物流配送业产生了巨大的影响。人们已认识到实物的电子商务必须以可靠和高效的物流运作为保证,才具有实际可行性。在电子商务活动中,当企业收到客户订单以后,如何有效处理网络订单,缩短订单周期,采取什么样的物流配送模式才能实现及时、有效地送货是目前研究的热点。因此,电子商务给传统物流体系带来了诸多影响与变革,电子商务的物流运作越来越体现出新的思路。

【案例9-1】亚马逊的订单履行

亚马逊(Amazon.com)网站于1995年7月正式开通,1997年5月在美国纳斯达克市场挂牌上市,1997年年底注册客户为100多万人,到2000年年底突破2000万人。2010年1月,亚马逊发布了2009财年第四季度财报。报告显示,亚马逊2009年净销售额为95.2亿美元,比去年同期的67.0亿美元增长了42%。亚马逊认识到订单履行对提高客户服务质量的重要性。一方面,推出"一键式"(One-Click)订单服务,简化下单程序,保障支付安全,并可跟踪或修改订单;另一方面,投入上亿美元资金建设适合小包装配送的物流仓库。目前已有约5000万以上的客户在亚马逊网站消费购物,那么亚马逊是怎样有效地履行成千上万份订单的呢?

第一步,当客户在线提交订单的时候,计算机程序便检查物品的位置,以确定公司的配送中心或者是供应商是否能够完成该订单,然后将电子订单传输到最合适的配送中心(比如内华达州费尔雷配送中心)或者供应商处。

第二步，由货运流控制员在配送中心接收所有订单，并且通过电子方式分配给具体员工。

第三步，物品(书、游戏程序、CD等)一般存放在货柜中，每个货柜都有一盏红色的灯和一个按钮。当订单中的物品被分配的时候，存放该物品的货柜灯就自动亮起来，采货员就按行依次将亮红灯的货柜中的物品拿出来，并且按下按钮使灯复位，直到所有亮灯的货柜中的东西都被拿出来而且复位。

第四步，选中的货物被放入传送带上流动的板条箱里，箱里的货物则由分布在传送带系统中15个不同点的自动或手动条形码阅读器来识别。

第五步，所有的板条箱到达一个显示条码与订单号相符的中央位置。箱中的货品被卸下，移到斜道，并最终滑入纸板箱里。成熟的技术可以允许多个员工在仓库的不同位置分拣货品，并到相同的斜道。

第六步，如果是礼品并需要包装，则由人工来完成。

第七步，箱子被包装、封带、称重、加标签并发送到仓库40个卡车站点中的一个。从那里它们将被运往UPS或USPS，期间货品被连续不断地扫描。

有关退货环节，亚马逊有缺陷的商品的退货不是由发货仓库来处理的，而是由华盛顿的Altrec.com的仓库来处理。

案例启示

通过互联网来获取订单可能是B2C中最容易的一部分，而订单履行和送货上门是棘手的事情。可以说，大多数电子商务应用的实现需要利用支持服务，订单履行是电子商务最主要的支持服务之一(安全服务、支付、物流等)。亚马逊案例生动地刻画了大型电子零售商订单履行的复杂性。亚马逊过去采用的是无仓库、无库存、无货运业务模式，整个流程包括接收订单、电子收款，然后再让其他企业履行订单。不久，它就发现这种模式虽然有一定的优越性，但明显不适合大型零售商。亚马逊订单处理系统使得亚马逊可以提供更低的价格并保持竞争力，尤其是当公司成长为一个销售成千上万件货物的巨型在线市场后。实际上，客户不只是在网上购买产品，更重要的是购买送达的产品，物流配送已成为继订单处理滞后的重要支持服务。

第一节 订单履行

随着网络购物的发展和逐步普及，订单履行已成为电子商务企业之间竞争的武器，客户不只是购买产品，更关注购买的产品是否能快速送达。订单履行的核心是物流管理，如果没有高效、合理、畅通的物流系统，电子商务所具有的优势就难以发挥；如果没有现代化的电子商务物流配送，购买的产品就不能以最快的速度送达客户的手中，订单履行就难以顺利进行。所以，认真管理好订单处理过程中的各项活动就成为解决问题的关键所在。

客户在网络上生成订单并通过网络发出订单,电子商务企业通过网络接收订单并汇总,然后处理订单,按照订单配送。对于电子商务企业来说,按照服务承诺在指定的时间、指定的地点、正确的产品送到正确的客户是开展网上电子商务的难点所在。网上订单分散、数量多,每单位的订单金额小,客户分散在全国各地,乃至全球各地,这给处理网络订单,及时有效、低成本配送货物带来了巨大的困难。订单履行的效率已经成为吸引网上客户回头的主要因素,高效实施订单履行流程是提升企业竞争力的有效手段。

一、订单履行的概念及流程

由于电子商务改变了传统的经营方式,使得订单履行变得既重要但又困难。订单履行的重要性体现在它是企业与客户完成交易的最后一个环节,订单履行的好坏直接关系到企业的声誉,影响消费者的满意度和忠诚度。特别是在电子商务交易中,买方和卖方可能位居不同城市,甚至不同国家,这样订单履行就显得更为重要。

1. 订单履行的概念

订单履行(Order Fulfillment)是指在客户订单下达以后组织产品,并能够按时将客户所订产品配送到其手里,同时还要提供诸如产品安装说明、必要的培训、退换等全部相关的客户服务。订单履行的关键因素是商品或服务在正确的时间、以正确的价格提交到正确的地方。因此,订单履行的工作任务包括以下三个方面的内容。

(1) 商品的生产与组织:包括库存控制、供应链管理及其电子化、协同商务。
(2) 运输配送:将客户购买的产品快速地配送到客户手中。
(3) 客户服务:远程支持客户使其能够顺利地安装、使用产品,同时还要保障客户对产品不满意时能够方便地调换或退货。

2. 订单履行的流程

在客户下单并进行支付确认后,企业就开始履行订单。订单履行的流程如图9-1所示。

(1) 确认客户的支付。根据支付手段和事先的安排,每一笔支付的有效性必须得到确认。在B2B模式下,该活动一般由公司财务部门或者财务公司完成,任何的终止都会造成交货的延迟,最后导致信誉的损害或顾客的流失。在B2C模式下,客户一般用银行卡支付或第三方支付平台完成。

(2) 库存检查。检查当前库存是否有现货,并根据是否有现货估计交付周期。通知客户,若客户不满意交付周期,可取消订单。

(3) 安排发货。如果产品存在,就可以直接发往客户,产品可能是数字产品,也可能是实物产品。如果是实物产品,而且可以获得,接下来还需要安排包装盒发货,这里的相关部门包括包装、发货部门和内部运输或者外部承运商。数字产品通常都可获得,因为它们的库存不会被"耗尽",但是有时数字产品,例如软件,可能还需要修改,所以在某些时间内可能还不可以交货。不管哪种情况，都需要几个合作者之间进行信息沟通。发货后，通知客户实施支付、结算。

(4) 保险。有时发送的货物需要被保险，财务部门或相关人员根据货物的价值进行承保。

(5) 补货。如果没有库存，生产企业进入生产系统组织生产，零售企业则进入采购系统组织采购。

(6) 生产或采购完成并入库转至步骤(3)。

(7) 退货/退款。客户收到货物后如果不满意，则可调换或退货、退款。

订单履行过程可能会由于产品和供货商的不同而发生变化。此外，在 B2B 和 B2C 模式中，订单履行过程在产品和服务的交付上、在小产品和大产品之间都各不相同。而且，在某些环境下，还可能需要额外的步骤，比如易腐蚀材料和食品等。

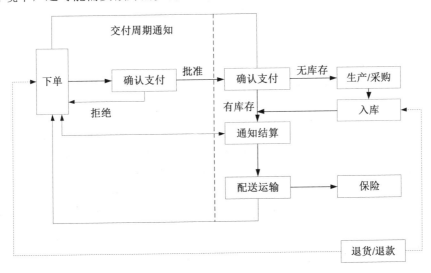

图 9-1 订单履行的流程

二、电子商务订单履行的特点

电子商务创造了与传统的批量生产和规模经济完全不同的以客户为中心的商业模式，要求电子订单履行更快捷、更具灵活性以及对客户更具响应性。电子订单履行与传统订单履行的主要差别如表 9-1 所示。

表 9-1 传统订单与电子订单特征对比表

传统订单履行特征	电子订单履行特征
所有的客户都以同一种方式履行订单	订单履行以每个客户为基础进行
订单通常是大型和托盘化的，形成零担和整车运输	订单较小，需要拆分拣货，以及频繁的包裹投递

传统订单履行特征	电子订单履行特征	续表
客户对产品的需求是稳定和一致的，很少要求临时改变	客户对产品的需求是断断续续和零星的，经常要临时改变	
单向产品运动，很少有退货	双向产品运动，退货频繁	
客户需求以根据预测的供应(推动)方式来满足	客户需求以根据客户实际订单的拉动方式来满足	
客户订单送货的目的地是集中和标准的	客户送货的起点和终点分散，因订单而不同	

三、电子商务中订单履行面临的困难和挑战

由于电子商务的迅猛发展，客户很容易在网上找到几乎所有类型货物的"购买"按钮，却常常找不到相应的"发货"按钮，或发现"发货"按钮不能满足订单履行的要求。电子商务的出现使订单履行面临着更多的困难和挑战。

1. 订单履行面临的困难

(1) "拉式"生产方式对"推式"生产方式。传统的零售是先生产商品，再在零售店卖给客户，也就是先有货，后销售；而电子商务经常采用按订单生产的方式，且许多是个性化的定制生产。这使得企业在产品供应上面临着挑战。它不仅要求企业及其所在的供应链能准确预测客户的需求，控制库存，还要有一条敏捷的供应链能够快速响应客户需求的变化。E-供应链与协同商务成为提高供应链性能的关键。

(2) "送"货对"取"货。传统的零售实际上是客户到零售店购买并带走，是客户自己上门取货；而电子商务销售是远距离完成的，企业必须送货上门。这使得企业在产品配送上面临着挑战，既要保证配送的及时性，又要降低配送成本，因为B2C电子商务所面对的常常是小订单、低价值的交易，高昂的配送成本是无法接受的。

(3) "现场"服务对"远程"服务。电子商务配送物流一般是由第三方物流公司承担的，而电子商务交易又是远程实现的，这就使得企业在产品技术支持上与传统零售存在差异。"远程"服务将代替"现场"服务，企业承担的任务更多的是培训、指导等。

(4) 逆物流问题。在电子商务环境下还存在所谓的逆物流问题。在传统零售中，当客户对所购商品不满意时，可去现场调换或退货，而电子商务的远程交易使客户所在地可能根本没有可调换或退货的场所，因此就出现了"逆物流"问题。逆物流就是将客户所购买的不满意产品退回给企业。

2. 订单履行面临的挑战

电子商务订单履行面临的挑战主要有以下几项。

(1) 全球配送。互联网上的客户几乎遍布全球每一个角落。

(2) 履行成本降低。越来越多的提供同样或相似产品的网上商店或网上交易的出现，

使服务成为区分竞争对手的主要因素，必须降低履行成本以保持竞争力。

(3) 需要履行小批量、多批次订单。

(4) 退货处理多。网上购物相较实体店购物退货率要高，其中服饰产品退货率更高。

(5) 订单履行周期缩短。经常要求相当于最紧急的JIT(准时制)送货，当日或隔日送货渐成趋势。

(6) 提高订单的可视性。需要实时跟踪订单状况，与整个供应链的参与者保持对接。

(7) 订货数量和货物需求量难以预测。

【案例9-2】2015年"双十一"网购

2015年"双十一"再创数量和速度的新纪录，其中2015年11月11日当天，阿里巴巴旗下各平台总交易额超过912亿元，再创新高，充分展示了"双十一"购物节的巨大潜力。统计数据显示，截至2015年11月17日上午9点，超过94%的物流订单已经发货，累计2.4亿个包裹完成签收。在繁荣的背后，各方面对"双十一"也有不少负面声音，突出的表现就是商业诚信问题。以下曝光的10类失信问题中，和订单有关的内容有两个方面：一是延迟发货，占7.59%；二是订单取消，占3.45%。图9-2所示为媒体和网民曝光最多的十类失信问题。

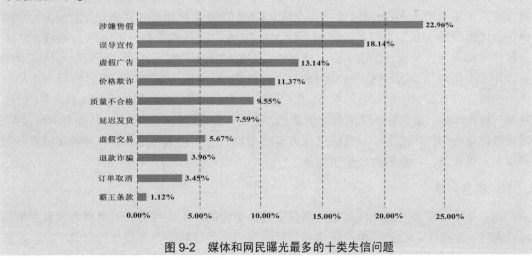

图9-2 媒体和网民曝光最多的十类失信问题

四、B2C 电子商务的订单履行

1. B2C 电子订单履行的特点

电子商务成功的关键是订单履行能满足客户的要求，否则会有失去客户信任的风险。B2C电子订单履行确实给参与者带来了很多挑战，特别是在以下三个方面。

(1) 需求量大。仅以2015年"双十一"为例，交易额达到912.17亿元，其超大交易量，使快递业务量成倍增长，"双十一"当天仅天猫一家电商产生的包裹就超过 4.67 亿个；2016 年 11 月 11 日，交易额达到 1207 亿元，天猫的包裹量上升到 6.57 亿个，创历史新高。

(2) 送货方式多样化。网上零售商和传统零售商的电子商务都创造出多种方式来满足消费者的日常需求，使消费者对电子订单履行的选择增加，以尽可能为消费者带来便利。

(3) 绩效标准提高。电子订单履行的绩效标准越来越高，"完美订单"已成为追求的目标，而且客户的期望值还在不断提高，越来越多的客户需要定制化和个性化的服务。电子商务的客户总是问三个问题：我的订单在哪里？我可以更改订单吗？我订的货什么时候送到？通过互联网随时回答这些问题是成功的必要条件，因而必须实现整个供应链的可视性，物流系统在移动产品与服务的同时要移动信息，以每天 24 小时实时给客户提供货物状态。

2. 外包和自营

许多纯网上零售商将订单履行业务和管理外包给第三方企业运营。与此相反，有的网上零售商则选择利用自己建立的物流系统处理复杂的物流问题。他们认为第三方物流提供商不能满足自己的要求，因为外包会产生一些不协调，所以需要自己的仓储设施来增加灵活性，以便更好地服务客户。京东商城就是一个典型的案例。截至 2016 年 9 月 30 日京东商城建立了 7 大物流中心、254 个大型仓库，拥有 6780 个配送站和自提点、自提柜，仓储设施占地面积约 550 万平方米，完成了对全国 2646 个区县的覆盖。2016 年，超过 85%的自营订单实现当日和次日配送。京东商城专业的配送队伍能够为消费者提供一系列专业服务，如 211 限时达、次日达、夜间配和三小时极速达，GIS 包裹实时追踪、售后 100 分、快速退换货以及家电上门安装等服务，保障用户享受到卓越、全面的物流配送和完整的"端对端"购物体验。京东智能物流持续创新，"亚洲一号"现代化物流中心是当今中国最大、最先进的电商物流中心之一。目前已有 6 座"亚洲一号"投入使用，京东物流实验室开始测试无人机送货，为农村电商配送提速。

3. 退货问题

退货是电子商务的瓶颈性难题，不仅会增加企业的成本而且会影响消费者体验和增加运营难度。实际上，改进订单准确性和送货的准确性是预防消费者退货的有效手段。退货处理需要专门的业务经验，销售商们大都外包给专门的物流公司。

4. 仓储技术

电子订单履行需要现代化技术的支持，如先进的仓库管理系统(WMS)可以使仓库更具灵活性，以满足电子商务客户多样的需求。仓库管理系统可以方便、迅速地配置分拨系统，以适应不同的客户和快速变化的商业环境。

五、B2B 电子商务的订单履行

1. 电子订单履行的复杂性

与 B2B 电子商务相比，B2C 电子商务只是沧海一粟。2016 年中国电子商务市场交易达 22.97 万亿元，同比增长 25.5%，其中 B2B 市场交易额为 16.7 万亿元，同比增长 20.14%。电子商务的发展，也带动了电子物流(E-logistics)的兴起，运输、仓储与物流服务的网上市场不断涌现。

B2B 电子订单履行要比 B2C 复杂得多，迄今还没有全面的成功模式。仅以运输为例，B2B 就至少在六个方面比 B2C 复杂：货物的大小，发货频率的不确定性，多个分拨渠道，承运人服务范围的参差不齐，缺少能提供电子商务服务的成熟的承运人，多个电子商务交易途径。

如图 9-3 所示，由于参与方较多，使得 B2B 电子商务的物流方案选择变得更加复杂。发货人可能混合使用多个电子渠道，也可能以某一个渠道为主。这种不确定性使许多承运人担心到底谁在控制电子商务的发货？谁得到了其中的价值？不仅是承运人，其他 B2B 电子订单履行的参与者也都面临着挑战。

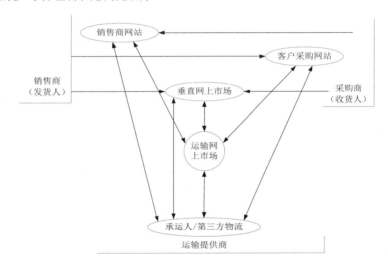

图 9-3 虚拟市场的交易流程

2. 库存分布的可视性

提供对货物整个运送过程的订单可视性是 B2B 电子订单履行的所有参与者共同的目标，也是对电子物流的主要需求。实际上，从 20 世纪 90 年代后期物流管理向供应链管理转变以来，可视性一直是供应链管理的重要目标，但是还存在一些传统制度障碍。例如，承运人开发出专有的货物跟踪系统，却因其没有兼容性而无法与发货人的信息系统一体化。

网络技术给可视性问题提供了更加一体化、简单化的解决方案，许多新型的物流服务提供商应运而生，他们提供的服务包括以下几项。

(1) 基于互联网的可视性工具：相当于可以收集供应商、客户、承运人、货运代理、海关代理、仓库等所有供应链参与者信息的物流信息枢纽，不仅能统一跟踪每个订单的状态，而且还提供例外管理系统，可以迅速找到瓶颈和延迟的货物，以采取补救行动。

(2) 综合解决方案：一些物流软件企业和供应链优化企业正迅速扩大服务范围，成为综合的电子订单履行提供商。

(3) 虚拟第三方物流：一些第三方物流、货运代理及新创的网络公司成立。虚拟第三方物流结合基于互联网的信息能力和决策工具，为发货人提供下订单、跟踪和管理运输工作流程的"自助式"网上解决方案。

3. 垂直网上市场正在建立"发货"按钮

电子商务的新趋势是 B2B 垂直市场的迅猛发展，这些垂直市场通常专注于某一专门的服务、商品或行业，为众多的供应商和采购商服务。随着化工、金属、食品、纸张和农产品等垂直类电子 B2B 网站的不断增加，订单的货物数量也不断增大，对物流的需求也越来越复杂。大多数垂直类 B2B 电子商务网站都提供一种或多种商品交易的方式。这些交易方式包括发布供求信息、发布统一分类的商品目录、拍卖和反向拍卖等。垂直类 B2B 电子商务网站利用互联网将供应商和采购商聚合在一起，利用电子订单完成交易可以帮助交易双方大幅度降低供应链成本。

4. B2B 的网络效应

在网上设定订单发送路线就像孩子的游戏，但现实的订单履行和物流却难得多，特别是还需要努力降低物流成本。网上市场创建者大都专注于交易量的提高，很少想到利用成功的电子物流来创造附加价值。其实通过合并订单和优化供应链两端的供应商与采购商以提高供应链的效率存在巨大的机会，如将沃尔玛等大公司的供应链最佳实践，通过互联网工具应用到"多到多"网上市场的小公司上。随着交易量的增加，这些解决方案可以帮助网上市场创建者将托盘货物订单在供应商的发货点合并成整车订单，以及在运输过程中通过不入库转运进行在途合并，将多个供应商的托盘货物合并成整车送达采购商，从而实现以整车的价格运送托盘货物。

六、电子订单履行与物流的关系

电子商务在国内外的实践过程中，使越来越多的人认识到电子订单履行是制约电子商务发展的瓶颈，是决定电子商务企业成败的关键。承担电子订单履行职能的物流行业从来没有像现在这样引人注目，特别是第三方物流得到了空前的发展机遇。2016 年中国社会物流总费用 11.1 万亿元，比上年增长 2.9%，增幅比上年提高了 0.1 个百分点。其中，运输费用 6.0 万亿元,同比增长 3.3%;保管费用 3.7 万亿元,同比增长 1.3%;管理费用 1.4 万亿元,同比增长 5.6%。经济运行中的物流成本依然较高。

作为物流业的新兴领域,第三方物流在国外的物流市场上已占据了相当可观的分量,欧洲目前使用第三方物流服务的比例约为 76%,美国约为 58%,日本约为 80%。同时,欧洲有 24%、美国有 33% 的非第三方物流服务用户已积极考虑使用第三方物流。欧洲 62%、美国 72% 的第三方物流服务用户认为他们可能在未来几年内再增加对第三方物流服务的需求。全球物流业务外包将平均每年增长 17%。实践证明,第三方物流服务的营运成本和效率,远远优于企业自营物流。

电子商务的物流服务提供商在获得机遇的同时,也感受到电子订单履行正在改变着传统的物流运行模式,使其逐渐显现出电子物流的特点。

(1) 更好的库存分布可视性。
(2) 需求协同导致更准确的预测与资源计划。
(3) 自动在途合并以减少延迟和产生 TL(整车货件)运输。
(4) 更快的送货时间要求以保障按订单生产/装配。
(5) 承运人、第三方物流等提供新的物流管理。
(6) 最大地利用互联网技术来管理动态物流网络,利用所有合作伙伴的物流设施。

为适应电子订单履行的要求,许多物流公司积极提供一体化物流解决方案,同时积极构建电子商务的物流服务平台,希望在激烈的市场竞争中赢得先机。总之,电子订单履行深刻地影响着物流业的发展,使物流成为商务有机的和关键的组成部分。

第二节 电子商务物流管理

电子商务的出现,在很大程度上方便了最终消费者。他们不必再跑到拥挤的商业街,一家又一家地挑选自己所需的商品,而只要坐在家里,在互联网上搜索、查看、挑选,就可以完成购物过程。

随着电子商务的逐步普及,越来越多的传统企业开始介入电子商务领域。这些传统企业不遗余力地在互联网上开设自己的网上商店,但是在这些极具吸引力的网络前端的背后还存在着极大的挑战。其中作为有形商品网上商务活动基础的物流,不仅已成为网上交易的一个障碍,也是其能否顺利进行和发展的一个关键因素。如果没有高效、合理、畅通的物流系统,电子商务所具有的优势就难以得到有效的发挥。由此可见,现代化的物流是电子商务的重要组成部分。

一、物流概述

1. 物流的产生

物流(Physical Distribution,PD) 一词最早出现在美国,1915 年阿奇·萧在《市场流通中的若干问题》一书中就首次提到 Physical Distribution 一词，中文意思是"实物分配"或"货物配送"。第二次世界大战中，美国军队围绕战争供应建立了"后勤"(Logistics)管理理论，并将其用于战争活动中，其中所提出的"后勤"是指战时的物资生产、采购、运输和配给等活动。在第二次世界大战以后，"后勤"在商业活动中得到了广泛应用，包含生产过程和流通过程的物流，形成了范围更广泛的概念。20 世纪 80 年代后期，欧美国家更多地把物流称作 Logistics 而不是 Physical Distribution。

20 世纪 50 年代，日本派团考察美国的物流技术，引进了"物流"的概念。日本的物流概念是从英文的 Physical Distribution 翻译过去的，译成"物的流动"，1965 年进一步简化为"物流"，到了 20 世纪 70 年代日本已成为世界上物流最发达的国家之一。1979 年，我国物资工作者代表团赴日考察，在考察报告中第一次引入"物流"这一术语。20 世纪 90 年代中期我国市场经济发展到一定程度，特别是电子商务的出现与发展，把物流推向一个崭新的阶段，形成了自 90 年代末以来不断升温的"物流热"。

2. 物流的定义

物流的定义很多，并随着经济的发展而不断变化。不同国家、不同机构、不同时期，对物流有不同的理解，但是有一点认识是共同的，即物流不仅包括原材料、产成品等从生产到消费的实物流动过程，还包括伴随这一过程的信息流动。我国在 2001 年颁布的国家标准《物流术语》中对物流进行了定义：物流是指物品从供应地向接受地的实体流动过程，根据实际需要，将运输、储存、装卸、搬运、包装、流通加工、配送、信息处理等基本功能实施有机结合。物流的内涵主要体现在以下几个方面。

(1) 物流的研究对象是物。物流定义中的"物"是指一切具有经济意义的物质实体，具体包括物资、物料、货物、商品、物品。既包括生产过程中的物质，又包括流通过程中的消费性商品，还包括消费过程中的废弃物品。

(2) 物流是"物"的物理性运动。物流是物品从供应地向接收地的实体运动，在运动的过程中创造了空间价值。它不同于其他形式的运动，如化学的、机械的、生物的、社会的运动等。

(3) 物流运动是一种经济活动。物流是一种为满足社会需求而进行的原材料、中间库存、最终产品从供应地向接收地的转移，是一种经济活动。伴随着商流实现物质使用价值的转移和不是经济活动的物质实体流动，不属于物流的范畴。

二、物流的分类

随着物流概念的拓展，物流从军事领域延伸到了企业内部的供应保障，进而又进一步引申到经济的流通领域和生活领域。物流在各个领域中，虽然基本要素都存在且相同，但由于作用对象不同，物流目的不同，物流范围、范畴不同，形成了不同的物流类型。主要分类方法有以下几种。

1. 按照物流的活动范围分类

(1) 宏观物流。宏观物流是从社会再生产的总体角度认识和研究物流活动,是指社会再生产总体的物流活动。宏观物流研究的重点是综观性和全局性的,研究的内容是物流总体构成、物流与社会的关系、物流在社会中的地位、物流与经济发展的关系、社会物流和国际物流系统的建立和运作等。其参与者是构成社会总体的大产业和大集团。

从空间范围上来看,宏观物流涉及的物流全体是指国民经济部门与部门之间、地区与地区之间、企业与企业之间为实现商品的流动而开展的经济活动,是从某一个物流环节来看的。因此,社会物流、国民经济物流、国际物流都属于宏观物流。

(2) 微观物流。微观物流是从局部的、个体的角度认识和研究物流活动,是指消费者、生产者所从事的实际的、具体的物流活动。在一个局部、一个环节发生的具体的物流活动,一个小区域空间发生的具体的物流活动,针对某一具体产品而发生的物流活动等,都属于微观物流的范畴。微观物流具有具体性和局部性的特点,因此,微观物流的运行状况直接关系到企业的经济效益。

2. 按照物流的性质分类

(1) 社会物流。社会物流是指面向社会,以一个社会为范畴的物流。这种社会性很强的物流往往是由专门的物流承担人承担的,社会物流的范畴是社会经济大领域。社会物流研究再生产过程中所发生的物流活动,主要研究国民经济中的物流活动,研究既面向社会又在社会环境中运行的物流的形成,以及社会中的物流体系的结构和运行,因此带有全局性和广泛性。

(2) 企业物流。企业物流是从企业角度研究与之有关的物流活动,是具体的、微观的物流活动的典型领域。企业物流主要表现在企业内部各部门之间为实现物质实体流动的各种活动,包括企业内部的生产经营工作和生活中所发生的加工、检验、搬运、装卸、储存、包装、配送等物流活动。

3. 按照物流在供应链中的作用分类

(1) 供应物流。生产企业、流通企业或消费者购入原材料、零部件或商品的物流过程称为供应物流,也就是物资生产者、持有者至使用者之间的物流。这种物流活动对企业生产的正常、高效进行起着重大作用。企业供应物流的目标不仅是保证供应,而且还要以最低成本、最少消耗、最大保障来组织供应物流活动。

(2) 生产物流。生产物流包括从生产企业的原材料购进入库起,直到生产企业成品库的成品发送出去为止的物流活动的全过程。生产物流和生产企业的生产流程同步,企业在生产过程中,原材料、半成品等按照工艺流程在各个加工点之间不停地移动、流转形成了生产物流,如果生产物流中断,生产过程也将随之停顿。生产物流的重要性体现在如果生产物流均衡稳定,可以保证在制品的顺畅流转,缩短生产周期;如果生产物流的管理和控制合理,也可以使在制品的库存得到压缩,使设备负荷均衡化。因此,生产物流的合理化对生产企业的生产秩序和生产成本有很大影响。

(3) 销售物流。生产企业或流通企业售出产品的物流过程称为销售物流,也就是指产品所有权转移给用户的物流活动。在现代社会中,市场是一个以买方为中心的市场,因此,销售物流活动带有极强的服务性,以满足买方的需求,最终实现销售。

(4) 回收物流。在生产、供应、销售的活动中总会产生各种边角余料和废料,这些东西回收需要有物流活动的伴随。在一个企业中,如果回收物品处理不当,往往会影响整个生产环境,甚至影响产品质量,也会占用很大空间,造成浪费。

(5) 废弃物物流。废弃物物流是指对企业排放的无用物进行运输、装卸、处理等的物流活动。废弃物物流是从环境保护的角度出发,将废弃物妥善处理,以免造成环境污染。

三、物流的基本功能

物流的基本功能是从事商品实体运动,与商品使用价值运动有关。因此,建立和健全必要的储存、运输基础设施,是发挥物流职能的前提条件,在此基础上,才能合理地实现物流系统的总目标。物流基本职能的内容包括:运输、储存、包装、装卸、流通加工、配送以及物流信息管理等。物流的总体功能通过职能的发挥体现。

(1) 运输功能。运输是利用运输工具(火车、汽车、轮船、飞机等)实现货物的移动。运输的主要任务是实现货物的空间移动,解决货物在空间上存在的供需矛盾。就物流本身而言,运输是实现货物(或商品)使用价值的一个重要环节,是物流的一个重要组成部分。运输过程既不改变货物的实物形态,也不增加货物的数量。一般将运输称为物流的动脉。

(2) 仓储功能。仓储也称储备,是指货物(或商品)在运动过程中的暂时停滞。在社会再生产过程中,这种停滞不仅是必需的,而且也是必要的。它可以解决商品生产与消费在时间上存在的矛盾;避免意外情况发生所造成的不利影响;有效地进行物流的作业、降低物流成本、提高物流效率。仓储的功能包括堆存、保管、保养、维护等活动。

(3) 配送功能。配送是指按用户的订货要求,在物流中心进行分货、配货工作,并将配好的货物送交收货人。配送在整个物流过程中,其重要性应与运输、保管、流通加工等并列,并形成物流的基本职能之一。配送作为一种现代流通方式,特别是在电子商务物流中的作用非常突出,它集经营、服务、社会集中库存、分拣和装卸搬运于一身,已不是简单的送货运输。

(4) 装卸功能。装卸是为了加快商品在物流过程中的流通速度必须具备的功能,包括对运输、储存、包装、流通加工等物流活动进行衔接的活动,以及在储存等活动中进行检验、维护和保养所进行的装卸活动。对装卸活动的管理,主要是确定最恰当的装卸方式,力求减少装卸次数,合理配置及使用装卸机具,即做到节能、省力、减少损失和加快速度,以获得较好的经济效果。

(5) 包装功能。包装是指按照一定的技术方法使用容器、材料以及辅助物等将物品包封并予以适当的装饰和标志工作的总称。简而言之，商品包装就是包装物和包装操作的总称。商品包装的目的是为了保护商品，促进销售、方便物流与消费等。要能使商品实体在物流中通过运输、储存环节，顺利地到达消费者手中，必须保证商品的使用价值完好无损。在物流活动中，科学合理的商品包装对于提高物流效率、降低物流费用有着非常重要的作用。一般认为包装是物流的起点。

(6) 流通加工功能。流通加工又称流通过程的辅助加工活动，是流通部门为了弥补生产过程中加工程度的不足，更有效地满足用户或本企业的需求，更好地衔接供需的辅助加工活动。从物流角度来看，合理的流通加工可以有效地降低物流成本，提高物流的效率。

(7) 物流信息功能。物流信息管理功能包括进行与上述各项活动有关的计划、预测，对物流动态信息(运量、收、发、存数)及其有关的费用、生产、市场信息的收集、加工、整理、提炼等活动。对物流信息活动的管理，要求建立信息系统和信息渠道，正确地选定信息点及其内容，以及信息的收集、汇总、统计、使用方式，以确保其可靠性和及时性。

四、电子商务物流的概念与特点

信息网络时代的电子商务给人类社会经济生活带来了一场深刻的革命，特别是这场革命所引发的产业大重组把现代物流业提升到前所未有的高度。而物流作为电子商务的重要组成部分，它自身体系的不断完善将会进一步推动电子商务的发展和应用，两者相互影响、相互促进、共同发展。

1. 电子商务物流的概念

在当今信息化浪潮的时代背景下，如何充分利用现代信息技术，特别是计算机技术、网络技术来促进和实现物流的发展，成为物流发展的一个研究热点。在此背景下，电子商务物流这一概念随之产生。

相对于传统物流而言，电子商务物流是指与电子商务交易相关的物流活动。广义来讲，企业间电子商务、与消费者网上购物有关的物流均包括在电子商务物流范畴之内。随着电子商务的普及，企业间电子商务物流已覆盖传统物流活动的绝大部分领域，并与传统商务相关物流实现高度融合。在网络信息环境的配合下，可以更好地减少物流环节间的重复劳动，在物流模式与物流内容方面并不表现出特别突出的物流个性。但以 B2C 和 C2C 为代表的面向消费者的电子商务，其相关物流活动却表现出非常突出的物流个性，是一种全新的物流模式。狭义的电子商务物流是指与网络购物相关的物流活动。

电子商务中的任何一笔交易，都包含商流、信息流、资金流和物流几大要素。电子商务物流就是在电子商务环境下，依靠计算机技术、互联网技术以及信息技术等进行的物流活动。电子商务物流的目标是通过现代科学技术的运用，实现物流的高效化和低成本化，促进物流产业以及电子商务和国民经济的发展。电子商务物流的本质是实现物流的信息化和现代化。

2. 电子商务物流的特点

电子商务时代的来临,给全球物流业带来了新的发展,使现代物流具备了一系列新特点。电子商务主要有以下特点:信息化、自动化、网络化、智能化、柔性化和集成化。

(1) 信息化。电子商务时代,物流信息化是电子商务的必然要求。物流信息化表现为物流信息的商品化、物流信息收集的数据库化和代码化、物流信息处理的电子化和计算机化、物流信息传递的标准化和实时化、物流信息存储的数字化等。信息化是电子商务物流的基础,没有物流信息化,任何先进的技术和设备都不可能应用于物流领域。

(2) 自动化。物流自动化的基础是信息化,核心是机电一体化,外在表现是无人化,最明显的效果是省力。通过实现物流设备的自动化,可以扩大物流作业能力、提高劳动生产率、减少物流作业的差错等。目前,物流自动化的设备非常多,如条码、语音、射频自动识别系统、自动分拣系统、自动存取系统、自动导向车、货物自动跟踪系统等。物流自动化新技术近年来发展很快,国内外成套设备供应商已经装备了许多大型企业的物流自动化生产线,使企业的物流自动化水平跃上一个新台阶,如海尔集团、春兰集团、中国邮政、新华书店等。

(3) 网络化。物流信息化的高层次应用表现为网络化。对于一个物流系统来说,网络化实际包含两层含义:一是信息管理的网络化,其中包括物流配送中心与供应商或与制造商之间的通信联系实现计算机网络化管理;还包括物流配送中心与下游客户之间的联系也通过计算机网络系统完成。二是组织结构的网络化,也就是在组织内部构建内联网,并将其与外联网、互联网等通信网络互联互通,实现组织与各伙伴间的信息资源共享。例如,采取外包的形式将一台计算机的所有零部件、元器件和芯片发往同一个物流配送中心进行组装,由该中心将组装好的计算机迅速发给客户,这一过程就需要依赖高效的物流信息网络支持。

(4) 智能化。物流智能化是在物流自动化与信息化发展后的更高层次应用。在物流作业过程中涉及大量的运筹和决策问题,包括合理库存量的确定、装箱策略、最佳运输路径的选择、自动导向车的运行轨迹和作业控制、自动分拣机的运行、物流配送中心经营管理的决策支持等,都需要用人工智能理论与方法加以解决。物流智能化就是利用人工智能的理论和方法与计算机系统结合,通过智能计算机系统,如专家系统、机器人及其智能控制系统等解决物流过程中遇到的各种运筹与决策难题。

(5) 柔性化。柔性化的物流是适应生产、流通与消费者的需求而发展起来的一种新的物流模式。它的理念是"以顾客为中心",真正地能根据消费者需求的变化来灵活调节生产工艺、组织生产、安排物流活动。随着市场变化的加快,产品寿命周期正在逐步缩短,为了在激烈的市场竞争中生存下来,小批量多品种的生产已经成为许多企业的选择。目前,国外许多适用于大批量制造的刚性生产线正在逐步被改造为小批量多品种的柔性生产线。

(6) 集成化。电子商务下的物流系统，在物流基础设施、信息基础设施、商品包装的标准化和物流运作模式等各个方面都日益社会化和一体化，在数据与功能、技术与设备、人员和组织等各个层次上都在向集成化的方向发展。

五、电子商务物流系统的基本结构

电子商务物流系统由物流作业系统和物流信息系统两部分构成。电子商务物流信息系统覆盖所有物流作业环节。物流作业系统在物流信息系统的管理与引导下协调有序地开展相关物流活动。物流作业系统主要包括采购与库存系统、订单处理系统、城际运输系统、末端配送系统及售后逆向物流等各子系统。电子商务物流系统的构成如图 9-4 所示。

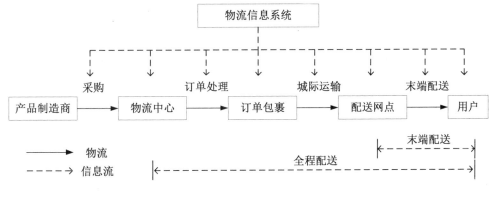

图 9-4 电子商务物流系统的构成

1. 采购与库存

在电子商务连续销售过程中，库存商品日常维护管理及对销售订单的连续性支持是物流中心库存管理的主要内容。对随时变化的每一种商品库存进行实时监控，多物流中心环境下还要求对库存商品在物流中心间的分布进行系统监控，并根据库存支持策略选择性使用调仓以协调各物流中心货源；根据库存补货策略提示及时采购补充库存商品，保证商品销售的连续性。所有这些物流活动均需要信息系统提供从数据采集到数据分析、统计、操作提示有关的信息环境支持，以便对品种、数量巨大的库存商品实施高效有序管理。

2. 订单处理

订单处理是指物流中心接收来自网站销售系统的订单信息，按照订单处理流程完成订单商品出库、打包及按区分拣等物流流程。面对分布式多物流中心，根据业务区域、系统内建规则，由信息系统自动选择特定的物流中心触发订单，该物流中心对订单作出响应动作。根据物流中心不同品类的存放分区与布局对订单进行拆分与合并处理，对用户有效订单需要实时刷新库存数据，在库存不足时还需及时阻止后续订单生成，随后进入以订单打印、拣货、包装为代表的订单处理流程。在拣货环节信息系统给予货位提示，拣货完成后经核实再进行商品包装，随后按用户所在子区域进行订单分拣，为下一步运输环节做准备。上述所有操作环节均可提供网上信息查询支持。

3. 城际运输

按照物流中心的辐射范围，通常物流中心到消费者所在地有长达几百千米的距离，这需要城市间的城际运输系统提供运输衔接支持。各中转环节间订单包裹的中转交接通常都是由运输衔接。随着交通建设的不断发展，由航空运输、汽车运输、高铁运输构成城际运输可考虑选择的运输方式。此外，运输系统还具有运输统计资料、货物发运清单、货物到达通知、货物中转手续、运输事故查询、处理等相配套的辅助功能。在运输系统配备 GPS 的情况下，可让消费者可视化查询订单商品运输途中的实时数据。

4. 末端配送

订单商品到达消费者区域后，由分布在各地的配送网点提供送货到户的末端配送支持。根据商品重量、种类等商品属性，有快递方式、大件商品运输到户等配送方式。在业务规模较集中的区域，通常按照大件商品、中小件商品、小件商品配置不同的配送队伍，以便根据商品特点选择使用合适的配送方式完成到消费者的配送过程，配送环节的再次分拣与配送人员的联系信息、配送的时间信息均提供网上信息查询支持，以便得到消费者的更好配合。

5. 售后逆向物流

在售后逆向物流方面，根据用户返修、退货、换货的不同需求，为用户提供逆向物流支持通道，并对商品售后服务全过程提供信息可查询支持，该部分在图中未作图示。逆向物流对不同的电子商务商家有强弱不等的要求。

用户订单从订单处理开始，用户即可查询到订单商品的配送状态。通常采用条码技术实现订单跟踪查询，各物流操作环节通过条码扫描，可以方便地将当前物流环节状态信息录入网络系统，实现配送状态的网络更新。

根据电子商务企业的规模不同，大型电子商务企业的物流信息系统可以将上述各物流环节细分为若干个相关的子系统。在物流配送全程外包的情况下，这样的系统整体可以看作是不同企业承担不同物流环节的服务，通过物流环节的接力与协作，物流配送整体构成一个完整的配送系统，其物流配送过程中的流程信息可以看成是不同参与方信息系统通过开放接口对接后的效果。

六、电子商务物流的作业过程

电子商务的物流作业同普通商务活动一样，目的都是将用户所订货物送到用户手中，其主要作业环节与一般物流的作业环节一样，包括商品包装、商品运输、商品储存、商品装卸和物流信息管理等。

电子商务物流系统的基本业务流程因电子商务企业性质不同而有所差异。例如，制造型企业的电子商务系统，其主要业务过程可能起始于客户订单，中间可能包括与生产准备和生产过程相关的物流环节，同时包括从产品入库直至产品送达客户的全部物流过程；而对销售型的电子商务企业(如销售网站)而言，其物流过程就不包括生产过程物流的提供，但其商品组织与供应物流和销售物流的功能则极为完善；对于单纯的物流企业而言，由于它充当为电子商务企业(或系统)提供第三方物流服务的角色，因此，它的功能和业务过程更接近传统意义上的物流或配送中心。

虽然各种类型的电子商务企业的物流组织过程有所差异，但从电子商务物流过程的流程上看，还是具有许多相同之处。具体来说，其基本业务流程一般都包括进货、进货检验、分拣、储存、拣选、包装、分类、组配、装车及送货等。与传统物流模式不同的是，电子商务的每个订单都要送货上门，而有形店铺销售则不用。因此，电子商务的物流成本更高，配送路线的规划、配送日程的调度、配送车辆的合理利用难度更大。与此同时，电子商务的物流流程可能会受到更多因素的制约。图9-5给出了电子商务物流的一般过程。

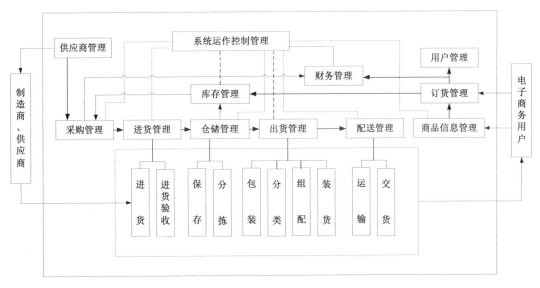

图9-5　电子商务物流的一般流程

第三节　电子商务物流配送

在电子商务交易过程中，无论由谁来承担物流任务，都必须以最快的速度把货物送到客户手中，这种快速的货物递送方式就是电子商务物流配送。电子商务配送就是信息化、现代化和社会化的物流配送。它是指物流配送企业采用网络化的计算机技术和现代化的硬件设备、软件系统及先进的管理手段，针对社会需求，严格地、守信用地按用户的订货要求进行一系列分类、编配、整理、分工、配货等理货工作，定时、定点、定量地交给没有范围限度的各类用户，满足其对商品的需求。一般而言，电子商务物流配送服务具有如下几个特点。

(1) 直接面向顾客。物流作业流程的大部分活动都要与顾客直接沟通，这是由物流行业的服务性特点决定的。

(2) 提供服务与消费的同时性。物流作业流程的输出绝大多数是一种即时的服务，提供服务与享受这种服务同时进行，临时变数较大，具有不可预见性，需要及时反馈顾客的满意度。

(3) 复杂性。物流作业流程要受其他众多因素的影响和制约，一般具有多层次、多活动的特点，协调和管理的难度大。

由于电子商务行业的复杂性对物流行业提出了新的需求，因此，物流配送模式的选择显得尤为重要。国内的电子商务企业数量繁多，对于其物流配送模式的选择也各具特色。面对物流瓶颈，不同的电子商务企业采取了不同的模式。目前，我国发展电子商务很重要的一项任务就是选择适当的物流配送模式，并在此基础上发挥物流的作用，从而促进我国电子商务的发展。

一、企业自营物流模式

企业自营物流模式是指电子商务企业借助自身物质条件(包括物流设施、设备和管理机构等)自行组织的物流活动。对于电子商务企业，自营物流启动容易，配送速度快，有利于控制交易时间。特别是在本城市内的配送上，电子商务企业组织自己的配送队伍可以减少向其他配送公司下达配送要求的手续，提高了配送效率。企业自营物流直接支配物流资产，控制物流智能，可以保证供货的准确和及时性，保障顾客服务的质量，维护企业和顾客的长期关系。目前，采取自营物流模式的电子商务企业主要有两类。

第一类，资金实力雄厚且业务规模较大的电子商务公司，如京东商城。由于电子商务在我国兴起的时候国内第三方物流的服务水平远不能满足当时电子商务公司的要求，而这些电子商务公司手中持有大量的外国风险投资，为了抢占市场的制高点，不惜动用大量资金，在一定区域甚至全国范围内建立自己的物流配送系统。

第二类，传统的大型制造企业或批发企业经营的电子商务网站，如海尔集团。由于其自身在长期的传统商务中已经建立起初具规模的营销网络物流配送体系，在开展电子商务时只需将其加以改进、完善，就可满足电子商务条件下对物流配送的要求。

自营物流模式对于企业来说，有两个比较明显的优势。一是容易协调。由于在企业自营物流中，企业供应链是企业内部各个职能部门组成的网络，每个职能部门不是独立的利益个体，有共同的目标，相对于企业与企业之间的供应链更容易协调。二是高稳定性。由于在自营物流模式中，电子商务企业的控制能力比较强，问题都在公司内部解决，因此具有较高的稳定性，在一定程度上避免了整个供应链的波动且具有高保密性。

但是，电子商务公司自营物流所需的投入非常大，而且建成后对规模的要求很高。这种高投入、大规模使企业缺乏柔性，与电子商务的灵活性有一定的矛盾。另外，电子商务企业和物流企业是两种截然不同的企业，这样一个庞大的物流体系，建成后需要工作人员具有专业化的物流管理能力。但目前我国的物流理论与物流教育严重滞后，导致我国物流人才严重短缺，企业内部从事物流管理的人员的综合素质也不高，不能解决电子商务中各种复杂多样的物流问题。

二、第三方物流模式

第三方物流是近年来被广泛讨论的一个全新模式，由于技术先进，配送体系较为完备，第三方物流成为电子商务物流配送的理想方案之一。它凭借其所具有的传统物流不可比拟的优势，顺应了电子商务的空前发展对物流领域提出的更多要求。作为电子商务时代的新生事物，第三方物流企业扮演了非常重要的角色。

每个企业都有其核心竞争力，当企业在物流管理方面不具有竞争优势时，可将物流业务完全或部分地外包给专业物流企业，这类专门从事外包物流业务的企业被称为第三方物流(Third Party Logistics，TPL)企业。第三方物流企业不参与物品交易双方的直接交易，而只是承担从生产到销售过程中的物流业务，包括商品的包装、储存、运输、配送等。

第三方物流又被称为外包物流或合同物流，它是指由物流劳务的供方、需方之外的第三方去完成物流服务的运作方式，它是社会分工下物流专业化的一种表现形式。从其运作内容看，不仅包括仓储、运输和电子数据交换信息交换，也包括订货与自动补货、选择运输工具、包装与贴标签、产品组配等。

第三方物流的发展和企业物流外包率的上升，给各行各业带来了很大的利益，这种合作联盟的建立，给企业带来的竞争优势体现在以下几个方面。

(1) 降低企业作业成本。第三方物流可为委托企业平均降低10%～20%的成本，这是许多企业选择外包的主要原因。专业的第三方物流经营者利用规模生产的专业优势和成本优势，通过提高环节的利用率节省费用，使客户企业能从费用结构中获益。第三方物流服务提供者还借助精心策划的物流计划和适时配送等手段，最大限度地减少库存，改善企业的现金流量，实现成本优势。

(2) 致力于核心业务。生产企业利用第三方物流的最大收益是节约成本、降低资产规模，企业能有资金投资其他核心领域。企业要获得竞争优势，必须巩固和扩展自身的核心业务。这就要求企业致力于核心业务的发展，实现企业资源的优化配置，将有限的人力、物力和财力集中于核心业务，研究开发出新产品参与竞争。因而，越来越多的企业将非核心业务外包给专业化的公司。企业通过将物流业务外包给第三方物流经营者，能够将时间和精力放在自己的核心业务上，增强企业的核心竞争力。

（3）减少库存。企业不能承担原料和库存的无限增长，尤其是要及时将高价值的零部件送往装配点，以保证库存的最小量。第三方物流经营者借助精心策划的物流计划和适时运送手段，最大限度地降低了库存，改善了企业的现金流量，实现了成本优势。

（4）提升企业形象。第三方物流经营者是物流专家，它们利用完备的设施和训练有素的员工对整个供应链网络实现完全的控制，并减少了物流的复杂性。它们通过遍布全球的配送网络和服务提供商(分承包方)大大缩短了交货期，继而帮助客户改进服务，树立自己的品牌形象。第三方物流经营者通过"量体裁衣"式的设计，制订出以客户为导向、低成本高效率的物流方案，为企业在竞争中取胜创造了有利条件。

（5）拓展国际业务。随着全球经济一体化步伐的加快，不少没有国际营销渠道的企业希望进入国际市场，而第三方物流恰恰可以帮助这些企业达到拓展国际业务的目的。

（6）整合供应链管理。一体化物流要求企业对整个供应链进行整合，通过外包改善物流服务质量，提高客户服务水平。越来越多的企业考虑到第三方物流的专业能力，希望能与它们合作进行供应链整合，联合包裹速递服务公司(UPS)和FENDER国际公司(美国的一家吉他生产商)的合作就是一个很好的范例。

我国知名的电子商务公司当当网在全国也采取第三方物流模式，它的10个物流中心都是租赁的，在运输配送环节，当当和国内104家第三方物流企业建立合作关系，采取由第三方物流企业全权负责终端的物流配送。为了在第三方物流模式下能够控制服务品质，当当采取了收取押金和对货物进行逐一检查的控制手段。

第三方物流模式将物流配送业务全部交由第三方物流企业承担，虽然减轻了资金压力，但是与自营物流相比，也给企业带来了诸多不利，如企业不能直接控制物流职能、不能保证供货的准确性和及时性、不能保证顾客服务质量和维护与顾客的长期关系等。因此，如果对外包业务缺乏行之有效的控制措施，电子商务企业就可能面临服务品质下降的威胁。

三、物流联盟模式

物流联盟是指两个或多个企业之间，为了实现自己的物流战略目标，通过各种协议、契约而结成的相互信任、共担风险、共享利益的物流合作伙伴关系，它是一种介于自营和外包之间的物流模式。物流联盟一方面使电子商务企业降低了经营风险和物流成本、交易成本，形成优势互补、物流要素双向或多向流动。另一方面物流企业也有了稳定的货源。

组建物流联盟可以吸收不同企业的优势和长处，利用管理和技术、资源上的互补优势，在物流设施、运输能力、专业管理技巧上互补，可起到降低成本、减少投资、降低风险和不确定性、取得竞争优势、提高顾客服务水平等积极效应，如小米手机销售在库存、运输、后续配送环节与顺丰的合作就属于这类。

当然，物流联盟的长期性、稳定性的特点会使电子商务企业很难产生改变物流服务供应商的行为，因此，电子商务企业必须对今后过度依赖于物流伙伴的局面做周全的考虑。

在我国，物流发展还处于初级阶段，组建联盟便显得尤为重要。如今，我国物流企业面临跨国物流公司的竞争压力，要通过物流联盟来应对。与此同时，还应依托电子商务的大环境，采用先进的计算机技术及管理手段，按各类客户不同的订货要求，进行一系列分类、整理、配货等工作，将货物送到客户手中。例如，阿里巴巴的基于云计算物流平台服务的云物流联盟配送模式，连接了电子商务的买家、卖家和包括物流配送在内的其他服务商。

所谓云物流，是指基于云计算应用模式的物流平台服务。物流云计算服务平台是面向各类物流企业、物流枢纽中心及各类综合型企业的物流部门等的完整解决方案，依靠大规模的云计算处理能力、标准的作业流程、灵活的业务覆盖、精确的环节控制、智能的决策支持及深入的信息共享来完成物流行业的各环节所需要的信息化要求。

基于云计算的物流服务平台，应用于 B2C 电子商务配送体系可规划为物流公共信息平台和物流管理平台。物流公共信息平台针对的是客户服务层，拥有强大的信息获取能力；物流管理平台针对的是用户作业层，它可以大幅度地提高物流及其相关企业的工作效率，甚至可以拓展出更大范围的业务领域。云物流信息平台将需求端的客户订单信息汇总起来，并对订单信息进行整合，在供给一端物流管理平台将小物流公司的分散运送能力整合起来，中小快递公司通过访问云物流管理平台获得客户，并通过这个平台取货、送货。

云物流模式从操作模式来看也可以理解为物流联盟合作模式，或信息整合模式，它利用物流信息中心聚合订单需求，以对接大型物流企业，发挥规模效应，为客户提供精细化的物流配送服务。不过，云物流虽然解决了供给能力的调配问题，但对于行业集中度低的根本问题还不能完全改变。电子商务的物流配送仍需提高供给、需求两端的集中度，才能发挥云物流的真正效应。

【案例9-3】阿里巴巴的"菜鸟物流"

由阿里巴巴牵头成立的"菜鸟物流"正是云物流模式的一种尝试。2013年5月28日，阿里巴巴集团、银泰集团联合复星集团、富春集团、顺丰集团、三通一达(申通、圆通、中通、韵达)，以及相关金融机构共同宣布，"中国智能物流骨干网"(简称CSN)项目正式启动，合作各方共同组建的"菜鸟网络科技有限公司"正式成立。"菜鸟"小名字大志向，其目标是通过5~8年的努力打造一个开放的社会化物流大平台，在全国任意一个地区做到24小时送达。如图9-6所示，菜鸟物流将物流资源重组，欲将运力变得更集中、高效。

菜鸟网络专注打造的中国智能物流骨干网将通过自建、共建、合作、改造等多种模式，在全国范围内形成一套开放的社会化仓储设施网络。同时利用先进的互联网技术，建立开放、透明、共享的数据应用平台，为电子商务企业、物流公司、仓储企业、第三方物流服务商、供应链服务商等各类企业提供优质服务，支持物流行业向高附加值领域发展和升级。

最终促使建立社会化资源高效协同机制，提升中国社会化物流服务品质。菜鸟通过打造智能物流骨干网，对生产流通的数据进行整合运作，实现信息的高速流转，而生产资料、货物则尽量减少流动，以提升效率。

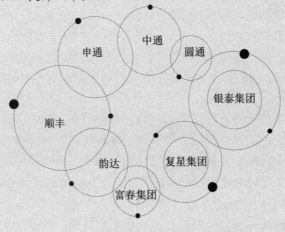

图 9-6 "菜鸟物流"联盟配送模式

案例思考题

(1) 请结合案例，分析菜鸟物流配送模式的优势。
(2) 分析物流联盟配送模式在实施过程中还有哪些方面可以改进。

四、快速配送模式

快速配送是指按客户要求在指定时间内将物品送达指定位置。物品性质不同、需求目的不同对快速性要求也不相同。一般而言，速度要求越快，配送难度越大，成本就会越高。无论由谁来承担物流任务，企业都必须以最快的速度将物品递送到客户手中。常用的投递方案有以下几种。

1. 客户自主取货

对于"鼠标加水泥"型的电子商务零售企业，客户自主取货是一个比较好的配送策略，即客户在线选择商品、下单，并预约取货时间，实体店按客户要求将商品挑选并包装后放置在特定位置等待客户提取。这种模式既可以节约企业的配送成本，也能节省客户的购物时间，客户可在下班时顺带或在自己有空的时间去取。

2. 随选配送

随选(on demand)配送是指客户下单并完成支付后立即执行配送。对于数字化产品，随选配送是最常用的策略。同城杂货、快餐等也常采用随选配送服务，因为这些物品或服务往往有明确的时效。随选配送服务一般在一小时内完成。非数字化物品的随选配送会大大增加企业的物流成本，特别是在物品价值较低的情况下，如何规划配送路线是一门很重要的研究课题。

3. 当日配送

相对于随选配送，当日配送更受企业的欢迎，对企业来说压力会小一些，企业可以按某个日程表，或者间隔一个固定时间(如一小时)组织物品投递。实施当日配送的企业可以充分利用物流资源优化配送流程。一般而言，非数字化物品的随选配送和当日配送主要是近距离的同城配送，且由企业自己承担物流任务。企业根据包含有客户住址信息的销售数据规划出若干条配送线路，并安排恰当的运输工具按照一定的日程表循环送货。当日配送或随选配送属于特快递送。

4. 隔夜配送

当物品配送的目的地比较远时，可采用隔夜或次日配送方案。隔夜配送方案一般是在第二天上午将物品送达客户，而次日配送方案是指在第二天的任何时间送达。一般来讲，三天之内的送达都属于快递。快递物品可根据企业的特点采取自营物流或第三方物流方案以及双方合作经营。一般而言，电子零售、在线直销等都由第三方物流公司承担配送任务，并与第三方物流公司建立战略合作关系以保障本企业的经营安全。

高效地完成配送任务，必须有高效的配送环境。配送中心和自动化仓库是保障准确、及时配送的基本条件。

五、典型物流配送模式比较

不同的物流模式有着各自的优势和劣势，三种典型的物流配送模式的比较如表 9-2 所示。

表9-2 典型的电子商务物流配送模式比较

比较项目	自营物流模式	第三方物流模式	物流联盟模式
优点	➢ 电子商务企业对物流有较强的控制力； ➢ 物流部门与其他职能部门易于协调； ➢ 企业容易保持供应链的稳定	➢ 电子商务企业可以将力量与资源集中于自己的核心主业； ➢ 降低运营成本和库存成本； ➢ 改进客户服务	➢ 可以降低经营风险和不确定性； ➢ 减少投资； ➢ 获得物流技术和管理技巧； ➢ 有利于拓展经营领域
缺点	● 物流基础设施需要非常大的投入； ● 需要较强的物流管理能力； ● 物流配送专业化程度低，成本较高	● 我国的第三方物流尚未成熟； ● 需要花费大量精力进行第三方物流的选择与管理； ● 容易受制于人	● 冲击主业发展； ● 物流联盟模式成员关系较难形成且容易解体； ● 更换物流伙伴比较困难

续表

比较项目	自营物流模式	第三方物流模式	物流联盟模式
适用情况	企业规模实力较强，物流职能在企业中处于战略地位，且企业对物流的管理、控制能力较强，产品线单一的企业	企业处理物流的能力相对较低，有众多专业化的综合物流服务商可选择	物流配送能力欠缺、规模和实力相对均衡、配送业务互补性强、共同利益较多的企业

投身于电子商务的企业根据自己的实际情况可选择不同的物流模式，而各种物流模式也各有利弊，国际上流行的做法是电子商务企业将物流全部交给第三方物流企业。由于我国的第三方物流还不够成熟，加之其本身具有一定的可替代性，就我国的实际情况而言，电子商务企业从事自营物流也有一定的可行性。物流联盟自身的优势决定其将在我国得到快速发展。

六、电子商务物流配送模式选择的影响因素

电子商务企业可以选择的物流模式主要有自营物流、第三方物流和物流联盟三种。这三种模式各有优缺点，企业到底是自营物流还是外包，不能一概而论。企业在进行物流决策时，应立足于自己的实际需要和资源条件，以提高自身的核心能力和市场竞争力为导向，综合考虑以下主要因素进行选择。

1. 物流系统的战略地位

在决策物流模式时，首先要考虑物流系统的战略重要性，它是电子商务企业决定实施哪种物流模式的首要影响因素。物流地位越重要，企业自营物流的可能性就越大，反之亦然。物流战略对企业的影响因企业所属的行业性质而定，不同的行业对物流的要求不同。对于零售、分销商而言，物流战略意义大，要求加强对物流渠道的控制，故自营物流的可能性较大；而对于生产制造商来说，物流战略的重要性偏低，故选择外包的可能性较大。

此外，还要考虑电子商务企业的规模和发展阶段，中小型电子商务企业在发展初期，可选择与第三方物流公司进行合作，利用其优势资源从事配送业务，或者采取共同配送模式，完成区域或广域配送业务；大型电子商务企业则可以根据业务量和业务类型，合理选择多种类型的一体化模式和半一体化模式；大型平台型电子商务企业在其优越的信息与数据管理能力的基础上可以选择物流联盟模式。

2. 企业的规模和实力

通常，大中型企业因为实力较雄厚，有能力建立企业的物流系统，制订合适的物流需求计划，保证物流服务的质量。此外，它们还可以利用过剩的物流网络资源拓展外部业务，即为别的企业提供物流服务。而小企业则受资金、人员和管理等方面的制约，物流管理效率难以提高。这时，小企业为把资源用于主要的核心业务上，就适合把物流管理交给第三

方专业物流代理公司。

3. 企业对物流的管理能力

企业对物流的管理能力是影响其选择物流模式的又一重要因素。通常来说，在其他条件相同的情况下，若电子商务企业具有比较强的物流管理能力，自营物流就显得比较可取。而且其物流管理能力越强，自营物流的可行性就越大。在电子商务企业对物流的管理能力比较差的情况下，如其物流系统在战略上处于一定的重要地位时，则应当选择合适的物流伙伴来建立物流联盟，反之则采用第三方物流较为合适。

4. 物流系统的总成本

在选择是自营物流还是外包物流时，企业必须要弄清两种模式下的物流系统总成本。通常来说，企业的物流系统总成本包括三大板块，分别是采购成本、库存成本和配送成本。而这些成本之间存在着效益背反现象，减少库存数量，可以降低库存费用及仓储费用，但会促使缺货率上升，进而导致订货费用与运输费用的增加。

如果订货费用与运输费用的增加部分超过了库存费用和仓储费用的减少部分，就会造成总物流成本的增大。因此，电子商务企业在选择与设计物流系统时，应当对物流系统的总成本加以论证，最终选择总成本最小的物流系统。

5. 企业的行业性质和产品特点

企业所处的行业不同、经营的产品不同，相应的物流模式选择也不同。平台型电子商务企业的商品种类丰富，客户购买频率较高，能够满足客户一站式购物需求，在用户黏性方面有先天优势，选择自营物流模式或自营与第三方相结合的模式比较适合；但是垂直型电子商务企业则恰好相反，其自身的主业模式要求外包物流业务。

对大宗工业品原料的回运或者鲜活产品的分销，可以采用相对固定的专业物流服务供应商与短渠道物流；对全球市场的分销，宜利用地区性的专业物流公司来提供支援；对产品线单一或做配套的企业，则应当在龙头企业统一下自营物流。另外，产品自身的单位价值对物流方式的选择也会产生一定影响。例如，对单位价值较大的商品，企业往往会倾向于采取自营物流模式；而对小批量单位价值较低的商品，企业则倾向于委托第三方物流公司来配送。

七、电子商务物流配送模式的选择

1. Ballow 物流二维决策模型

对于传统企业的物流模式，很多学者与专家都进行过比较深入的研究。美国物流学家 Ballow 在 1999 年提出了物流的二维决策模型，他认为物流对企业成功的重要性和企业具有的物流管理能力是企业决定自营还是外包物流服务的主要因素。当物流对企业成功比较重要、企业的物流管理能力相对较低时,采用第三方物流模式;当物流对企业成功非常重要,且企业具有很高的物流管理能力时,采用自营物流模式;如果物流对企业成功不太重要、企业的物流管理能力也较弱时,则采用外包物流模式,如图9-7所示。

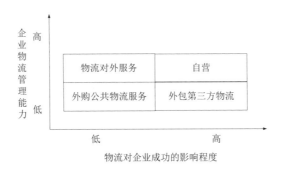

图 9-7　Ballow 的物流二维模型

因此可以得出如下结论:物流要求高、销售规模大、订单价格高、货到付款占比高并要求销售资金快速收回,这些均是对物流重要性要求高的表现,因此,物流末端配送更倾向于自营,其典型代表有京东商城和苏宁易购。对物流要求不高的服装类、图书类产品销售更倾向于使用第三方物流完成末端配送。以淘宝为代表的网站中的每一个商家均受规模约束,通过外包公共物流服务完成物流全程配送。近年来随着一些电子商务企业前期在物流布局方面持续投入资源,物流服务能力开始释放,物流对外服务的情况现在已初步显示出一些迹象,逐渐通过自身的物流优势向平台入驻的小型商家提供部分或全程的物流服务支持。电子商务物流配送的这种市场行为与 Ballow 模型比较表现出较好的一致性。

2. B2B 电子商务企业物流模式的选择

B2B 电子商务企业物流业务主要有两类:一类是原材料、半成品或零部件的采购或工程发包;另一类是成品的批发与销售。这类业务交易一般发生在生产企业之间或生产企业与商业企业之间。据调查,生产企业的原材料业务主要采用供方物流,商业企业的业务较少采用第三方物流。

B2B 电子商务交易采用第三方物流比重偏低的原因,一是目前的第三方物流企业服务水平低,不能为企业提供一揽子物流解决方案,供应链整合能力较差,企业难以通过实施第三方物流达到降低成本、加快资金周转、提高竞争力的目的;二是物流在企业战略中处于比较重要的地位,习惯上认为不能依赖第三方物流,企业自身必须掌握在供应链中的主导权,与原材料供应商结成战略合作伙伴关系,所以 B2B 电子商务企业普遍采用供方物流或自营物流。目前,阿里巴巴等 B2B 电子商务平台已开始与物流公司联合开发基于电子商务平台的国际海运和空运在线交易系统。

3. B2C 电子商务企业物流模式的选择

B2C 电子商务企业的物流业务主要有两类：一类是交易对象为音像制品、在线图书、软件、在线游戏点卡等虚拟化产品或服务，这类交易完全可以在线支付和即时收货；另一类是交易对象为有形产品，这类交易必须借助物流系统进行配送。在 B2C 电子商务企业中，规模较大的，如亚马逊建有自己的物流系统，一部分货物配送由自己的物流系统来处理，但由于面对全球市场，企业自身不能处理所有物流业务，还得将大部分物流业务外包给第三方；而规模较小的 B2C 电子商务企业的业务量也不足以支撑一个自营物流体系，所以大多采用第三方物流。

B2C 电子商务企业采用第三方物流后可集中力量经营主业，提高其核心竞争力；但由于不能有效监测物流配送全过程，难以控制物流服务质量，难以直接获得顾客的意见和建议，所以企业在整个业务流程中处于被动地位。

以淘宝天猫为代表的平台式电子商务企业主要提供电子商务交易平台，各地销售规模有限的商家借助公用销售平台实现网上销售，这样的电子商务模式有减少系统开发和运营维护成本，聚集消费者规模的积极作用。同时，该模式也存在明显的缺点，因为商家所处地域分散，导致平台网站整体上呈现出销售商品库存为异地分布式，每一个商家的销售规模及每一个消费者的购买规模难以达到规模化条件，网站整体销售商品库存管理与订单处理的规模化优势得不到发挥，订单整合不具备条件，订单处理及货物发送均表现出分散的特点。因此，其物流配送从订单处理结束后即转入配送全程外包状态，这种外包主要由国内几家大型快递公司承担全程配送服务，其业务处理的规模化常常在快递公司的重要分拣节点表现出来。

淘宝天猫网购物规模发展很快，每天有数千万个快递包裹，大约有上亿元的物流需求为物流快递市场提供了很好的发展空间。近年来阿里巴巴集团整合电子商务的买家、卖家、国内主要的快递公司及其他服务商，提出了基于云物流的"菜鸟物流"联盟模式，整合平台卖家的库存与订单处理环节，为 B2C 电子商务物流配送提供了新的解决方案。

4. C2C 电子商务物流模式的选择

C2C 电子商务主要以 C2C 交易平台为基础，个人在网站上发布商品信息，买方在网页上浏览选择商品下订单成交。C2C 电子商务交易平台大多数整合了在线支付功能，但货物的配送还需通过线下传统方式完成。个人网上交易者一般无力自营物流，也无须自建物流系统，因此 C2C 电子商务平台所交易商品的配送主要依赖第三方物流来完成。

目前，我国 C2C 电子商务发展势头迅猛，几个较大的 C2C 电子商务平台(如 eBay、拍拍网等)聚集了大量的交易者。由于交易批量小、物流费用所占比重较大，C2C 电子商务使用第三方物流是其必然选择。当前的问题主要是配送费用过高，尤其是一些低价值商品，往往单件商品的配送费用高于商品价格。另外，服务质量有时也不能令人满意，主要表现在配送时间难以保证和对商品的保质乏力等方面。

【案例9-4】京东商城的物流配送模式

京东商城于2004年年初创办,是中国最大的综合网络零售商。目前,拥有遍及全国的超过6000万注册用户,在线销售家电、数码通信、计算机、家居百货、服装服饰、母婴、图书、食品、在线旅游等12大类数万个品牌百万种优质商品。2015年,京东集团市场交易额达到4627亿元,净收入1813亿元,年交易额同比增长78%。2014年5月,京东在美国纳斯达克证券交易所正式挂牌上市(股票代码:JD),是我国第一个成功赴美上市的大型综合型电子商务平台,与腾讯、百度等我国互联网巨头共同跻身全球前十大互联网公司排行榜。

京东商城能够在几年内跻身于国内B2C市场前列,主要归功于其物流模式。在物流方面,京东商城提供了灵活多样的商品展示空间,消费者查询、购物都将不受时间和地域的限制。依靠多年打造的庞大物流体系,消费者充分享受到了"足不出户,坐享其成"的便捷。

2009年3月,京东商城成立了自建物流公司,其物流配送速度、服务质量得到全面提升。截至2016年9月30日京东商城建立了7大物流中心,254个大型仓库,拥有6780个配送站和自提点、自提柜,仓储设施占地面积约550万平方米,完成了对全国2646个区县的覆盖。京东商城依靠专业的配送队伍能够为消费者提供一系列专业服务,如211限时达、次日达、夜间配和三小时极速达,GIS包裹实时追踪、售后100分、快速退换货以及家电上门安装等服务,可以保障用户享受到卓越、全面的物流配送和完整的"端对端"购物体验。

京东商域的物流模式主要有以下几种。

1. 自建物流模式

早在2007年,京东就开始建设自有的物流体系。2009年年初,京东集团斥资成立物流公司,开始全面布局全国的物体体系。目前京东已在华北、华东、华南、西南、华中、东北、西北建立了7大物流中心,覆盖了全国各大城市,并在沈阳、西安、杭州等城市设立了二级库房,仓储面积在2015年年底已经超过400万平方米。

2010年4月初,京东商城在北京等城市率先推出"211限时达"配送服务。2010年5月15日在上海嘉定的京东商城"华东物流仓储中心"内,投资上千万的自动传送带已投入使用。工人们手持PDA,开着小型叉车在数万平方米的仓库内调配商品。这是京东迄今为止最大的仓储中心,承担了一半销售额的物流配送,也是公司将融到的2100万美元的70%投放到物流建设的结果。在这里,京东每日能正常处理2.5万个订单,日订单处理可达5万单。

京东选择这样的自营物流使得其对供应链各个环节都有较强的控制能力,容易了解物流的动向,可以保证在物流方面拥有良好的服务质量。由于覆盖范围广,也可以使顾客更快地收到自己所购买的商品,从而提高顾客的满意度和忠诚度,使企业更有竞争力。

2. 与第三方物流合作

虽说京东商城2010年获得了100亿元的销售额,但其主要业务阵营仍局限于北京、上海、广州等经济发达的城市。随着互联网应用的深入,京东业务阵营已经扩展到二级城市或三级城市。可是，如果在全国每个二级城市都建立自己的物流或运输公司，成本至少要在数百亿；更何况，现在二级城市的利润不足以维持物流中心的运营。因此，京东选择与第三方物流合作完成物流配送。

在北京、上海、广州之外的其他城市，京东商城与当地的快递公司合作，完成产品的配送。而在配送大件商品时，京东选择与厂商合作，因为厂商在各个城市均建有自己的售后服务网点，并且有自己的物流配送合作伙伴。比如海尔在太原就有自己的仓库和合作的物流公司，京东与海尔合作，不仅能利用海尔在本地的知名度替自己扩大宣传，也较好地解决了资金流和信息流的问题。

与第三方物流合作让京东商城对物流的控制力增强，他们跟多家物流企业有深入的战略性合作，议价能力更强，这些合作的物流企业还可以专门针对这种大客户进行服务质量的优化。而且京东有雄厚的资金支持，拥有更先进的仓储、配送系统，更高效的管理体系。

3. 与当地便利店合作

2014年3月17日，京东在北京召开O2O战略发布会，宣布与快客、好邻居、良友等多家知名连锁便利店品牌的上万家便利店达成合作，正式进军O2O领域。今后用户在网上下单后，将由距离家最近的便利店负责配送，在最短的时间内把客户采购的商品送到客户手中。

4. 自提柜形式

京东在一些小区、高校等公共场所设置自提柜，由客户自行进行提货作业。

案例思考题

(1) 请结合案例，分析京东商城物流配送模式的特点。
(2) 针对京东商城物流体系的现状，试给出促进京东商城发展的建议。

本 章 小 结

物流配送和订单履行是电子商务企业管理中的难点所在。电子商务环境下，订单履行的效率已经成为吸引网上客户回头的主要因素，高效实施订单履行流程是提升企业竞争力的有效手段。

目前，电子商务物流发展方兴未艾，各种物流企业层出不穷，物流模式也各不相同。大致有以下几种主要的物流管理模式：自营物流模式、物流联盟模式、第三方物流模式等。投身于电子商务的企业在物流配送方面需综合多方面因素进行考虑，以选择合适的电子商务物流模式，为客户提供良好的物流服务。

复习思考题

1. 什么是订单履行，电子商务订单履行有哪些特点？
2. 什么是物流？物流有哪些分类？
3. 试述电子商务与物流的关系。
4. 简述电子商务物流系统的结构。
5. 简述电子商务物流作业的基本流程。
6. 电子商务环境下，物流有哪些配送模式，谈谈你对这些模式的理解。
7. 比较自营物流、物流联盟和第三方物流模式的优缺点及适用范围。
8. 电子商务企业选择物流模式需要考虑哪些因素？
9. 分析我国当前物流模式选择亟待解决的问题。

实 践 题

1. 访问 dangdang.com、amazon.cn、suning.com，比较分析每家公司采取的物流配送模式。
2. 访问 UPS 和顺丰速运，比较它们的订单履行与跟踪的过程。

第十章

电子商务安全及风险防范

【学习目标】

通过本章的学习,学生应了解电子商务安全的策略,掌握电子商务安全所涉及的相关技术、管理及法规;明确安全对于电子商务运行的重要性;熟悉保障电子商务安全的技术手段,尤其是网络安全技术和认证技术的使用;熟悉国内外电子商务法律法规及其应用范围和条件;了解电子商务安全管理的重点;能够从技术、法律法规、管理等多方面防范电子商务风险。

【关键词汇】

电子商务安全(E-Commerce Security)　安全技术(Security Technology)　电子商务法规(E-Commerce Law)　电子商务风险防范(E-Commerce Risk Prevention)

【案例 10-1】HBGary Federal 公司:6 万多封机密电子邮件、公司主管的社交媒体账户和客户信息遭攻击

随着为美国政府和 500 强企业提供信息安全技术服务的 HBGary Federal 公司 CEO 的黯然辞职,人们骤然醒悟,云时代保障企业信息资产安全的核心问题不是技术,而是人,不是部门职能,而是安全意识!企业门户大开的原因不是没有高价安全技术,而是缺乏一道"人力防火墙"。2011 年 2 月 6 日,在美式橄榄球超级杯决赛之夜,HBGary Federal 公司创始人 Greg Hoglund 尝试登录 Google 企业邮箱的时候,发现密码被人修改了,这位以研究"rootkit"而著称的安全业内资深人士立刻意识到了事态的严重性:作为一家为美国政府和 500 强企业提供安全技术防护的企业,自身被黑客攻陷了!更为糟糕的是,HBGary Federal 企业邮箱里有涉及包括美商会、美国司法部、美洲银行和 WikiLeak 的大量异常敏感的甚至是见不得光的"商业机密"。

对 HBgary Federal 公司实施攻击的黑客组织"匿名者"随后将战利品——6 万多封电子邮件在互联网上公布,直接导致 HBgary Federal 公司 CEO 引咎辞职,由于此次信息泄露涉及多家公司甚至政府部门的"社交网络渗透""商业间谍""数据窃取""打击 WikiLeak"计划,HBGary 公司的员工还纷纷接到恐吓电话,整个公司几乎一夜间被黑客攻击彻底击垮。

安全公司 HBGary Federal 宣布打算披露关于离经叛道的 Anonymous 黑客组织的信息后

不久,这家公司就遭到了 Anonymous 组织成员的攻击。Anonymous 成员通过一个不堪一击的前端 Web 应用程序,攻入了 HBGary 的内容管理系统(CMS)数据库,窃取了大量登录信息。之后,他们得以利用这些登录信息,闯入了这家公司的多位主管的电子邮件、Twitter 和 LinkedIn 账户。他们还完全通过 HBGary Federal 的安全漏洞,得以进入 HBGary 的电子邮件目录,随后公开抛售邮件信息。

> **案例思考**
> 1. 你有亲身经历或耳闻过电子商务安全的问题吗?
> 2. 你认为在本案例中 HBGary Federal 公司持有大量的用户信息是否合法?
> 3. 你认为在本案例中 HBGary Federal 公司应该怎样保管客户的信息?
> 4. 你认为在本案例中 HBGary Federal 公司是否规范地执行了内部信息安全管理条例?
> 5. 如果你作为电子商务企业的管理者,你打算如何保证安全和防范风险?

第一节　电子商务的安全问题与需求

一、电子商务面临的安全问题

众所周知,因特网是一个完全开放的网络,任何一台计算机、任何一个网络都可以与之连接,并借助因特网发布信息,获取与共享各种网站的信息资源,发送 E-mail,开展网上办公,进行各种网上商务活动,即电子商务,方便了政府、企业与个人的现代事务处理,直接带动一个网络经济时代的到来。同时,有很多别有用心的组织或个人(黑客,Hacker)经常在因特网上四处活动,寻求机会,窃取别人的各种机密(如银行卡密码),甚至妨碍或毁坏别人的网络系统运行等。依据 Warroon Research 的调查,2002—2004 年世界排名前 1000 名的公司几乎都曾被黑客闯入。

发展到现在,通过总结归类,电子商务面临的主要安全隐患有如下五个方面。

(1) 系统的中断与瘫痪。网络故障、操作错误、应用程序错误、硬件故障、系统软件错误以及计算机病毒都能导致系统不能正常工作。因而要对此所产生的潜在威胁加以控制和预防,以保证贸易数据在确定的时刻、确定的地点是有效的。

(2) 信息被窃取。电子商务作为贸易的一种手段,其信息直接代表着个人、企业或国家部门的商业机密。电子商务是建立在一个较为开放的网络环境上的,维护商业机密是电子商务全面推广应用的重要保障。因此,要预防通过搭线和电磁泄漏等手段造成信息泄露,或对业务流量进行分析,从而获取有价值的商业情报等一切损害系统机密性的行为。

(3) 信息被篡改。电子商务简化了贸易过程,大多是自动化与网络化的,减少了人为的干预,同时也带来维护贸易各方商业信息(如电子支票)的完整、统一问题。由于数据输入时的意外差错或欺诈行为,可能导致贸易各方信息的差异。此外,数据传输过程中信息的丢失、信息重复或信息传送的次序差异也会影响贸易各方的交易和经营策略,保持贸易各方信息的完整性是电子商务应用的基础。

(4) 信息被伪造。电子商务可能直接关系到贸易双方的商业交易,如何确定网上远程交易方真正是所期望的贸易方,即有效身份认证是保证电子商务顺利进行的关键。

(5) 对交易行为进行抵赖。当贸易一方发现交易行为对自己不利时,当利益刺激到一定程度时,就有可能否认电子交易行为。例如,某股民在网上以每股 12 元购买 1 万股后,行情发生了变化,每股价格降到了 6 元,于是该股民就有可能偏执地否认以前的购买行为。因此要求网上交易系统具备审查、认证能力,以使交易的任何一方不能抵赖已经认可并发生的交易行为。

随着社会的进步,人类在进步,技术也在进步,黑客的大脑与工具也在进步,所以在电子商务中也会不断出现新的安全问题,大家在学习中可进一步总结归类。当然也用不着悲观,因为与此同时,新的防护技术与工具也在不断诞生中,这就是矛与盾的交叉较量,而正义最终会战胜邪恶。

二、电子商务的安全需求

针对以上所述的在电子商务开展过程中可能发生的安全问题,为保证电子商务流程的安全、可靠,考虑到电子商务过程中涉及的客户、商家、银行、CA 认证中心等商务各方各自的安全需要,可归类分析。电子商务的安全需求可总结描述如下。

(1) 保证网络上相关数据流的保密性。因为网上交易是交易双方的事,交易双方并不想让第三方知道它们之间进行交易的具体情况,特别是一些隐私信息,包括资金账号、客户密码、支付金额、支付期限等网络支付信息。但是由于交易是在因特网平台上进行的,普普通通地在因特网上传送信息是很容易被别人窃取的,所以必须对传送的数据特别是敏感的资金流数据进行加密。

(2) 保证网络上相关商务数据不被随意篡改,即保证相关电子商务信息的完整性。在传送过程中不仅要求不被别人窃取,还要求数据在传送过程中不被篡改,能保持数据的完整。例如,内蒙古的李女士在网络商城里在线订购了一部数码相机,本来填写的支付金额为 2600 元人民币,最后发现被划去 5600 元人民币,当然会引起纠纷,让客户、企业双方均很别扭。

(3) 保证电子商务各方身份的认定。在网上进行交易,交易双方一般互不见面并远程交易,客户只知道商店的网址,不知道这个商店开在哪里。在网上没有方向,没有距离,也没有国界。所以在电子商务中,参加交易的各方,包括商家、客户和银行必须要采取如 CA 认证等措施确定对方的身份,正如传统商务中由工商部门颁发营业执照一样。

(4) 保证电子商务信息有效性。电子商务以电子形式取代了纸张,那么如何保证这种电子形式的贸易信息的有效性则是开展电子商务的前提。电子商务作为贸易的一种形式,其信息的有效性将直接关系到个人、企业或国家的经济利益和声誉。因此，要对网络故障、操作错误、应用程序错误、硬件故障、系统软件错误及计算机病毒所产生的潜在威胁加以控制和预防，以保证贸易数据在确定的时刻、确定的地点是有效的。

(5) 保证电子商务行为发生的事实及发生内容的不可抵赖性。在传统现金交易中，交易双方一手交钱，一手交货，买卖双方可借助自己的特殊手段来保护自己的利益，没有多大问题。在网上交易中，客户与商店通过网上传送电子信息来完成交易，也需要有使交易双方对每笔交易都认可而不能随便抵赖的方法。否则，客户购物后，商家将货送到他家里，他却说自己没有在网上下过订单，银行扣了客户的购物款，客户却不认账。反过来，客户已付款，可商家却坚持说没有接收到货款，或者说，没有在大家认可的日子接收到资金，故意延迟或否认物品的及时配送，造成客户的损失。还有商家明明收到了 1000 元，却说只收到 500 元等。因此，必须为电子商务提供一种使交易双方在商务过程中都无法抵赖的手段，使电子商务能正常开展下去，比如数字签名、数字时间戳等手段。

(6) 保证电子商务系统运行的稳定可靠、快捷，做好数据备份与灾难恢复功能，并保证一定的商务处理速度。在电子商务中网上订单处理、网络支付结算等都需要快捷安全的处理速度，否则客户就可能没有耐心等待而选择直接去传统商城购物。一些特殊的电子商务领域，如网络证券，没有良好的数据备份或快捷的网上交割速度，就可能给股民带来很大损失。

第二节 电子商务安全的技术措施

从总体上看，电子商务安全技术措施涉及几个方面，即电子商务交易方自身网络安全保障技术、电子商务技术传输安全保障技术、身份和交易信息认证技术及电子商务安全支付技术等几个方面。

一、电子商务交易方自身网络安全保障技术

为了维护电子商务交易者内部网络的安全性，可以采取以下四种技术。

1. 用户账号管理和网络杀毒技术

计算机网络的弱点之一，获取合法的账号即密码是黑客攻击网络系统最常见的手法。因此，用户账号的安全管理措施不仅包括技术层面上的安全支持，即针对用户账号完整性的技术，包括用户分组管理(对不同的成员赋予不同的权限)、单一登录密码制度(用户在企业计算机网络中任何地方都使用同一个用户名和密码)、用户认证(结合多种手段如电话号码、IP 地址、用户使用时间等精确确认用户)，还需要在企业信息管理的政策方面有相应

的措施,即划分不同的用户级别、制定密码政策(如密码的长度、难度、定期更换、组成规则)、对职员的流动进行管理以及对职员进行计算机及网络安全交易。多种措施综合运用,才能最大限度地保护用户账号与密码。例如,阿里巴巴的国际站赋予每一家中国供应商会员设置多用户权限登录操作的功能,每家企业都可以选择四种用户级别进行设置:管理员、外贸经理、业务员、操作员,同一企业的不同员工按照不同的账号名和密码登录后台进行操作和管理。不同的用户级别对应的权限也不同:管理员可以对一切产品、客户资源和用户权限进行删除、修改或添加;外贸经理除了不能对用户进行操作外,权限基本和管理员相同;业务员只能操作归属自己名下的产品和客户;操作员类似于助手,只能做些事务性的工作,如上传照片等简单任务。

在网络环境下,计算机病毒具有更大的危险和破坏力,它破坏的往往不是单独的计算机和系统,而是整个网络范围。有效地防止网络病毒的破坏对网络系统安全及电子商务发展有重要意义。必须采取多方面的防治措施,及时查毒、杀毒,不安装来路不明的软件或盗版软件,不随意打开可疑电子邮件,不访问不明网站或打开不明链接,不混用U盘或移动硬盘。

2. 防火墙技术

防火墙是由软件和硬件设备(一般是计算机或路由器)组成的,处于企业内部网和外部网之间,用于加强内外之间安全防范的一个或一组系统。在互联网上通过防火墙来完成进出企业内部网和外部网检查的功能。防火墙迫使所有的连接都必须通过它来完成,通过对往来数据来源或目的、数据格式或内容进行审察来决定是否允许数据进出,也可以避免内外网之间的直接联系,即限制非法用户进入企业内部往来,过滤不符合规定的数据或限制提供/接受的服务类型,可以对网络威胁状况进行分析判断,达到保护内部网络安全的目的。一般数据加密模型见图10-1。

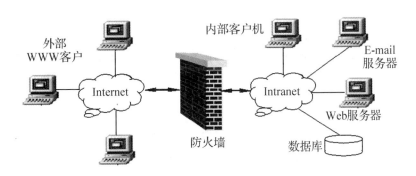

图10-1　一般数据加密模型

3. 虚拟专网技术

与使用专用线路相比，普通线路接入互联网具有危险的原因是：在进行路由时不知道数据包通往何处，而且在整个路由器上要对数据包进行复制，这使看到数据包的内容成为可能。尽管可以采用加密技术作为有效的防御手段，但加密只能针对数据部分进行。

因此，保存在 IP 地址数据报头的信息还是可以被看到的。这样，通过 IP 地址数据报头就可以知道 IP 地址以及地址之间执行了哪些应用等信息。一旦了解到这些，就可以对感兴趣的数据进行窃听。将作为窃听对象的加密后的信息复制下来后，在用一定时间及手段进行解密，有可能达到窃听的目的。

所谓虚拟专网技术是利用技术在两个防火墙之间的直接隧道，采用从外面看不到的方法进行数据传送，也称 IP 隧道。具体来说，就是将 IP 数据包连同数据报头一起加密，在外侧附加上含有发送方防火墙和接收方防火墙信息的数据报头，再发送到互联网。通过防火墙之间的相互验证，将相互间加密使用的密钥在有效期内进行周期性的交换，就可以完全隔离来自外部的窃听。

4. 入侵监测技术

目前网络入侵的特点是没有地域和时间限制，攻击者往往混杂在正常的网络访问者中，隐蔽性强，入侵手段也更复杂。入侵是任何试图破坏资源完整性、机密性和可用性的行为，也包括合法用户对系统资源的误操作。入侵监测就是指对于面向计算机资源和网络资源的恶意行为的识别和响应(包括安全审计、监视、识别、响应)。它是防火墙之后的第二道安全闸门，能够在不影响网络性能的前提下对网络进行监测，从而提供对内部攻击、外部攻击和误操作的实时保护。具体来说，是通过执行监视、分析用户及系统活动，系统构造和弱点检查，识别反映已知进攻模式并报警，异常行为模式统计分析，评估系统和数据完整性，操作系统审计跟踪管理，识别用户违反安全纪律的行为来实现的。

二、电子商务信息传输安全保障技术

要保证电子商务信息传输过程中的机密性和完整性，一般采用加密技术和数字摘要技术来实现。

1. 加密技术

加密技术是最基本的安全技术，是实现信息保密的一种重要手段，目的是为了防止合法接受者之外的信息泄露。数据加密技术是对信息进行重新编码，从而隐藏信息内容，是非法用户无法获得真实信息内容的技术手段。网络中的数据加密则通过对网络中传输的信息进行加密，满足网络安全中信息的保密性，防止信息泄露。一般的加密模型见图10-2。

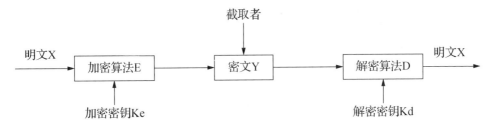

图 10-2　一般数据加密模型

例如，采用移位加密法，使用移动 3 位后的英文字母表示原来的英文字母，对应关系如下：

A	B	C	D	E	F	G	H	I	J	K	L	M	N	O	P	Q	R	S	T	U	V	W	X	Y	Z
D	E	F	G	H	I	J	K	L	M	N	O	P	Q	R	S	T	U	V	W	X	Y	Z	A	B	C

加密技术只能解决信息的保密性问题，对于信息的完整性则无能为力，即只能防止信息在传输过程中不被泄露，但不能防止加密信息在传输过程中被增、删、改等。因此要使用数字摘要技术进行保证。

2. 数字摘要技术

数字摘要技术又称 Hash 算法，是由 Ron Rivest 发明的一种单向加密算法，其加密结果是不能解密的。所谓数字摘要是从原文中通过 Hash 算法得到一个固有长度(通常为 128)的散列值，即信息鉴别码(MAC)。不同的原文所产生的数字摘要一定不相同，相同的原文产生的数字摘要一定相同。这样，信息在传输前对原文通过 Hash 算法得到的数字摘要，将与原文一起发送，接受者对比收到的原文应用 Hash 算法得到的摘要，这个摘要与发送来的摘要一致，才能证明原文没有被改动。加密技术给每份函电赋予了独有的类似人类指纹的鉴别码，所以也称为"数字指纹"技术。数字摘要工作原理示意见图 10-3。

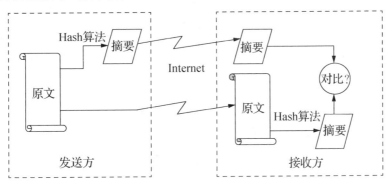

图 10-3　数字摘要原理

三、身份和信息认证技术

安全认证技术是保护电子商务交易安全的一项重要技术。安全认证主要包括身份认证和交易信息认证。前者用于鉴别用户身份，保证交易双方身份的真实性；后者用于保证通信双方的不可抵赖性和交易信息的完整性。在某些情况下，信息认证比认证保密更重要。比如，电子商务中的一般交易，其保密性并不重要，甚至没人会对普通商品的让渡过程感兴趣；对买卖双方来说，最重要的是双方都确认交易的真实意愿和产品的细节指标。所以，在大量的电子商务交易中，信息认证处在首要的地位。

1. 身份认证

身份认证就是在交易过程中判明和确认贸易双方的真实身份，这是目前网上交易过程中的关键环节。一旦身份认证发生差错，可想而知会引起多大的混乱和损失。一般采用如下方式或其组合来实现身份认证。

(1) CA 认证：CA 认证机构是所有合法注册用户最值得信赖的，是最具权威性的第三方认证机构，负责为电子商务环境中的各个实体颁发数字证书，以证明各实体的真实性，并负责在交易中检验和管理已签发的证书。进行网上交易时，一方应向对方提交一个由 CA 认证中心签发的数字证书，以证明自己身份。

(2) 用户所知道的某个秘密，如用户自设身份。

(3) 用户所具有的某些生物特征，如指纹、声波、DNA 图案、视网膜扫描等，这种方式成本较高，只适用保密度较高的场合。

(4) 用户所持有的某些硬件或物理介质，如手机芯片所对应的号码。

2. 信息认证

随着网络技术的发展，通过网络购物的商业活动日趋增多。这些商业活动往往通过公开网络进行数据传输，这对网络传输过程中的信息保密性提出了较高的要求。通常采用对称密钥加密技术、公开密钥加密技术或两者结合使用的方法，以保证信息的安全认证。对于加密后的文件，即使他人截取，由于得到的是加密后的密文，因此无法知道原始含义；加密后，他人也无法改动或增减内容，因为加密后的信息被改变后就无法正常解密。为保证信息来源的确定性，可以采用加密的数字签名的方式来实现，因为数字签名是唯一的，十分安全。

四、电子商务安全支付技术

在电子商务中如何才能进行安全的网上支付，是用户、商家和金融机构最为关注的问题。为了解决这一难题，众多的 IT 公司和金融机构联合开发了安全在线支付协议。目前的电子商务交易中有两种支付协议已经被广泛使用：一种是由 Netscape Communication 公司设计开发的安全技术规范——安全套接层协议(SSL 协议);另一种是 VISA 和 MasterCard 两大信用卡组织联合开发的电子商务安全协议——安全电子交换协议(SET 协议)。SET 协议涉及多个角色对象协作参与,其参与对象的关系见图 10-4。

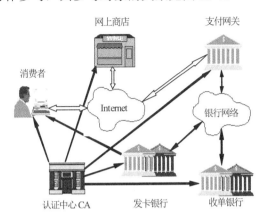

图 10-4　SET 协议的参与对象

第三节　电子商务安全管理制度

无论对参与网络交易的个人还是企业,都存在一个维护网络交易系统安全的问题,只不过对于在网上从事大量贸易活动的企业来说,这个问题更为重要。对于企业而言,网上交易有效管理是保证企业安全的重要方面。本节中,我们主要针对企业的网络交易系统管理加以讨论,其中的许多方法对于个人网络消费者也具有较高的实用价值。

一、电子商务安全管理制度的含义

电子商务安全管理制度是用文字形式对各项安全要求所做的规定,它是保证企业网络营销取得成功的重要基础,是企业网络营销人员安全工作的规范和准则。企业在参与网络营销伊始,就应当形成一套完整的、适应于网络环境的安全管理制度。这些制度应当包括人员管理制度、保密制度、跟踪审计制度、网络系统的日常维护制度、数据备份制度以及病毒定期清理制度等。

二、人员管理制度

参与网上交易的经营管理人员在很大程度上决定企业的命运,他们面临着网络犯罪的挑战。网络犯罪具有智能性、隐蔽性、联系性、快递性等区别于普通犯罪的特性,所以加强对有关人员的管理和培训十分重要。

(1) 对相关人员进行上岗培训。对相关人员的培训包括技术培训和职业道德教育两个方面。

(2) 落实工作责任制度。对违反网上交易安全规定的行为坚决惩罚,对相关人员进行及时处理。

(3) 贯彻网上交易安全基本原则。例如,双人负责原则,对重要岗位不能只交给一人管理,要实行两人或多人的互相监督;任期有限原则,重要业务任何人不得长期任职;最小权限原则,明确规定只有网络管理员才能进行物理访问,只有网络管理员才能进行软件安装或删除工作。

三、保密制度

网上交易涉及企业的市场、生产、财务、货源等多方面机密,必须实行严格的保密制度。保密制度需要很好地划分信息的安全级别,确定安全防范重点,并出台相应的保密措施。信息的安全一般分三级。

(1) 绝密级。例如,公司的战略计划、公司内部的财务报表、客户资料等,这部分网址、密码都不在互联网上公开,只有企业最高领导层掌握。

(2) 秘密级。例如,公司的日常会议记录、日程管理情况,这部分网址、密码仍然不在互联网上公开,只限于公司中层以上的领导人员访问。

(3) 普通级。例如,如公司介绍、新产品介绍及联系方式,这些信息都可以在网上公开展示,但必须有保护程序,防止黑客入侵。

四、跟踪、审计及稽查制度

跟踪制度要求企业建立网络交易系统日志制度,用来记录系统运行的过程。系统日志文件是自动生成的,其内容包括操作日期、操作方式、登入次数、运行时间、交易内容等信息。它对系统的运行进行监督、维护分析、故障恢复,这对防止案件的发生或在发生之后的侦破,都提供了很大的帮助。

审计制度包括经常对系统日志的检查、审核、及时发现对系统故意入侵行为的记录和对系统安全功能违反的记录,监控和捕捉各种安全事件,保存、维护和管理系统日志。

稽查制度是指工商管理、银行、税务人员利用计算机和网络系统,借助于稽查业务应用软件调阅、查询、审查、判断辖区内各电子商务参与单位的合理性、合法性、安全性,堵塞漏洞,保证网上交易的安全,有问题时发出相应的警报或作出处理或处罚决定。

五、网络系统的日常维护制度

对于企业的电子商务系统来说,企业网络系统的日常维护就是针对内部网的日常管理和维护。这是一件非常繁重的工作，因为计算机主机机型和其他网络设备比较多。对网络系统的日常维护可以从以下几方面进行。

(1) 可管网络设备。对可管设备通过安装网管软件进行设备故障诊断，对网络流量和状态监控、统计、分析，关注网络性能的调整，负载平衡。

(2) 不可管设备。对不可管设备通过手工操作来检查状态，定期检查和随机抽样相结合，以便掌握网络状况，一有故障及时发现、清理。

(3) 备份。定期做数据备份以及系统设备的备份。

六、病毒防范措施

病毒防范是保证网上交易的重要条件。如果网上信息及交易活动记录遭到病毒袭击，将造成极大混乱，并影响公众对电子商务安全的信任。目前，主要采用防病毒软件进行防毒。应用于网络的防毒软件有两种，一是单机版的防毒产品，另外一种是联机版的防毒产品。前者是以事后杀毒为原则，当系统被病毒感染之后才能发挥防毒软件的作用，进行查毒和杀毒，适用于个人用户；后者属于事前防范，其原理是在网络端口设置一个病毒过滤器，事先在系统上安装防毒的网络软件，在病毒入侵之前就御敌于国门之外。

由于新的病毒不断出现，而且许多病毒都有潜伏期，所以有必要建立定期病毒清理制度，防止病毒突然爆发，使计算机始终处于良好的工作状态，保证电子商务正常进行。

第四节 电子商务安全的法律法规及措施

虽然计算机专家从各个角度开发了许多电子商务交易安全的技术保障措施，但仍难以完全保障电子商务的交易安全，众多商家和消费者仍然对网络上进行大量商业活动心存疑虑。合同的执行、个人的隐私、资金的安全、知识产权保护以及其他可能出现的问题使得商家和消费者裹足不前。在这种情况下，相应的法律保障措施必不可少。

一、国内外电子商务的立法现状

1. 国际电子商务的法律环境

电子商务涉及日常生活的方方面面，除了传统贸易中的法律问题以外，在网络环境下又出现了一些新问题，这使得电子商务法律法规的建立非常复杂。主要体现在以下几个方面。

(1) 国际电子商务的国际立法先于各国国内立法。由于电子商务的全球性、无边界的特点，任何国家单独制定的国内法都难以适应于跨国界的电子交易，因而电子商务的立法一开始便是通过制定国际法规推广到各国的。联合国国际贸易法委员会(以下简称"贸法会")1996年制定的《电子商务示范法》即为示例。

(2) 电子商务国际立法具有边制定边完善的特点。由于电子商务发展迅猛，且目前仍处在高速发展过程中，因而只能就目前已成熟或已达成共识的法律问题制定相应的法规，并在电子商务发展过程中加以不断修改和完善。联合国国际贸易法委员会《电子商务示范法》是一部开放式法律，这一特点是以往国际经贸立法中所罕见的，也是与国际电子商务发展特点相适应的。

(3) 电子商务的贸易自由化程度较高。由于电子商务具有全球性的特点，因而要求电子商务实施高度贸易自由化。1997年7月美国发布的《全球电子商务纲要》要求建立一个可预见的、干预最少的、一致的、简明的电子商务法律环境。

(4) 电子商务国际立法重点在于使过去制定的法律具有适用性。电子商务的发展带来了许多新的法律问题，但电子商务本身并非同过去的交易方式相对立，而只是国际经贸往来新的延伸。因此，电子商务国际立法的重点在于对过去制定的国际经贸法规加以补充、修改，使之适用于新的贸易方式。

(5) 发达国家在电子商务国际立法中居主导地位。由于发达国家的电子商务程度远高于发展中国家，因而在电子商务立法方面，发达国家尤其是美国处于主导地位。

(6) 工商垄断企业在电子商务技术标准和制定上起了主要作用。由于互联网技术日新月异，政府立法步伐难免滞后于技术进步，可能妨碍技术更新。因此，美国等发达国家政府主张，电子商务涉及的技术标准由市场而不是由政府来制定。目前电子商务涉及的技术标准实质上是由发达国家工商垄断企业制定的。

2. 国际电子商务法律的主要内容

目前，各国电子商务法律建设主要包括以下几个方面。

(1) 市场准入。市场准入是电子商务跨国界发展的必要条件。WTO通过的有关电信及信息技术的各项协议均贯穿着贸易自由化的要求。尤其值得重视的是，电子商务涉及的市场准入问题即已列入1999年于西雅图开始的新一轮贸易谈判议程。

(2) 税收。由于电子商务交易方式的特点，给税收的确定带来了困难，因而引起了改革传统税收法律制度、维护国家财政税收利益的课题。

(3) 电子商务合同的成立。电子商务方式是由买卖双方通过电子资料传递实现的，其合同的订立与传统商务合同的订立有许多不同之处，因而需要对电子商务合同的成立作出相应的法律调整。联合国贸法会1996年通过的《电子商务示范法》对涉及电子商务合同的成立做了规定，承认自动订立的合同中要约和承诺的效力，肯定资料电文的可接受性和证据力，对资料电文的发送和收到的时间及资料电文的收发地点等一系列问题均作出了示范规定，为电子商务的正常进行提供了法律依据。

(4) 安全保密。在电子数据传输的过程中，安全和保密是电子商务发展的一项基本要求。《电子商务示范法》对电子资料的可靠性、完整性以及电子签章、电子认证等做了规定。

(5) 隐私权保护。满足消费者在保护个人资料和隐私方面的愿望是构建全球电子商务框架必须考虑的问题。OECD(国际经济合作与发展组织)1980 年 9 月颁布了《关于保护隐私与个人数据之跨国界流动指南》。欧盟于 1998 年 10 月生效的有关个人数据处理与自由流通隐私权保护的一般指令，即《欧盟数据保护指令》，对网上贸易涉及的敏感性资料及个人资料给予法律保护。

(6) 电子支付。利用电子商务进行贸易必然会涉及电子支付。电子支付是目前电子商务发展的一个重点，而目前的政策法规难以满足电子支付的需要，国际商会正在制定的《电子贸易和结算规则》对电子支付的安全性、数据签名、加密及数字时间签章做了规定。

(7) 知识产权。全球电子商务的迅速普及，对版权、专利、商标、域名等知识产权的保护成为国际贸易与知识产权法的突出问题。《电子商务示范法》在"资料电文的归属"一条中对资料电子的所有权做了规定。

3. 我国电子商务的法律环境及内容

我国政府高度重视电子商务的立法工作。在发展电子商务方面，人们不仅要重视私营、工商部门的推动作用，同时也应加强政府部门对发展电子商务的宏观规划和指导，并为电子商务的发展提供良好的法律法规环境。但是总体上，我国的电子商务立法相对滞后于世界上的发达国家。

二、电子商务的相关法律问题

1. 电子商务交易主体的法律问题

1) 电子商务主体的定义

电子商务主体，是指以盈利为目的，借助计算机技术、互联网技术与信息商业行为，并因而享有权利和承担义务的法人、自然人和其他组织。广义的电子商务主体，指电子商务交易主体，是指能够从事电子商务活动的对象，既包括商事主体，也包括消费者、政府采购人等非商事主体。狭义的电子商务主体，则仅指电子商务的商事主体，即电子商务企业。

2) 自然人主体的网络形象与人身权

在现实生活中，自然人除了用名字来标示身份外，还有其他辅助的识别信息，如肖像、性别、年龄、国籍等。在网络环境中这些信息同样重要，但是其表现形式发生了变化，主要有网页、域名、网站及电子邮箱等表现形式。网络是一种信息传播媒介，所以，通过网络尚不会对他人的实体形态的生命权、健康权等构成危害，但是却很容易对姓名权、肖像权、隐私权等构成侵犯。

3) 法人主体的形象设置及人格权益

我国《民法通则》第 36 条规定："法人是具有民事权利能力和民事行为能力，依法独立享有民事权利和承担民事义务的组织。"与自然人一样，法人在网络环境中的活动也有自身独有的标识即商业标识，它包含两方面的意思，一是传统商标在网络中的使用，二是网站的商业标识。

法人作为一种社会团体，不具有与生命密切相关的人格权，其人格权一般来说与利益密切联系，且有些人格权可以转让，如商业秘密。因此法人的人格权包括精神性人格权(名称权、名誉权)和经济性人格权(信用权和商业秘密权)。

2. 电子商务交易行为的法律问题

1) 在线不正当竞争行为

电子商务只是交易方式或手段的改变，并没有改变商业行为的本质，在传统商业行为中的不正当竞争行为，也会延伸到电子商务领域。

网络环境下的不正当竞争行为包括两类：一类是传统企业利用互联网进行的不正当竞争行为；另一类是网站之间在开展信息服务、技术服务、在线交易过程中发生的不正当竞争行为。

(1) 域名抢注引起的不正当竞争行为。域名是互联网上识别和定位计算机的层次结构式的字符标识，与该计算机的互联网协议(IP)地址相对应，具有标识性、唯一性和排他性的特征。随着信息技术的发展，域名的价值体现得越来越重要，因此出现了将他人企业的名称、商号或企业商标作为域名进行抢先注册的行为。

(2) 利用网络进行虚假宣传构成不正当竞争。企业经营者利用互联网进行虚假宣传，抬高自己、欺骗客户，或捏造、散布虚假"事实"，损害竞争对手的商业信誉和商品声誉。

(3) 关于网页的不正当竞争。网站设计者将他人注册商标的图像、图形并入自己的网页，或将他人的商品装潢纳入自己的网页，进而模仿他人的网页设计，以吸引更多浏览者的行为构成了关于网页的不正当竞争。

(4) 利用网络技术进行的不正当竞争。引起不正当竞争的网络技术主要有图形超链接、框传输、埋字串等。其中，超链接又可以分为链入、链出、深层链接、图像链接等。网络的这些特有技术，可以将不同民事主体或同一民事主体不同的网站提供的信息链接在一起，使市场上不同竞争主体在虚拟世界有机会进行直接交锋，使他人的商业利益发生碰撞或冲突，从而引发不正当竞争。

2) 消费者权利

(1) 消费者的知情权。我国《消费者权益保护法》第8条规定："消费者享有知悉其购买、使用的商品或者接受的服务的真实情况的权利。"法律赋予消费者知情权，就是要让其明明白白地掏钱买东西。

(2) 消费者的公平交易权。公平交易，是指交易双方在交易过程中获得的利益相当，而在消费性的交易中，就是指消费者获得的商品和服务与其交付的货币价值相当。电子商务法律法规赋予了消费者公平交易的权利，即消费者在网上进行交易时，享有获得公平的交易条件的权利。这种公平的交易条件包括商品质量保障和合理价格。

(3) 消费者的自由选择权。我国《消费者权益保护法》第 9 条规定："消费者享有自主选择商品或者服务的权利。消费者有权自主选择提供商品或服务的经营者，自主选择商品品种或服务方式，自主决定购买或者不购买任何一种商品、接受或者不接受任何一种服务。"网上购物——它的最大特征就是消费者主导性，购物意愿掌握在消费者手中，其可以根据自己不同的意志加以选择，择优选取。

(4) 消费者的安全权。安全，具体意思就是指没有危险、不受威胁、不出事故的状态，是消费者在整个购物过程中的一种最基本的心理需求。对于网上购物的消费者来说，其安全权具体包括人身安全、财产安全、隐私安全("隐私权"处介绍)三个方面。人身安全是指消费者在网上所购买的物品不会对自己的生命和健康产生威胁；财产安全指消费者的财产不受侵害的权利。

(5) 消费者的损害赔偿权。消费者的损害赔偿权，又称求偿权或索赔权。实施这种权利的前提就是消费者在网上进行交易的过程中或使用商品和服务后，对其人身或财产造成了一定的损害。这是利益受损时所享有的一种救济权，可以通过这种权利的行使对消费者的损害予以适当的补偿。

3) 网络服务经营者的义务和责任

为确保消费类电子商务的健康发展，在规定网络服务经营者的义务和责任时，不能太过严格。我们要遵从一个基本原则，就是要以宽松的法律制度来约束网络服务经营者，更好地促进电子商务的发展。

(1) 网络服务经营者的基本义务。我国《消费者权益保护法》第 16 条规定："经营者向消费者提供商品和服务，应当依据《中华人民共和国产品质量法》和其他有关的法律、法规规定履行义务。"基本法律义务要求经营者严格履行其与消费者约定的义务。

(2) 提供商品信息的义务。我国《消费者权益保护法》第 19 条明确指出，经营者应当向消费者提供有关商品或服务的真实信息，不得做引人误解的虚假宣传。并且，网络服务经营者提供的信息要充分，不能对产品的信息轻描淡写，也不能过于夸张。

(3) 商品质量保障及售后服务义务。商品质量的好坏是网络商场顺利发展的基础，也是消费者是否愿意在网上进行购买活动的关键。所以，网络服务经营者一定要保证向消费者提供的商品有质量保障，还要保证其广告和商品介绍方式向消费者提供的质量状况和商品实际的质量状况相符。网络服务经营者的售后服务主要体现在履行法律规定的强制性义务。我国《消费者权益保护法》第 23 条规定："经营者提供商品或服务应当按照国家规定或其他消费者的约定承担包修、包换、包退或其他责任，不得故意拖延或无理拒绝。"

(4) 不得不当免责的义务。网络服务经营者一般采用格式合同与消费者订立购买协议。格式合同的全部内容都是由网络服务经营者一方订立。我国《消费者权益保护法》第 24 条规定："经营者不得以格式合同、通知、声明、店堂告示等方式作出对消费者不公平、不合理的规定，或者减轻、免除其损害消费者合法权益应当承担的民事责任。格式合同、通知、声明、店堂告示等含有前款所列内容的，其内容无效。"

(5) 保护消费者个人数据的责任。全世界都在呼吁对于消费者在互联网上个人数据及隐私的保护，网络服务经营者的责任同时也相对加重，其具体的责任集中表现于保证消费者的个人信息不滥用、不泛用、不被第三者非法使用。

此外，电子商务相关法律问题还涉及知识产权保护、电子商务税收、电子支付法律手段、电子商务法律救济、电子政务法律等相关问题，有待深入解决，限于篇幅，本章不做详细介绍。

三、电子商务法律案例

本节列举了两个方面的案例：电子商务签名法和北京国网信息有限责任公司诉莱雅公司计算机网络域名纠纷案败诉案例。通过这些案例，我们来学习如何使用电子商务法律保护自己享有的权利。

1. 电子签名法案

【案例 10-2】电子签名在法律判决中的作用

2004 年 1 月，杨先生结识了女孩韩某。同年 8 月 27 日，韩某发短信给杨先生，向他借钱应急，短信中说：我需要 5000，刚回北京做了眼睛手术，不能出门你汇到我卡里。杨先生随即将钱汇给了韩某。一个多星期后，杨先生再次收到韩某的短信，又借给韩某 6000 元。因都是短信来往，两次汇款杨先生都没有索要借据。此后，因韩某一直没有提过借款的事，而且又再次向杨先生借款，杨先生产生了警惕，于是向韩某催要。但一直索要未果，于是起诉至北京海淀法院，要求韩某归还其 11 000 元，并提交了银行汇款单存单两张。但韩某却称这是杨先生归还以前欠她的欠款。

为此，在庭审中，杨先生在向法院提交的证据中，除了提供银行汇款单存单两张外，还提交了自己使用的号码为"1391166××××"的飞利浦移动电话一部，其中记载了韩某发来的 18 条短信内容。

后经法官核实，杨先生提供的发送短信的手机号码拨打后接听者是韩某本人。而韩某本人也承认，自己从去年七八月份开始使用这个手机号码。

法庭判决：法院经审理认为，依据《最高人民法院关于民事诉讼证据的若干规定》中的关于承认的相关规定，"1391173××××"的移动电话号码是否由韩女士使用，韩女士在第一次庭审中明确表示承认，在第二次法庭辩论终结前韩女士委托代理人撤回承认，但其变更意思表示未经杨先生同意，亦未有充分证据证明其承认行为是在受胁迫或者重大误解情况下作出的，原告杨先生对该手机号码是否为被告所使用不再承担举证责任，而应由被告对该手机其没有使用过承担举证责任。而被告未能提供相关证据，故法院确认该号码系韩女士使用。依据 2005 年 4 月 1 日起施行的《中华人民共和国电子签名法》中的规定，电子签名是指数据电文中以电子形式所含、所附用识别签名人身份并表明签名人认可其中内容的数据。数据电文是指以电子、光学、磁或者类似介质生成、发送、接收或者储存的信息。由此，移动电话短信息符合电子签名、数据电文的形式。同时移动电话短信息能够有效地表现所载内容并可供随时调取查用；能够识别数据电文的发件人、收件人以及发送、接收的时间。经法院对杨先生提供的移动电话短信息生成、储存、传递数据电文方法的可靠性、保持内容完整性方法的可靠性、用以鉴别发件人方法的可靠性等方面进行审查，可以认定该移动电话短信息内容作为证据的真实性。根据证据规则的相关规定，录音录像及数据电文可以作为证据使用，但数据电文可以直接作为认定事实的证据，还应有其他书面证据相佐证。

通过韩女士向杨先生发送的移动电话短信内容中可以看出：2004年8月27日韩女士提出借款5000元的请求并要求杨先生将款项汇入其卡中，2004年8月29日韩女士向杨先生询问款项是否存入，2004年8月29日中国工商银行个人业务凭证中显示杨先生给韩女士汇款5000元。2004年9月7日韩女士提出借款6000元的请求，2004年9月8日中国工商银行个人业务凭证中显示杨先生给韩女士汇款6000元。2004年9月15日至2005年1月韩女士屡次向杨先生承诺还款。

杨先生提供的通过韩女士使用的号码发送的移动电话短信息内容中载明的款项往来金额、时间，与中国工商银行个人业务凭证中体现的杨先生给韩女士汇款的金额、时间相符，且移动电话短信息内容中亦载明了韩女士偿还借款的意思表示，两份证据之间相互印证，可以认定韩女士向杨先生借款的事实。据此，杨先生所提供的手机短信息可以认定为真实有效的证据，证明事实真相，本院对此予以采纳，对杨先生要求韩女士偿还借款的诉讼请求予以支持。

(资料来源：阿里学院. 阿里巴巴电子商务中级认证教程. 北京：清华大学出版社，2007)

案例启示

首先，在本案中法官引用了《电子签名法》的有关规定裁判了本案是合适的。根据对本案的描述，依据《电子签名法》，本案中的手机短信可以作为证据。《电子签名法》的核心内容，在于赋予数据电文、电子签名、电子认证相应的法律地位，其中数据电文的概念非常广泛，基本涵盖了所有以电子形式存在的文件、记录、单证、合同等，我们可以理解为信息时代所有电子形式的信息的基本存在形式。在《电子签名法》出台实施之前，我们缺乏对于数据电文法律效力的最基本的规定，如数据电文是否符合书面形式的要求、是否能作为原件、在什么样的情况下具备什么样的证据效力等，十分不利于我国信息化事业的发展，甚至可以说，由于缺乏对于数据电文基本法律效力的规定，我们所构建的信息社会缺乏最基本的法律保障。

其次，根据我国《电子签名法》第8条的规定，审查数据电文作为证据的真实性，应当考虑的因素是："生成、储存或者传递数据电文方法的可靠性；保持内容完整性方法的可靠性；用以鉴别发件人方法的可靠性；其他相关因素。"也就是说，审查一个数据电文作为证据的真实性，主要是从该系统的操作人员、操作的程序、信息系统本身的安全可靠性等几个方面来考量的。例如，审查传送数据电文的系统是否具备相当的稳定性，被非法侵入、篡改的可能性有多大，操作时是否严格按照所要求的程序来进行，能否有效地鉴别发信人，等等。在本案中，针对主要证据——手机短信息，法官根据《电子签名法》第8条的规定及相关规定审查了该证据的真实性，在确定能够确认信息来源、发送时间以及传输系统基本可靠、文件内容基本完整的情况下，同时又没有相反的证据足以否定这些证据的证明力的情况下，认可了这些手机短信息的证据力。适用法律是恰当准确的，判断方法是科学合理的，符合《电子签名法》的要求。

根据有关报道，本案是我国《电子签名法》实施后，法院依据《电子签名法》判决的第一起案例，意义重大，意味着我国的《电子签名法》真正开始走入司法程序，数据电文、电子签名、电子认证的法律效力得到了根本的保障。通过《电子签名法》的实施，基本上所有与信息化有关的活动在法律层面都有了相应的判断标准。

2. 网络域名纠纷案例

【案例10-3】北京国网信息有限责任公司诉莱雅公司计算机网络域名纠纷案败诉案

案例背景：

随着因特网在全球以前所未有的速度发展和应用，互联网的域名注册和使用也越来越引起人们的关注。早在域名制度建立之初，便有域名"抢注"发生。其中最具讽刺意味的一个案例就是全球互联网络信息中心(Internetic)域名被抢注。全球互联网络信息中心是负责全球域名注册登记的机构，可其域名 Internetic 却早已被一家 Interneticsoftware 的公司进行登记注册。连 Intenetic 全球互联网络信息中心都保不住自己的域名，域名"抢注"之猖狂程度可见一斑。

近几年来，随着人们对域名与商标间的关系理解的深入，也随着有关域名方面的法律法规的出台，更多的企业和个人能合法地利用域名资源进行有效的电子商务活动。域名纠纷与前几年相比也少了许多，但还是有一些没能按照正确的途径取得和使用域名，以至少给他人和自己都带了一系列的麻烦。域名纠纷远远没有绝迹！

案例简介：

原告：北京国网信息有限责任公司

住所地：北京市东城区东中街29号(东环广场B座5层N1室)。

被告：莱雅公司(L'OREAL)

住所地：法国巴黎皇家大街14号(14RUEROYALE75008PARIS)。

原告国网信息公司于1999年6月8日注册了 matrix.com.cn 域名，2003年3月17日，该公司将 matrix.com.cn 升级为 matrix.cn，并用于公司的邮箱和即时通信，正当使用。2005年2月，被告莱雅公司针对该公司上述两域名向中国国际经济贸易仲裁委员会域名争议解决中心提出投诉,要求国网信息公司将两域名转移给莱雅公司,仲裁委员会的专家组裁决支持了莱雅公司。

然而,国网信息公司认为公司的注册行为完全符合中国相关的法律法规,无不当之处,被告莱雅公司的要求侵犯了该公司合法的域名权。为此起诉请求法院判令莱雅公司停止侵犯该公司享有的 matrix.com.cn 和 matrix.cn 域名权。

被告莱雅公司辩称,1990年6月,美国马特里克斯基本用品有限公司在中国获得"MATRIX"注册商标专用权,莱雅公司已于2001年12月受让取得该商标。而国网信息公司对"MATRIX"不享有任何在先权利,却于1999年6月将matrix注册为域名。"MATRIX"为美国发型师阿尼米勒(ArnieMiller)于1980年首创,"MATRIX"美发产品一直在同行业中占主导地位,具有相当高的知名度,而国网信息公司与"MATRIX"商标没有任何关系,却故意利用"MATRIX"注册域名,造成相关公众的混同和误认。同时,国网信息公司注册域名又不真正投入使用,只是将该域名停泊在邮箱和即时通信上,故意注而不用,并阻止别人注册。

法院裁决:

北京市第一中级人民法院于2005年4月5日受理本案,并于2005年9月14日公开开庭进行了审理。判决结果为:驳回原告北京国网信息有限责任公司的诉讼请求,案件受理费一千元,由原告北京国网信息有限责任公司负担。

此案以国网信息有限责任公司的诉讼失败而告终。

案例启示

北京国网信息诉讼失败的原因分析:本次国网信息公司能否赢得这场官司的关键点主要有以下几个。

(1) 莱雅公司对争议域名的主要部分享有合法有效的民事权益。

(2) 国网信息公司域名的主要部分确实与被告注册商标相同或相近似。

(3) 国网信息公司对该域名,不享有权益,也没有注册使用该域名的正当理由。

(4) 国网信息公司对该域名的注册、使用具有恶意。

从分析中我们可以得到以下启示。

(1) 企业在利用域名资源时,应尽可能以合理、合法的方式来获取和使用域名资源,从主观上杜绝域名恶意注册所产生的纠纷。

(2) 企业在注册域名前最好要进行相关的查询:主要包括域名的主体是否与某些知名商标相同或相近似,如果与这些知名品牌和商标相同或者相近,则一定要放弃该域名,以避免纠纷。

(3) 企业要学会保护自己的域名资源,同时善用法律武器取回本该属于自己的域名。

第五节　电子商务风险防范措施

资源共享与信息安全的矛盾带来了电子商务的安全问题。因特网是自由开放的媒体，从信息安全的角度看，这恰恰是它的弊端。电子商务通过网络的信息交换实现，因此凡涉及计算机的安全问题无疑对电子商务都有着重要的意义。但是电子商务又不局限于计算机网络，更多的是商务活动，商场如战场，各种各样的电子商务风险也在所难免。

一、电子商务风险的特点

网络经济中出现的风险，虽然多为传统经济中所固有，但它无论在表现形式、强烈程度还是影响范围上，与传统经济中的风险都不相同。概括起来说，网络经济风险具有全球性、传染性、成长性、隐蔽性、复杂性等重要特征。

1. 全球性

网络经济风险具有全球性特征。风险既可能来自国内，也可能来自世界任何一个地方。其根源在于网络经济的虚拟性。四通八达的通信网络，把世界各地都紧紧地联系在一起。这一点与传统经济大不相同，传统经济可以通过自然距离、关税或非关税壁垒、互不兼容的法律制度，来制造一道道牢固的屏障，以回避可以预料到的风险。在虚拟空间中，国界已不复存在，任何自然的或人为的屏障都形同虚设。例如技术风险，当黑客发动攻击时，遇到的唯一障碍就是技术上的可行性。

2. 传染性

网络经济风险可以在全球范围内迅速传播，具有很强的传染性和广泛的影响力，使人们很难进行有效防范。实时性和交互性是网络经济的两个基本特征。一旦风险产生，它就会借助信息的实时传递和市场交易主体之间的交互关系而迅速扩散。这就如同越是人群密集的城市，传染病的流行就越是广泛、越是快速一样。经济风险、技术风险就具有很强的传染性。例如，1977年的东南亚金融危机，始于泰国的"铢危机"，然后是印度尼西亚、韩国、日本并很快波及世界的其他国家和地区。

3. 成长性

在一定条件下，网络经济风险会迅速成长和壮大，具有一股强大的、摧毁一切的力量。这种异乎寻常的成长性，来自于网络经济中所特有的不稳定均衡和正反馈效应。网络经济中的均衡是不稳定均衡。如果企业正处于成长过程中，它就会在正反馈效应的刺激作用下，成长得越来越快、越来越强大，直至成为市场主流，占有决定性的市场份额。反之，一个企业即使是市场的主流，如果受到一些致命的打击，则有可能在正反馈效应的作用下迅速衰退，甚至在很短时期内消逝得无影无踪。同样如此，不稳定均衡和正反馈效应可以使网络经济风险成为"星星之火"，借助少许风势就可以迅速"燎原"。例如，美国的"网络泡沫"并不是发生在网络经济潦倒之时，而是发生在网络经济锋头最劲之时，发生在所有的人都为网络经济欢呼，所有的风险资本家都向大大小小的网站投掷巨额资金之时。许多网站陆续倒闭，人们不再像过去那样视之当然，而是关注这样一个问题：为什么几乎所有的网站都在亏损？网络经济是否还有前途？风险资本家也开始收缩投资，很多网站难以维持，于是如同多米诺骨牌，一个个网站纷纷倒闭，纳斯达克指数从 5000 一下跌到 2000。产业风险成长之迅速，由此可见一斑。

4. 隐蔽性

网络经济风险具有很强的隐蔽性。风险初期可能不容易觉察，当风险变得清晰可辨时，危机就无法避免了。这种隐蔽性，来自信息的非对称性。在网络经济中，信息的非对称性又因网络经济的虚拟性所派生出来的匿名性和机器化而得以强化。在网络中，人们可以自由遨游，不需要提供真实的姓名和身份。在虚拟空间中，人们之间的交往既没有责任也没有义务。在这种情况下，人们的不良心理就会得以引发和强化，投机行为、欺诈行为就会滋生。如果再缺少相关的法律进行约束，投机和欺诈就会泛滥，网络经济就会趋向崩溃。

5. 复杂性

在网络经济中，风险不是单一的，而是综合的。多种风险往往交叉在一起，它们相互影响和助长，使风险防范的难度大大增加。

二、电子商务诚信体系建设

电子商务环境下，机遇与风险并存。解决电子商务安全问题，防范电子商务安全风险，需要用心营建电子商务的诚信体系。基于互联网的电子商务在交易时买卖双方互不见面，同时对于双方的详细信息了解通常是不对称的，因此对网上的信息真实性非常敏感。如果有限的信息存在虚假，那么就会出现经济学中所讲的"格雷欣法则"——劣币驱逐良币，导致两主体退出市场或选择放弃，也就是大量诚信的交易者放弃电子商务的交易方式而返回传统的线下交易，导致电子商务的极度萎缩乃至消亡。

信用体系的建立非常艰难，但毁坏却很容易。要建立良好的信用体系，需要国际、社会和个人的良好互动。

1. 身份识别

"在网络上没人知道你是一条狗。"这句名言传遍了全球，众人都在为网络的虚拟性而津津乐道。但是，不容乐观的是，很多人却将这种虚拟性当成了哈利波特的隐身衣，以为在网络上就可以横行霸道，逃避法律、道德的约束了。其实不然，虚拟的网络也可以有很多方法将每个用户的身份与其行为一一对应，从而规范网络社会秩序，保障网名安全。现在就为大家介绍其中的两种：实名认证和 CA 认证。

1) 实名认证

实名认证是一种被广泛采用的对注册用户身份进行确认核实的体系，它通过国家安全机构和银行等机构，验证用户提交的注册信息的真实性和唯一性来确保电子商务的安全。这样就可以保证网上发布的每一件商品、每一条信息的真实性，如果发生了不实、欺诈或抵赖的情况，网站或公安机关可以很方便地追查肇事者的姓名、住址、企业信息等情况，这样就很大程度上控制或杜绝了不诚信行为的发生。实名认证有企业认证与个人认证两种。企业认证一般发生在 B2B 或 B2C 模式中，凡是要在这些网站上从事电子商务的企业，必须提供营业执照、税务登记证等企业证书，网站一般委托第三方的专业资信调查公司进行核查，无误后获得网站准入。个人认证相对简单，可以视网站类型和所希望进行何种操作，进行身份认证或信用卡认证，一般在 B2C 或 C2C 型网站使用。采用实名认证的好处是比较明显的：会员更诚信，从源头降低了进行欺诈活动的概率；交易更规范，每个用户只有一个身份，杜绝了多重身份引起的混乱；交易更安全，对不法行为企业或个人的轻易锁定能极大提高犯罪风险和成本。

阿里巴巴公司的诚信通、中国供应商和支付宝产品都建立在实名认证的基础上，推动了中国电子商务诚信意识的建立，对电子商务的发展功不可没。

2) CA 认证

CA 认证(Certificate Authority)已经广泛为世界各国所采用，用来向电子商务有关交易人提供双方当事人的资信情况，以提高交易的互信和透明度。如同现实生活中每人有一张身份证一样，CA 认证相当于电子商务中的数字化身份证，其中包含着用户的基本信息和公开密钥。用户在通信时将数字证书出示给对方证明自己的身份，同时提供公钥让对方可以解密。由数字证书拥有者加密传输数据，以保证信息传输过程中的保密性和数据交换的完整性。在电子商务活动中，数字证书由某个具有公信力的认证中心(CA)签发，因此认证中心必须以其信誉保证所签发证书的可信性，确保数字证书所对应的是真实用户实体。认证中心的组织结构大致可以分为两部分：一部分负责数字证书的使用运营，包括数字证书在线申请、生成、颁发和管理；另一部分被称为 RA(Registration Authority)，即注册审批，主要是对用户的申请进行审核，验证客户资料的真实合法性，保证数字证书所对应的客户实体是真实可信的。

目前 CA 认证在我国电子商务中主要起到的作用是证明电子商务交易当事人的合法身份和保障网络安全。据《电子商务 CA 认证机构管理办法》规定，认证机构的职责是：对 CA 证书申请者提交的有关材料和申请者身份进行审核，确认后签发数字证书；将认证业务操作规范和数字证书管理制度向社会公布、宣传；当发生电子交易纠纷时，认证机构应当向有关当事人提供电子身份证明，协助调查；将用户的数字证书在网上发布，供公众查询。

显然，严密的 CA 认证对诚信体系的支持极大，有效地杜绝了电子商务中关于往来信息的诸多问题。

2. 安全的支付方式

电子商务发展的一个重要"瓶颈"就是支付问题。安全的支付方式曾一度困扰中国电子商务的发展。这个问题在阿里巴巴公司推出支付宝这一工具后，得到了较好的解决。支付宝交易是阿里巴巴旗下支付宝公司针对网上交易而特别推出的安全付款服务，其运作的实质是以支付宝为信用中介，在买家确认收到商品前，由支付宝替买卖双方暂时保管货款的一种增值服务。

1) 支付宝实名认证

支付宝实名认证同时核实会员身份信息和银行账户信息。通过支付宝实名认证后，相当于拥有了一张互联网身份证，可以在淘宝网等众多电子商务网站开店、出售商品，增加支付宝账户拥有者的信用度。如果是公司，需要提供营业执照；如果是个人，需要提供身份证。阿里巴巴公司接到这些信息后，会在政府部门检查验证信息的真伪。只有真实的信息才可以通过验证。通过验证后，公司将给会员发一个实名认证标志，这就将网络上虚拟的个人或企业变得真实了，每个人所进行的操作和他本人挂钩，起到了监督作用。

2) 先行赔付

传统商务中的先行赔付是经营者不能赔付时，消费者可以向市场主办单位要求赔付，市场主办单位再向企业追偿的方法。综合我国现阶段电子商务活动中实施的先行赔付制度，按照相关第三人不同，把电子商务中的先行赔付制度分为网站先行赔付和消费者权益保护协会先行赔付两种情况。第一种，网站先行赔付是由电子商务网站自行建立的赔付制度，如 2005 年 2 月支付宝首次提出"你敢用，我就敢赔"的理念，开创中国网上支付全额赔付先例。第二类消费者权益保护协会的先行赔付是由电子商务网站将先行赔付的保证金交给消费者协会委托代为管理，当消费者权益受到侵犯时，消费者权益保护协会对受害人先行赔付的制服。例如，"搜易得"与北京海淀区消费者协会达成协议，设立"搜易得"先行赔付保证金，一旦由"搜易得"所售的商品受到投诉，消协将直接动用由保证金建立的"消费争议赔付专项基金"对消费者先行赔偿。

先行赔付制度有力地消除了消费者的顾虑，鼓励他们放心地进行网络采购。对于设立先行赔付制度的网站，通常会把这一制度在明显的地方予以公告，方便消费者辨认。消费者一般会因此转向有这一赔付制度的网站做优先采购考虑，从而大大提高网站的交易额和收益，达到双赢的效果。

【案例 10-4】阿里巴巴的信用体系

阿里巴巴一向致力于打造诚信商业社区，积极推进商业诚信环境的建设。他们以"让诚信的商人富起来"为使命，推出一系列网络诚信服务；同时，他们坚决反对商业不诚信行为。6月份,阿里巴巴在社区建立诚信机制开展征集活动,很多会员都提了很多很好的建议,目前信用体系的不足希望尽力逐步完善阿里巴巴信用体系,让诚信通指数更科学地反映会员的信用、贸易成熟度及透明度。

阿里巴巴的信用体系分为这样几个部分:①个人实名认证;②诚信保障服务;③投诉管理;④诚信推广;⑤诚信档案。

阿里巴巴旗下的淘宝网作为亚洲最大的零售商圈,其自身信用管理模式,经过6年多的发展,已经日趋成熟。通过对淘宝网信用管理相关措施的研究,大致可以将其信用管理方法分为三类:信息展示类、卖方限制类、交易辅助类。

1. 信息展示类

淘宝网中"信息展示类"信用管理措施,主要是提供一些信息供买卖双方参考,这也是淘宝网交易中获取信用的最直观手段。

(1) 个人信用评价机制。对买卖双方的历史交易进行评价,提供信用指数供参考。这是C2C电子商务的核心竞争力,已经被C2C电子商务网站广泛使用,取得了良好的效果。在交易成功后,淘宝网提供平台使交易双方遵照一定规则对彼此在交易中的表现进行评价,评价可以累计信用度,并作为以后选择交易对象的依据,这也是淘宝网信用管理中的核心部分。

(2) 网络展示平台。淘宝网为卖家提供网络空间,包括文字和图片存储空间,作为卖家展示商品的平台。卖家自己上传的商品图片和相关说明,可以帮助买家在决定购买前,更好更充分地了解商品。淘宝网宣布与优酷结为战略合作伙伴,正式推出"视频购物"新应用技术,视频购物将有效地打击虚假商品,有利于淘宝良性发展,符合淘宝打造诚信、安全的网购生态环境的一贯战略。

2. 卖方限制类

(1) 支付宝实名认证。淘宝网作为第三方网站,并不要求所有参与交易方都进行实名认证,对于来淘宝网购物的顾客,只要通过邮箱激活或手机注册的方式就可以在淘宝网上成功购物。而对于准备在淘宝网上销售物品的个人或商家来说,则需要通过淘宝网站的实名认证程序。目前淘宝网对于申请实名认证的顾客提供了第三方的支付宝实名认证系统,除身份信息核实外,增加了银行账户信息核实,极大地提高了其真实性。支付宝认证为第三方认证,而不是交易网站本身认证,因而更加可靠和客观,在很大程度上鉴定了卖家真实身份,制约卖家欺诈行为的产生。

(2) 诚信自查系统。诚信自查系统是淘宝第二代信用管理体系中的重要组成部分,其推出的最直接目的是为了打击近年来越来越严重的淘宝个人平台信誉炒作现象,还淘宝一个真实的信用环境。诚信自查系统会把涉嫌炒作的信用记录展示给卖家,并通过站内信用、旺旺提醒、邮件等方式提醒卖家自行删除涉嫌炒作的信用积分。卖家需要在两周内对涉嫌炒作的信用自行删除,淘宝网将会就其删除的情况一一进行核实。对于一些未自行删除的可疑交易,淘宝网将另行通知卖家提供交易凭证,进行后续审核,逾期不能提交交易凭证的将会由系统直接进行处理。卖家坚信属于正常交易的评价可暂时不予自行删除，后续会进行人工的审核，但需要卖家保留好自己的相关交易凭证。

(3) 消费者保障服务协议。消费者保障协议是为了保障淘宝买家利益、区分店铺信用安全等级，由淘宝用户(主要为卖家)、淘宝网及支付宝三方缔结的有关消费者保障服务的相关规定。淘宝买家申请加入消费者保证协议成功后，会在其店铺与所登录商品处进行注明，以提高其信用度。

3. 交易辅助类

(1) 安全支付手段——支付宝。支付宝交易是互联网发展过程中的一个创举，也是电子商务发展的一个重要里程碑。支付宝是淘宝网联合网上银行，以 PayPal 为蓝本开发的网上支付工具。目前支付宝(中国)网络技术有限公司已成为国内影响力最大的第三方支付平台，支持使用支付宝交易服务的商家已经超过 46 万家，为中国电子商务提供"简单、安全、快速"的在线支付解决方案。淘宝会员在一开始注册成功就会拥有自己的支付宝账户，买家通过支付宝账户付款，而卖家则将支付宝账户作为自己的收款账户。

当买家选中商品并确定最终购买后，买家先付款，但付款对象不是卖家，而是支付宝。支付宝收到货款后，通知卖家已收到款，可以发货。买家收到商品并认可商品的质量后，确认收货并通知支付宝放款，支付宝再把款汇到卖家账户，整个支付过程完成。如果买家没有收到商品，或是商品的质量有问题，可以申请支付宝拒绝付款，然后商讨退货或赔偿问题。

(2) 即时通信工具——阿里旺旺。淘宝网成立之初就推出了自己的即时通信工具——淘宝旺旺，打破了 C2C 电子商务平台中买卖双方不得私下联络的惯例，极大地促进了淘宝网的发展。而阿里旺旺是将原先的淘宝旺旺与阿里巴巴贸易整合在一起的新品牌。淘宝买家在选择商品购买时可以通过阿里旺旺与卖家进行交流，在对卖家登录的商品有疑问时，可以多询问一些商品相关信息，以判断卖家的可信度。

(3) 面对面物流方式——同城交易。淘宝网支持同城交易。当买卖双方在一个城市，或交易物品价值较为珍贵、特殊时，买卖双方可以选择当面交易的方式。信息交流场所——消费者社区网络社区是信用管理的一个非常重要的部分，它不仅是 C2C 电子商务网站用户自助服务功能的拓展，从信用管理的角度来看，也是买家卖家相互交流的空间。在这里，买卖双方可以分享他人的经验，学习网上交易的规则，了解一些没有在交易规则中说明的交易风险。淘宝网提供消费者社区服务，有打听、品牌库、咨询等社区版块，会员可以在社区相关板块发帖，介绍购物经验。对于交易中出现欺诈现象，淘宝会员可以发帖进行揭露，公布一些新的骗术与骗局，让社区成员提高警惕性；对于一些恶意诈骗新手买家或新店铺的 ID，社区也会在相关帖子中进行公布，让社区成员了解到相关信息。

3. 树立风险意识，养成良好习惯

很多风险都是由于我们平时不经意的举动带来的，所以平时就应该加强风险防范意识，谨慎操作。例如：

(1) 及时升级浏览器和操作系统，及时下载安装相应补丁程序。

(2) 安装正版的杀毒软件、防火墙；尤其重要的是，还要安装"防木马软件"。现在很多用户只安装杀毒软件，对于木马的防范意识不够，希望引起注意，"木马"非常可怕。

(3) 要及时更新杀毒软件、防火墙、防木马软件，并定期查杀。

(4) 使用上网工具(如雅虎助手 http://cn.zs.yahoo.com/start.htm)，保护您的计算机。

(5) 不浏览不明网页，不使用不明软件，不在聊天时透露个人、单位账户信息。

(6) 不在网吧等公共场合进行支付。

(7) 登录账号后，应该选择安全退出，而不是直接单击窗口上的关闭按钮。

(8) 设置安全的密码。为了您的账户安全，请尽量设置复杂密码，不要有规律。您容易记忆的密码，同时也很可能被轻易猜出来。请参考一下建议：密码长度为 6~20 个字符；使用英文字母和数字的组合，如 wdvt058、8465sdrj 等，尽量不要有规律；千万别把您的密码设置成以下这样，以免安全性过低。

① 密码和会员登录名完全一致。

② 密码和您的联系方式"电话""传真""手机""邮编""邮箱"的任何一个一致，如 85027110、075585027110。

③ 密码用连续数字或字母，如 234567、987654、abcdef。

④ 密码用同一个字母或者数字，如 88888888、aaaaaa。

⑤ 密码用会员登录名或邮件地址中的一部分，如您的会员登录名是 carry770815，勿使用 770815 作为密码。

⑥ 密码用您的姓名、单位名称和阿里巴巴有关或其他任何可轻易获得的信息，如 liudehua、alibaba。

⑦ 密码用简单有规律的数字，如 789456、123321。

本 章 小 结

电子商务的安全涉及法律、信用等多种管理措施与防火墙、数字签名等多种技术工具的协调的配合。电子商务安全不是纯技术、纯管理的问题，也不是单个技术、单个法律的问题，而是在统一的安全策略下的一个集成的安全体系方案。

本章首先介绍电子商务面临的安全问题，分析了电子商务实体各个方面的基本需求，提出了有针对性的电子商务安全策略。在此基础上，阐述了现行电子商务安全技术措施包括的几个方面，即包括电子商务交易方自身网络安全保障技术、电子商务技术传输安全保障技术、身份和交易信息认证技术及电子商务安全支付技术。同时也指出电子商务安全需要有效的管理制度加以保障。详细介绍了电子商务安全的法律法规，并列举了两个案例来说明电子商务法律法规的应用。最后,结合电子商务安全提出了电子商务安全风险防范的解决途径,建立规范的电子商务诚信体系。

复习思考题

1. 电子商务安全问题有哪些?
2. 电子商务的安全需求有哪些?
3. 电子商务安全的技术措施有哪些?
4. 电子商务安全的管理制度措施有哪些方面?
5. 国内电子商务的法律法规有哪些?
6. 请阐述电子商务风险的特点。
7. 电子商务诚信体系该从哪几个方面建立?

实 践 题

1. 登录阿里巴巴网站,详细了解阿里巴巴网站是如何建立诚信体系的。在阿里巴巴平台上提供了哪些诚信措施和方法来保证电子商务交易的安全,试举例说明。

2. 信息传输的保密性、交易文件的安全性、信息的不可否认性、交易者身份的确定性分别采用哪些技术来保证?用三个例子将这四个问题描述出来,例如,如何将考试的试卷安全地传递给对方,用什么方式加密,如何确认对方的身份等。如有条件可以实际做一下,建议写一份2000字左右的报告,并谈谈自己的看法。

第十一章

客户服务

【学习目标】

通过本章的学习,学生应了解电子服务的内涵和客户服务的基本功能;学会使用电子客户服务的工具;了解如何对客户的投诉进行处理;掌握客户关系管理的内涵;了解客户关系管理系统的构成;明晰客户关系管理的程序。

【关键词汇】

客户服务(Customer Service)　客户关系管理(Customer Relationship Management)
客户投诉(Customer Complaint)

53%的客户表示他们也不太可能会再次在那些反应迟钝的网站的实际商业网点里进行采购,恶劣的在线服务不仅仅影响企业的网上业务,还会让企业品牌在其最重要的客户心目中贬值。调查显示,在多种渠道中采购的客户开销要比在单一渠道里采购的客户的花费多 3~5 倍。

网站轻视客户服务还会带来哪些其他恶果呢?Jupiter 高级分析家 David daniels 举例说,Priceline 公司由于未能答复大量客户的询问而被从优良经营企业名录中除名。当媒体报道这类事情以后,不仅会给品牌带来毁灭性的影响,而且这样的影响是很难消除的。

【案例 11-1】亚马逊的售前售后服务

电子商务并不是为客户服务的终结,在网络空间里,企业通过网络化的信息化规范服务,比传统使用门面设铺接待顾客更为重要。因此,良好的客户服务是扩大网上销售的关键,亚马逊为此提供了多种特殊服务,使客户犹如回到家里一样。亚马逊提供的具有代表性的售前售后服务包括以下几项。

1. 搜索引擎

如果一家书店,将其所有书籍和音像产品都列出,不仅没有必要,而且还会给用户购物带来不便,因此,设置搜索引擎和导航器方便用户购买就成为书店一项必不可少的技术措施。在这方面,亚马逊书店做得相当到位。它的主页设计令人赏心悦目,使人一目了然。亚马逊还提供了多种可供客户自由选择的全方位搜索方法,包括对书名、主题、关键字和作者的书籍搜索,同时还提供了一系列的如畅销书目、得奖音乐、最上座的影片等的导航器服务。在书店的任何一个页面中都提供了这种搜索设置，用户可以方便地进行搜索，引导用户选购。这实际上也是一种技术服务，应该归结为售前服务中的一种形式。

2. 技术支持

为客户提供全方位技术问题的解答，是技术支持的一项重要工作。除了搜索服务外，书店还提供了对顾客常见技术问题的解答服务。例如，专门提供一个FAQ页面，回答用户经常提出的一些问题。像如何进行网上电子支付？对于运输费用顾客需要支付多少？如何订购脱销书？如果有特殊问题需要公司解答，公司还会安排人专门为你解答。

3. 用户反馈

亚马逊书店还提供了电子邮件、各类调查表以获取用户对其商务站点的运作情况的反馈意见。用户的反馈信息既是售后服务的具体实施，也是经营销售中市场分析和预测的客观依据。通过电子邮件往往可以获得顾客对商品的意见和建议，一方面可以及时解决用户提出的问题，这实际上是一种售后服务活动的延续；另一方面，也可以从电子邮件中获取大量有用的市场信息，为指导公司今后制定各项经营策略提供基础，这实际上也是一种市场分析和预测活动。它经常邀请用户在网上填写一张调查表，并用一些免费软件、礼品或是某项服务来鼓励用户给公司发来反馈的电子邮件，获取真实的采样样本。

4. 读者论坛

亚马逊书店还在网上提供了一个类似BBS的读者论坛，这个服务项目的作用是很大的。在企业商务网站中开设读者论坛的不少，其主要目的都是吸引客户了解市场动态和引导消费市场。在读者论坛上，读者可以畅所欲言，对热门话题展开讨论。公司也可以用一些话题，甚至是极端话题挑起公众的兴趣，引导和刺激消费市场。此外，还可以开办网上俱乐部，通过俱乐部稳定原有的客户群体，积极吸纳新的客户群。通过对公众话题和兴趣的分析把握市场的需求动向，从而经销用户感兴趣的书籍和音像制品。

案例思考题

(1) 亚马逊提供的客户服务中，哪些属于售前服务，哪些属于售后服务？

(2) 客户服务对于亚马逊来说，意味着什么？

第一节　电子商务客户服务

顾客在进行购物时，有时需要一些帮助，例如，在确认需求阶段顾客有时需要辅助手段来帮助他们找出应该购买哪些产品。顾客在购买前经常对产品的特点有些疑问，在购买后又对产品的正确维护和修理方法有疑问。销售商必须在各阶段帮助顾客，这类帮助是客户服务的一个主要目的。

"客户服务"是一系列用以提高顾客满意度的活动，也就是说要使顾客感到某种产品或服务满足了他们的期望。客户服务应该帮助购买者解决他们在购物决策过程或产品生命周期的任何阶段所遇到的问题。传统客户服务让顾客自己提出问题和获取信息，电子商务则通过改进通信手段、将流程自动化以及加快顾客问题的解决来改善客户服务。

在电子商务的早期阶段，在线消费者并没有要求高层次的客户服务，所以第一代的客户服务相当简单。然而，下一代的客户服务质量需要最好、最强大的系统和软件来满足日益提高的顾客期望。如果客户服务达不到公司宣传的高水准，其吸引力会下降，从而使公司面临失去顾客的危险。所以，电子商务营销者必须对不断提高的顾客要求迅速做出反应。

作为对更高层次服务要求的一部分，顾客可能希望从因特网上获得"娱乐"价值。顾客在软硬件和因特网接入上进行投资，花时间来学习系统的使用，并愿意在线购物。如果顾客高兴的话，这种购买意愿将更加强烈。

一、电子服务

当客户服务通过因特网提供时，它就被称为电子服务。电子服务经常为在线交易提供在线帮助。另外，即使某产品是离线购买的，也可以在线提供客户服务。例如，如果消费者离线购买了一件产品并需要使用方法上的专家建议，他就可以在网上找到详细的指导。对公司来说，在整个产品生命周期中提供客户服务也是很重要的。

二、产品生命周期和客户服务

在电子商务中，客户服务是关键性的，因为顾客和商家不再面对面地相遇。根据麦科文和毕生的理论，必须在整个产品生命周期中提供客户服务。它由下面四个阶段组成。

(1) 需要阶段。帮助消费者决定他的需要(如借助产品图片、录像介绍、文字说明、评论文章、CD 音轨和下载的演示文件)。所有这些都可以用电子化方式提供。

(2) 获取阶段。帮助消费者获得产品和服务(如在线订购、谈判、结束交易、下载软件和配送)。

(3) 占有阶段。向顾客提供持续的支持(如在线用户交流、在线技术支持、常见问题解答、资料图书馆、实事通信以及在线续订等)。

(4) 退出阶段。当产品或服务(如在线转售、分类广告)对顾客不再有用时，帮助客户处理掉这些产品。

三、客户服务功能

网上客户服务有多种形式，如回答顾客查询、提供搜索和比较能力、为顾客提供技术支持、允许顾客跟踪订单状况以及在线订购等。下面将详细说明不同类型的客户服务。

1. 提供搜索和比较功能

消费者在电子商务中遇到的一个主要问题是如何找到特定的东西。现在网上有几十万家商店，而且每天都有新的在线商店加入、消费者经常发现难以找到想要的东西。在大型零售网站，消费者同样可能遇到搜索上的困难。许多大型电子零售商和独立的比较网站都提供了搜索和比较功能。

2. 提供免费产品和服务

为消费者提供免费的东西是公司使自己与众不同的手段之一。

3. 提供专门的信息和服务

消费者认为能免费得到需要的信息是非常重要的。公司在建立网站时必须使用创新性的链接和关键字，用以吸引更多的消费者来光顾。公司可以通过向顾客提供在网下难以得到的信息和服务来提高其忠诚度。

4. 允许顾客订购定制化的产品和服务

通过让顾客设计自己的计算机和将计算机送到顾客家中，戴尔公司给计算机的购买方式带来了革命。这种定制化流程正被数百家供应商采用，销售产品的范围从小汽车一直到皮鞋。它经常被称为批量化定制。在批量化定制方式下，商家向消费者提供预先准备好的"特别产品"，然后让他们选择"定制"自己的产品。

5. 允许顾客跟踪账户或订单状态

许多公司允许用户在线查看其账户或订单状态。例如，顾客可以在网页上查看自己在金融机构的账户余额、股票组合的市值，或贷款申请状况。顾客还可以查看其订购商品的装运状况。联邦快递和其他装运商允许顾客跟踪其在电子零售商处购买商品的送货情况。如果一名顾客从亚马逊或其他网上书店订购了一本书，他将被在线告知估计的送抵日期。亚马逊还更进了一步，它通过电子邮件通知顾客订单已被接受，并给出估计的交货日期，当包裹装运后，还会用电子邮件告知实际的交货日期。

四、客户服务工具

有许多创新性的基于 Web 的工具可以用于加强客户服务，其中包括个性化网页、常见问题解答网页、跟踪工具、聊天室、电子邮件和自动应答，以及基于 Web 的帮助系统和呼叫中心。

1. 个性化网页

许多公司为顾客提供工具，让它们建立自己的个性化网页。这些网页可以用于记录顾客的购买历史和个人偏好。使用个性化网页，当顾客登录到供应商的网站时，可以把像产品信息和质保信息这样的定制化信息有效传递给顾客。这不仅可以让消费者主动"拉走"需要的信息，还可以把信息"推"给他们。

供应商可以使用从定制化网站收集的顾客信息来促进客户服务和增加销售。过去交易信息只有当交易完成1~3个月后才能收集到，现在可以实时或近乎实时地跟踪和分析，从而作出即时反应。通过将产品表现和消费行为的有价值信息进行比较分析，公司可以利用顾客信息来帮助进行更多产品的营销。

2. 常见问题解答

常见问题解答(FAQ)是最简单和最便宜的处理顾客重复性问题的工具。消费者自己在网站上使用这种工具，因此成本很低。然而，FAQ无法回答顾客的所有问题。非标准的问题可能还是需要通过电子邮件来回答。另外，迄今为止FAQ仍不是定制化的，因此对个性化和供应商—消费者关系没有什么贡献。微软常见问题解答见图11-1。

图11-1 微软常见问题解答

3. 跟踪工具

公司可以向顾客提供跟踪工具，这样顾客就能跟踪自己的订单，为公司节约时间和金钱。顾客一般都喜欢跟踪工具，因为它使它们能迅速方便地查看某个订单或某次装运的状态。联邦快递首创了在线订单跟踪的概念，并且在实施中节约了数百万美元。以前需要转到联邦快递呼叫中心的顾客查询，现在可以在FedEx.com上得到自动回答。联邦速递订单跟踪见图11-2所示。

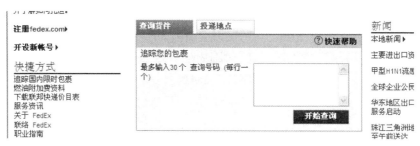

图11-2 联邦速递订单跟踪

4. 聊天室

聊天室是另一个能提供客户服务、吸引新顾客并提高顾客忠诚度的工具。

5. 电子邮件和自动应答

最流行的在线客户服务工具就是电子邮件。因为它成本低廉、速度快，所以被用来发送信息、提供产品信息，以及回答各类问题。

发送电子邮件的方便性导致了顾客电子邮件"洪水"。一些公司在一周内，甚至一天内可收到上万封电子邮件。手工回复这些邮件太昂贵且费时，并且消费者往往希望在 24 小时内得到回答。

许多公司在自动应答中并不提供实际回复，仅仅确认已经收到了查询。顾客查询被存入决策支持库中进行分类，直到有真正的代理人登录进来进行答复，这通常是呼叫中心的一部分。

6. 帮助系统和呼叫中心

客户服务的重要工具之一是帮助系统。顾客可以上门求助，或通过电话、传真或电子邮件进行联系。因为最初的联系是通过电话进行的，所以远程帮助系统经常被称为呼叫中心。

今天，呼叫中心已称为综合性的客户服务机构，公司可以通过它处理来自各个渠道的服务请求。新产品为传统的呼叫中心增加了电子邮件和网页交互的功能，并将这些功能集成到同一个产品中。

无论是对于消费者还是对于企业，因特网都是一种迅捷而令人满意的媒介。过去，答复上的耽搁很容易把顾客或潜在顾客白白送给竞争对手。越来越多的因特网用户不仅需要得到迅速的回答，而且还要有主动的提示。当当网的客户服务热线见图 11-3。

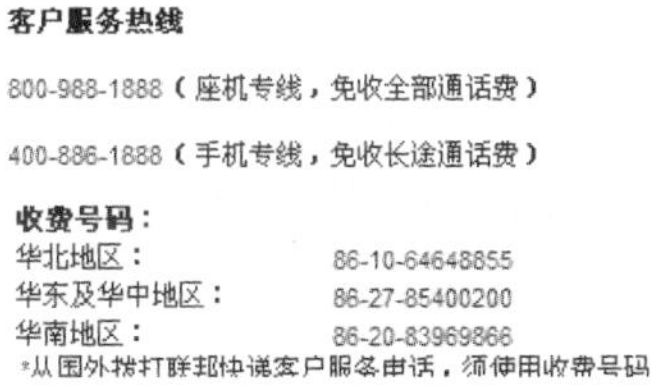

客户服务热线

800-988-1888（座机专线，免收全部通话费）

400-886-1888（手机专线，免收长途通话费）

收费号码：
华北地区：　　　　　　86-10-64648855
华东及华中地区：　　　86-27-85400200
华南地区：　　　　　　86-20-83969866
*从国外拨打联邦快递客户服务电话，须使用收费号码

图 11-3　当当网的客户服务热线

五、售后服务的重要性

2005 年，中国制造业杀出一匹黑马，这就是金华日普电动车有限公司。在不到三年的时间里，日普公司的年销售额从 680 万元突破 1 亿元，在 2005 年第一季度中国同类产品中，日普公司的电动代步车和电动高尔夫球车占据出口总额的 75%，称为中国最大的电动高尔

夫球车生产企业，产品销售36个国家和地区，与400多个外商建立了贸易伙伴关系。

这匹黑马为我们提供了一种电子商务开道、售后服务紧跟的销售模式。许多企业通过网络与客户见面已经是司空见惯的事情，但可惜的是多数人没有把生意进行到底。阿里巴巴是一条快速通道，关键在于如何利用这条快速通道，珍惜通过网络得到的客户，就是要为他们提供更优质的服务。低价策略几乎是所有中国供应商面对国外市场时的第一选择，而事实上这样的认识是有偏差的，价格未必是国际买家最看重的。高品质、优质服务、品牌信誉、交易效率以及合理的价格，这些才是国际买家最看重的。因此，日普公司提出了这样的理念："满足客户的1000个要求。"

即使对于极其挑剔的客户，有些要求表面看起来没有道理，也必须满足他们的所有要求；即使客户的投诉不是由于公司的责任造成的，也尽量去满足他们的需求。客户的抱怨是给供应商最好的礼物，只有处理好更多客户的更多抱怨，才能不断提高自己的产品质量和服务质量。有抱怨是一件好事，可以督促我们积极解决问题，只有客户对我们越来越满意，销售才真正地没有后顾之忧了。在现代销售理念中，客户对一家企业的产品是否满意和信赖，不仅仅取决于产品的质量和价格，还在很大程度上取决于产品的售后服务是否令人满意。建立一套完整的、以客户为中心的售后服务体系，在客户管理的过程中也是非常必要的，只有客户对企业的售后服务满意和信赖了，客户群才能日益巩固和扩大。

服务就是以客户为主，设身处地站在对方的立场，本着关怀的态度，去帮助客户解决问题。好的服务并不是对客户毕恭毕敬，唯命是从，也不是自我表现或单纯的自我展示，真正的服务除了亲切友善的态度外，更要履行承诺，做到前后一致，满足客户需要。服务的好坏可能在平时或许差别不大，但遇到有危机时就会显著不同。那些服务好的企业，在市场形势不好时，生意一样不受影响。

当企业开始向高品质服务决定市场竞争的时代迈进，过去的商品有时已经不能成为吸引客户的唯一选择，价格的影响也在逐渐减弱。在市场经济中，任何一种产品、任何一个取得成功的企业，都各自有自己的制胜之道。如果要想做大、做强，产品的售后服务可以说是一个非常重要的环节。服务质量的好坏，直接影响着企业产品及品牌的形象。

售后服务是指产品被售出后，有销售厂家为客户提供的有偿的或无偿的围绕产品在安装使用过程中的调试及维护、技术及质量问题咨询、客户沟通和回访等方面进行的服务。它既是一次营销的最后过程，也是再次营销的开始。售后服务是一个长期的过程，其服务质量评价标准是客户的满意度。

(1) 售后服务是一次项目推广的最后步骤，也是下一步的开始，它是一个长期的过程。要树立这样一个观念，一个项目完成以后，如果所承诺的服务没有完成，那么可以说这次销售没有完成。一旦售后服务很好地被完成，也就意味着下一次的开始，正所谓"良好的开端等于成功的一半"。

(2) 售后服务过程中能够进一步了解客户和竞争对手更多的信息，业务人员也可以通过对客户的服务，为公司带回更多的信息。

(3) 售后服务能与客户进一步增进感情，为下一步合作打下基础。一种好的售后服务，总能给客户留下一个好的印象，能够与不同类型的客户建立良好的关系，甚至称为朋友，实际上就已经为下一次的合作增加了成功的系数。

(4) 售后服务也是一种广告，是为公司赢得信誉的关键环节。市场的规律已经证明，企业的信息积累很大程度上来源于售后服务。

良好的服务可以带给客户受尊重、被重视的感觉，并与企业建立起彼此信赖的关系，从而产生购买意愿。在具体的执行过程中，销售人员要主动询问客户需要哪些服务，特别是成交结束之后，可以定期主动地向客户询问，以便即使有效地了解客户在哪些方面需要帮助，从而尽早为客户提供更令其满意的服务。主动向客户进行询问，对业务人员来说有很多好处：首先业务人员可以向客户充分表达自己的关切和关注，让客户充分感受到来自销售人员的尊重和关心；其次，业务人员还可以通过主动的询问，尽可能及时地了解客户遇到的问题，这有助于企业及时、有效地解决这些问题；另外，业务人员还可以通过认真的询问，对客户的服务需求进行更准确的把握，以免做不必要的无用功。无论在成交之前，还是成交之后，只要发现客户有需要，业务人员都应该为客户主动提供良好的服务。在成交结束后，销售人员仍要主动询问客户是否需要其他服务，而且要尽心尽力予以满足，千万不要在成交结束后对客户提出的服务要求故意逃避或假装视而不见。为客户付出的越多，就会从中获取更多、更长远的回报。

六、正确处理客户投诉

在营销手段日益成熟的今天，客户仍然是一个很不稳定的群体，如何来提高客户的忠诚度是销售人员一直在研讨的问题。客户的变动，往往意味着一个市场的变更和调整，一不小心甚至会对局部市场带来致命的打击。既然企业的营销活动是以市场为中心，通过不断满足客户的需要来达到获取利润的目的，那么如何处理客户投诉，直接关系到能否更好地满足客户的需要，影响到企业利润的实现。当当网的客户投诉页面见图11-4。

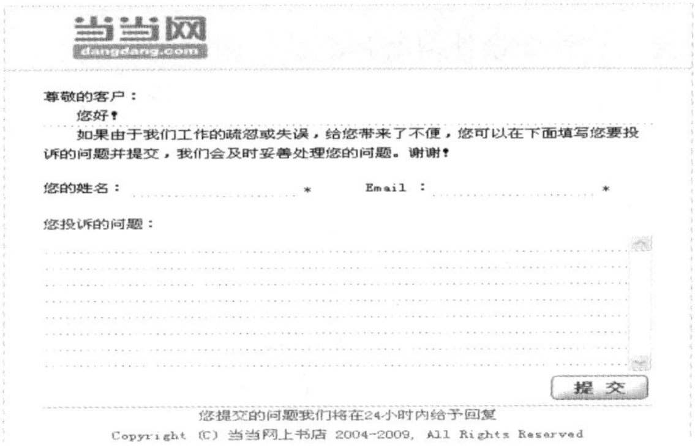

图11-4　当当网的客户投诉页面

处理客户投诉是客户关系管理的重要内容，也是售后服务中不可或缺的一部分。出现客户投诉并不可怕，而且可以说它是不可避免的，问题的关键在于，如何正确看待和处理客户的投诉。一个企业要面对各式各样的客户，每日运作着庞大复杂的销售业务，能做到每一项业务都使每一位客户满意是很难的。所以，我们要加强与客户的联系，倾听他们的不满，不断纠正企业在销售过程中出现的失误和错误，补救和挽回老客户，吸引新客户。

1. 客户投诉的内容

因为销售各个环节都有可能出现问题，所以客户投诉也可能包括产品及服务等各个方面，主要可以归纳为以下几点。

(1) 商品质量投诉，主要包括产品质量有缺陷、产品规格不符、产品技术规格超出允许误差、产品故障等。

(2) 购销合同投诉，主要包括产品数量、等级、规格、交货时间、交货地点、结算方式、交易条件等与原购销合同规定不相符。

(3) 货物运输投诉，主要包括货物在运输途中损坏、丢失和变质，因包装或装卸不当造成损失。

(4) 服务投诉，主要包括对企业各类业务人员的服务质量、服务态度、服务方式、服务技巧等提出的批评与抱怨。最根本的原因是客户没有得到预期的服务，即实际情况与客户期望的差距。即使我们的服务已达到良好水平，但只要与客户的期望有距离，投诉就有可能产生。

2. 客户对不同失误的反应

(1) 偶然并较小的失误。这种失误客户会抱怨。失误给客户造成的损失比较小，只要公司处理得当，多年的客户关系还是可以维系的。

(2) 连续的或较大的失误。这些失误会遭到客户的投诉。这时候才是最需要用心经营的，处理不当，客户可能在拿到索赔后与供应商分道扬镳，但处理好了，更加能增加对企业处理问题能力及应急情况处理的信任度，从而更紧密同企业的关系。

(3) 连续投诉无果。这种失误使得客户沉默。由于工作失误，客户损失较大，几次沟通无结果，出现这种情况时，客户多半会弃你而去，选择新的供应商，而这时企业丢失的可能就不止一个客户了。

3. 处理客户投诉的原则

(1) 有章可循：要有专门的制度和人员来管理客户投诉问题，另外要做好各种预防工作，使客户投诉防患于未然。为此要经常不断地提高全体员工的素质和业务能力，树立全心全意为客户服务的思想，加强企业内外部的信息交流。

(2) 及时处理：对于客户投诉，各部门应通力合作，迅速做出反应，力争在最短时间里全面解决问题，给客户一个圆满的结果。否则，拖延或推卸责任，会进一步激怒投诉者，使事情进一步复杂化。

(3) 分清责任：不仅要分清造成客户投诉的责任部门和责任人，而且需要明确处理投诉的各部门、各类人员的具体责任与权限，以及客户投诉得不到圆满解决的责任。

(4) 留档分析：对每一起客户投诉及其处理要做出详细的记录，包括投诉内容、处理过程、客户满意度等。通过记录，吸取教训，总结经验，为以后更好地处理好客户投诉提供参考。

4. 客户投诉的处理流程

(1) 记录投诉内容：利用客户关系管理系统中的客户投诉记录模块详细记录客户投诉的全部内容，如投诉人、投诉时间、投诉对象、投诉要求等。

(2) 判断投诉是否成立：了解客户投诉的内容后，要判断客户投诉的理由是否充分，投诉要求是否合理。如果投诉不能成立，即可以婉转的方式答复客户，取得客户的谅解，消除误会。

(3) 确定投诉处理部门：根据客户投诉的内容，确定相关的具体受理单位和受理负责人。如属运输问题，交储运环节处理，属质量问题，交质量管理部门处理等。

(4) 责任部门分析投诉原因：要查明客户投诉的具体原因及具体造成客户投诉的责任人。

(5) 提出处理方案：根据投诉提出的实际情况，给出具体可行的解决办法和方案，采取一切可能的措施，挽回已经出现的损失。

(6) 提交主管批示：主管应对投诉高度重视，对投诉的处理方案逐一过目，及时批示并监督实施。

(7) 实施处理方案：尽快书面通知客户解决方案，给出尽可能多的选择，以达到客户的满意。

(8) 总结评价：对投诉处理过程进行总结与综合评价，吸取经验教训，提出改进对策，不断完善企业的经营管理和业务运作，以提高客户服务质量和服务水平，降低投诉率。

第二节　电子商务客户关系管理

一、客户关系管理概述

20世纪90年代后期因特网应用的迅猛发展激励了客户关系管理(Customer Relationship Management，CRM)的进一步发展，日趋成熟的电子商务应用平台为客户关系管理解决方案提供了进一步的服务能力，基于因特网的客户关系管理为企业提供了更加成功的信息管理模式。

1. 客户关系管理

客户关系管理是企业与客户或消费者建立并保持关系的过程，是确定、吸引、区分和留住客户的系列过程，不仅限于听取客户呼声或提供更好的产品和服务，还意味着整合公司的整个供应链，以增加收益或者降低成本。客户关系管理的理念是：顾客是业务的核心，公司的成功取决于有效地管理其与顾客的关系。客户关系管理的目标是建立长期而稳固的客户关系，为顾客和公司增加价值。

计算机技术的发展加快了客户关系管理进程，各种信息的汇总更加容易和规范，Cookies、网络日志文件、条形码扫描仪及其他工具能帮助收集客户行为和特点的信息。数据库和数据仓库存储并发送这些数据，使员工可以开发营销组合，更好地适应个性化需求。

客户关系管理在国外的发展至少已有十几年的历史背景。自动销售系统(SPA)和电话计算机集成(CTI)最早开始为国际上的企业广泛采用。最初的客户关系管理应用在20世纪90年代初，它们是独立的解决方案，如销售队伍自动化(SFA)、客户服务和支持(CSS)。这些基于部门的解决方案增强了特定的商务过程，但却未能为公司提供它们与个体客户间关系的完整视图。因此，客户关系管理软件制造商在20世纪90年代中期把独立的应用组合整合到交叉功能的客户关系管理解决方案中。该方案把内部数据和处理(如引导生成)、销售跟踪、国外市场和客户服务请求融合到一个单一的运作系统中。

建立以顾客为中心的电子商务要经过以下五个步骤。

(1) 使顾客更方便地开展业务。

(2) 集中于最终顾客。

(3) 从最终顾客的视角出发重新设计面向顾客的业务流程。

(4) 将公司网络化以获得利润——设计一个综合性的、不断完善的电子商务架构。

(5) 提高顾客忠诚度这一电子商务盈利的关键。

要使这些步骤取得成功，就需要采取下列行动，即：提供个性化的服务，选准目标顾客，帮助顾客完成其工作，让顾客享受自助服务，优化对顾客有影响的业务流程，掌握顾客全部的购物体验。

2. 客户关系管理价值链

客户关系管理是一系列对客户关系管理的过程以及辅导过程的集合，其核心是客户价值。客户关系的价值链将客户关系管理系统分解为与战略性相关的各种活动，如分析客户、了解客户、发展关系网络、创造和传递客户价值、管理客户关系以及起支持作用的各种活动。

3. 电子商务时代客户关系管理的新特点

在传统条件下实现客户关系管理有较大的局限性，主要表现在客户信息的分散性以及企业内部各部门业务运作的独立性。基于互联网的客户关系管理是一个完整的收集、分析、开发和利用各种客户资源的系统,它的新特点如下所述。

(1) 集中了企业内部原来分散的各种客户数据,形成了正确、完整、统一的客户信息为各部门所共享。

(2) 客户与企业任一部门打交道都能得到一致的信息。

(3) 客户选择电子邮件、电话、传真等多种方式与企业联系,都能得到满意的答复,因为在企业内部的信息处理是高度集成的。

(4) 客户与公司交往的各种信息都能在对方的客户数据库中得到体现,能最大限度地满足客户个性化的需求。

(5) 公司可以充分利用客户关系管理系统,可以准确判断客户的需求特征,以便有的放矢地开展客户服务,提高客户忠诚度。

4. 客户关系管理的应用价值

(1) 有助于企业降低成本,增加收入。在降低成本方面,客户关系管理使销售和营销过程自动化,大大降低了销售费用和营销费用。由于客户关系管理使企业与客户产生高度互动,可以帮助企业实现更准确的客户定位,使企业留住老客户,获得新客户的成本显著降低。在增加收入方面,由于客户关系管理过程中掌握了大量的客户信息,可以通过数据挖掘技术,发现客户的潜在需求,实现交叉销售,可带来额外的新收入来源。由于采用了客户关系管理,可以更加密切与客户的关系,增加订单的数量和频率,减少客户的流失。

(2) 有助于企业提高业务运作效率。由于信息技术的应用,实现了企业内部范围内的信息共享,使业务流程处理的自动化程度大大提高,从而使业务处理的时间大大缩短,员工的工作也得到简化,使企业内外部的各项业务得到有效的运转,保证客户以最少的时间,最快的速度得到满意的服务。所以,实施客户关系管理可以节省企业产品生产、销售的周期,降低原材料和产品的库存,对提高企业的经济效益大有帮助。例如,戴尔公司的零库存直销方式。

(3) 有助于企业保留客户,提高客户忠诚度,让客户更满意。企业的竞争本质上是围绕客户满意度的竞争,高品质的产品、恰当的价格、好的品牌感受、方便的交付、良好的售前售后服务等无不是为了获得客户的好感,适应客户的购买选择标准,让客户更加满意。客户可以通过多种形式与企业进行交流和业务往来,企业的客户数据库记录分析客户的各种个性化需求,向每一位客户提供"一对一"的产品和服务,而且企业可以根据客户的不同交易记录提供不同层次的优惠措施,鼓励客户长期与企业展开业务。例如,移动和联通公司提供客户的话费情况,推出的套餐业务。

(4) 有助于企业拓展市场,建立差异化的竞争优势。由于产品同质化日趋严重,因此,通过市场细分和个性化服务来获得差异化的竞争优势便成为企业经营战略的发展潮流。客户关系管理系统具有对市场活动、销售活动的预测、分析能力,能够从不同角度提供有关产品和服务的成本、利润数据,并对客户分布、市场需求趋势的变化做出科学的预测,以便更好地把握市场机会。客户关系管理根据客户的需求细分市场，且通过对细分市场的个性化服务提高客户满意度，从而更好地获得和保持客户。

(5) 有助于企业完整地管理客户的生命周期，挖掘客户的潜在价值。客户与企业的关系存在于从发生、发展到衰退的整个生命周期。准确地把握客户的生命周期，挖掘客户的潜在价值，是企业在激烈的市场竞争中留住客户、提高销售、增加效益的关键。每一个企业都有一定数量的客户群，如果能对客户的深层次需求进行研究，则可带来更多的商业机会。客户关系管理过程中产生了大量的有用的数据客户，只要加以深入地利用即可发现很多客户的潜在需求。

无论产品多么好，品牌多么有名，如果要吸引一批又一批的回头客，做好客户服务是唯一的选择。实际上任何产品和服务，从生产到会计核算，都有可能成为商品，每一个竞争者都希望自己在各方面都做得很好，尽量消除缺陷。如果企业要从竞争中胜出，那么可以使企业保持持续优势的一项内容就是优秀的客户服务。客户关系管理的实践表明：在电子商务发展时代，有效实施客户关系管理是企业保持旺盛生命力的强劲动力，只有客户关系管理成功，才有电子商务的成功，也才能保证企业持续、快速、健康的发展。

二、客户关系管理系统

1. 客户关系管理系统的概念

客户关系管理系统是一套基于大型数据仓库的客户资料分析系统，通过先进的数据仓库技术和数据挖掘技术，分析现有客户和潜在客户相关的需求、模式、机会、风险和成本，从而最大限度地赢得企业整体经济效益；通过建立大型的数据仓库，对积聚的大量企业数据进行综合分析，识别在市场竞争中最有利可图的客户群，确定目标市场，将客户通过多种指标进行分类，利用现代信息技术手段，针对不同的客户，实施不同的策略，在企业与客户之间建立一种数字的、实时的、互动的交流管理系统，为目标客户群提供一对一式的、符合客户心理的服务。传统商务活动模式下，客户关系管理直接向企业管理、技术和销售人员提供有关市场、产品、技术信息和新知识，再由企业管理人员、技术人员和销售人员利用这些信息和知识进行相应的商务活动或技术研究活动。随着电子商务这种新的商务活动模式的迅速发展，客户关系管理所提供的信息核心知识可以直接成为电子商务活动的控制信息流。

2. 客户关系管理系统的构成

客户关系管理系统主要涉及四个方面内容：一是面向客户实现与客户互动的客户合作管理模块；二是营销管理、销售事务、客户服务三部分业务操作管理模块；三是对 ERP、供应链和网络技术进行信息集成的信息技术模块；四是利用信息技术工具对上述内容积累下来的信息进行加工处理的客户分析管理模块，是客户关系管理系统的主要功能模块。

1) 客户合作管理模块

客户关系管理系统的重要功能之一在于建立企业和客户的及时沟通与交流的联系渠道，是企业进行客户管理的基础。作为商用服务软件，基于多渠道结合、统一消息的客户关系管理产品已成为主流。

(1) Web 方式。通过网站，向客户传递声音、图片等多媒体信息，三维效果有助于客户与企业的全面沟通。另外，通过网络可以进行文本信息交流、利用网络电话进行口头交谈。这种基于 Web 的各种联系方式的最独特之处就是交流的全球性以及交流可以无时不在、无处不在和低廉的交流费用。

(2) E-mail 方式。电子邮件也可以认为是一种 Web 方式，具有效率高、成本低以及使用的普遍性。但很多企业会在几天甚至更长的时间后回复用户的电子邮件，有些甚至根本不回复，而且不回复客户邮件的现象还有上升的趋势，这影响了 E-mail 作为一种与客户沟通的方式。

(3) 传统方式。传统的联系方式目前还是占主要地位，像电话、传真、信件、商店里的 POS 机甚至面对面的接触，都是企业获取客户信息的重要渠道。

(4) 呼叫中心。呼叫中心是集电话、传真机、计算机等通信、办公设备于一体的交互式增值业务系统，包括普通的人工座席，也包括一些自动语音设备、语音信箱等成员。这些成员通过网络实现相互间的通信，并共享网络上的资源。用户可以通过电话接入、传真接入、Modem 拨号接入和访问因特网等多种方式进入系统，在系统自动语音导航或人工座席帮助下访问系统的数据库，获取各种咨询服务信息或完成相应的事务处理。

2) 客户关系管理的业务操作模块

客户关系管理的业务操作模块是企业经营的主要业务系统，属于业务操作层次，具体内容如下所述。

(1) 营销自动化。传统的数据库营销是静态的，经常需要好几个月时间才能对一次市场营销战役的结果作出一个分析统计表格，许多重要的商业机遇经常在此期间失去。新一代的营销管理软件是建交在多个营销数据库交叉的基础上的，能够对客户的活动及时作出反应，因而能够更好地抓住各种商业机遇。

营销自动化系统一般都是可分析的，需要同企业数据仓库结构和决策支持工具的集成。数据仓库特性和 MA 系统两层或 N 层结构的特点，使得它一般限制在供少量用户使用的企业或校园中使用。销售系统采用在线交易处理(OLTP)，并且经常使用 N 层结构，因为它们要服务更具有分布式特性并且具有更强的同步化/复制需求的大规模用户群体。

(2) 销售过程自动化。这是客户关系管理中增长最快的一个领域，关键功能包括领导/账户管理、合同管理、定额管理、销售预测、盈利/损失分析以及销售管理等。实现销售过程自动化要特别注意以下四个方面：目标客户的产生和跟踪，订单管理，订单完成，营销和客户服务功能的集成。

(3) 客户服务。客户服务主要集中在售后活动上，有时也提供一些售前信息，如产品广告等。售后活动主要发生在面向企业总部办公室的呼叫中心,但是面向市场的服务(一般由驻外的客户服务人员完成)也是售后服务的一部分。产品技术支持一般是客户服务最重要的功能,提供技术支持的客户服务代表需要与驻外的客户服务人员(必须共享/复制客户交互操作数据)及销售力量合作。总部客户服务与驻外服务机构的合作以及客户交互操作数据的统一使用是现代客户关系管理的一个重要特点。

3) 信息技术管理模块

这个模块中的技术性组成系统都是后台操作的,包括 ERP、供应链及网络系统等。

4) 客户分析管理模块

客户分析是企业依赖客户信息进行客户管理的基本内容,比如在客户关系管理系统中,客户分析是其中一个重要的组成部分,是完成客户信息收集、处理与分析利用的重要基础。

(1) 客户行为分析。客户的行为可以分为整体行为分析和群体行为分析。整体行为分析用来发现企业所有客户的行为规律。行为分组是按照客户不同种类的行为,将客户划分成不同的群体。通过行为分组,企业可以更好地理解客户,发现群体客户的行为规律。通过对客户的理解和客户行为规律的发现,企业可以制订相应的市场策略,同时通过对不同客户的群组之间的交叉分析,可以使企业发现客户群体间的变化规律。

客户在接受服务时通常会进行基本情况的登记,登记内容主要是客户姓名、职业、文化程度、爱好和收入一类的问题。这些问题看起来平常,却是了解客户情况的原始资料。分析人员可以对数据库中大量的客户基本资料进行分析。

① 对客户的层次、风险、爱好、习惯等进行分析;

② 对客户忠诚度进行分析,指客户对某个产品或商业机构的忠实程度、持久性、变动情况等;

③ 对客户利润进行分析,指不同客户所消费的产品的边缘利润、总利润额、净利润等;

④ 对客户性能进行分析,指不同客户所消费的产品按种类、渠道、销售地点等指标划分的销售额;

⑤ 对客户未来进行分析,包括客户数量、类别等情况的未来发展趋势、争取客户的手段等;

⑥ 对客户产品进行分析,包括产品设计、关联性、供应链等;

⑦ 对客户促销进行分析,包括广告、宣传等促销活动的管理。

(2) 客户理解。客户理解又可以称为群体特征分析。通过行为分组,将客户划分成不同的群组,这些群体客户在行为上有着许多共同的特征。这些行为特征,必须和已知的资料结合在一起,才能被企业所利用。由此,需要对这些不同的行为分组的特征进行分析。

(3) 行为规律分析。这里主要是指发现群体客户的行为规律,它可以让我们了解:①这些客户都拥有企业的哪些产品?②这些客户的购买高峰是什么时候?是在节假日,还是在工作日?③这些客户通常的购买行为是在哪些地方发生的?是在合作商户处,还是在营业厅等？④通过对这些客户的行为分析，能够为企业在确定市场活动的时间、地点与合作商等方面提供确凿的依据。

(4) 组间交叉分析。客户的组间交叉分析有着非常重要的作用。例如，有一些客户被分在了两个不同的行为分组中，且这两个分组对企业的价值相差较大，然而，这些客户在基本资料等其他方面数据却非常相似。这时，就要充分分析客户发生这种现象的原因，这就是组间交叉分析的重要内容。

(5) 客户差异分析。客户差异分析主要是通过系统对客户的业务记录进行全面的分析，以确定哪些客户对企业的经验活动是有价值的，在今后的客户服务中应该将其放在重要的位置，进行客户分级，以便提供相应的服务。客户价值的认定可以根据与本企业的业务额、业务连续时间、在行业中的地位、销售发展水平等。客户分级可以根据企业的需要进行，划分的等级属于企业的业务机密，需要加以保密。

① 确定潜能客户。

② 确定发展客户。有些企业是行业中有一定定位的，但是目前还没有和本企业建立业务关系，应该确定一份名单，排出重要顺序，以便及时与它们发展关系。

③ 确定问题客户。有些客户在年度中反复要求提供客户服务，直接导致了企业成本的提高。如果是本企业产品和服务的原因，那么很可能会引起抱怨，假如得不到满意的对待，很可能造成客户的流失。某些客户将业务分散在不同业务伙伴处，随时准备更换业务对象，应该列为加强沟通的对象。

三、客户关系管理的程序

客户关系管理首先要进行调查研究以获取当前和潜在客户的意见。第二步是运用信息区分个体客户，特别要注意区分价值含量高和含量低的客户。最后，将符合单个客户需求的营销组合客户化。

1. 确定客户

企业经营的各个环节会产生各种信息，汇总信息是客户关系管理的基础。信息的来源可以通过各种个人和自动的渠道，比如销售人员、客户服务人员、零售商的条形码扫描仪以及网站活动收集。企业还可以通过个人公开或自动跟踪系统获得潜在客户、企业客户以及最终消费者的信息。信息技术使企业能直接获取细节性个人信息，条形码扫描可以确定顾客的购买行为信息，Cookie则可以跟踪用户访问网站的细节并加以分析。

2. 区分客户的价值

不同的客户在消费方面表现出不同的倾向，在消费价值方面的反应也是不同的，并非所有的客户对企业都有同等价值。对客户的价值分析关键是定义客户的终生价值(LTV)，亦即新客户给企业未来带来的期望净现值。企业通常按客户价值将他们区分开来，客户关系管理使企业可以将大量资源用于最有利可图的客户身上,企业必须按盈利性原则分配资源,而不是按客户比例进行分摊,从而发挥资源的最大效力。

3. 客户化营销组合

一旦企业根据特点、行为、需求或价值确定了潜在客户并区分出不同客户,就可以考虑为各种群体或个体客户量身打造一套营销组合了。客户化(Customization)贯穿于营销组合的各个部分,而并不仅限于产品供应上。关系营销涉及留住客户并扩大客户范围,保留合适的客户并使长期"钱包份额"实现最大化。这可以通过营销组合客户化部分地实现。

4. 互动交流

与客户的互动交流使公司收集到确定和区分客户必要的数据,并能持续不断地评价最终客户化结果的有效性,也就是所谓的"学习关系"。客户与企业的这种"学习关系"通过一次次的互动交流会变得越来越默契,并可以领悟到细致入微的个人需求和品味,为企业带来增加的人心份额,为客户带来平和的心态。

【案例11-2】佐丹奴电子商务案例(ERP+CRM 整合)

在国内服装业,佐丹奴做电子商务有口皆碑。与无店铺的直销类服装电子商务模式相比,佐丹奴的电子商务模式采用了与国内 770 家门店混合交互的策略,线上线下紧密互动。这个策略令佐丹奴得以低成本地借助传统渠道的优势,开拓全新的网上商业空间。

在其 4000 千万元的电子商务销售额背后,仅有 IT 部门的两个工作人员做专门维护,除此之外,佐丹奴没有为电子商务做过额外投入。

佐丹奴轻松玩转电子商务的秘密,是基于其对 ERP、CRM 和供应链的一步步整合。

一、ERP 整合

佐丹奴的电子商务从 2000 年就开始了,真正发力却是在整合完它的全球 ERP 之后,2003 年 12 月,全新的佐丹奴电子商务网站上线。

与 2000 年相比,佐丹奴新版的电子商务网站在后端与 ERP 进行了无缝集成。当佐丹奴的全球 ERP 整合完成后,集团高层可以随时看到任何一家店铺的销售情况、任何一个仓库的库存状态,集团所有的业务流程在这个统一的 IT 平台上更加规范、流畅。这个统一的平台给电子商务带来的好处显而易见。佐丹奴的网上商店并没有自己的库存,而是与线下渠道共享仓库,当顾客在网上下单时,系统会自动通知仓库备货。网上顾客甚至比线下顾客更加幸运,他们在佐丹奴的网上商店里能够买到所有产品,而不像线下顾客一样受到当地气候、推广政策、主打产品的限制。如果广州的顾客在线上看上了哈尔滨的商品,整合完成的 ERP 系统会自动通知哈尔滨的店铺给这位广州客户发货。

服装企业大都采用小批量、多品种的策略,这却使得服装企业的电子商务网站缺货现象比较普遍。佐丹奴在全球拥有近 1800 家门店,庞大的销售网络可以令它迅速地把货品分发到世界各地。那么,如何令网上销售有充足的货源?这仍然得益于整合的 ERP 系统,因为它会自动计算某件商品的库存，只有达到一定量后，网上商店才会"挂出"这件产品。

二、CRM 推广

CRM 整合，使得电子商务与线下渠道的融合更加紧密，甚至能够实现一些传统店铺难以实现的功能，令佐丹奴对市场的反应也更加灵敏。

在新版网上商店推广初期，佐丹奴采用免费 EMS 快递的方式招揽顾客，至今它仍然是免费邮寄。另外，在网上注册的用户可免费获得佐丹奴的消费积分、享受到比零售店更优惠的价格。

诸多传统服装品牌在开展电子商务时，往往会心有顾忌：一方面，消费者总会认为网上的东西比线下便宜；另一方面，如果网上价格比线下低，势必会冲击线下渠道的价格体系。

购买服装是件体验性很强的行为，而网上商店无法解决顾客试穿、手感等体验，因此相比线下渠道，网上商店提供 2%~5% 的价格折扣，既可以弥补顾客缺失的体验，同时还会刺激一些对价格敏感的消费者购买。

为网上商店带来更大流量的，是佐丹奴从 2004 年开始推广的 CRM——名为"没有陌生人的世界"的全球 VIP 计划。到 2006 年，这个计划已经在全球推广开来。在佐丹奴，任何一个城市的顾客消费达到一定金额，成为 VIP 会员后，其每次消费都可以享受折扣，并且可以积分。

佐丹奴的 CRM 计划推广也是全球性的，其 VIP 会员在全球任一店铺的消费都可以进行积分、享受折扣，当然也包括网上商店。在网上商店加盟的 VIP 会员甚至可以享受比线下更高价格折扣。"网上商店提供了更多的途径给顾客积分，而积分到了一定程度，就可以折换成现金购买我们的衣服。"侯彤介绍，如果顾客在网上填写 VIP 资料，还可以获得一些小礼物。这些举措大幅提升了佐丹奴网上商店的人气，其中有 60%~70% 的回头客都来自它的 VIP 会员。

CRM 不仅帮佐丹奴提升了线上与线下渠道的人气，在这个全球统一的 CRM 平台上，200 多万会员的所有数据都可以共享，以供佐丹奴相关部门进行分析与销售预测。另外，网上商店对传统渠道的补充在于，佐丹奴可以借此获得更加准确的顾客资料，因为顾客在线下通常难有耐心填写客户资料。

在佐丹奴内部，每天都有反映各店铺顾客评价的报表。网上商店为客户关系管理开通了一个新的通道，习惯网络世界的顾客比较愿意在网上店铺发表评论，提出对某家店铺的改进意见或消费感受。

在 CRM 的推动下，佐丹奴线上与线下渠道的互动更加紧密。佐丹奴曾在一些店铺做过 RFID 试验，通过 RFID 统计到底有多少顾客拿起这件衣服走进试衣间，最终究竟有没有买。"普通的店铺系统只能看到服装销售量，却无法获知顾客是否试穿过，因此这些数据对我们非常宝贵。"不过，由于 RFID 成本过高，很难在佐丹奴全球进行大量推广。"网上商店却可以帮我们低成本地获取很多有意义的数据。"所有网上顾客的行为都可以被佐丹奴的系统记录下来，包括他浏览过哪些商品、浏览过哪些网页、是否将其和其他商品做过比较等。

2007年下半年开始，佐丹奴的IT部门利用这些网上数据，不断调整他们的网页，以使网上商店更加符合顾客的购物心理。此外，他们还将这些数据反馈到销售部门，"如果有顾客在网上反复看某件衣服后却没有买，可能是他对网上购物信心不够，我们就会告诉店铺的同事，若销售人员对看这件衣服的顾客积极一些，售出的成功率会更高"。

佐丹奴认为，IT部门做网上商店不仅增加了企业的销售额，最重要的是为业务部门提供了更好的数据支持，"数据产生的价值比网上商店的销售额更大"。

三、供应链整合

在整合完ERP与CRM后，佐丹奴基于统一IT平台的快速反应供应链加快了电子商务的配送速度，且令成本显著降低。

佐丹奴整个集团的存货天数是32天。由于佐丹奴是上市公司，每年的6月和12月，它都有两大目标——存货周转率与销售额，以向股东"交代"。佐丹奴董事局反对采用大仓库策略，因此其门店一般都没有仓库，只是在员工休息室堆放少量货品，这需要货品周转具有很高的效率。要能做到这一切，需要来自IT的强力支撑。

在佐丹奴的IT平台上，供应链的每个环节都有条不紊地高速运转着。当某件衣服设计好、选定加工工厂后，工厂可以从系统里看到服装的样板，且根据实际打版情况修改图样，然后报价。此时，佐丹奴分布在全球的采购人员可以在系统里下单，工厂生产的每一个步骤也会录入系统。

货物出厂后，佐丹奴总部对全球每家店铺的每件货物的分布情况，都一目了然。在中国国内，佐丹奴在广州、北京和上海有3个大的物流中心，当这3个地方及香港的物流中心的库存跌破安全值后，工厂会自动补货。

因IT而高效运转着供应链，看似与其网上商店没有什么关系，其实不然，因为佐丹奴的网上商店没有库存，所有的库存都在它的仓库或店铺里，因此高效的供应链系统可以使得网上商店的配送流程更加流畅。现在，佐丹奴网上商店的货物配送一改从广州发货的模式，而是根据顾客所在的地理位置，就近发货，这样可以节省大笔的物流费用。据侯彤介绍，当顾客在网上下单后，系统会先寻找存货在哪里，一般先找仓库、再找店铺，找到后再看物理距离，然后根据就近原则，将货发送出去。

因为佐丹奴的核心业务流程都基于IT在运转，因此改变配送模式，只需要在后台修改一下程序，不会增加物流部门太多麻烦。

佐丹奴的网上商店，那些很酷的模特都是他们自己的员工，当电子商务步入正轨后，佐丹奴IT部门仅有两名员工在做常规维护，其他工作人员只是在需要时兼顾一下网上商店的工作。

一个世界性品牌过渡为一个以无缝方式使用当代信息与协作技术的组织是一项十分必要的战略决策，它使佐丹奴通过电子商务渠道改进销售、促进产品推向市场、提高资源利用效率及降低营业费用等一系列经营目标得以实现。

案例思考题

(1) 佐丹奴如何实施 CRM 系统？
(2) 对于佐丹奴来说，其 ERP、CRM 和供应链如何实现有效整合？

本 章 小 结

无论是在传统商务活动中，还是电子商务活动中，客户服务对于提高客户的满意度和忠诚度来说都是至关重要的。基于互联网，借助网络技术，能够更加高效、便利地向客户提供服务。一旦网购用户对产品或服务提出异议，应当及时采取措施进行客户投诉的处理。电子商务客户关系管理系统，是一套基于大型数据仓库的客户资料分析系统，通过该系统，能够实现集成化、模块化的客户服务。

复习思考题

1. 简述客户服务的工具。
2. 如何有效地处理客户投诉？
3. 电子商务客户关系管理有哪些特点？
4. 请描述客户关系管理的程序。

实 践 题

1. 请登录腾讯客服(http://service.qq.com/)、当当网上书店(http://www.dangdang.com/)、阿里巴巴(http://china.alibaba.com/)页面，了解它们都采用了哪些在线服务手段，各有何优缺点。如果请你为当当书店设计客服系统，你将如何设计？如果你为当当书店设计一个读者论坛，你会开设哪些论坛栏目？
2. 登录 www.microsoft.com，了解 FAQ 的使用，指出该网站采用何种方式在线解答顾客的疑问？

参 考 文 献

1. (美)Efraim Turban, David King. 电子商务——管理视角. 4版. 严建援，等，译. 北京：机械工业出版社，2008
2. (美)Gary P. Schneider. 电子商务(第6版). 成栋，韩婷婷，译. 北京：机械工业出版社，2007
3. (美)Allan Afuah, Christopher L. Tucci. 电子商务教程与案例. 2版. 北京：清华大学出版社，2005
4. (美)Efraim Turban，David King. 电子商务——管理新视角. 2版. 王理平，张晓峰，译. 北京：电子工业出版社，2003
5. (美)加里·斯奈德，詹姆士·佩里. 电子商务. 2版. 成栋，译. 北京：机械工业出版社，2002
6. Rafi A. Mahammed, Robert J. Fisher, Bernard J. Jaworski 等. 网络营销. 2版. 王刊良，译. 北京：中国财政经济出版社，2004
7. (德)Daniel Amor，董兆一，童志庭. 电子商务变革与演进. 白洁，等，译. 北京：机械工业出版社，2003
8. Edward J. Deak. 杨青. 电子商务与网络经济学. 郑宪强，译. 大连：东北财经大学出版社，2006
9. 田杰，乔东亮，秦必瑜. 电子商务模式系统及其运营. 北京：中国传媒大学出版社，2009
10. 陈德人. 中国电子商务案例精选(2008版). 北京：高等教育出版社，2008
11. 陈剑，陈熙龙，宋西平. 拍卖理论与网上拍卖. 北京：清华大学出版社，2005
12. 程大为. 电子商务管理. 上海：上海三联书店，2001
13. 张思光，刘进宝. 电子商务概论. 北京：清华大学出版社，2009
14. 李洪心. 电子商务案例. 北京：机械工业出版社，2006
15. 瞿彭志. 网络营销. 2版. 北京：高等教育出版社，2004
16. 冯英健. 网络营销基础与实践. 3版. 北京：清华大学出版社，2007
17. 阿里巴巴(中国)网络技术有限公司. 阿里巴巴电子商务中级认证教程. 北京：清华大学出版社，2007
18. 阿里巴巴(中国)网络技术有限公司. 阿里巴巴电子商务初级认证教程——国内贸易方向. 北京：清华大学出版社，2008
19. 阿里巴巴(中国)网络技术有限公司. 中小企业电子商务之路. 北京：清华大学出版社，2007
20. 柯新生. 电子商务——运作与实例. 北京：清华大学出版社，2008
21. 徐天宇. 电子商务系统规划与设计. 北京：清华大学出版社，2007
22. 宋文官，胡蓉，徐文. 商务网站规划设计与管理. 北京：清华大学出版社，2008
23. 浙江淘宝网络有限公司. C2C电子商务创业教程. 北京：清华大学出版社，2008
24. 李瑞. 电子商务法. 北京：北京大学出版社，2008
25. 宋文官. 电子商务实用教程(第3版). 北京：高等教育出版社，2008
26. 张李义，孟健，陈为思. 网站开发与管理. 北京：高等教育出版社，2008
27. 孙宝文，王天梅. 电子商务系统建设与管理. 北京：高等教育出版社，2006
28. 刘运臣. 网站设计与建设. 北京：清华大学出版社，2008
29. 陈德人. 电子商务概论——在实践中掌握电子商务. 2版. 杭州：浙江大学出版社，2008

30. 李洪心. 电子商务概论. 2版. 大连：东北财经大学出版社，2008
31. 陈德人. 电子商务系统结构. 北京：高等教育出版社，2008
32. 张铎. 电子商务物流管理. 北京：高等教育出版社，2003
33. 黄敏学. 电子商务. 2版. 北京：高等教育出版社，2004
34. 吴健. 电子商务物流管理. 北京：清华大学出版社，2009
35. 柯新生. 电子商务运作与实例. 北京：清华大学出版社，2007
36. 邵兵家. 电子商务概论. 北京：高等教育出版社，2003
37. 段梅丽. 电子商务物流. 2版. 大连：大连理工大学出版社，2003
38. 刘云霞. 现代物流配送管理. 北京：清华大学出版社，2009
39. 姜红波. 电子商务概论. 北京：清华大学出版社，2009
40. 李琪. 电子商务概论. 北京：清华大学出版社，2008
41. 方美琪，付虹蛟. 电子商务理论与实践. 北京：中国人民大学出版社，2005
42. 张润彤. 电子商务. 北京：科学出版社，2006
43. 莫柏预，秦龙有. 物流与供应链管理. 北京：中国物资出版社，2006
44. 连锁与特许网 http://www.chinawuliu.com.cn/cflp/anli/
45. 环球物流网 http://www.global56.com/default.asp
46. 当当网 http://book.dangdang.com/
47. 艾瑞网 http://www.iresearch.com.cn
48. 中国互联网信息中心 http://www.cnnic.net
49. 阿里巴巴点商务平台 http://www.alibaba.com
50. 淘宝网 http://www.taobao.com
51. 电子商务研究网 http://www.dzsw.org
52. 百度 http://www.baidu.com